भक्ति आन्दोलन और सूरदास का काव्य

मैनेजर पाण्डेय

वाणी प्रकाशन

वाणी प्रकाशन

4695, 21-ए, दरियागंज, नयी दिल्ली 110 002

शाखा

अशोक राजपथ, पटना 800 004

फ़ोन : +91 11 23273167 फ़ैक्स : +91 11 23275710

www.vaniprakashan.in
vaniprakashan@gmail.com
sales@vaniprakashan.in

BHAKTI ANDOLAN AUR SURDAS KA KAVYA
by Manager Pandey

ISBN : 978-81-7055-273-4
Criticism

संस्करण 1993, 1997, 2001, 2007, 2012
आवृत्ति 2018

मूल्य : ₹ 595

एम.एस प्रिंटर्स, दिल्ली-110 093 में मुद्रित

वाणी प्रकाशन का लोगो मक़बूल फ़िदा हुसेन की कूची से

दूसरे संस्करण की भूमिका

आज हम जिसे भारतीय संस्कृति कहते हैं उसके निर्माण में भक्ति आंदोलन की अत्यन्त महत्त्वपूर्ण भूमिका है। इसके विभिन्न रूपों पर उस आंदोलन की अमिट छाप है। भाषा और साहित्य ही नहीं संगीत, नृत्य, चित्र, मूर्ति, स्थापत्य आदि कलाओं के साथ धर्म तथा दर्शन की जो सजीव और सार्थक परंपराएं भारतीय जन-जीवन में घुली-मिली हैं उनमें से अधिकांश भक्ति आंदोलन की देन हैं। भक्ति आन्दोलन के व्यापक और स्थायी प्रभाव का एक कारण यह है कि उसमें भारतीय संस्कृति के अतीत की स्मृति है, अपने समय के समाज तथा संस्कृति की सजग चेतना है और भविष्य की गहरी चिंता भी है। यह केवल सांस्कृतिक आंदोलन ही नहीं है, बल्कि एक व्यापक सामाजिक आंदोलन भी है; क्योंकि उसमें संस्कृत के विभिन्न रूपों में जनता के सामाजिक जीवन की वास्तविकताओं और आकांक्षाओं की अभिव्यक्ति मिलती है।

भक्ति आंदोलन का लक्ष्य है मानुष-सत्य या कि मनुष्यत्व की रक्षा और विकास। भक्तिकाव्य की संपूर्ण रचनाशीलता इसी लक्ष्य की ओर उन्मुख है। भक्त कवियों की दृष्टि में मानुष-सत्य के ऊपर कुछ भी नहीं है—न कुल, न जाति, न धर्म, न संप्रदाय, न स्त्री-पुरुष का भेद, न किसी शास्त्र का भय और न लोक का भ्रम। इन सबका दुराग्रह हमेशा मनुष्यत्व के विकास में बाधक बनता है, इसलिए इनकी भक्ति काव्य में निर्द्वंद्व और निर्भीक आलोचना है। समाज में तरह-तरह के भेद-भाव पर टिकी व्यवस्था की जगह मनुष्यत्व पर आधारित समतामूलक और मानवीय व्यवस्था की कामना भक्ति काव्य में है, जिससे आज भी शोषित-पीड़ित भारतीय जनता प्रेरणा और शक्ति पाती है।

भक्ति हृदय का धर्म है। हृदय के धर्मों में सर्वाधिक व्यापक, उदात्त और मानवीय धर्म है प्रेम। वही भक्ति का मूल भाव और भक्ति काव्य का बीज-भाव भी है। वह मनुष्य को कुल, जाति, धर्म, संप्रदाय आदि की सीमाओं से ऊपर उठाता है और हर तरह की सत्ता के भय से मुक्त करता है। भक्ति काव्य में प्रेम सूफियों

को वैष्णवों से मिलाता है और सगुण भक्तों को निर्गुण संतो स। इस तरह वह व्यापक मानवीय भावभूमि पर मनुष्य मात्र की एकता का आधार बनता है। यही कारण है कि भक्ति काव्य में कहीं भी धार्मिक उन्माद और सांप्रदायिक संकीर्णता नहीं है। यह सही है कि सभी भक्त कवियों के प्रेम का रूप एक जैसा नहीं है। कबीर, जायसी, सूर, तुलसी और मीरा के प्रेम में अंतर है, लेकिन इन सबके काव्य में प्रेम के रूपों और स्वरों की अनेकता के बावजूद उसकी भावना एक-सी है। भक्ति-भावना की इसी लोकधर्मिता के उदात्त तथा मूलगामी स्वरूप की पहचान और भक्ति काव्य में उसके विभिन्न पक्षों की अभिव्यक्ति की खोज के लिए मैंने एक नया निबंध लिखा है जो इस पुस्तक का पहला अध्याय बना है। पुस्तक का अंतिम अध्याय है 'सूर का काव्य और किसान-जीवन'। वह भी नया है। हिंदी आलोचना में यह बात फैली हुई है कि सूरदास अपने समय के समाज से बेखबर अपने भाव में मग्न रहने वाले कवि हैं। इस पुस्तक के अंतिम अध्याय के पाठक देखेंगे कि सूर की कविता में लोक-चिंता के अभाव की बात सही नहीं है। उनकी काव्यानुभूति की संस्कृति और काव्य-भाषा की संरचना से साबित होता है कि सूरदास का अपने समय के समाज से, विशेषत: किसान-जीवन और उसके परिवेश से कितना अंतरंग संबंध है। इस पुस्तक के आरंभ और अंत में जो दो नये अध्याय जोड़े गए हैं उनको ध्यान में रखकर पुस्तक का नाम बदल दिया गया है।

आज भारतीय समाज एक विकट संकट से गुजर रहा है। यह संकट जितना सामाजिक और राजनीतिक है उससे अधिक सांस्कृतिक है, क्योंकि संस्कृति के गोला-बारूद से ही राजनीति की लड़ाई चल रही है, सांस्कृतिक प्रतीक राजनीतिक युद्ध के अस्त्र-शस्त्र बनाए जा रहे हैं। इस संस्कृति की राजनीति से जो राजनीति की नई संस्कृति पैदा हुई है वह धार्मिक उन्माद, सांप्रदायिक संकीर्णता और मानव-द्रोह की आंधी पर सवार होकर आगे बढ़ रही है और भक्ति आंदोलन के उदात्त मानवीय मूल्यों, सामाजिक आदर्शों और सांस्कृतिक आकांक्षाओं की विरासत को तहस-नहस कर रही है। ऐसी स्थिति में भक्ति काव्य की 'विगत सार्थकता और वर्तमान अर्थवत्ता' की पहचान एक बार फिर आवश्यक हो गई है। वर्तमान संकट से उबरने में भी भक्ति काव्य हमारी मदद कर सकता है, क्योंकि भक्ति काल की कविता आज भी जनता के जीवन में रमी हुई कविता है, इसलिए उसके सहारे व्यापक जनता से आत्मीय संवाद संभव है। अगर यह पुस्तक अपने पाठकों को एक बार और भक्ति काव्य पर ध्यान देने के लिए प्रेरित कर सकी तो इसका प्रकाशन सार्थक होगा।

मैनेजर पांडेय

भारतीय भाषा केंद्र
जवाहरलाल नेहरू विश्वविद्यालय, नई दिल्ली-110067, फरवरी 1993

प्रथम संस्करण की भूमिका

भक्ति आंदोलन के साथ भारतीय समाज, संस्कृति और साहित्य के विकास की नई अवस्था का आरंभ होता है। भक्ति आंदोलन व्यापक सांस्कतिक आंदोलन है, जिसकी अभिव्यक्ति दर्शन, धर्म, कला, साहित्य, भाषा और संस्कृति के दूसरे रूपों में दिखाई देती है। वास्तव में यह सामंती संस्कृति के विरुद्ध जनसंस्कृति के उत्थान का अखिल भारतीय आंदोलन है। इसके मूल में ग्यारहवीं-बारहवीं सदी से अखिल भारतीय स्तर पर विभिन्न जातियों के निर्माण, जातीय भाषाओं के गठन और जातीय साहित्य के विकास की प्रक्रियाओं की महत्त्वपूर्ण भूमिका है। भक्ति आंदोलन के साथ-साथ विभिन्न जातीय भाषाओं के गठन की प्रक्रिया तेज होती है और आधुनिक भारतीय भाषाओं के निर्माण का आधार तैयार होता है। संस्कृत, पाली, प्राकृत और अपभ्रंश से स्वतंत्र देशी भाषाओं में साहित्य-रचना के आरंभ के साथ भारतीय साहित्य का इतिहास विकास की एक नई अवस्था में प्रवेश करता है। इसी के साथ भारतीय संस्कृति और साहित्य का इतिहास सामंती जकड़ से निकलकर सामंतवाद विरोधी जनसंस्कृति की रचनाशीलता की मंजिल की ओर बढ़ता हुआ दिखाई देता है। सामंती संस्कृति, दरबारी वातावरण और पुराने काव्यशास्त्र के रीतिवाद से मुक्त भक्ति-काव्य लोकभाषाओं में जनसंस्कृति और जनभावनाओं की अभिव्यक्ति का काव्य है।

भक्ति आंदोलन और उसके साहित्य में अभिव्यक्त अनुभूति, विचारधारा और सांस्कृतिक चेतना का जितना संबंध भारतीय संस्कृति और साहित्य की प्राचीन परंपराओं से है, उससे अधिक अपने युग के समाज और जनसंस्कृति से है। उसमें सामाजिक जीवन की तरह-तरह की विसंगतियों की पहचान है। यही नहीं, उसमें सामंती समाज-व्यवस्था और उसकी विचारधारा के मानव-विरोधी रूपों तथा परिणतियों का बोध है, उनका चित्रण है और उनके विरुद्ध विद्रोह का भाव भी है। सामंती समाज-व्यवस्था के विरुद्ध विद्रोह-भावना और जनसंस्कृति की सजनशीलता की जैसी अभिव्यक्ति भक्ति-काव्य में हुई है, वैसी भक्तिकाल के

पहले की भारतीय कविता में कम ही मिलती है।

भक्ति आंदोलन की नई सांस्कृतिक चेतना के कारण उस काल की कविता की अंतर्वस्तु, रचनादृष्टि और अभिव्यक्ति-पद्धति का जो नया विकास हुआ वह संस्कृत काव्य और काव्यशास्त्र से बहुत कुछ स्वतंत्र है। संस्कृत, पालि, प्राकृत और अपभ्रंश के अभिजातवर्गीय साहित्य से भक्तिकाल का जनोन्मुख साहित्य अंतर्वस्तु और रूप की दृष्टि से भिन्न ही नहीं, नया और स्वतंत्र भी है। भक्ति-काव्य की अंतर्वस्तु जनसंस्कृति और जनजीवन के अनुभवों से निर्मित है। इसके काव्यरूप संस्कृत के प्रचलित काव्यरूपों से भिन्न हैं, वे लोकजीवन और लोक-साहित्य में प्रचलित काव्यरूपों के विकसित रूप हैं। भक्तिकाल की प्रगीतात्मकता ग्रामगीतों की मौखिक परंपरा की देन है। इसकी कविता के अधिकांश छंद संस्कृत के छंदों से भिन्न और हिन्दी के जातीय छंद हैं। सबसे अधिक महत्त्वपूर्ण बात यह है कि भारतीय साहित्य के इतिहास में पहली बार भक्तिकालीन कविता में सामान्य जनता के जीवन-व्यवहार की भाषा और कविता की भाषा के बीच एकता कायम हुई। कवि समय-सिद्ध भाषा की तथाकथित साहित्यिकता और जीवन-व्यवहार की भाषा की सहज सामाजिकता के बीच का कृत्रिम भेद समाप्त हुआ।

अंतर्वस्तु और रूप के स्तर पर भक्तिकालीन कविता की यह नवीनता संस्कृत काव्य और काव्यशास्त्र की रूढ़ियों से बहुत कुछ स्वतंत्र है, इसलिए संस्कृत काव्यशास्त्र के सिद्धांतों और रीतिवादी आग्रहों के आधार पर भक्ति-काव्य का मूल्यांकन करना उसकी उत्पत्ति तथा विकास के ऐतिहासिक संदर्भों की उपेक्षा करके नई रचनाशीलता की कीमत पर परंपरा को प्रतिष्ठित करना है। कुछ आलो-चकों का संवेदनशील मन भक्तिकाल की कविता की अभूतपूर्व मौलिकता से चमत्कृत तो होता है, लेकिन उनका परंपराप्रेमी मन भक्ति-काव्य का मूल्यांकन करते समय उसे पुरानी परंपरा—संस्कृत, प्राकृत और अपभ्रंश की कविता की परंपरा—का नया रूप सिद्ध करके संतुष्ट हो जाता है। रूढ़िवादी आलोचना-दृष्टि से भक्ति-काव्य की अंतर्वस्तु और रूप संबंधी नवीनता की व्याख्या नहीं हो सकती। भक्तिकाल की जनोन्मुख कविता की व्याख्या और मूल्यांकन के लिए प्राचीन रूढ़िवाद और रीति-वाद के आग्रहों से मुक्त आलोचना दृष्टि की आवश्यकता है।

भक्ति आंदोलन और उसके साहित्य पर विचार करते समय कुछ आलोचक भक्ति-दर्शन के मात्र मूल स्रोतों की खोज करते हैं और भक्ति आंदोलन के ऐति-हासिक संदर्भ की उपेक्षा करते हैं। ऐसे आलोचक भक्ति के इतिहास की खोज करते हुए वेदों तक पहुंच जाते हैं, लेकिन भक्ति आंदोलन के समकालीन सामाजिक-सांस्कृतिक आधार और सर्जनात्मक स्वरूप को नहीं देखते।

यहां सांस्कृतिक आंदोलन के इतिहास और विचारों के इतिहास के संदर्भ में पद्धति का प्रश्न विचारणीय है। किसी सांस्कृतिक आंदोलन या वैचारिक आंदोलन

के केंद्रीय विचार के मूल स्रोत की खोज से अधिक महत्त्वपूर्ण है उस ऐतिहासिक संदर्भ का विश्लेषण, जिसमें उस सांस्कृतिक आंदोलन या वैचारिक आंदोलन का विकास और प्रसार होता है। संस्कृति और विचारों के इतिहास में प्रायः यह देखा जाता है कि एक विचार अमूर्त अवधारणा के रूप में इतिहास-प्रक्रिया में लंबे काल तक जीवित रहने के बाद अनुकूल सामाजिक आधार पाकर व्यापक आंदोलन का रूप धारण करता है। भक्ति का अस्तित्व भावना और विचार के रूप में चाहे जितना पुराना हो, लेकिन व्यापक सांस्कृतिक आंदोलन के रूप में उसका विकास बारहवीं सदी से सत्रहवीं सदी के बीच में ही दिखाई देता है।

अगर भावना और विचार के रूप में भक्ति के प्राचीन अस्तित्व पर ही ध्यान दिया जाएगा और उसके तत्कालीन व्यापक सामाजिक सांस्कृतिक आधार की उपेक्षा की जाएगी तो भक्ति आंदोलन और उसके साहित्य से जुड़े अनेक प्रश्नों का उत्तर पाना कठिन होगा। भक्ति आंदोलन और उसके साहित्य का अध्ययन करने वालों को बार-बार कुछ प्रश्नों का सामना करना पड़ता है। भक्ति आंदोलन के साथ ही सामंती समाज-व्यवस्था में सदियों से पीड़ित दलित वर्ग और वर्ण-व्यवस्था निम्नतम स्तर पर रहने वाली छोटी जातियों में रचनात्मक प्रतिभा का विस्फोट और उस समाज-व्यवस्था के विरुद्ध विद्रोह की भावना की अभिव्यक्ति क्यों हुई? भक्ति आंदोलन के साथ ही सामंतवाद विरोधी जनसंस्कृति का उत्थान क्यों हुआ? भक्ति आंदोलन और उसके साहित्य के साथ-साथ विभिन्न जातीय भाषाओं के गठन की प्रक्रिया क्यों तेज हुई? भक्ति-काव्य के भीतर सामंतवाद विरोधी और मानववादी स्वर के विकास के क्या कारण हैं? भक्ति-काव्य की अंतर्वस्तु और उसकी रचना के नए स्वरूप के विकास का सामाजिक आधार क्या था? ऐसे सभी प्रश्नों का उत्तर पाने के लिए भक्ति आंदोलन और उसके साहित्य को उस काल के सामाजिक-सांस्कृतिक परिवेश और ऐतिहासिक संदर्भ से जोड़कर देखना जरूरी है।

भक्ति आंदोलन और उसके साहित्य से प्रेम करने वाले लोग कई तरह के हैं। कुछ लोग परलोक में अपनी जगह सुरक्षित करने के लिए भक्ति-साहित्य का पाठ करते हैं, तो कुछ लोक-परलोक दोनों को एक साथ सुधारने के लिए भक्ति-साहित्य का उपयोग करते हैं। कुछ परंपरा की पूजा-भावना से भक्ति-साहित्य की ओर देखते हैं और कुछ वर्तमान को अतीत के अनुरूप बनाने की आकांक्षा से सांस्कृतिक इतिहास के स्वर्णयुग का आह्वान करते हैं। इन सबसे भिन्न कुछ लोग गंभीरता से भक्ति-साहित्य में उस युग के समाज और संस्कृति की खोज करने के नाम पर उसमें पाए जाने वाले भोजन, वस्त्र, आभूषण आदि के नामों की सूची तैयार करके संतुष्ट हो जाते हैं।

भक्ति-साहित्य के अध्ययन का एक दृष्टिकोण वह है जो इतिहासवाद के नाम

पर अतीत की अतीतता की रक्षा करना चाहता है। ऐसे भोले इतिहासवादी उसकी वर्तमान अर्थवत्ता पर विचार नहीं करते। इनसे भिन्न कुछ ऐसे आधुनिकतावादी हैं जो भक्ति काव्य के ऐतिहासिक संदर्भ और वस्तुनिष्ठ अस्तित्व की उपेक्षा करके उसकी केवल वर्तमान उपयोगिता की बात करते हैं। इन दोनों से भिन्न कुछ उतावले क्रांतिकारी हैं जो भविष्य की अतिरिक्त चिंता के कारण अतीत के बोध को बोझ समझकर उससे मुक्त होने की कोशिश करते हैं।

भक्ति आंदोलन और उसके साहित्य पर विचार करते समय उसके सामाजिक-सांस्कृतिक आधार, विचारधारात्मक रूप और कलात्मक स्वरूप पर ऐतिहासिक दृष्टि से विचार करना चाहिए। यही नहीं, वर्तमान संदर्भ में जनसंस्कृति के उत्थान के उस व्यापक अखिल भारतीय आंदोलन की अर्थवत्ता और भक्ति-काव्य के कलात्मक तथा सौंदर्यबोधात्मक महत्त्व का विश्लेषण भी आवश्यक है। अतीत के साहित्य की आलोचना करते समय वाल्टर बेंजामिन की इस धारणा पर ध्यान देना जरूरी है कि अतीत के अनुभव के रूप में उसका मूल्यांकन करना अपर्याप्त है, वर्तमान के अनुभव के रूप में उसका विश्लेषण और मूल्यांकन आवश्यक है। भक्तिकालीन कविता भारतीय जनता के बीच आज भी सर्वाधिक लोकप्रिय है, वह आज भी जनता की सांस्कृतिक आकांक्षाओं और आवश्यकताओं को एक सीमा तक पूरा करती है, इसलिए जनता के सामाजिक-सांस्कृतिक उत्थान की चिंता करने वाले भक्तिकाव्य की उपेक्षा नहीं कर सकते। यह केवल परंपरा के प्रति जनवादियों के दृष्टिकोण का ही प्रश्न नहीं है, बल्कि जनसंस्कृति के विकास के प्रसंग में उनके वर्तमान दायित्व से भी जुड़ा हुआ है।

हिंदी साहित्य के इतिहास में भक्ति आंदोलन और उसके काव्य के मूल्यांकन का इतिहास समाज तथा साहित्य के संबंध, साहित्य संबंधी दृष्टिकोण, काव्य-विवेक और आलोचना-दृष्टि के विकास का इतिहास है। रीतिकाल के दरबारी काव्य और सामंती काव्यरुचि के युग में भक्तिकाव्य अभिजात वर्ग द्वारा उपेक्षित था, लेकिन उस युग में भी वह आम जनता की सांस्कृतिक आकांक्षाओं को पूरा करने का मुख्य साधन था। आधुनिक युग में नवजागरण और स्वाधीनता आंदोलन के विकास के साथ जब राष्ट्रीय और जनवादी सांस्कृतिक चेतना का उदय हुआ तो भक्ति आंदोलन और उसके काव्य के जनवादी स्वरूप के महत्त्व को पहचानना भी संभव हुआ।

भारतेंदु युग में बालकृष्ण भट्ट ने साहित्य को 'जनसमूह के हृदय का विकास' कहकर अपने युग के श्रेष्ठ साहित्य का ही स्वरूप स्पष्ट नहीं किया; बल्कि भक्तिकालीन साहित्य की मूलभूत विशेषता की ओर भी संकेत किया। साहित्य और भाषा के जातीय स्वरूप की चिंता करने वाले भारतेंदु और उनके युग के लेखकों ने भक्तिकालीन साहित्य के महत्त्व और मूल्य को पहचाना था। बाद में

महावीरप्रसाद द्विवेदी ने तरह-तरह के रीतिवाद और रूढ़िवाद का विरोध करते हुए भक्ति-काव्य के उचित मूल्यांकन का मार्ग प्रशस्त किया।

आचार्य रामचंद्र शुक्ल ने भक्ति-काव्य का अनुशीलन करते हुए ही वह साहित्य-विवेक विकसित किया था, जिससे वे तरह-तरह के रीतिवादी और जन-विरोधी साहित्य का डटकर विरोध कर सके। भक्तिकाव्य से आचार्य शुक्ल का साहित्य-विवेक बना था और उनकी वस्तुवादी आलोचना-दृष्टि से भक्ति-काव्य का मूल्यांकन संभव हुआ। छायावाद के श्रेष्ठ कवि जयशंकर प्रसाद और निराला का भक्ति-काव्य से घनिष्ट संबंध बार-बार उनके साहित्य में प्रकट हुआ है। प्रगतिशील आंदोलन भक्ति आंदोलन के बाद के भारतीय समाज के इतिहास से जनसंस्कृति के विकास का दूसरा व्यापक अखिल भारतीय स्तर का सांस्कृतिक आंदोलन था।

प्रगतिशील आंदोलन के काल में साहित्य और समाज के संबंध, समाज के विकास में साहित्य की भूमिका और साहित्य की सार्थकता के बारे में जो नया दृष्टकोण विकसित हुआ उससे भक्ति साहित्य के नए मूल्यांकन की संभावना बनी। इसी काल में हजारीप्रसाद द्विवेदी ने भारतीय साहित्य की विकासशील परंपरा में भक्ति-साहित्य के स्थान का मूल्यांकन किया। प्रगतिशील आंदोलन के काल में ही कुछ प्रगतिवादी आलोचकों के भक्तिकाल संबंधी संकुचित दृष्टिकोण से संघर्ष करते हुए रामविलास शर्मा ने भक्ति आंदोलन और उसके काव्य के ऐतिहासिक संदर्भ का विश्लेषण किया और उसका मूल्यांकन किया। रामविलास शर्मा ने भक्ति आंदोलन और उसके काव्य के सामाजिक-सांस्कृतिक आधार को स्पष्ट करते हुए उसके सामंतवाद विरोधी रूप और मानववादी स्वर को रेखांकित किया है। हिंदी साहित्य के इतिहास में भक्ति-काव्य के मूल्यांकन के उतार-चढ़ाव से यह सिद्ध होता है कि जब रचना और आलोचना में जातीय और जनवादी तत्त्वों का प्रभाव बढ़ा है तो भक्ति-काव्य का महत्त्व बढ़ा है और जब जनविरोधी और विजातीय प्रवृत्तियां प्रबल हुई हैं तो भक्तिकाव्य की उपेक्षा हुई है।

ग्यारहवीं सदी से सत्रहवीं सदी के बीच के भारतीय समाज, संस्कृति और साहित्य के इतिहास का अध्ययन करने वाले अनेक विद्वानों की राय है कि ग्यारहवीं और बारहवीं सदी से भारत में जातियों (नेशनैलिटीज) के निर्माण की प्रक्रिया आरंभ होती है। जातियों के निर्माण की प्रक्रिया के आरंभ का अर्थ है सामंतवाद के विघटन की प्रक्रिया का आरंभ, सौदागरी पूंजीवाद के विकास का आरंभ, जातीय भाषाओं के गठन की प्रक्रिया का आरंभ और जातीय साहित्य के विकास की प्रक्रिया का आरंभ। समाज के आर्थिक आधार के बदलने के कारण समाज के विभिन्न वर्गों के संबंध और संतुलन में परिवर्तन होता है। जातीय निर्माण की प्रक्रिया के आरंभ के इस काल में किसान, शिल्पकार और व्यापारी वर्ग का प्रभुत्व बढ़ता है। समाज के आर्थिक आधार और उत्पादन-संबंधों में परिवर्तन के कारण

विचारधारात्मक रूपों में परिवर्तन होता है, संस्कृति, कला, और साहित्य के नए विकास की संभावना बनती है। नए आर्थिक विकास और बदले हुए सामाजिक संबंधों के कारण जिन वर्गों का प्रभाव बढ़ता है; संस्कृति, कला और साहित्य में भी उनकी भूमिका महत्त्वपूर्ण हो जाती है।

भक्ति आंदोलन और उनके साहित्य का लगभग बारहवीं सदी से आरंभ होने वाले आर्थिक और सामाजिक परिवर्तनों से घनिष्ट संबंध है। जातीय निर्माण की प्रक्रिया के आरंभ के साथ सामंतवाद के विघटन की प्रक्रिया के प्रारंभ के कारण ही जनसंस्कृति के उत्थान के इस व्यापक आंदोलन का विकास संभव हुआ। सामंतवाद के विघटन की प्रक्रिया के आरंभ होने और किसानों, शिल्पकारों आदि का समाज में प्रभाव बढ़ने के कारण ही दलित जातियों में विद्रोह की भावना जगी, जिसकी अभिव्यक्ति संत साहित्य में हुई। देशी भाषाओं के विकास के कारण भी शिक्षा की सुविधा से वंचित दलित जातियों की रचनात्मक प्रतिभा को विकास और अभिव्यक्ति का अवसर मिला; अन्यथा संस्कृत, पालि, प्राकृत और अपभ्रंश काल में अभिजात वर्ग ही साहित्य की रचना और आस्वादन का अधिकारी था। देशी भाषाओं का यह विकास समाज, संस्कृति और साहित्य के नए युग के आरंभ का सूचक है।

सामंतवाद के विघटन और जनसंस्कृति के उत्थान की प्रक्रिया से उपजे भक्तिकाव्य में सामंतवाद विरोधी स्वर का मुखर होना स्वाभाविक है। संत और भक्त कवि लोकमंगल की भावना से प्रेरित और लोकमंगल की साधना के कवि थे। उनके अनुभव और उनकी काव्यसाधना का क्षेत्र लोकजीवन ही था। सामान्य जनता की संस्कृति से उनकी कविता निर्मित हुई थी और लोकजीवन ही भक्ति-काव्य का संरक्षक बना। सामंती संस्कृति और उससे जुड़ी दरबाराश्रयी कविता के विरुद्ध जनसंस्कृति के उत्थान का प्रतिनिधित्व करने वाले कवि और काव्य का लोकाश्रयी होना स्वाभाविक है। भक्त कवियों ने स्पष्ट रूप से सामंती व्यवस्था और राजसत्ता का विरोध करते हुए घोषणा की थी कि 'संतन सो कहां सीकरी सो काम'। संत काव्य में पुरोहितवाद, धार्मिक आडंबर, जातिभेद, सामाजिक विषमता और ऊंच-नीच के भेदभाव का जो खंडन तथा विरोध है वह सामंती समाज-व्यवस्था और उसकी विचारधारा के विरुद्ध विद्रोह की अभिव्यक्ति है। सामंती व्यवस्था और उसकी विचारधारा के विरुद्ध विद्रोह का यह भाव अपने ऐतिहासिक संदर्भ में क्रांतिकारी महत्त्व का है। इसमें उस युग के सामाजिक परिवर्तन का प्रतिबिंबन है और नए सामाजिक परिवर्तन को प्रेरित करने की शक्ति भी है। संत कवियों के रहस्यवाद में भी अत्याचारी सामंती व्यवस्था के विकल्प के रूप में एक समतावादी व्यवस्था की कल्पना की बार-बार अभिव्यक्ति हुई है। संत कवियों का यह काल्पनिक देश लोक से अलग कोई परलोक नहीं है। कुछ लोग समझते हैं कि संत काव्य केवल

असहमति और विरोध का काव्य है। यह संतकाव्य की अधूरी समझ का परिणाम है। संतकाव्य में सामंती समाज-व्यवस्था और उसकी विचारधारा के विरुद्ध विद्रोह के साथ-साथ समतामूलक समाज-व्यवस्था की आकांक्षा, जनजीवन के यथार्थ और जनसंस्कृति के सौंदर्य की अभिव्यक्ति भी है। लोकप्रचलित प्रेम-कथाओं को आधार बनाकर काव्यरचना करने वाले सूफी कवियों की कविताओं में कथा के पुराने ढांचे के भीतर अपने समय की जनसंस्कृति के विभिन्न रूपों की अभिव्यंजना हुई है। जायसी के 'पद्मावत' में नागमती का विरह-वर्णन अनुभूति की व्यापता के लिए याद किया जाता है, लेकिन उसमें लोकप्रचलित काव्यरूप 'बारहमासा' का प्रयोग करते हुए विरह-वर्णन में जनजीवन और जनसंस्कृति की जो मार्मिक व्यंजना है, वह कम महत्त्वपूर्ण नहीं है। नागमती की विरहानुभूति की व्यापकता जनजीवन और जनसंस्कृति का आधार लेकर व्यक्त हुई है। जायसी की सामंतवाद विरोधी चेतना का एक प्रबल प्रमाण यह भी है कि उन्होंने सामंती व्यवस्था की सर्वोच्च सत्ता के एक प्रतिनिधि दिल्ली के सुल्तान अलाउद्दीन को 'शैतान' के रूप में देखा और चित्रित किया है। सामंती राजसत्ता के प्रति जायसी का दृष्टिकोण दिल्लीश्वर को जगदीश्वर कहने वालों से भिन्न था।

निर्गुण संतों की तरह सगुण भक्तों की कविता में सामंती समाज और उसकी विचारधारा के विरुद्ध ललकार की भाषा में उग्र विद्रोह की घोषणाएं कम हैं, लेकिन उनकी कविता में चरित्रों के निर्माण, कथा की संरचना, यथार्थ बोध, भाव बोध और जीवनमूल्य के बोध के स्तर पर सामंती व्यवस्था और विचारधारा का विरोध प्रकट हुआ है। सूर और तुलसी ने कृष्ण और राम की जिन कथाओं को आधार बनाकर काव्य रचना की है, वे संस्कृत काव्य की उदात्त परंपरा की उपज और लोकजीवन में प्रचलित कथाएं हैं। इन कथाओं के नायक अन्याय और अत्याचार के विरुद्ध संघर्ष करने वाले वीर पुरुष हैं। सामंती समाज-व्यवस्था के अन्याय और अत्याचार के विरुद्ध संघर्ष करने वाली जनता इन कथा-नायकों के संघर्ष में अपने संघर्ष की आकांक्षा का मूर्त रूप देखती है। यही इन कथाओं की व्यापक लोकप्रियता का रहस्य है। सूर और तुलसी के कृष्ण और राम अन्यायी, अत्याचारी और दमनकारी शासकों को मारकर उनकी दमनकारी सत्ताओं के स्थान पर लोकहितकारी राज्य-व्यवस्था की स्थापना करते हैं। तुलसी की रामराज्य की कल्पना में अत्याचारी सामंती राजसत्ता के स्थान पर न्यायप्रिय और जनप्रिय राजव्यवस्था की जनाकांक्षा व्यक्त हुई है। यह तुलसी की सामंतवाद-विरोधी चेतना का एक प्रमाण है। समतावादी राज-व्यवस्था की यह कल्पना सामंती युग की ऐतिहासिक सीमाओं से प्रभावित है। लेकिन उसमें सामंती व्यवस्था से मुक्ति की जनता की आकांक्षा और तुलसी की लोकहितवादी भावना की मुखर अभिव्यक्ति हुई है।

भक्त कवियों की कविता में मानवीय संबंधों और भावों के जो रूप हैं, उनमें

भी कवियों की सामंतवाद-विरोधी चेतना प्रकट हुई है। सूरदास के काव्य में कृष्ण से राधा और दूसरी गोपियों का प्रेम सामंती नैतिकता के बंधनों से मुक्त प्रेम है। उन्मुक्त प्रेम की यह कल्पना और मानवीय संबंध के रूप में उसके विकास का चित्रण प्रेम और विवाह संबंधी सामंती दृष्टिकोण का विरोधी है। प्रेम के सहज मानवीय और उदात्त रूपों की गहराई, व्यापकता तथा विविधता का जैसा चित्रण सूर के काव्य में है, वैसा अन्यत्र बहुत कम उपलब्ध होता है। हिंदी में सूर से बड़ा प्रेम का कवि दूसरा कोई नहीं है। सूर का वात्सल्य वर्णन अमानवीय व्यवस्था के बीच भी मनुष्य की मनुष्यता को जगाने और उसकी रक्षा करने में समर्थ है। सूर का भक्तिमार्ग प्रेममार्ग है, उसमें जीवन के रागात्मक संबंधों के सहज, उदात्त और मानवीय रूपों की अभिव्यक्ति है। सूर का काव्य जीवन और जगत के प्रति सच्चे अनुराग से पैदा हुआ है और वह जीवन तथा जगत में सच्चा अनुराग जगाने वाला काव्य है। वह जीवन की समग्रता का काव्य है, जिसमें मानव-जीवन के बचपन, किशोरावस्था और यौवन के रूप, भाव तथा कर्म के सौंदर्य की व्यंजना है।

रामविलास शर्मा ने लिखा है कि भक्ति आंदोलन किसी एक वर्ग का आंदोलन नहीं था, उसमें किसान, शिल्पकार, व्यापारी आदि सभी शामिल थे। वास्तव में भक्ति आंदोलन सामंती व्यवस्था से पीड़ित और उससे मुक्ति के लिए छटपटाते संघर्षशील सभी वर्गों का व्यापक सांस्कृतिक आंदोलन था। लेकिन उसमें मुख्य भूमिका शिल्पकारों और किसानों की थी, इसलिए वह जनसंस्कृति के उत्थान का आंदोलन बन सका। एक ओर उसमें जीवन-जगत की सच्चाई और सौंदर्य की अभिव्यक्ति है, सामंती समाज-व्यवस्था से मुक्ति की आकांक्षा है और पुरोहितवाद का उग्र विरोध है तो दूसरी ओर उसमें जगत के मिथ्यात्व की घोषणा है, जीवन-जगत से वैराग्य का भाव है, मायावाद है और निराशावाद भी है। वास्तव में सामंती युग में धर्म के माध्यम से प्रकट होने वाला सामाजिक विद्रोह सामंती युग की विचारधारा के प्रभावों से पूरी तरह मुक्त नहीं होता, लेकिन ऐसे प्रभावों के बावजूद इन विद्रोहों और आंदोलनों की समाज के विकास में महत्त्वपूर्ण भूमिका होती है।

भक्ति दर्शन, भक्ति आंदोलन और भक्ति-काव्य में जहां कहीं जीवन-जगत संबंधी मिथ्या चेतना और उल्टी विश्वदृष्टि के कारण यथार्थ को मिथ्या और मिथ्या को यथार्थ माना गया है, वहां भी जीवन-जगत की आलोचना में सामंती समाज-व्यवस्था की आलोचना दिखाई देती है। भक्ति दर्शन केवल मिथ्या चेतना का ही दर्शन नहीं है, उसमें जीवन-जगत के बीच विकसित होने वाले मानवीय भावों और संबंधों की प्रधानता है। भक्तियोग भावयोग है, इसलिए भक्त कवि जीवन-जगत के सौंदर्य पर मुग्ध होता है और मानवीय भावों को ही अपनी काव्य-साधना और भक्ति-भावना का आधार बनाता है। भक्ति-काव्य में जहां यथार्थबोध और सौंदर्य-

बोध पर जगत के मिथ्यात्व की धारणा का कोई प्रभाव नहीं है, वहीं काव्य का चरम उत्कर्ष दिखाई देता है। भक्ति आंदोलन के आचार्यों ने अद्वैतवाद और मायावाद के विरुद्ध जीवन-जगत की यथार्थता का प्रतिपादन किया था, भक्त कवियों ने जीवन के विभिन्न भावों और मानवीय संबंधों को ही भक्ति के विभिन्न भावों तथा भक्त और भगवान के बीच के संबंधों का आधार बनाया था। भक्ति दर्शन में जीवन-जगत की यथार्थता की स्वीकृति मुख्य है और उसके मिथ्यात्व का बोध गौण; इसलिए भक्ति-काव्य में जीवन-जगत के वास्तविक रूप और सौंदर्य का चित्रण प्रधान है, वैराग्य और निराशा का भाव गौण।

समाज के आर्थिक आधार में परिवर्तन से विभिन्न वर्गों के आपसी संबंधों में भी परिवर्तन आता है। इससे विचारों के निर्माण की पद्धति और विचार-प्रणाली में भी परिवर्तन होता है। फलतः सांस्कृतिक रूपों के निर्माण और विकास की पद्धति में भी परिवर्तन होता है। गोल्डमान ने लिखा है कि सामाजिक संरचनाओं के बदलने से विश्वदृष्टि की संरचनाएं बदलती हैं और सामाजिक संरचनाओं तथा विश्वदृष्टि की संरचनाओं के परिवर्तन से साहित्य-संरचनाओं के परिवर्तन की प्रक्रिया तेज होती है। जिस आर्थिक-सामाजिक परिवर्तन की प्रक्रिया से जातीय निर्माण की प्रक्रिया तेज हुई, उसी से सामंतवाद के विघटन की प्रक्रिया भी आरंभ हुई। इस प्रक्रिया के परिणामस्वरूप समाज के विभिन्न वर्गों के आपसी संबंधों में जो बदलाव आए, उनकी अभिव्यक्ति भक्ति आंदोलन और उसके साहित्य में हुई। सामंतवाद के विघटन और जनसंस्कृति के उत्थान की प्रक्रिया के आरंभ के साथ ही देशी भाषाएं विकसित हुईं और उनमें साहित्य रचना की शुरुआत हुई। भक्ति-काव्य में लोक-प्रचलित काव्यरूपों का प्रयोग हुआ और नए काव्यरूपों का विकास भी हुआ। भक्ति-काव्य में प्रगीत का विकास एक ओर जनसंस्कृति से भक्ति-काव्य के घनिष्ठ संबंध का सूचक है तो दूसरी ओर उसकी सामंतवाद विरोधी प्रकृति का एक प्रमाण भी है। आत्माभिव्यक्ति प्रगीत का प्राण है। यह आत्माभिव्यक्ति सामंती समाज की कठोर सामूहिकता के विरुद्ध व्यक्ति की वैयक्तिकता के उठ खड़ा होने की घोषणा है। भक्तिकाल के कवियों की कविता में आत्माभिव्यक्ति का स्वर अत्यत मुखर है। इस काल में प्रगीत का विकास भक्त कवियों की आत्माभिव्यक्ति की कामना का मूर्त रूप है। बहुत गहरे स्तर पर, प्रगीतात्मकता भक्ति-काव्य की सामंतवाद विरोधी रचना-दृष्टि को प्रमाणित करती है। निस्संदेह सूरदास भक्ति-काल के सबसे बड़े प्रगीतकार हैं। इस तरह वे भक्ति आंदोलन की सामंतवाद विरोधी चेतना और जनसंस्कृति के उत्थान के प्रतिनिधि रचनाकार सिद्ध होते हैं।

सूर के काव्य में ज्ञान और भक्ति, सगुण और निर्गुण, रागानुगामी जीवन और विधिनिषेधवादी जीवन-दृष्टि, जनसंस्कृति और सामंती संस्कृति, गांव की संस्कृति और नगरीय संस्कृति के द्वंद्व में उस युग के व्यापक बौद्धिक-सांस्कृतिक द्वंद्वों की

अभिव्यक्ति हुई है। उनकी कविता में भक्तिकाल की समन्वित कलाचेतना की अभिव्यंजना हुई है। सूर की काव्यभाषा की संरचना में उस युग के जनजीवन का यथार्थ कई रूपों में व्यक्त हुआ है; कहीं-कहीं उस यथार्थ की सीधी व्यंजना है और कहीं वह भाषा की लाक्षणिक संरचना में व्यंजित है। यह कहना गलत है कि सूर के काव्य का अपने समय के समाज और जीवन के यथार्थ से कोई संबंध नहीं है। उनके काव्य में उस युग के सामाजिक जीवन और विचारधारात्मक संघर्ष की कलात्मक अभिव्यक्ति है, उसमें मिथक और यथार्थ के द्वंद्वात्मक संबंध के भीतर समाज का इतिहास उपस्थित है।

सूर का काव्य हिंदी जाति के सामाजिक-सांस्कृतिक इतिहास से दिलचस्पी रखने वालों के लिए विशेष महत्त्वपूर्ण है। इससे भी अधिक महत्त्वपूर्ण बात यह है कि उनकी कविता में उस युग के यथार्थ और इतिहास का जो कलात्मक पुनः सृजन है, उसका बार-बार अनुभव संभव है; इसलिए वह अपने युग की ऐतिहासिक सीमाओं से मुक्त भी है। समाज के इतिहास को बार-बार जीना संभव नहीं होता, लेकिन कलाकृति में पुनर्रचित इतिहास का बार-बार अनुभव करना संभव होता है। सूर की कविता मानवीय अनुभवों की विविधता का अक्षय भंडार है। एक युग के मनुष्य के अनुभवों की दुनिया में दूसरे युग के मनुष्य की दिलचस्पी स्वाभाविक है, यह मनुष्यता के विकास के इतिहास में मनुष्य की दिलचस्पी है। आज और कल के मनुष्य के लिए सूर की कविता की सार्थकता का एक पक्ष यह भी है। कला में मनुष्य के अनुभव के वैयक्तिक, सामाजिक और मानवीय—तीनों ही पक्ष होते हैं। कला में मनुष्य के अनुभव के वैयक्तिक और सामाजिक पक्ष कई बार ऐतिहासिकता की सीमाओं में बंधे होने के कारण परवर्ती काल में सीमित सार्थकता रख पाते हैं, लेकिन अनुभव का मानवीय पक्ष हर युग के मनुष्य की मनुष्यता से जुड़कर अपनी सार्थकता पा लेता है। सूर की कविता में मानवीय संवेदनशीलता के ये तीनों ही पक्ष हैं; इसलिए सूर की कविता का अनुभव युगीन है और युगातीत भी। यही कारण है कि सूर की कविता कालबद्ध है और कालजयी भी।

सूर की कविता हिंदी क्षेत्र में रहने वाले लोगों के जातीय जीवन और सांस्कृतिक परंपराओं को व्यक्त करने वाली कविता है। वह हिंदी भाषा के जातीय रूप का निर्माण करने वाली, हिंदी साहित्य के जातीय काव्य-रूपों को विकसित करने वाली कविता है। सूर की कविता की सबसे बड़ी विशेषता यह है कि वह शास्त्र और सत्ता के आतंक से मुक्त है, इसलिए वह ऐसे आतंक से मुक्ति दिलाने वाली कविता भी है।

यह पुस्तक लगभग तेरह वर्ष पहले लिखे गए मेरे पी-एच. डी. के शोधप्रबंध का संक्षिप्त और संशोधित रूप है। इस बीच मैं बराबर भक्तिकाल के साहित्य

का अध्ययन और उसकी विभिन्न समस्याओं पर विचार करता रहा हूं। इस प्रक्रिया में भक्ति आंदोलन और उसके काव्यसंबंधी मेरे विचारों में परिवर्तन हुआ है। अपने नए विचारों को पाठकों के सामने रखने के लिए ही मैंने इस पुस्तक की अपेक्षाकृत लंबी भूमिका लिखी है।

यह पुस्तक भक्तिकाल और सूर-साहित्य को नए ढंग से देखने-समझने में जितनी सहायक होगी, मेरा प्रयास उतना ही सार्थक होगा।

इस पुस्तक के लेखन और प्रकाशन में जिन मित्रों का मूल्यवान सहयोग मिला हैं, उन सबका मैं कृतज्ञ हूं।

मैनेजर पांडेय

भारतीय भाषा केंद्र
जवाहरलाल नेहरू विश्वविद्यालय
नई दिल्ली-110067
1982

अनुक्रम

भक्तिकाव्य और हिंदी आलोचना

जब से हिंदी आलोचना केवल समकालीन लेखन की समीक्षा बन गई है और उस समीक्षा की समकालीनता अपनी पीढ़ी के मित्रों के बीच परस्पर प्रशंसा या निंदा तक सिमट गई है, तब से पुराने साहित्य की चर्चा साहित्य-चिंता के बाहर हो गई है। आजकल छायावाद और भारतेंदु युग का साहित्य भी आलोचना के बदले इतिहास और शोध के खाते में डाल दिया गया है। ऐसी स्थिति में अगर रीतिकाल और भक्तिकाल की कविता आलोचना की सीमा से परे हो तो क्या आश्चर्य ! हां, कभी-कभी परंपरा पर बहस के दौरान भक्तिकाव्य की याद जरूर आती है।

आज भी भक्तिकाल की कविता की महानता और अनन्य लोकप्रियता को सब स्वीकार करते हैं; कुछ जान-बूझकर और कुछ केवल श्रद्धावश। फिर भी उस कविता के प्रति आज की आलोचना उदासीन ही अधिक है। आखिर क्यों? इस प्रवृत्ति के पीछे संकीर्ण समकालीनता का आग्रह है, भक्तिकाव्य संबंधी अज्ञान है या परंपरा के प्रति उदासीनता ? जो भी हो, यह स्थिति चिंताजनक है। भक्तिकाव्य से आज की आलोचना की उदासीनता के कारण भक्तिकाव्य का भले ही कुछ न बिगड़ा हो, लेकिन समकालीन आलोचना जरूर प्रभावित हुई है। भक्तिकाव्य से आज की आलोचना की दूरी देखकर मन में बार-बार यह सवाल उठता है कि यदि रामचंद्र शुक्ल और हजारीप्रसाद द्विवेदी भी आलोचना की आज वाली समकालीनता के शिकार होते तो हिंदी आलोचना कहां और कैसी होती।

आज के कुछ कवि कभी-कभी निराला, नागार्जुन और त्रिलोचन की कविता में गहरी दिलचस्पी लेने की बात करते हैं। लेकिन निराला, नागार्जुन और त्रिलोचन तो भक्तिकाव्य से कभी उदासीन नहीं रहे हैं। भक्तिकाल के कवियों से उनका लगाव और उनकी कविता में भक्तिकाव्य की गहरी प्रतिध्वनियां जग-जाहिर हैं। फिर उनकी कविता में दिलचस्पी का दावा करने वाले भक्तिकाव्य से

उदासीन क्यों हैं ?

भक्तिकाव्य की एक विशेषता हिंदी भाषा के काव्यत्व का उत्कर्ष है। हिंदी-भाषी समाज ने लंबे काल के अपने इतिहास में व्यापक जीवन-जगत के साथ अनेक प्रकार के संबंधों का अनुभव जिस भाषा में किया है उसमें वे अनुभव अनेक रूपों में संचित हैं। उन अनुभवों को नाम और रूप देकर सगुण-साकार बनाने की रचनात्मक प्रक्रिया से ऐसे शब्दों, मुहावरों, कहावतों, लोकोक्तियों, लोकवार्ताओं और बात कहने के विशेष ढंग का विकास हुआ है जिनमें हिंदीभाषी समाज की संवेदनशीलता प्रकट हुई है और उसकी जिंदगी की सहज कविता भी। उस कविता में जीवन की वास्तविकताओं की अनुभूतियां हैं और नई संभावनाओं की चाह भी। वह हिंदी भाषा के स्वभाव की कविता है और हिंदीभाषी समाज के स्वभाव की कविता भी। यही हिंदी का हिंदीपन है। हिंदी भाषा की इसी बुनियादी कविता का या हिंदीपन का उत्कर्ष भक्तिकाव्य में दिखाई देता है। वैसे तो प्रत्येक महत्त्वपूर्ण कवि की अपनी विशिष्ट काव्यभाषा होती है, लेकिन बड़े कवि वही होते हैं जो अपनी भाषा के काव्यत्व को पहचानकर उसे समकालीन बनाते हुए विकसित करते हैं। हिंदी में ऐसा उन्हीं कवियों ने किया है जो भक्तिकाव्य को भूले नहीं हैं। आज के जिन कवियों की स्मृति में भक्तिकाव्य नहीं है उनकी कविता में अंतर्राष्ट्रीय आधुनिकता भले ही अधिक हो, लेकिन हिंदीपन कम ही है।

समकालीनता की मारी आज की हिंदी आलोचना ने कबीर को आध्यात्म-प्रेमी विदेशियों तथा उनके देशी सहयोगियों को सौंप दिया है और तुलसीदास को 'जय श्रीराम' का नारा लगाने वाले शाखामृगों की मर्जी पर छोड़ दिया है। लगता है कि जायसी, सूरदास और मीराबाई की कविता ऐसे उपयोगों-दुरुपयोगों की छूट नहीं देती, इसलिए वे अभी बचे हुए हैं।

आलोचना की समकालीनता का एक पक्ष यह भी है कि वह अतीत की महत्त्वपूर्ण रचनाओं की वर्तमान अर्थवत्ता की खोज करे। लेकिन खोज की प्रक्रिया ऐसी हो कि रचना में जो अर्थ अदृश्य है वह सामने आए, कालातीत की ऐतिहासिक भूमि और भूमिका प्रकट हो, कृति की पवित्र प्रतिमा में प्रतिष्ठित चेतना का समकालीन अर्थ खुले और उसकी नई संभावनाओं की पहचान हो, ताकि वह नई चेतना के विकास का माध्यम बने; न कि पूजा की वस्तु। रामचंद्र शुक्ल और हजारीप्रसाद द्विवेदी ने भक्तिकाव्य की व्याख्या करते हुए अपने-अपने ढंग से यही काम किया है। हाल के वर्षों में विजयदेव नारायण साही ने जायसी के पद्मावत के नए अर्थ और महत्त्व की खोज की है और विश्वनाथ त्रिपाठी ने मीरा की कविता की नई पहचान विकसित की है। आलोचना की इस सम-कालीनता के अनुसार केवल नया ही समकालीन नहीं होता। जो सार्थक है वही

समकालीन है; वह नया हो या पुराना। किसी ने ठीक ही कहा है कि 'साहित्य के स्वराज्य में अतीत के नागरिक भी वैसे ही सक्रिय रहते हैं जैसे वर्तमान के।' साहित्य में सच्ची नागरिकता रचनाओं की ही होती है; और रचनाएं अंततः सार्थक या निरर्थक होती हैं न कि नई और पुरानी।

विद्वान लोग समझते हैं कि वे ही साहित्य की आलोचना, परंपरा की पहचान और संस्कृति की व्याख्या करते हैं। यह पूरी सच्चाई नहीं है। कभी-कभी विशेष ऐतिहासिक स्थितियों और सामाजिक वास्तविकताओं का सामना करती हुई जनता भी संस्कृति, परंपरा और साहित्य की पहचान का विवेक विकसित करती है। वह विवेक संग्रह और त्याग की प्रक्रिया से विकल्पों के बीच चुनाव में मदद करता है। यदि हम इस व्यापक प्रक्रिया को समझने के लिए केवल भक्तिकाव्य के साथ जनचेतना के संबंध पर ध्यान दें तो भी उस प्रक्रिया का स्वरूप स्पष्ट हो जाएगा। यह सब जानते हैं कि भक्ति-आंदोलन केवल कविता का आंदोलन नहीं है। वह एक अखिल भारतीय समग्र सांस्कृतिक आंदोलन है जिसका पहले की संस्कृति, परंपरा और कविता से गहरा संबंध है और बाद की संस्कृति, परंपरा और कविता के विकास में उसकी महत्त्वपूर्ण भूमिका है। भक्तिकाल की कविता जनता के जीवन में रमी हुई कविता है, वह परंपरा है और संस्कृति भी है। इसलिए जब इस देश की जनता के सामने ऐसी ऐतिहासिक स्थितियां और सामाजिक वास्तविकताएं आती हैं जो विकल्पों के बीच चुनाव की चुनौती खड़ी करती हैं तब वह भक्ति आंदोलन के कवियों की ओर देखती है। ऐसी स्थितियों में विद्वान लोग विचारों की विदेशी सहायता से काम चला लेते हैं, लेकिन साधारण जनता तो अपने भक्त कवियों से ही कुछ आशा कर सकती है।

पिछले कुछ वर्षों में इस देश में अनेक जन-आंदोलन हुए हैं। उन आंदोलनों को भक्त कवियों की याद आती रही है और उनसे शक्ति भी मिलती रही है। जब महाराष्ट्र के दलितों ने वर्ण-व्यवस्था और जातिप्रथा के विरुद्ध विद्रोह किया तब उन्हें मराठी के भक्त कवि नामदेव, एकनाथ, तुकाराम आदि से प्रेरणा और शक्ति मिली। हिंदीक्षेत्र का दलित आंदोलन कबीर से प्रेरित और प्रभावित होता रहा है। यहां दलित आंदोलन के विकास के साथ कबीर और रैदास की लोकप्रियता बढ़ी है। वैसे कबीरदास पहले से ही दलित जन-समुदाय में अधिक लोकप्रिय रहे हैं। इधर जब से सांप्रदायिकता की महामारी फैली है और मस्जिद-मंदिर का झगड़ा खड़ा हुआ है तब से कबीरदास का महत्त्व साधारण जनता के साथ-साथ विद्वानों की भी समझ में आने लगा है। कबीर ऐसे कवि हैं जिन्हें किसी तरह की सांप्रदायिकता और कट्टरता न तो अपना बना सकती है और न पचा सकती है। सांप्रदायिकता, धार्मिक कट्टरता और अनेक दूसरी सामंती रूढ़ियों के विरुद्ध संघर्ष में प्रेरणा का एक अक्षय स्रोत है भक्त कवियों की कविता;

इसीलिए उसमें साधारण जनता के साथ-साथ बुद्धिजीवियों की भी दिलचस्पी बढ़ गई है।

हिंदीक्षेत्र में अभी सामंती मूल्यों और रूढ़ियों का जितना अधिक प्रभाव है उतना देश के किसी अन्य भाग में शायद ही कहीं हो। इसलिए यहां स्त्रियों का जैसा शोषण, दमन और उत्पीड़न है वैसा अन्यत्र कहीं नहीं। यहां हत्या और आत्महत्या से बचा हुआ स्त्री-जीवन आग के दरिया से गुजरने के समान है। इस पराधीनता से स्त्रियों की मुक्ति का जो आंदोलन हिंदीक्षेत्र में अब आरंभ हुआ है, वह मीराबाई के जीवन और काव्य के विद्रोही स्वरों को पहचान रहा है। मीरा के काव्य में राजसत्ता, पुरुषसत्ता, लोकरूढ़ि और कुलीनता के विरुद्ध विद्रोह का स्वर जैसा प्रखर है वैसा उस काल के किसी अन्य कवि के यहां नहीं है। यही कारण है कि राजस्थान में दिवराला के सतीकांड के बाद इस नृशंस सामंती प्रथा के विरुद्ध जो आवाज उठी और आंदोलन चला उसमें मीराबाई को बार-बार याद किया गया। यह स्वाभाविक और जरूरी भी था। आज भी भारतीय नारी को गुलाम बनाए रखने में राजसत्ता, पुरुषसत्ता, लोकरूढ़ि और कुलकानि की बहुत बड़ी भूमिका है। मीरा के काव्य और जीवन से इन चारों के विरुद्ध संघर्ष की प्रेरणा मिलती है। अभी हिंदी आलोचना में मीराबाई के वास्तविक महत्त्व की खोज और पहचान बाकी है। अनेक आलोचक तो उन्हें भक्तिकाल के बड़े कवियों में गिनने के लिए भी तैयार नहीं हैं। लेकिन जब इस देश में नारी-स्वाधीनता का आंदोलन पूरी तरह विकसित होगा, वह शहरों से बढ़कर गांवों तक पहुंचेगा और यहां का स्त्री-समुदाय सचमुच स्वतंत्र होगा तब मीराबाई हिंदी ही नहीं, गुजराती जनता के बीच भी सबसे अधिक लोकप्रिय होंगी। इस बात पर कम ध्यान दिया गया है कि जैसे विद्यापति हिंदीक्षेत्र को बंगाल से जोड़ते हैं वैसे ही मीराबाई गुजरात से। बंगाल में जो महत्त्व विद्यापति का है उससे अधिक गुजरात में मीराबाई का है।

इस तरह हिंदीभाषी जनता ने अपने जीवन-संघर्ष और सामाजिक संघर्ष की प्रक्रिया में भक्त कवियों का महत्त्व पहचाना है और उनकी कविता के संग्रह-त्याग का विवेक विकसित किया है। क्या वह विवेक तर्कयुद्ध में लगे आलोचकों के निर्णयों से कम महत्त्व का है? क्या वह आलोचकों के किसी काम का नहीं? क्या भक्तिकाव्य संबंधी आलोचनात्मक चेतना के विकास में उसे विवेक की कोई भूमिका नहीं है?

भक्तिकाव्य : व्याख्या की समस्याएं

आचार्य रामचंद्र शुक्ल, आचार्य हजारीप्रसाद द्विवेदी, रामविलास शर्मा और नामवर सिंह के महत्त्वपूर्ण आलोचनात्मक प्रयत्नों के बावजूद भक्तिकाव्य की

व्याख्या हिंदी आलोचना के लिए आज भी एक चुनौती है। इसका एक कारण भक्तिकाव्य की अपार सृजनात्मक समृद्धि है। कबीर, जायसी, सूर, तुलसी और मीरा की कविता एक व्यापक आंदोलन से जुड़ी हुई है, लेकिन उन सबकी कविता एक-सी नहीं है। उनमें से हरेक की कविता का अपना विशिष्ट रूप, रंग और स्वर है। एक की कविता से निकलकर दूसरे की कविता में प्रवेश करना लगभग कविता की दूसरी दुनिया में पहुंचना है। जो आलोचक इन कवियों की कविताओं में केवल सामान्य एकता ढूंढ़ते रहते हैं वे उनकी सृजनात्मक विशिष्टताओं और विविधताओं को देख नहीं पाते।

भक्तिकाव्य के व्याख्याकारों के सामने एक कठिनाई और भी है। वह एक व्यापक सांस्कृतिक आंदोलन की देन है, जिसकी जड़ें अपने समय के समाज और उसके इतिहास में बहुत दूर तक फैली हुई हैं। भक्तिकाव्य में उस समय के भारतीय समाज की वास्तविकताएं हैं और उनकी आलोचना भी है, सामाजिक व्यवस्थाओं के चित्र हैं और व्यवस्था के बंधनों को तोड़ने की आकांक्षा भी है, सामंती सत्ता के अनेक रूप हैं और उनके आतंक के विरुद्ध निर्द्वंद्व निर्भयता भी है। उसमें कहीं शास्त्र की रूढ़ियों के अस्वीकार की घोषणा है, कहीं लोक के बंधनों की उपेक्षा का साहस है तो कहीं शास्त्र और लोक के बीच समन्वय का प्रयास भी है। उसमें उस काल के सामाजिक और सांस्कृतिक अंतर्विरोधों की अभिव्यक्ति है; कहीं अंतर्विरोधों के बीच संघर्ष की चेतना अधिक है तो कहीं समन्वय की कोशिश। उस युग के वैचारिक द्वंद्वों की पहचान में प्रत्येक कवि का एक अपना पक्ष है और अन्य पक्षों का प्रतिवाद भी है।

भारतीय समाज के इतिहास, उसकी सांस्कृतिक प्रक्रिया और उसके भीतर उठे भक्ति आंदोलन से कबीर, जायसी, सूर, तुलसी और मीरा का संबंध एक जैसा नहीं है। इसीलिए सामाजिक अंतर्विरोधों और भावात्मक वैचारिक द्वंद्वों के बारे में उनकी चिंताओं में भी अंतर है। भक्ति आंदोलन और उसके काव्य की यह जटिल समग्रता उस व्याख्याकार को भटकाती है जो किसी एक कवि की सामाजिक-सांस्कृतिक दृष्टि को केंद्रीय दृष्टि मानकर उसकी सापेक्षता में अन्य कवियों का मूल्यांकन करता है या एक कवि के भावबोध को दूसरे कवि के भावबोध की कसौटी बनाता है।

भक्तिकाव्य के किसी भी व्याख्याकार के सामने एक समस्या भक्ति आंदोलन से इस्लाम और उससे जुड़ी हुई सामाजिक-सांस्कृतिक प्रक्रिया के संबंध की रही है। कुछ लोग भक्ति आंदोलन को इस्लाम और मुसलमानी शासन की प्रतिक्रिया समझते हैं तो कुछ दूसरे उस पर इस्लाम का अत्यंत सीमित प्रभाव मानते हैं। जो लोग भक्ति आंदोलन को लोकजागरण का आंदोलन और जनसंस्कृति की अभिव्यक्ति कहते हैं वे भी लोकजीवन और जनसंस्कृति के भीतर इस्लाम के सामाजिक

और सांस्कृतिक प्रभावों को अस्वीकार नहीं करते। लेकिन आश्चर्य की बात है कि ऐसे सभी आलोचक भक्तिकाव्य में उन प्रभावों की अभिव्यक्ति की उपेक्षा करते हैं। यह एक ऐतिहासिक वास्तविकता है कि भक्ति आंदोलन के काल में इस देश में इस्लाम मौजूद था और भारतीय समाज में मुसलमान केवल मौजूद ही नहीं थे, बल्कि शासक भी थे। विचारणीय बात यह है कि उस ऐतिहासिक वास्तविकता का कौन-सा पक्ष भक्ति आंदोलन के किस कवि की कविता में किस रूप में व्यक्त हुआ है। मीरा की कविता में उस वास्तविकता के चिह्न बहुत कम हैं। तुलसीदास के यहां इस्लाम और मुसलमानों की मौजूदगी दर्ज है और अरबी-फारसी शब्दों का प्रयोग भी है। सूरदास की कविता में कृषि, ग्राम-प्रबंध, व्यापार, शासन-व्यवस्था और दरबार आदि से जुड़े चित्रों में उस वास्तविकता के अनेक पक्ष हैं और उनके साथ अरबी-फारसी की शब्दावली भी है। ध्रुपद के साथ खयाल गायकी और रबाव तथा शहनाई आदि बाजों का उल्लेख भी है। इस तरह सूर और तुलसी की कविता में उस नई सांस्कृतिक प्रक्रिया की ओर संकेत है जो उस काल में विकसित हो रही थी। लेकिन भारतीय जीवन में उस वास्तविकता के व्यापक प्रसार और गहरे प्रभाव की समग्रता का जैसा बोध कबीर और जायसी के काव्य में है, वैसा और कवियों के यहां नहीं। कबीर और जायसी की कविता में उस वास्तविकता के बोध के साथ-साथ धार्मिक रूढ़िवाद से उपजे भेदभाव को हटाकर मानवीय स्तर पर व्यापक एकता की पहचान और प्रतिष्ठा का प्रयत्न भी है।

भक्तिकाव्य की व्याख्या से जुड़ी हुई दूसरी विवादास्पद समस्या निर्गुण-सगुण के संबंध की है। यह सही है कि कबीर, सूर और तुलसी के काव्य में निर्गुण-सगुण के संबंध पर जितना विवाद है उससे अधिक वितंडावाद आलोचकों की व्याख्याओं में है। लेकिन यह भी सच है कि कबीर, सूर और तुलसी की कविता में निर्गुण-सगुण के संबंध पर पर्याप्त विवाद है। कबीरदास निर्गुण भक्त हैं। उन्होंने पुराणपोषित अवतारवाद का विरोध किया है—'दसरथ सुत सब लोक बखाना, राम नाम को मरम है आना।' सगुण मत का आधार है अवतारवाद। सूर के कृष्ण और तुलसी के राम अवतार हैं। उनकी सगुण लीला और चरित्र के कवि हैं सूर और तुलसी। यह सब विवादास्पद नहीं है। विवाद की बात यह है कि सूर और तुलसी ने निर्गुण का खंडन किया है कि नहीं? वैसे तो कृष्ण की सगुण लीला के गायक सूरदास की कविता में आदि से अंत तक प्रेम के उल्लास से भरपूर जीवन के उत्सव का सर्वव्यापी संगीत है, जिसमें तन्मयता से हटकर किसी वाद-विवाद के लिए कोई जगह नहीं है, फिर भी सूर ने 'भ्रमरगीत' के उद्धव-गोपी संवाद में ज्ञान बनाम भक्ति और निर्गुण बनाम सगुण विवाद के लिए अवसर निकाल ही लिया है। वहां तीन सौ से अधिक पदों में योग, ज्ञान

और सबसे अधिक निर्गुण की निस्सारता पर गोपियों का धाराप्रवाह व्याख्यान है। गोपियों के भावाकुल तर्क के आगे ज्ञानी उद्धव निरुत्तर, अवाक् और पराजित दिखाई देते हैं। भ्रमरगीत के सगुण-निर्गुण-विवाद से साबित होता है कि सूरदास अपने युग के वैचारिक द्वंद्वों से अलग और अनभिज्ञ कवि नहीं हैं।

सगुण-निर्गुण-विवाद में तुलसीदास अधिक सजग हैं। वे दार्शनिक कवि हैं और भारतीय धर्म, दर्शन तथा साहित्य की विशाल परंपरा के परम पंडित भी। जब वे निर्गुण का खंडन करते हैं तब उनके सामने निर्गुण भक्ति की पूरी परंपरा रहती है :

साखी सबदी दोहरा, कहि कहनी उपखान।
भगति निरूपहिं भगतजन, निंदहिं वेद पुरान॥

कबीरदास भी योगियों के बाह्याचार की आलोचना करते हैं, लेकिन वे गोरखनाथ को आदर के साथ याद करते हैं—'साथी गोरखनाथ ज्यूं अमर भये कलिमांह।' उसके ठीक विपरीत तुलसीदास गोरखनाथ के योग को भक्तिविरोधी मानते हैं—'गोरख जगायो जोग, भगति भगायो लोग।' साथ ही वे प्रेम की कहानी और आख्यान लिखने वाले सूफियों की भी आलोचना करते हैं। निर्गुण का खंडन करते समय तुलसीदास प्रायः कबीर को सामने रखते हैं। कबीर ने कहा था—'दसरथ सुत सब लोक बखाना, राम नाम को मरम है आना।' मानो उसे याद करते हुए 'रामचरितमानस' के 'शिव-पार्वती-संवाद' में तुलसी ने लिखा :

एक बात नहि मोहि सोहानी।
जदपि मोह बस कहेहु भवानी॥
तुम्ह जो कहा राम कोउ आना।
जेहि श्रुति गाव धरहिं मुनि ध्याना॥
कहहिं सुनहिं अस अधम नर ग्रसे जे मोह पिसाच।
पाखंडी हरिपद विमुख जानहिं झूठ न साच॥

निर्गुणपंथियों की इससे अधिक कठोर आलोचना और क्या हो सकती है। इसके बाद भी यदि किसी को तुलसीदास के निर्गुण-विरोध पर संदेह हो तो उससे बहस करना व्यर्थ है। तुलसीदास उन सबकी उग्र आलोचना करते हैं जो वेद तथा पुराण का विरोध करते हैं और श्रुतिसम्मत तथा पुराण-पोषित भक्तिपथ से अलग चलने की कोशिश करते हैं। इसके साथ ही तुलसीदास निर्गुणपंथियों की कड़ी आलोचना के बाद दार्शनिक स्तर पर निर्गुण-सगुण के बीच एकता स्थापित करते हैं :

सगुनहि अगुनहि नहि कछु भेदा। गावहिं मुनि पुरान बुध वेदा॥
अगुन अरूप अलख अज जोई। भगत प्रेम बस सगुन सो होई॥

तुलसीदास जिस वैदिक और पौराणिक परंपरा की रक्षा के लिए निर्गुण की आलोचना करते हैं उसमें विरोधी विचारों के साथ ऐसा व्यवहार बहुत पहले से होता आया है। उस व्यवहार के अनुसार किसी विरोधी विचार का पहले पूर्ण विरोध किया जाता है। यदि विरोध से वह नष्ट नहीं होता तो उसे विकृत किया जाता है। अगर वह विरोध और विकृति की प्रक्रिया को झेलते हुए जीवित रहता है तो उसके विद्रोही स्वर को दबाकर उसे आत्मसात् कर लिया जाता है। निर्गुण मत से पहले बौद्धदर्शन और लोकायत दर्शन विरोध, विकृति और समाहार की इसी पद्धति के शिकार हो चुके हैं।

स्त्री संबंधी दृष्टिकोण

सामाजिक व्यवस्था और सांस्कृतिक प्रक्रिया के साथ सभी भक्त कवियों का संबंध एक जैसा नहीं है। यही कारण है कि उस युग की अनेक सामाजिक वास्तविकताओं और स्थितियों के बारे में उनकी राय भी एक जैसी नहीं है। इसका सबसे स्पष्ट प्रमाण स्त्री के बारे में विभिन्न भक्त कवियों के विचारों में दिखाई देता है। यद्यपि कबीर की सामाजिक चेतना अत्यंत प्रखर है, लेकिन उनके स्त्री-संबंधी विचारों पर उस युग की गहरी छाया है। वे कहते हैं :

नारी कूंड नरक का, बिरला थामे बाग।
कोई साधुजन ऊबरे, सब जग मुआ लाग॥

सामाजिक व्यवस्था और धार्मिक विश्वास संबंधी कबीर के अधिकांश विचारों से तुलसीदास असहमत हैं, लेकिन स्त्री के बारे में दोनों की राय लगभग एक जैसी है। कबीर की तरह तुलसी भी स्त्री को अवगुणों की खान और बुराइयों की जड़ समझते हैं। वे यह भी कहते हैं कि पति की सेवा (चाहे पति जैसा भी हो) उसका धर्म है :

सहज अपावन नार, पति सेवत सुभगति लहै।
जस गावत श्रुति चार, अजहूं तुलसी हरिहै पिये॥

तुलसीदास स्त्री की पराधीनता की पीड़ा पहचानते हैं :

कत विधि सृजी नारि जगमांही, पराधीन सपनेहूं सुख नाहीं।

पर साथ ही वे स्त्री की स्वतंत्रता को भी खतरनाक समझते हैं—'जिमि स्वतंत्र भए बिगरहिं नारी', इसलिए उसे पुरुष के शासन में रखना पसंद करते हैं। कबीर और जायसी सतीप्रथा को भी महिमा-मंडित करते हैं। इस तरह कबीर, जायसी और तुलसी के काव्य में स्त्री सामंती रूढ़ियों में जकड़ी हुई है। लेकिन सूरदास के काव्य में स्त्री का सहज, स्वतंत्र और तेजस्वी रूप मिलता है, जो प्रेम के अलावा लोक और वेद के किसी बंधन को नहीं मानती। 'सूरसागर' में केवल एक जगह सतीप्रथा का उल्लेख है। वहां भी उस प्रथा की भर्त्सना ही है और

उसके जघन्य रूप के त्रासद प्रभाव की ओर संकेत भी :

देख जरनि, जड़, नारि की, (रे) जरति प्रेम के संग।
चिता न चित फीकौ भयौ, (रे) रची जु पिय के रंग।
लोक-वेद बरजत सबै, (रे) देखत नैननि त्रास।

स्त्री के बारे में मीरा का दृष्टिकोण बाकी भक्त कवियों से एकदम अलग है। उनकी कविता में एक ओर सामंती समाज में स्त्री की पराधीनता और यातना की अभिव्यक्ति है तो दूसरी ओर उस व्यवस्था के बंधनों का पूरी तरह निषेध और उससे स्वतंत्रता के लिए दीवानगी की हद तक संघर्ष भी है। उस युग में एक स्त्री के लिए ऐसा संघर्ष अत्यंत कठिन था। लेकिन मीरा ने अपने स्वत्व की रक्षा के लिए कठिन संघर्ष किया। वह राठौड़ राजकुल की बेटी और सिसोदिया राजकुल की बहू थीं, जहां सतीप्रथा का चलन था। लेकिन विधवा होने के बाद मीरा कुल की रीति और लोक की रूढ़ि के अनुसार सती नहीं हुईं। वह लगातार लांछन, अपमान और यातना सहती हुई स्वतंत्र रहकर कृष्णभक्त बनीं। उन्होंने निर्भय होकर भ्रामक युगधर्म और लोकभय का सामना करते हुए स्पष्ट कहा :

भजन करस्यां सती न होस्यां मन मोह्यो घण नामी।

उस युग में किसी स्त्री को भक्ति भी सहज सुलभ न थी; क्योंकि स्त्री को भक्त-रूप में स्वीकार करने के लिए व्यापक समाज की कौन कहे, साधु समाज भी तैयार न था। उस काल में मीरा के बारे में प्रचलित विभिन्न प्रवादों से भी यही संकेत मिलता है। 'चौरासी वैष्णवों की वार्ता' में वल्लभ-संप्रदाय के भक्तों का गुणगान किया गया है, लेकिन मीराबाई को उसमें बहुत बुरा-भला कहा गया है और गालियां भी दी गई हैं।

मीरा का जीवन और काव्य उस काल के अन्य भक्त कवियों की स्त्री-संबंधी मान्यताओं का प्रतिकार है और प्रत्युत्तर भी।

मूल्यांकन संबंधी मतभेद

भक्ति आंदोलन और उसके काव्य के स्वरूप की जटिल समग्रता का एक और रूप लोकजीवन से उसके संबंध में दिखाई देता है। भक्तिकाव्य के प्रमुख व्याख्याकारों ने उस संबंध का विवेचन किया है। आचार्य शुक्ल भक्तिकाव्य को लोकधर्म की अभिव्यक्ति मानते हैं और रामविलास शर्मा उसे लोकजागरण का काव्य कहते हैं। आचार्य हजारीप्रसाद द्विवेदी भी लोकधर्म को भक्ति आंदोलन की जन्मभूमि मानते हैं, लेकिन लोकधर्म की उनकी धारणा शुक्लजी से भिन्न है। वह शास्त्रीय धर्म के विरोध और विकल्प में विकसित लोकधर्म है। नामवर सिंह लोकधर्म को जनसाधारण के विद्रोह की विचारधारा कहते हैं। वास्तव में आचार्य शुक्ल के

लोकधर्म का आधार है तुलसीदास की सामाजिक-सांस्कृतिक दृष्टि और आचार्य द्विवेदी के लोकधर्म के मूल में कबीरदास की सामाजिक-सांस्कृतिक दृष्टि है।

आचार्य रामचंद्र शुक्ल तुलसीदास के लोकधर्म की कसौटी पर दूसरे भक्त कवियों को परखते हैं इसीलिए उन्हें 'निर्गुण धारा के संतों की बानी में लोकधर्म की अवहेलना छिपी हुई' दिखाई देती है, सूर का 'प्रेमपक्ष लोक से न्यारा' लगता है और मीरा की प्रेमसाधना लोकमर्यादा का अतिक्रमण करने के कारण खटकती है। शुक्लजी के अनुसार, तुलसीदास ने यह पहचाना कि निर्गुण संतों के 'बचनों से जनता की चित्तवृत्ति में घोर विकार की आशंका है जिससे समाज विश्रृंखल हो जाएगा, उसकी मर्यादा नष्ट हो जाएगी।' तात्पर्य यह कि जो भी पहले से चली आती हुई सामाजिक व्यवस्था और मर्यादा को बदलने की प्रेरणा देगा वह तुलसीदास और शुक्लजी के लोकधर्म का विरोधी होगा। सवाल यह है कि कैसे समाज और कैसी मर्यादा के लिए संतों की बानी खतरा बन रही थी। इसमें कोई संदेह नहीं है कि सामाजिक असमानता और जाति-पांति के भेदभाव पर टिकी हुई समाज-व्यवस्था और उसकी रक्षा करने वाली मर्यादाओं का विरोध निर्गुण संतों के काव्य में है। वही तुलसीदास को असह्य लगता है और रामचंद्र शुक्ल को लोकविरोधी। शुक्लजी का लोकधर्म मूलतः ऐसा समाज-दर्शन है जिसमें पहले से स्थापित और स्थिर सामाजिक संबंधों को यथावत् बनाए रखने का आग्रह है।

भक्तिकाव्य में जहां वर्णाश्रमवादी समाज-व्यवस्था, उस व्यवस्था के पोषक शास्त्रों और उन शास्त्रों को धारण करने वाले पंडितों का विरोध दिखाई देता है वहां आचार्य शुक्ल की भौंहें तन जाती हैं। ऐसा विरोध सबसे अधिक निर्गुण काव्य में है, इसलिए उसके सामने आते ही शुक्लजी कटु हो जाते हैं। वह कटुता कहीं सीधे प्रकट होती है और कहीं व्यंग्य बनकर। इसका सबसे दिलचस्प उदाहरण नामदेव के प्रसंग में दिखाई देता है। महाराष्ट्र के भक्त कवि नामदेव की कविता में निर्गुण-सगुण की एकता है। वह एकता उनके मराठी अभंगों में है और उनकी हिंदी रचनाओं में भी। कहा जाता है कि नामदेव पहले सगुण भक्त थे, बाद में निर्गुण की ओर झुके। उनके सगुण से निर्गुण की ओर जाने को शुक्लजी ने अपने विशेष व्यंग्यात्मक अंदाज में प्रस्तुत किया है—"नामदेव किसी गुरु से दीक्षा लेकर अपनी सगुण भक्ति में प्रवृत्त नहीं हुए थे। अपने ही हृदय की स्वाभाविक प्रेरणा से हुए थे। ज्ञानदेव उन्हें बराबर 'बिन गुरु होहिं न ज्ञान' समझाते आते थे। अंत में बेचारे नामदेव ने नागनाथ नामक शिव के स्थान पर जाकर बिसोबा खेचर या खेचरनाथ नामक एक नाथपंथी कनफटे से दीक्षा ली।" शुक्लजी का संकेत स्पष्ट है—नामदेव सगुण भक्त हुए थे अपने ही हृदय की प्रेरणा से लेकिन निर्गुण बने दूसरों के कहने पर। सगुण होना स्वाभाविक प्रक्रिया

है, लेकिन निर्गुण होना पतन है; इसलिए निर्गुण की ओर झुकने वाले नामदेव 'बेचारे' हो गए !

शुक्लजी ने अपने इतिहास में नामदेव की सगुण और निर्गुण दोनों तरह की कविताओं को उद्धृत किया है; पहले सगुण के पद, बाद में निर्गुण के। सगुण लीला के पदों को उद्धृत करने के बाद उन्होंने लिखा है—"यह तो हुई नामदेव की व्यक्तोपासना संबंधी हृदयप्रेरित रचना।" फिर बाद के निर्गुण पदों को लक्ष्य करके लिखा है—"आगे गुरु से सीखे हुए ज्ञान की उद्धरणी अर्थात् 'निर्गुन बानी' भी कुछ देखिए।" इस व्यंग्य-बाण का लक्ष्य केवल नामदेव की निर्गुण कविता ही नहीं है, कबीर की कविता भी है; बल्कि पूरी निर्गुण कविता है। अभिप्राय यह है कि निर्गुण कविता में न हृदय की प्रेरणा होती है, न बुद्धि की साधना। फिर वह कविता कैसे होगी। आलोचना-बुद्धि का चमत्कार देखिए कि नामदेव की सगुण संबंधी कविता तो 'हृदय प्रेरित रचना' है लेकिन उन्हीं की निर्गुण कविता 'सीखे हुए ज्ञान की उद्धरणी' मात्र ! क्या आलोचना के इस चमत्कार के मूल में निर्गुण कविता के प्रति गहरा तिरस्कार नहीं है ?

नामदेव और कबीर की कविता में काफी समानता है। उन दोनों की धार्मिक भावना और सामाजिक चेतना में भी बहुत दूर तक एकता है। इस एकता का बोध कबीर को भी था, तभी उन्होंने नामदेव को अत्यंत आदर के साथ याद किया है। भारतीय समाज में हिंदुओं और मुसलमानों के बीच एकता स्थापित करने के लिए कबीर ने जिस भक्तिमार्ग का विकास किया, उसके मार्ग-दर्शक नामदेव थे। नामदेव की मराठी और हिंदी कविता में उस एकता की भावना अत्यंत गहरी है। यहां तक कि उनकी कृष्णलीला के चीरहरण-प्रसंग में एक मुसलमान गोपी भी शामिल है। हिंदू-मुसलमान एकता की ऐसी अनुभूति और उसकी अभिव्यक्ति का साहस किसी दूसरे भक्त कवि की कविता में शायद ही मिले। नामदेव की निर्गुण कविता के प्रसंग में आचार्य शुक्ल के आक्रामक व्यंग्य को देखकर यह अनुमान करना कठिन नहीं है कि यदि कृष्णलीला में एक मुसलमान गोपी को शामिल करने वाली कविता उनके सामने होती तो वे कैसी प्रतिक्रिया करते।

भक्तिकाव्य और लोकधर्म

आचार्य हजारीप्रसाद द्विवेदी के भक्ति आंदोलन संबंधी विचारों की व्याख्या करते हुए नामवर सिंह ने लिखा है कि "मध्यकाल में मुख्य अंतर्विरोध शास्त्र और लोक के बीच द्वंद्व का है।" भक्ति आंदोलन शास्त्रीय धर्म का विरोध करने वाले लोकधर्म के उत्थान का आंदोलन है। उस लोकधर्म में उस युग के किसानों और दस्तकारों के विविध वर्गों-उपवर्गों की मिली-जुली भावनाओं की अभिव्यक्ति है

और दमनकारी सामाजिक व्यवस्था तथा सांस्कृतिक मूल्यों के विरुद्ध विद्रोह की चेतना है। वही लोकधर्म कबीर और दूसरे संतों के काव्य का मुख्य प्रेरणास्रोत है। यह सब ठीक है। लेकिन जब नामवर सिंह कहते हैं कि "सामान्यजन में प्रचलित टोना, टोटका, तंत्र-मंत्र, मिथक आदि विश्वासों को ही वे (हजारीप्रसाद द्विवेदी) लोकधर्म मानते हैं" तब बात उलझ जाती है। अगर यही सब लोकधर्म है तो रूढ़ि और अंधविश्वास किसे कहेंगे ? क्या कबीर के काव्य में कहीं भी इन सबका समर्थन और स्वीकार है ? कबीर की दृष्टि में यह सब लोकधर्म नहीं, लोक में प्रचलित अपधर्म है।

कबीर शास्त्रीय धर्म की बार-बार आलोचना करते हैं; वह चाहे वेद-पुराण के सहारे चलने वाला हो या कुरान के सहारे; उस पर पंडितों-पुरोहितों का प्रभुत्व हो या मुल्लाओं-मौलवियों का कब्जा। लेकिन कबीर यह भी जानते हैं कि समाज में लोकधर्म के नाम पर वह भ्रमजाल भी फैला होता है, जिसे लोकाचार कहा जाता है। वह कई बार शास्त्रोक्त व्यवहार होता है। इसीलिए कबीर लोकाचार की भी आलोचना करते हैं :

ताथैं कहिये लोकोचार, वेद कतेब कथै व्यौहार ॥

वे आंख मूंदकर सामान्यजन में प्रचलित विश्वासों को स्वीकार नहीं करते, उन्हें सजग आलोचनात्मक दृष्टि से देखते हैं। कबीर के सामने यह लोकविश्वास था कि जो काशी में मरेगा वह मोक्ष पाएगा और मगहर में मरने वाला अगले जन्म में गदहा होगा। इस लोकविश्वास को मानने का अर्थ था भक्ति का निरादर। कबीर ने स्पष्ट शब्दों में इस लोकविश्वास का खंडन किया है। वे कहते हैं :

लोकामति के भोरा रे।
जो कासी तन तजै कबीरा, तो रामहिं कहा निहोरा रे ॥

× × ×

कहै कबीर सुनहु रे संतो भ्रमि परे जिमि कोई रे।
जस कासी तस मगहर ऊसर हिरदै रांम सति होई रे ॥

कबीर यह नहीं मानते कि लोक में धर्म के नाम पर जो कुछ है वह सब विवेक-सम्मत है। अंधविश्वास और रूढ़ियों का चलन भी लोक में ही होता है। उनका आत्मविश्वास न तो शास्त्र की रूढ़ियों को स्वीकार करता है और न लोक-प्रचलित अंधविश्वासों को। प्रायः जिसे लोकधर्म कहा जाता है उसमें बहुत कुछ ऐसा भी होता है जिसे कबीर लोकभ्रम मानते हैं :

लोका जानि न भूलौ भाई।

कबीर शास्त्रीय ज्ञान के बोझ से मुक्त हैं। वे लोक के व्यापक अनुभव से शास्त्रीय ज्ञान की सामाजिक भूमिका भी पहचानते हैं; इसीलिए वेद और कुरान को कभी झूठ का बाना, कभी प्रपंच, कभी फंदा और कहीं लोक को भरमाने का

साधन कहते हैं। वे लोक के अनुभव से यह भी जानते हैं कि समाज में बहुत-सी भ्रामक मान्यताएं और रूढ़ियां वेद और कुरान के नाम पर प्रचलित हैं। पुरोहितों और मौलवियों के लिए वेद तथा कुरान सामाजिक-धार्मिक रूढ़िवाद के जाल को अधिक कठोर और मजबूत बनाने के पवित्र स्रोत रहे हैं। इसीलिए कबीर लोक में प्रचलित धार्मिक रूढ़िवाद के साथ-साथ उसके मूल स्रोतों पर भी आक्रमण करते हैं। यही नहीं, वे एक कदम आगे बढ़कर जीवन के अनुभव और उस अनुभव से पाए सत्य को शास्त्र और उसके सत्य से अधिक प्रामाणिक मानते हैं, 'तू कहता कागद की लेखी, मैं कहता आंखिन की देखी।' कबीर जिस 'अनभै सांचा' को लेकर शास्त्र के सामने खड़े होते हैं उसी के सहारे वे लोकभ्रम के भय का भी सामना करते हैं। हजारीप्रसाद द्विवेदी के अनुसार "अनभै सांचा अनुभव सत्य है और अनभय सत्य भी।" जीवन के विभिन्न प्रसंगों में सत्य का अनुभव तो बहुतों को होता है, लेकिन उसे कभी शास्त्र के भय और कभी लोक के डर से कहने का साहस नहीं होता। बिरला ही कोई निर्भय होकर अपने अनुभव का सच कहता है। वही कबीर होता है; कल, आज और कल भी।

वेदांत के अनुसार सत्य के दो रूप हैं—पारमार्थिक और लौकिक। आध्यात्मिक स्तर पर सभी आत्माओं की पवित्रता और एकता पारमार्थिक सत्य है, लेकिन समाज में अमीर-गरीब, ऊंच-नीच, जाति-पांति आदि का भेद व्यावहारिक या लौकिक सत्य है। सत्य के इन दोनों रूपों की समानांतर सत्ता बनाए रखना शास्त्रीय धर्म का मुख्य लक्ष्य रहा है। कबीरदास ऐसे शास्त्रीय धर्म और उसके अनुगामी लोकधर्म दोनों का विरोध करते हैं। वे पारमार्थिक और लौकिक सत्य के बीच के अंतर को अस्वीकार करते हैं, आत्मा की मांग और जीवन की वास्तविकताओं के बीच की दरार को पाटना चाहते हैं; इसीलिए आध्यात्मिक क्षेत्र की समानता और एकता की भावना को मनुष्यों के बीच सामाजिक समानता और एकता के रूप में चरितार्थ करने का आग्रह करते हैं।

भक्तिकाल के लोकधर्म को लेकर आलोचना में जो धर्मयुद्ध चला है उसमें शास्त्रीय धर्म से लोकधर्म के द्वंद्व की पहचान हुई है, लेकिन लोकधर्म के आंतरिक द्वंद्व की उपेक्षा हुई है। कबीर और दूसरे संत कवि शास्त्रमत (जिसे वे प्रायः वेदमत कहते हैं) और उससे प्रभावित लोकमत की आलोचना करते हुए एक नई नैतिक चेतना और विश्वदृष्टि विकसित करते हैं, जिसे वे प्रायः साधुमत कहते हैं।

एंतोनियो ग्राम्शी ने लोकमत का स्वरूप स्पष्ट करते हुए लिखा है कि लोकमत अनुभवाश्रित, यथार्थपरक, समयसापेक्ष और भौतिकतावादी होता है। उसमें भोलापन, सहजता और भावावेग की प्रधानता होती है। किसी भी समाज में एक ही समय में विभिन्न जनसमुदाओं के अनुभव से जुड़े अनेक लोकमत हो सकते

हैं। लोकमत में जिंदगी की सच्चाई होती है, लेकिन उसे सामाजिक सत्य का निभ्रांत स्रोत समझना सही नहीं है। ग्राम्शी ने यह लिखा है कि धर्म लोकमत का महत्त्वपूर्ण अंग है, लेकिन लोकमत केवल लोकधर्म नहीं है। प्रायः जिसे लोकमत कहा जाता है उसमें शास्त्रीय धर्म का प्रभाव होता हैं और वह नवीनता का विरोधी भी होता है। ग्राम्शी के विश्लेषण से स्पष्ट है कि लोकमत को यथावत् स्वीकार करना या उसे महिमामंडित करना उसके अंतर्विरोधों की उपेक्षा करना है।

भक्ति आंदोलन के साथ जो नया लोकधर्म विकसित हुआ, वह सभी कवियों के यहां एक जैसा नहीं है। दूसरी भारतीय भाषाओं के भक्तिकाव्य के लोकधर्म की स्थानीय विशेषताओं को छोड़ दें और केवल हिंदी के भक्तिकाव्य को देखें तो भी यह समझना बहुत कठिन न होगा कि कबीर, जायसी, सूर, तुलसी और मीरा के लोकधर्म रूप एक-सा नहीं है। वैसे जब शास्त्रबद्ध और संघबद्ध धर्म भी आरोपित एकता के बावजूद समाज के सभी वर्गों और समुदायों के बीच समान अर्थ और रूप में माना नहीं जाता तब किसानों, कारीगरों, पंडितों और स्त्रियों का लोकधर्म एक कैसे होगा। भक्ति आंदोलन के प्रत्येक कवि के लोकधर्म का रूप उसकी विश्वदृष्टि के अनुरूप है और कवि की विश्वदृष्टि पर उस वर्ग या समुदाय की जिंदगी की वास्तविकताओं और आकांक्षाओं की छाप है, जिसका वह सदस्य है। वही विश्वदृष्टि प्रत्येक कवि की भक्तिभावना, सामाजिक चेतना और काव्यरचना के विशिष्ट स्वरूप का निर्माण करती है।

कबीर जिस लोकधर्म का विकास कर रहे थे उसका मुख्य लक्ष्य है मानुष सत्य या मनुष्यत्व का विकास। आचार्य शुक्ल ने ठीक ही लिखा है कि "कबीर ने मनुष्यत्व की सामान्य भावना को आगे करके निम्न श्रेणी की जनता में आत्म-गौरव का भाव जगाया।" मनुष्यत्व की भावना को ही आगे रखकर कबीर एक ओर हिंदू समाज के जातिभेद, धार्मिक रूढ़िवाद, अंधविश्वास आदि की आलोचना करते हैं तो दूसरी ओर मुसलमान समुदाय के धार्मिक बाह्याचार और रस्मो-रिवाज की बखिया उधेड़ते हैं। यह आलोचना जनता को जगाने वाली है और रूढ़वादियों को चिढ़ाने वाली। साथ ही यह आलोचना जनता के मन से शास्त्र के भय और सामाजिक रूढ़िवाद के भ्रम को दूर करके उसमें मनुष्यत्व की भावना जगाने वाली है।

कबीर की एक बड़ी विशेषता प्रश्न करने की प्रवृत्ति है। यह प्रवृत्ति कबीर में जितनी प्रखर है उतनी उस काल के किसी अन्य कवि में नहीं है। उस समय के समाज, उसकी व्यवस्था और उसके धर्म का कोई भी पक्ष कबीर के प्रश्नों से बच नहीं पाया है। वे सामाजिक व्यवस्था और धार्मिक आस्था की रूढ़ियों को प्रश्नों के कठघरे में लाकर सवाल-दर-सवाल करते हुए उनके अंतर्विरोधों को

खोलते हैं। उनके प्रश्न उस युग की नैतिक मान्यताओं को चुनौती देते हैं और नई नैतिक दृष्टि की जरूरत का अहसास जगाते हैं। उन सवालों की कौंध लोगों के दिमाग पर छाए भ्रामक विश्वासों के कोहरे को छिन्न-भिन्न करने वाली है। कबीर के प्रश्न जितने सरल और बेलाग हैं, उतने ही तीखे और तिलमिला देने वाले भी हैं। वे कभी-कभी सुकरात की तरह अज्ञानी बनकर प्रश्न करते हैं और ज्ञानियों की पोल खोल देते हैं। प्रश्न की प्रवृत्ति ही कबीर की कविता में व्यंग्य को विशिष्ट सामाजिक कला बनाती है। वही प्रवृत्ति पाठकों को प्रश्न पूछने की प्रेरणा और निर्भिक दृष्टि भी देती है। कबीर और तुलसी की कविता में एक अंतर यह है कि कबीर की कविता प्रश्न पैदा करती है, जबकि तुलसी की कविता उत्तर देने वाली है।

कबीरदास अगर केवल आलोचना और प्रश्न करने तक सीमित रहते तो वे अधिक से अधिक असहमति और विरोध के कवि होते, जैसा कि कुछ लोग कहते हैं। लेकिन वे केवल असहमति और विरोध के कवि नहीं हैं। उनकी सामाजिक सजगता असहमति और विरोध से आगे बढ़कर समाज में मनुष्यत्व की भावना को विकसित करने और मानुष-सत्य को प्रतिष्ठित करने के लक्ष्य को सामने रखती है। आलोचना और प्रश्न की प्रवृत्ति तो उस बड़े लक्ष्य की राह बनाने में सहायक मात्र है। कबीर मनुष्यत्व की भावना के विकास के लिए मनुष्य के हृदय के धर्म अर्थात् मानवीय भावों और उनसे विकसित मानवीय गुणों को लोकधर्म का आधार बनाते हैं। समाज में मानवीय भावों और मानवोचित गुणों के प्रसार के लिए मनुष्य-विरोधी भावों को हटाना आवश्यक होता है; इसीलिए कबीर ईर्ष्या, क्रूरता, कामुकता, कपट, अहंकार, पाखंड आदि की आलोचना करते हैं और प्रेम, करुणा, दया, उदारता, अहिंसा, समता आदि मानवीय भावों और गुणों को लोकधर्म बनाने पर जोर देते हैं। वे यह भी चाहते हैं कि इन मानवीय भावों, विचारों और गुणों के अनुरूप आचरण मनुष्य स्वयं करे, न कि उसके लिए कोई अवतारी राम या कृष्ण। गौतम बुद्ध की तरह कबीर भी मनुष्य से यही कहते हैं कि अपना दीपक स्वयं बनो।

कबीर के लोकधर्म में व्यक्ति के आध्यात्मिक उत्कर्ष से अधिक महत्त्वपूर्ण है समाज में मनुष्यत्व का जागरण। भक्ति-दर्शन के अनुसार भक्ति के क्षेत्र में अमीर-गरीब, स्त्री-पुरुष, ब्राह्मण-शूद्र आदि का भेद नहीं होता। कबीर इस अध्यात्मिक सत्य को सामाजिक सत्य बनाते हैं और एक समतामूलक मानवीय समाज के निर्माण की मांग करते हैं। ऐसी मांग वे ही कर सकते थे; क्योंकि वे समाज के उस हिस्से से आए थे जिसके जीवन में सामाजिक विषमता की लगातार मार की पीड़ा ही सबसे बड़ी सच्चाई थी। इसीलिए वे सामाजिक समता को लोकधर्म

का सबसे बड़ा मूल्य मानते हैं। तुलसीदास भी भक्ति के क्षेत्र में ऊंच-नीच, जाति-पांति, स्त्री-पुरुष का भेद नहीं मानते; लेकिन राम की भक्ति के क्षेत्र में ही, सामाजिक जीवन में नहीं; यहां तक कि रामराज्य में भी नहीं। वे भक्त समुदाय के बाहर व्यापक समाज में वर्णाश्रम व्यवस्था को ही आदर्श मानते हैं। यद्यपि उन्हें जीवन में गरीबी के दुख का अनुभव था—'नहि दरिद्र सम दुख जग मांही।' साथ ही वे वर्णव्यवस्था के उत्पीड़न से भी परिचित थे, इसीलिए खीझकर लिखा—'धूत कहौ, अवधूत कहौ, रजपूत कहौ, जोलहा कहौ कोऊ'। फिर भी अंतत. वे काल्पनिक आदर्श वर्णव्यवस्था को ही लोकधर्म के रूप में समाज में स्थापित करना चाहते हैं।

कबीर की कविता का लोक और उसका धर्म दूसरे भक्त कवियों से अलग है; क्योंकि उनके जीवन का अनुभवलोक भी दूसरों से भिन्न है। कबीर बार-बार कहते हैं—'मैं जुलाहा, मैं जुलाहा।' उनकी कविता का तानाबाना भी कहता है कि वह एक बुनकर की कविता है। उस कविता का पूरा लोक एक जुलाहे के जीवन-यथार्थ के अनुभवों और आकांक्षाओं से बुना हुआ है। यहां तक कि उनकी भक्ति-भावना का रहस्यलोक भी उन्हीं अनुभवों और आकांक्षाओं से बना है। कबीर की कविता और भक्ति के इस स्वरूप को किसी आलोचक ने भले ही न पहचाना हो, लेकिन उनके समानधर्मा जायसी ने जरूर पहचाना और लिखा :

ना नारद तब रोइ पुकारा। एक जोलाहे सौं मैं हारा॥
प्रेम तंतु नित ताना तनई। जप तप साधि सैंकरा भरई॥

कबीर प्रत्येक लौकिक और अलौकिक वस्तु को जुलाहे की नजर से देखते हैं। उनके लिए ईश्वर भी एक बुनकर ही है और उसकी यह दुनिया तथा मानव काया—'झीनी-झीनी बीनी चदरिया' है। वे अपने जीवनानुभवों का ताना तनकर उसमें भक्ति का बाना बुनते हैं :

हरि मोर रहँटा मैं रतन पिउरिया।
हरि को नाम लै कातल बहुरिया।
छ मास ताग बरस दिन ककुरी।
लोग बोले भल कातल बपुरी॥
कहै कबीर सूत भल काता।
रहँटा न होय मुक्ति कर दाता॥

चरखा कबीर के लिए जीवनयापन का साधन है और पूजा की वस्तु भी। उनकी दृष्टि में जीवन के कर्म से धर्म अलग नहीं है। उनके कवि-कर्म और जीवन-कर्म में अद्भुत एकता है। कारीगर कबीर के जीवन की कला ही उनकी कविता की कला बन गई।

तुलसीदास का कवि-स्वभाव कबीर से एकदम भिन्न है। वे 'नाना पुराण

निगम आगम' के पंडित हैं और संस्कृत काव्य की विशाल परंपरा के मर्मज्ञ भी । शास्त्र-मत या वेद-मत उनकी काव्यदृष्टि का अनिवार्य अंग है । साथ ही वे उस समय के समाज में प्रचलित विभिन्न धार्मिक मतों से परिचित हैं और लोकमन को अच्छी तरह पहचानते भी हैं । वे एक कुशल कथावाचक की तरह नए-नए संवादों और प्रसंगों को रचते हुए अपने युग के वैचारिक द्वंद्वों को समेटने की कला में अत्यंत निपुण हैं । इसी कला के सहारे वे पुराणों, स्मृतियों आदि की मान्यताओं को लोकभाषा के माध्यम से लोकमन में प्रतिष्ठित करते हैं । 'रामचरितमानस' के संस्कृत स्रोतों पर ध्यान दें तो स्पष्ट होगा कि वह कविता में अनुवाद की कला का अनन्य उदाहरण है । आजकल आलोचना की एक प्रवृत्ति पाठों की अंतर्व्याप्ति की खोज पर जोर देती है । उसके लिए 'रामचरितमानस' से बेहतर पाठ शायद ही मिले । तुलसीदास की कविता में सामाजिक और धार्मिक स्तर पर समन्वय की चिंता अधिक है । वे जिस तरह 'रामचरितमानस' के आरंभ, अंत और बीच में जगह-जगह संस्कृत में वंदना और प्रार्थना लिखकर लोकभाषा से संस्कृत का समन्वय करते हैं, वैसे ही लोकमत से वेदमत का । इस प्रक्रिया से वे एक ओर वैदिक-पौराणिक परंपरा के लिए लोकमत में जगह बनाते हैं तो दूसरी ओर उस परंपरा में और लोकमन में भी अपनी जगह सुनिश्चित करते हैं । यह तुलसीदास के काव्य का एक पक्ष है ।

तुलसी के काव्य का दूसरा पक्ष वह है जिसके आगे-पीछे कोई शास्त्र नहीं है । वहां लोकजीवन का व्यापक अनुभव है, उनका अपना चिंतन है और गहरी सहृदयता है । यह सब 'रामचरितमानस' में भी है; विशेषतः उसके मानवीय संबंधों के चित्रण, कथा के रचना-विधान और काव्यभाषा की बनावट में । परंतु उनकी गंभीर चिंतनशीलता और सहृदयता के एक से बढ़कर एक उदाहरण 'विनय-पत्रिका' में मिलते हैं । 'विनयपत्रिका' में उनका निश्छल आत्मनिवेदन दूसरे भक्त कवियों के आत्मनिवेदन से भिन्न नहीं है । 'कवितावली' के आत्मकथात्मक छंदों में अपने जीवन और समाज के कठोर सच को सीधे कहने की तत्परता है तो दूसरे अनेक छंदों में उस समय के समाज के यथार्थ का मर्मस्पर्शी चित्रण भी है । उन्होंने समाज में फैली गरीबी, भुखमरी, अकाल और महामारी के त्रासद यथार्थ का जो चित्रण किया है उसमें उनकी जनजीवन से गहरी आत्मीयता और व्यापक करुणा व्यक्त हुई है । तुलसीदास के काव्य का यह पक्ष शास्त्रमत से मुक्त एवं लोक अनुभव से प्रेरित है ।

भक्तिकाव्य में प्रेम-भावना

कबीर जिन मानवीय भावों को लोकधर्म का आधार बनाकर समाज में मनुष्यत्व की भावना का विकास करना चाहते थे, उनमें सबसे अधिक व्यापक और गंभीर

भाव है प्रेम। वही भक्ति का मूलभाव है और संपूर्ण भक्तिकाव्य का केंद्रीय भाव भी। आचार्य शुक्ल ने लिखा है कि "भक्तिमार्ग शुद्ध भावमार्ग या प्रेममार्ग है। उसका आधार मनुष्य की सहज रागात्मिकावृत्ति है। उसकी पद्धति वह प्रेम-पद्धति है जिसे सब लोग स्वभावत: जानते हैं।"

तात्पर्य यह कि भक्तिकाव्य के प्रेम के मूल में लौकिक अनुभव है। भक्त कवियों ने प्रेममार्ग की जिन बाधाओं का वर्णन किया है वे भी लोकजीवन में प्रेम की अनुभूति की बाधाएं हैं। जैसे सामाजिक जीवन में प्रेम की अनुभूति शास्त्र और लोक की रूढ़ियों से स्वतंत्र होना चाहती है वैसे ही जायसी, सूर और मीरा की प्रेमानुभूति विधि-निषेध से स्वतंत्र है। वह शास्त्र के भ्रम और लोक के भय से मुक्त मानवीयता के विकास में सहायक है। भारतीय समाज में इस प्रेम का विशेष महत्त्व यह है कि वह कर्मवाद की मान्यताओं का निषेध करता है।

भक्तिकाव्य का प्रेम भक्ति आंदोलन की विभिन्न धाराओं को आपस में मिलाता है। वह वैष्णवों को सूफियों से और निर्गुण संतों को सगुण भक्तों से जोड़ता है। कहीं वह सामाजिक मूल्य है तो कहीं सामाजिक कर्तव्य। लेकिन उसका सबसे उत्कट और आवेगमय रूप स्त्री-पुरुष के प्रेम में मिलता है, इसलिए माधुर्य भाव भक्ति की अनुभूति का आदर्श है।

कबीर की कविता में प्रेम एक सामाजिक मूल्य भी है, परंतु उनकी भक्ति की सांद्रता वहीं प्रकट हुई है जहां माधुर्य भाव के अंतर्गत प्रियतम से मिलन की आकांक्षा, मिलन की संभावना का सुख और विरह की व्याकुलता व्यंजित हुई है। कबीर प्रेम की अनुभूति को जब भारतीय स्त्री के पारिवारिक परिवेश और उसमें पलने वाले मानवीय संबंधों की भाषा में व्यक्त करते हैं तब वह अधिक मूर्त और संवेद्य होती है। वह प्रेमानुभूति कहीं-कहीं रहस्यमयी लगती हुई भी भारतीय स्त्री की पारिवारिक जिंदगी की अनुभूतियों को ही प्रतिबिंबित करती है। वैसे लौकिक प्रेम की अनुभूति भी पूरी तरह रहस्य-रहित नहीं होती।

जायसी प्रेम के कवि के रूप में विख्यात हैं। उनके अनुसार संसार में प्रेम से अधिक सुंदर और काम्य कुछ भी नहीं है। प्रेम ही मनुष्य के जीवन का चरम मूल्य है, जिसे पाकर मनुष्य बैकुंठी होता है, अन्यथा वह एक मुट्ठी राख नहीं तो और क्या है—'मानुष प्रेम भएउ बैकुंठी, नाहीं त काह छार भरि मुट्ठी।' यही प्रेम जायसी की कविता का प्रेरक है। उनकी कविता का लक्ष्य भी प्रेम ही है। उनको विश्वास है कि उनकी कविता पाठक के मन में प्रेम की पीर अवश्य पैदा करेगी—'मुहम्मद कवि यह जोरि सुनावा, सुना सो पीर प्रेम कर पावा।' जायसी यह भी मानते हैं कि प्रेम केवल उन्हीं की कविता का लक्ष्य नहीं है, बल्कि संसार की सभी भाषाओं की कविता में जहां प्रेम है वहीं मनुष्य का मन लगता है :

तुरकी अरबी हिंदुई, भाषा जेती आहि।
जेहि महँ मारग प्रेमकर, सबै सराहैं ताहि ॥

जायसी की दृष्टि में प्रेम अत्यंत गूढ़ और अथाह है। जाहिर है, ऐसे प्रेम की कविता लिखना भी आसान नहीं होगा। दूसरे कवि अधिक-से-अधिक आंसुओं से प्रेम की कविता लिखते हैं, लेकिन जायसी ने आंखों से टपकने वाले लहू से प्रेम की कविता लिखी है :

जोरी लाइ रकत कै लेई, गाढ़ि प्रीति नयनन्ह जल भेई।
ओ मैं जानि गीत अस कीन्हा, मकु यह रहै जगत महँ चिन्हा ॥

'पद्मावत' में प्रेम की प्रधानता निर्विवाद है, परंतु उस प्रेम के स्वरूप के बारे में मतभेद है। विवाद का विषय यह है कि वह प्रेम मूलतः लौकिक है या अलौकिक। जो आलोचक जायसी को सूफी कवि सिद्ध करते हैं वे 'पद्मावत' में प्रत्येक स्तर पर सूफीमत की खोज करते हुए उसके प्रेम को अलौकिक, आध्यात्मिक और रहस्यवादी कहते हैं। आचार्य रामचंद्र शुक्ल 'पद्मावत' को सूफी काव्य मानते हैं और उसके प्रेम को अलौकिक, आध्यात्मिक और एकांतिक कहते हैं, लेकिन वे 'पद्मावत' में जगह-जगह लौकिक प्रेम का उत्कर्ष देखते हैं। विजयदेव नारायण साही ने 'पद्मावत' में शुद्ध कविता की खोज की है। उन्होंने लिखा है कि जायसी ऐसे कवि हैं जिसे बैकुंठी प्रेम की तलाश नहीं है, जो ऐसा प्रेम चाहता है जो प्रेम करने वाले मनुष्य को ही बैकुंठी बना दे।

जायसी की कविता का आधार है लोकजीवन का व्यापक अनुभव। 'पद्मावत' की भाषा की बनावट और मुहावरों में लोकजीवन के अनुभवों की अनुगूंज से सब परिचित हैं। उसी अनुभव से जायसी को वह प्रेमगाथा मिली है, जो 'पद्मावत' की कथा बन गई है। लोककथा की एक विशेषता यह है कि उसमें लौकिक से अलौकिक की सहज एकता होती है। यही स्थिति 'पद्मावत' की कथा में भी है। 'पद्मावत' की संरचना में लोकगीतों की भावभूमि और संवादधर्मिता जगह-जगह मौजूद है। लोकगीतों की भावभूमि और संवादधर्मी कल्पना का एक रूप सखियों के साथ पद्मावती की जलक्रीड़ा और बातचीत में दिखाई देता है तो दूसरा नागमति के विरह-वर्णन में। लोकगीतों की प्रश्नोत्तरी शैली और संगीतमयता पूरे 'पद्मावत' में व्याप्त है। जायसी ने पद्मावत को गीत कहकर लोकगीत से आत्मीय संबंध की ओर ही संकेत किया है।

'पद्मावत' का अंतर्लोक भी लोक अनुभवों से भरा हुआ है। यहां तक कि उसके काल्पनिक रहस्यलोक अर्थात् सिंहलद्वीप में भी बहुत कुछ वैसा ही है जैसा जायसी के समय के समाज में था। उदाहरण के लिए कोई चाहे तो सिंहलद्वीप के बाजार का वर्णन पढ़ सकता है। 'पद्मावत' का रहस्यलोक कवि के लोक अनुभव का ही प्रतिबिंब है। उस रहस्यलोक में कवि जहां भी जीवन के यथार्थ

की सीमाओं को लांघकर मानवीय आकांक्षा की संभावनाओं की ओर संकेत करता है वहीं अपार्थिव और अलौकिक की झलक मिलती है। 'पद्मावत' में कहीं-कहीं अलौकिकता के आभास का यही रहस्य है। उसके पात्रों का स्वभाव और व्यवहार भी प्राय: मानवोचित ही है। पद्मावती के रूप, स्वभाव और व्यवहार में कहीं-कहीं असाधारणता जरूर आती है, लेकिन वह प्रेमिका, पत्नी और सौत के रूप में अधिकतर साधारण स्त्री की तरह व्यवहार करती है। यही स्थिति रत्नसेन तथा नागमती की है। 'पद्मावत' का प्रेम असाधारण जरूर है, लेकिन अलौकिक नहीं।

यदि एक ओर 'पद्मावत' को सूफी सिद्धांत का दृष्टांत काव्य मान लेना गलत है तो दूसरी ओर जायसी की कविदृष्टि के सूफियाना अंदाज को अस्वीकार करना भी सही नहीं है। जो लोग जायसी को शुद्ध सूफी संत सिद्ध करना चाहते हैं वे 'पद्मावत' के लौकिक और मानवीय पक्षों की उपेक्षा करके केवल आध्यात्म और अलौकिक की खोज करना चाहते हैं और जो उन्हें शुद्ध कवि साबित करते हैं वे यह भूल जाते हैं कि 'अखरावट' और 'आखिरी कलाम' भी जायसी की ही रचनाएं हैं। इस प्रसंग में एक गलती तब होती है जब सूफीमत की परवर्ती परिणति को ध्यान में रखकर 'पद्मावत' की व्याख्या की जाती है।

मध्यकाल के दार्शनिकों, कलाकारों और कवियों की विश्वदृष्टि के निर्माण में धर्म की लगभग वही भूमिका रही है जो आधुनिक युग में राजनीति की है। उस युग में जीवन-जगत की धार्मिक परिभाषा सर्वोपरि थी। जीवन की वास्तविकताओं और आकांक्षाओं का अर्थ धर्म की भाषा में ही समझना-समझाना सुगम था। उस युग का कोई कवि धर्म की सर्वाश्लेषी भाषा का सामना करने से कैसे बच सकता था। भक्तिकाल के कवियों ने पहले से चली आती धार्मिक भाषा के बदले लोकजीवन की भाषा को विकसित किया। यही प्रयत्न जायसी के काव्य में भी है। जायसी की विश्वदृष्टि का सूफी स्वभाव उनकी कविदृष्टि को लोकजीवन के करीब ले जाता है; क्योंकि सूफीमत मूलत: लोकधर्म है। आरंभ से ही सूफी कवियों ने लोकप्रचलित प्रेम-कथाओं को काव्यरचना का आधार बनाया और अपने क्षेत्र की बोली में कविता लिखी। जनसंस्कृति के विकास में सूफियों का यह योगदान अविस्मरणीय है।

जायसी की दृष्टि में मानव-जीवन का सच्चा मार्गदर्शक प्रेम है, धार्मिक कट्टरता नहीं। 'पद्मावत' में पद्मिनी को पाने की इच्छा रत्नसेन के मन में है और अलाउद्दीन के मन में भी। रत्नसेन सत्ता और शक्ति को पीछे छोड़कर केवल प्रेम के सहारे पद्मिनी को पाने का प्रयत्न करता है और सफल होता है। अलाउद्दीन पद्मिनी के लिए चित्तौड़ पर चढ़ाई करता है। उसके पास प्रेम के सिवा सब कुछ है—सत्ता, शक्ति और साथ में धार्मिक उन्माद भी। उसके

अभियान का अंत यह है :

जौहर भई सब इस्तरी, पुरुष भए संग्राम।
बादशाह गढ़ चूरा, चितउर भा इस्लाम॥

चित्तौड़ पर अलाउद्दीन और इस्लाम का कब्जा हुआ, लेकिन किस कीमत पर? वहां जो कुछ सुंदर, कोमल और काम्य था, उसे जलाकर! इस जीत से बड़ी इन्सानियत की हार और क्या होगी! जायसी का संकेत स्पष्ट है कि धार्मिक कट्टरता भयंकर होती है, यदि वह सत्ता से जुड़ी हो तो और भी विनाशकारी होती है। सत्ता, शक्ति और धार्मिक उन्माद के बावजूद प्रेम के अभाव में अलाउद्दीन को पद्मिनी नहीं मिली, उसकी चिता की राख मिली और उस राख से ढककर झूठी पड़ी पृथ्वी पर व्यर्थता की जीत हाथ लगी। जायसी की दृष्टि में अलाउद्दीन की चाह मृगतृष्णा है जिसका यही अंत होता है—'जौ लहि ऊपर छार न परै, तौ लहि यह तिस्ना नहिं मरै।' वास्तव में 'पद्मावत' धार्मिक कट्टरता पर प्रेम की विजय का काव्य है।

सूर के काव्य में प्रेम कबीर से अधिक स्वाभाविक और जायसी से अधिक लौकिक है। सूर को कबीर की तरह वात्सल्य और माधुर्य की अभिव्यक्ति के लिए बालक तथा बहुरिया बनने की आवश्यकता नहीं है और जायसी की तरह प्रेम की अलौकिक आभा दिखाने की चिंता भी नहीं। वहाँ यशोदा और गोपियों के हृदय से तादात्म्य के लिए कविसुलभ सहृदयता का सर्जनात्मक उपयोग है। उनकी प्रेमानुभूति की अथाह गहराई और अपार विविधता का अक्षय स्रोत प्रेम का लौकिक अनुभव है, कोई शास्त्र नहीं; न काव्यशास्त्र, न भक्तिशास्त्र। उसे शास्त्रबद्ध करने का प्रयत्न आचार्यों ने किया है। सूर के काव्य में प्रेम की अनुभूति के ऐसे अनेक पक्ष हैं जिनका उल्लेख किसी शास्त्र में नहीं है। ऐसे कुछ प्रसंगों की ओर आचार्य रामचंद्र शुक्ल ने संकेत किया है।

सूर की गोपियों का प्रेम कोई सीमा नहीं जानता। वह कोई बंधन नहीं मानता, न संयोग में और न वियोग में। उसका लक्ष्य है तन्मयता। इस लक्ष्य में बाधक बनने वाले शास्त्र और लोक के सभी बंधन असह्य हैं। यद्यपि आचार्य शुक्ल प्रेम के इस रूप को बहुत पसंद नहीं करते, फिर भी उन्होंने इसके सच्चे स्वरूप की ओर संकेत किया है। उन्होंने लिखा है कि "वह लोक और वेद दोनों की मर्यादाओं से परे हैं।"

आचार्य शुक्ल जिसे मर्यादा कहते हैं वह वास्तव में रूढ़ि है। रूढ़ियां केवल शास्त्र की ही नहीं होतीं, लोक की भी होती हैं। लोक की रूढ़ियां शास्त्र की रूढ़ियों से कम दमनकारी नहीं होतीं। समाज में प्रचलित रीति-रिवाज, मान-मर्यादा, कुल-कानि आदि से उपजा लोकभय प्राय: लोकधर्म बनकर मानवीय भावों और संबंधों के स्वतंत्र विकास को, खासतौर से प्रेम की दुनिया को, छिन्न-भिन्न

कर डालता है। गोपियों का प्रेम निर्द्वंद्व एवं निर्भीक है। वह शास्त्र की रूढ़ि और लोक के भय से मुक्त है। गोपियों के प्रेम का स्वभाव यह है :

गोपी स्याम रंग रांची।
देह गेह सुधि बिसारि, बढ़ी प्रीति साँची।
दुविधा उर दूर भई, गई मति वह काँची ।।
मातु-पिता लोक भीति बाकी नहि बाँची।
सकुच जबहि आवै उर बार-बार झाँची ।।

घनानंद कह गए हैं कि 'अति सूधो सनेह को मारग है, जहाँ नेकु सयानप बाँक नहीं।' जिस प्रेम में अपनी थोड़ी-सी चालाकी भी बाधक होती है, उसमें शास्त्रमत और लोकमत के लिए जगह कहां होगी। इसीलिए संयोग में गोपियां स्पष्ट कहती हैं—'आरज पंथ चलै कहँ सरिहैं, स्यामहि संग फिरौरी।' और वियोग में उनके प्रेम का वेग सारी रूढ़ियों और मर्यादाओं को बहा ले जाता है :

'अब यह दशा देखि निज नैननि, सब मरजाद ढही।'

सूर का प्रेम शास्त्र और लोक की रूढ़ियों से एकदम स्वतंत्र है। वह विधि-निषेध से मुक्त मानवीय मनोकामना का मूर्त रूप है। ऐसा प्रेम किसी रूढ़िबद्ध समाज में संभव नहीं है। रूढ़िबद्ध समाज में ऐसा प्रेम अधिक से अधिक एक आकांक्षा, कल्पना या सपना हो सकता है। प्रेम की स्वतंत्रता के लिए रूढ़िमुक्त समाज जरूरी है। सूर की विशेषता यह है कि उन्होंने स्वच्छंद समाज में स्वच्छंद प्रेम का चित्रण किया है। उस युग में ऐसे समाज और प्रेम का चित्रण तत्कालीन समाज की सीमाओं को लांघकर स्वतंत्र प्रेम और प्रेम की मानवीय आकांक्षा के अनुकूल कल्पनालोक का सृजन है। सूर का वृंदावन ऐसी ही यूटोपिया है, जिसमें आदिम समाज की स्मृति और भावी समाज की संभावना का योग है। यह रचना-दृष्टि स्वच्छंदतावादी काव्यदृष्टि के समान है, इसलिए आचार्य शुक्ल ने लिखा है कि "इस प्रेम को हम जीवनोत्सव के रूप में पाते हैं। सूर के कृष्ण और गोपियां पक्षियों के समान स्वच्छंद हैं। वे लोक के बंधनों से जकड़े हुए नहीं दिखाए गए हैं। जिस प्रकार स्वच्छंद समाज का स्वप्न अंगरेज कवि शेली देखा करते थे, उसी प्रकार का यह समाज सूर ने चित्रित किया।" सूर का प्रेम आज भी रूढ़िमुक्त समाज और प्रेम के लिए संघर्ष में प्रेरणाप्रद है; क्योंकि भारतीय समाज आज भी उन्हीं बंधनों से जकड़ा हुआ है जिनसे मुक्ति की आकांक्षा सूर के काव्य में है। उन्हीं बंधनों के कारण प्रेम यहां आज भी जीवन का उत्सव नहीं, एक अपराध या मानवीय कमजोरी है। शुक्लजी के कथन से यह भी स्पष्ट है कि भक्तिकाव्य में केवल शास्त्र और लोक का द्वंद्व देखना काफी नहीं है, लोक के आंतरिक अंतर्विरोधियों की पहचान जरूरी है।

भक्तिकाल के कवियों में मीराबाई का प्रेम सबसे अधिक सहज, उत्कट और

विद्रोही है। उनको प्रेम की अभिव्यक्ति के लिए किसी बिचवई की जरूरत नहीं है; न कबीर की तरह रूपक की, न जायसी की तरह लोककथा की और न सूर की तरह गोपियों की। वहां सीधा और प्रत्यक्ष प्रेम-निवेदन है, निर्भय और निर्द्वंद्व आत्माभिव्यक्ति।

वैसे तो कबीर, जायसी और सूर के लिए भी प्रेम का मार्ग आसान और सुगम न था, लेकिन मीरा को अपने हृदय के विवेक की रक्षा के लिए जिस अग्निपरीक्षा से गुजरना पड़ा, उससे भक्तिकाल के किसी दूसरे कवि को नहीं। कबीर, जायसी और सूर के सामने चुनौतियां और कठिनाइयां भावजगत की थीं। मीरा के सामने भावजगत से अधिक भौतिक जगत की, सीधे पारिवारिक और सामाजिक जीवन की चुनौतियां तथा कठिनाइयां थीं। उस पुरुष-प्रधान सामंती समाज में एक स्त्री, वह भी मेड़ता के राठौड़ राजपूत कुल की बेटी और मेवाड़ के महाराणा परिवार की बहू, ऊपर से विधवा। यही था मीरा का अपना लोक। उसके धर्म और उसमें स्त्री की स्थिति का अनुमान किया जा सकता है। लेकिन उसके विरुद्ध विद्रोह की कल्पना भी कठिन है। मीरा ने उस आतंककारी लोक और उसके भयावह धर्म के विरुद्ध खुला विद्रोह किया। उस विद्रोह का साक्षी है उनका जीवन और काव्य।

मीरा का विद्रोह अंधे के हाथ लगा बटेर नहीं है। वे अपने संघर्ष की परिस्थितियों के बारे में पूरी तरह सजग हैं। विरोधी शक्तियों के खूंखार स्वभाव और अपनी वास्तविक स्थिति की पहचान के बाद ही उन्होंने कहा है कि "तन की आस कबहूँ नहिं कीनो, ज्यों रण माँही सूरो।' उनका संघर्ष सचमुच असाधारण है। जीवन की बाजी लगाकर लड़ा जाने वाला एक युद्ध। संकल्प उनकी शक्ति का मुख्य स्रोत है। संकल्प के पीछे प्रेम में अटूट आस्था का बल है। तभी वे विरोधियों को चुनौती देती हुई घोषणा करती हैं :

> लोक लाज कुल कानि जगत की, दइ बहाय जस पानी।
> अपने घर का परदा करले, मैं अबला बौरानी॥

यह चुनौती उन लोगों को है जो लोकलाज और कुल की मर्यादा के नाम पर मीरा की स्वतंत्रता को कुचलना चाहते थे और असफल होने पर खीझकर उन्हें बावरी, दीवानी, कुलनासी आदि कहते थे। "अपने घर का परदा कर ले, मैं अबला बौरानी" में आरंभ का व्यंग्य बाद की विडंबना से मिलकर जो प्रभाव पैदा करता है, चुनौती के स्वर को वह अधिक अर्थपूर्ण और धारदार बना देता है। यहां एक सजग स्त्री-स्वर सुनाई देता हैं, जिसमें आक्रोश की अनुगूंज है, किसी पीड़ित की चीख या पुकार नहीं। इससे यह भी स्पष्ट है कि संकल्प और आस्था के साथ अपनी अस्मिता और स्वतंत्रता के लिए संघर्षशील अबला भी पुरुष-प्रभुत्व के लिए चुनौती बन सकती है।

अपने प्रेम की रक्षा के लिए मीरा का संघर्ष चौतरफा है। उसके विरोध में राणा की राजसत्ता है और सिसोदिया कुल की मर्यादा (कुल-कानि) भी, पुरुष-प्रभुत्व की सत्ता है और सामंती समाज की रूढ़ियां (लोक-लाज) भी। इनमें से कोई भी एक स्त्री की स्वतंत्र चेतना की हत्या करने में सक्षम है। फिर जहां चारों एकत्र हों वहां आतंक का क्या कहना। मीरा ने इन सबका सामना किया है और कभी-कभी आगे बढ़कर उन्हें ललकारा भी है :

सीसोद्यो रूठ्यो म्हाँरो काँई कँर लेसी।
म्हें तो गुण गोविंद का गास्याँ, हो माई॥
राणाजी रूठ्याँ वाँरो देस रखासी।
हरि रूठ्या कुम्हलास्याँ, हो माई।
लोक लाज की काण न मानूँ।
निरभैं निसाणा घुरास्याँ हो माई।

मीरा की सामाजिक सजगता का एक प्रमाण यह भी है कि उन्होंने जहां भी सामंती समाज की रूढ़ियों को चुनौती दी है वहां समानधर्मा सखी या मां को ही संबोधित किया है, भाई या पिता को नहीं।

प्रेम स्वभाव से ही सत्ता विरोधी और स्वतंत्र होता है। वह अपने प्रिय को छोड़कर किसी और की सत्ता स्वीकार नहीं करता। सत्ता से प्रेम के संघर्ष की कहानी उतनी ही पुरानी है, जितनी प्रेम की कविता की परंपरा। यह आवश्यक नहीं कि प्रेम की कविता में विरोधी सत्ता हमेशा सामने हो। वह कहीं प्रत्यक्ष होती है और कहीं परोक्ष। प्रेम ही मीरा के सामाजिक संघर्ष का साधन है और साध्य भी। यद्यपि कबीर भी कहते हैं कि प्रेम का घर खाला का घर नहीं है, लेकिन मीरा की प्रेमसाधना कबीर से भी अधिक कठिन है। उनका दुर्गम प्रेमपथ का अनुभव ठीक ही कहता है :

लगन को नाँव न लीजै, री भोली !
लगन लगी को पैंडो ही न्यारो, पाँव धरत तन छीजै।
जे तूँ लगन लगाई चाहै, सीस को आसन कीजै।

यह कोई काव्योक्ति नहीं, मीरा के जीवन की सच्चाई है।

मीरा के प्रेम में आत्मसमर्पण और आत्मविश्वास का अनुपम मेल है। उनका आत्मसमर्पण आत्मविसर्जन नहीं है। उस प्रेम में गोविंद के सामने आत्मसमर्पण है तो सामंती शक्तियों के विरोध की दृढ़ता भी है। गोविंद से मीरा कहती हैं— 'म्हाने चाकर राखो जी ! म्हाने चाकर राखो जी !' तो दूसरी ओर राणा से कहती हैं—'थे तो राणाजी म्हांनै इसड़ा लागो, ज्यों बृच्छन में कैर' या फिर 'सिसोद्यो रूठ्यो म्हाँरो काँई कँर लैसी।' वे गोविंद के सामने आत्मसमर्पण करती हैं और उससे शक्ति अर्जित करती हुई सामंती शक्तियों का सामना करती

हैं। मीरा कभी-कभी राजसत्ता और उसकी शक्ति की सीमा बताने के लिए उसके सामने ईश्वर की सत्ता और शक्ति को रख देती हैं :

राणाजी रूठ्याँ वाँरो देस रखासी।
हरि रूठ्या कुम्हलास्याँ, हो माई ॥
या
राजा रूठै नगरी राखे, हरि रूठ्या कहँ जाणा।

इस तरह वे सामंती सत्ता की तुच्छता सामने लाकर उसके आतंक, भय तथा प्रलोभन से मुक्ति की प्रेरणा देती हैं और अपने प्रेम की श्रेष्ठता सिद्ध करती हैं।

मीरा का विद्रोह एक विकल्पविहीन व्यवस्था में अपनी स्वतंत्रता के लिए विकल्प की खोज का संघर्ष है। उनको विकल्प की खोज के संकल्प की शक्ति भक्ति से मिली है। यह भक्ति आंदोलन का क्रांतिकारी महत्त्व है। मीरा की कविता में सामंती समाज और संस्कृति की जकड़न से बेचैन स्त्री-स्वर की मुखर अभिव्यक्ति है। उनकी स्वतंत्रता की आकांक्षा जितनी आध्यात्मिक है, उतनी ही सामाजिक भी है। मीरा का जीवनसंघर्ष, उनके प्रेम का विद्रोही स्वभाव और उनकी कविता में स्त्री-स्वर की सामाजिक सजगता भक्ति आंदोलन की एक बड़ी उपलब्धि है, जिसकी ओर हिंदी आलोचना में कम ध्यान दिया गया है। नाभादास ने मीरा के संघर्ष के महत्त्व को पहचानते हुए भक्तमाल में सच ही लिखा है :

सदरिस गोपिन प्रम प्रकट, कलियुगहि दिखायो।
निरअंकुश अति निडर, रसिक जस रसना गायो ॥
× × ×
भक्ति निसान बजाय के काहूते नाहिन लजी।
लोक लाज कुल शृंखला, तजि मीरा गिरधर भजी ॥

मीरा के काव्य में रूढ़िवादी लोकमत का विरोध अत्यंत उग्र है, लेकिन उसमें शास्त्रमत की कोई चिंता नहीं है। न उसका कहीं विरोध है और न कहीं सहारा। उसके आकर्षण, भय और भ्रम से पूरी तरह मुक्त है मीरा की कविता।

प्रेम का स्वरूप और महत्त्व

भक्तिकाव्य के प्रेम का महत्त्व सब स्वीकार करते हैं, लेकिन भक्त कवियों की प्रेमानुभूति के स्वरूप और महत्त्व के बारे में काफी मतभेद है। नामवर सिंह की यह बात सही है कि "आचार्य रामचंद्र शुक्ल की दृष्टि में एक तुलसीदास को छोड़कर प्रायः सभी भक्त कवियों का प्रेम ऐकांतिक है।" आचार्य शुक्ल के अनुसार भक्तिकाव्य में जहां माधुर्य भाव है वहां प्रेम प्रायः ऐकांतिक है। वह पारिवारिक और सामाजिक मर्यादाओं का अतिक्रमण करता है, इसलिए 'लोकबाह्य' है। इस दृष्टि से केवल तुलसीदास का प्रेम लोकबद्ध है, बाकी जायसी

तथा सूरदास का प्रेम अंशतः ऐकांतिक है और मीरा का पूर्णतः। शुक्लजी की इस राय का अभिप्राय यह है कि प्रेम पारिवारिक मर्यादाओं से बंधा हुआ एक सामाजिक कर्तव्य है, जैसा कि वह तुलसीदास के काव्य में मिलता है; शास्त्र और लोक की रूढ़ियों को चुनौती देने वाली स्वतंत्रता की आकांक्षा का प्रेरक स्वाधीन-भाव नहीं, जैसा कि वह सूर और मीरा के काव्य में है। कबीर, जायसी, सूर और मीरा के काव्य में प्रेम उत्तरोत्तर शास्त्र के भ्रम और लोक के भय से उन्मुक्त होता दिखाई देता है।

असल में भक्तिकाव्य या किसी भी काव्य के प्रेम को सम-विषम, स्वकीया-परकीया, लोकबद्ध और ऐकांतिक आदि रीतिगत सांचों में बांटकर समझने की कोशिश ही गलत है। प्रेम की अनुभूति का लक्ष्य है तल्लीनता; इसलिए काव्य में प्रेमानुभूति की गहराई, सच्चाई और तन्मयता महत्त्वपूर्ण है न कि उसका सम या विषम रूप। फिर भगवान से भक्त के प्रेम में विषमता पर आश्चर्य और आपत्ति क्यों?

भक्तिकाव्य के प्रेम के स्वरूप पर विचार करते समय एक और बात ध्यान देने लायक है। विभिन्न कवियों की काव्यानुभूति का स्वरूप उनकी अभिव्यक्ति के रूप से बहुत दूर तक प्रभावित हुआ है। जिस कवि ने कथा का सहारा लेकर प्रबंधकाव्य के भीतर प्रेम की अभिव्यक्ति की है उसके यहां प्रेम के दोनों पक्षों के अनुभवों की अभिव्यक्ति की संभावना बनी है। परंतु जहां कथासूत्र विरल है, अथवा पद या प्रगीत में प्रेम व्यक्त हुआ है वहां अभिव्यक्ति के रूप की आत्म-परकता के अनुरूप ही अनुभूति भी अधिक आत्मपरक है। आख्यान में अनेक अनुभवों और स्वरों के समावेश की संभावना होती है, जबकि प्रगीत में एकांकी अनुभव और स्वर मुखर होता है। तुलसी और जायसी के कथात्मक काव्य में उभयपक्षी प्रेम अधिक उभरा है। सूर की कविता में कथा बहुत झीनी है, इसलिए वहां गोपियों का आत्मनिवेदन ही प्रमुख है। कबीर और विशेषतः मीरा की प्रेमानुभूति प्रगीत में ढली हुई विशुद्ध आत्माभिव्यक्ति है, जहां दूसरे पक्ष के अनुभव की खोज व्यर्थ है।

भक्तिकाव्य के बाहर भी अधिकांशतः प्रेम की वही कविता महत्त्वपूर्ण है जो सम-विषम की रूढ़ि से मुक्त है। आधुनिक प्रेम-कविता को छोड़ भी दें तो कालिदास के 'मेघदूत' से घनानंद की कविता तक फैली हुई प्रेमकाव्य की उदात्त परंपरा में सम-विषम की कोई चिंता नहीं है। अगर लोक और शास्त्र की रूढ़ियों से मुक्त होने के कारण सूर और मीरा का प्रेम ऐकांतिक है तो कालिदास के 'मेघदूत' और घनानंद का प्रेम भी ऐकांतिक ही होगा। यदि प्रेम की ऐसी स्वच्छंदता ही ऐकांतिक है तब तो मानना होगा कि ऐकांतिक प्रेम का सहज स्वभाव है और अच्छी प्रेम-कविता की स्वाभाविक विशेषता भी।

भक्ति आंदोलन जनसंस्कृति के अपूर्व उत्कर्ष का अखिल भारतीय आंदोलन है। ऐसे आंदोलन में अनेक स्वरों का समावेश कोई आश्चर्य की बात नहीं है। जो आंदोलन समाज के विभिन्न वर्गों, उपवर्गों और समुदायों के जीवन की वास्तविकताओं तथा आकांक्षाओं से जुड़ा हो उसमें अनेक संवादी और विसंवादी स्वरों का सह-अस्तित्व स्वाभाविक ही है। यह स्थिति हिंदी ही नहीं, दूसरी भारतीय भाषाओं के भक्तिकाव्य में भी दिखाई देती है।

हिंदी के भक्तिकाव्य में अनेक स्वर हैं। सगुण भक्तों का स्वर निर्गुण संतों से भिन्न है। सगुण भक्तों में सूर का स्वर तुलसी से पृथक् है। मीरा की कविता का सजग और विशिष्ट स्त्री-स्वर कबीर, जायसी, सूर और तुलसी से बहुत अलग है। यही नहीं, तुलसी के काव्य में एक ओर 'विनय-पत्रिका' में आत्यंतिक आत्म-निवेदन और 'कवितावली' में कठिन जीवन-संघर्ष का स्वर है तो दूसरी ओर 'रामचरितमानस' में आत्मविश्वास से भरा उपदेश का स्वर है। स्वरों की इस अनेकता में कहीं-कहीं परस्पर विरोध भी है। लेकिन उस विरोध के बावजूद भक्ति-भावना की मूलगामी लोकधर्मिता के स्तर पर संपूर्ण भक्ति-काव्य में एकता अधिक प्रबल है। वही एकता भक्ति आंदोलन के विशिष्ट व्यक्तित्व का निर्माण करती है।

हिंदी आलोचना में भक्ति आंदोलन की व्याख्या की एक विडंबना यह है कि कुछ आलोचक उस आंदोलन के तिल-भर अंतर्विरोध को ताड़ बनाकर पेश करते हैं तो कुछ अन्य केवल सतही समानताओं की आड़ में विभिन्न स्वरों के बीच के विरोध को छिपाने की कोशिश करते हैं। दोनों स्थितियों में भक्ति आंदोलन के समग्र स्वरूप की ठीक-ठीक पहचान खतरे में पड़ जाती है।

हिंदी आलोचना में सबसे पहले आचार्य रामचंद्र शुक्ल ने निर्गुण संतों के विरुद्ध सगुण भक्तों को खड़ा किया। उन्होंने निर्गुण संतों को लोक-विरोधी और सगुण भक्तों को लोक-संग्रही घोषित किया। बाद में आचार्य हजारीप्रसाद द्विवेदी को निर्गुण संतों के सामाजिक विचार सगुणों से अधिक प्रगतिशील लगे। मार्क्स-वादी आलोचकों ने निर्गुण-सगुण विवाद को और अधिक उग्र बनाया। मार्क्सवादी आलोचना के एक छोर पर रामविलास शर्मा हैं, जिनकी दृष्टि में निर्गुण-सगुण के बीच कहीं कोई द्वंद्व नहीं है। वे भक्ति आंदोलन और उसके काव्य में किसी विसंवादी स्वर का अस्तित्व स्वीकार नहीं करते। दूसरे छोर पर मुक्तिबोध हैं, जिनके अनुसार "निर्गुणमत के विरुद्ध सगुणमत का संघर्ष निम्न वर्गों के विरुद्ध उच्चवंशीय संस्कारशील अभिरुचि वालों का संघर्ष था।" मुक्तिबोध की इस मान्यता को अंतिम निष्कर्ष तक पहुंचाया है नामवर सिंह ने। उन्होंने निर्गुण से सगुण के मतभेद में लोक से शास्त्र का द्वंद्व देखा है। आचार्य रामचंद्र शुक्ल निर्गुणमत और काव्य को लोक-विरोधी मानते थे तो नामवर सिंह सगुणमत और काव्य को लोक-विमुख तथा लोक-विरोधी कहते हैं।

इस निर्गुण बनाम सगुण के विवाद में जाति और वंश वाला मुक्तिबोध का तर्क विचित्र है और उससे नामवर सिंह की सहमति आश्चर्यजनक। नामवर सिंह ने हजारीप्रसाद द्विवेदी के प्रसंग में लिखा है कि "किसी लेखक के दृष्टिकोण को उसे पैदा करने वाले जाति, वर्ग या समाज के आधार पर, निर्धारित करने का प्रयास 'फूहड़ समाजशास्त्र' है।" अगर यह मान्यता सही है तो केवल हजारीप्रसाद द्विवेदी के प्रसंग में ही नहीं, कबीर, सूर, मीरा और तुलसी के प्रसंग में भी सही होगी। ऐसी स्थिति में निर्गुण और सगुण कवियों के दृष्टिकोण को उनके वंश और जाति के आधार पर निर्धारित करने का प्रयास भी 'फूहड़ समाजशास्त्र' ही है। इस समाजशास्त्र में जाति और वर्ग पर्यायवाची बन गए हैं। वैसे यह समाजशास्त्र तथ्य से अधिक, अनुमान पर आश्रित है। यह कौन नहीं जानता कि कबीर, रैदास, सेन, घना आदि निर्गुण संतों के गुरु रामानंद सगुण भक्त थे। साथ ही यह भी तथ्य है कि सगुण धारा में अनेक मुसलमान और निम्न जातियों से आए भक्त शामिल थे।

इस प्रसंग में महत्त्वपूर्ण सवाल यह है कि क्या सगुण कवियों ने उच्च जाति और उच्च वंश के प्रमुख का समर्थन किया है? यद्यपि सूरदास के पारिवारिक परिवेश के बारे में कोई पुष्ट प्रमाण नहीं मिलता, लेकिन हजारीप्रसाद द्विवेदी का अनुमान है कि वे संपन्न समाज में पले थे। अगर यह अनुमान सही है तो भी स्वच्छंद प्रेम के उन्मुक्त गायक सूर के काव्य में कहीं भी जाति और वंश के प्रभुत्व का समर्थन तो क्या, स्वीकार भी नहीं है। सूर का प्रेम समाज और शास्त्र की सभी रूढ़ियों से स्वतंत्र है। मीराबाई जरूर उच्च कुल की हैं। लेकिन उनके जीवन और काव्य में कुलीनता के विरुद्ध विद्रोह की खुली घोषणा है। वे एक ओर राजकुल के आकर्षण और भय से मुक्त हैं तो दूसरी ओर रैदास को अपना गुरु मानती हैं। उनके बारे में नाभादास ने ठीक ही लिखा है; 'लोक लाज कुल शृंखला तजि मीरा गिरधर भजी।' तुलसीदास उच्च जाति के 'मंगनकुल' में पैदा हुए थे। उनका बचपन इस तरह बीता था : 'बारे ते ललात-बिललात द्वार-द्वार दीन जानत हौं चारिफल चारि ही चनक को।' उन्होंने 'रामचरितमानस' में वर्णाश्रम-व्यवस्था का आदर्श समाज के सामने रखा है, लेकिन 'कवितावली' में उस व्यवस्था के यथार्थ के अनुभव की पीड़ा भी व्यक्त हुई है—'मेरे जाति-पाँति न चहौं काहू की जाति-पाँति।' ऐसी स्थिति में सगुण भक्तों को उच्चवंशी और उच्चजातीय वर्गों के प्रभुत्व का पोषक कहना सूर की प्रेम-भावना, मीरा की विद्रोही चेतना और तुलसी के आत्मसंघर्ष का अपमान करना है।

सगुण काव्य-धारा की सीमा बताने के लिए मुक्तिबोध ने यह सवाल किया है : "क्या यह एक महत्त्वपूर्ण तथ्य नहीं है कि रामभक्ति शाखा के अंतर्गत एक भी प्रभावशाली और महत्त्वपूर्ण कवि निम्नजातीय शूद्र वर्गों से नहीं आया?" यह

तथ्य है। लेकिन इससे क्या साबित होता है। तथ्य तो यह भी है कि आधुनिक काल में प्रगतिशील आंदोलन के अंतर्गत भी कोई महत्त्वपूर्ण और प्रभावशाली कवि निम्नजातीय शूद्र वर्गों से नहीं आया। तब क्या इससे यह साबित होता है कि प्रगतिवाद के बड़े कवि उच्चवंशी उच्चजातीय वर्गों के प्रभुत्व के प्रमाण हैं। महत्त्वपूर्ण तथ्य और भी हैं। प्रेमचंद ने 'ठाकुर का कुआं' और 'सद्गति' जैसी कहानियां लिखी हैं और नागार्जुन ने 'हरिजन गाथा' जैसी कविता। इन रचनाओं के लेखक शूद्र समुदाय से नहीं आए हैं, इसलिए क्या उनका कोई महत्त्व नहीं है? हिंदी साहित्य के आधुनिक काल में भी निम्नजातियों के बीच से कोई महत्त्वपूर्ण लेखक क्यों नहीं आया—यह एक महत्त्वपूर्ण समाजशास्त्रीय सवाल है। इसका उत्तर खोजने के लिए भारतीय समाज की संरचना और उसकी सांस्कृतिक परंपराओं के स्वभाव की गहरी छानबीन जरूरी है, केवल दूसरे लेखकों को दोषी कहकर छुट्टी पा लेने की प्रवृत्ति से बात नहीं बनेगी। यह प्रवृत्ति भक्ति आंदोलन की जटिल समग्रता को समझने में भी सहायक न होगी।

निर्गुण और सगुण की दार्शनिक दृष्टियों के बीच कहीं-कहीं द्वंद्व है, लेकिन वह हर जगह लोक से शास्त्र का द्वंद्व नहीं है। सूरदास के भ्रमरगीत में योग के साथ-साथ निर्गुण का जो खंडन है उसका आधार कोई शास्त्र नहीं, विशुद्ध लोक-अनुभव है। वास्तव में लोक-मानस निर्गुण और सगुण के बीच विरोध की तुलना में एकता और अविच्छिन्नता को अधिक महत्त्व देता है। कबीर के पद अनेक परवर्ती भक्त कवियों के संग्रहों में सहज भाव से शामिल और स्वीकृत हैं। सिक्खों के 'आदिग्रंथ' में तो कबीर के पद हैं ही, सूरसागर और मीरा की पदावली में भी कबीर के पदों से एकदम मिलते-जुलते अनेक पद पाए जाते हैं। वे पद कबीर के हों या न हों, लेकिन भाव और रचना-पद्धति की दृष्टि से वे कबीर के पदों के समान हैं। यह समानता साबित करती है कि जन-मानस में निर्गुण-सगुण के बीच अलगाव से अधिक प्रबल है एकता।

भक्ति आंदोलन की एकता और अविच्छिन्नता को समझने के लिए इस बात पर ध्यान देना जरूरी है कि भक्त कवि पूर्ववर्ती भक्तों की परंपरा और समकालीन भक्तों से अपने संबंध के बारे में कितने सजग हैं। निर्गुण सगुण का भेद इस संबंध-बोध में कहीं बाधक नहीं है। अगर कबीर के काव्य में जयदेव, नामदेव और गोरखनाथ का आदर के साथ स्मरण है तो जायसी के 'अखरावट' में कबीर की प्रेम-साधना के महत्त्व की पहचान भी है। मीरा की कविता में भक्ति आंदोलन की एकता का बोध दूसरों से अधिक व्यापक है। वहां नामदेव, कबीर, रैदास, धन्ना और करमाबाई के साथ-साथ नरसी मेहता के महत्त्व की पहचान है। मीराबाई सगुण भक्त हैं, लेकिन उनके परंपरा-बोध में अधिकतर निर्गुण भक्त शामिल हैं।

भक्ति आंदोलन की दोनों धाराओं के बीच एकता की पहचान का पहला

व्यवस्थित प्रयास नाभादास के 'भक्तमाल' में है। आचार्य रामचंद्र शुक्ल के अनुसार नाभादास तुलसीदास के समकालीन थे। उन्होंने सन् 1600 ई० के आसपास भक्तमाल की रचना की, जिसमें 316 छप्पयों में दो सौ भक्त कवियों की भक्ति-भावना और काव्य-रचना की मुख्य विशेषताओं की अभिव्यक्ति हैं। भक्तमाल मध्यकाल का अत्यंत लोकप्रिय ग्रंथ था। उसका बंगला और मराठी में अनुवाद हुआ था। बाद के दिनों में उसका अनुकरण करते हुए असंख्य भक्तमाल लिखे गए हैं।

नाभादास निम्नतम शूद्र समुदाय से आए हुए सगुण रामभक्त थे। उनके 'भक्तमाल' में निर्गुण-सगुण, ब्राह्मण-शूद्र, स्त्री-पुरुष—सभी तरह के भक्तों के लिए सम्मानजनक जगह है। वहां केवल श्रद्धावश भक्तों का गुणगान या उनकी महिमा का बखान नहीं है, जैसा कि प्रायः समझा जाता है। भक्तमाल में संतुलित विवेक के साथ प्रत्येक भक्त कवि के व्यक्तित्व, विचार, भक्ति-भाव और कवित्व की बुनियादी विशेषताओं की अचूक पहचान है। इस सच्चाई को जानने के लिए कबीर, सूर, मीरा और तुलसी पर लिखे छंदों को पढ़ लेना पर्याप्त होगा। भक्तमाल भक्ति आंदोलन की एकता का प्रमाण है और उसके इतिहासबोध का प्रस्थान बिंदु भी।

भक्ति आंदोलन की विफलता

भक्ति आंदोलन के समग्र रूप पर विचार करने वाले किसी भी व्यक्ति के सामने यह प्रश्न जरूर खड़ा होगा कि वह आंदोलन विफल क्यों हुआ। मुक्तिबोध ने यह प्रश्न उठाया है और उसका उत्तर खोजने की कोशिश भी की है। उनका प्रश्न है : "क्या कारण है कि निर्गुण भक्तिमार्गीय जातिवाद आंदोलन सफल नहीं हो सका?" मुक्तिबोध के इस प्रश्न में संपूर्ण भक्ति आंदोलन की शिथिलता और समाप्ति की चिंता नहीं है। सूफी और सगुण धाराएं उनकी चिंता से बाहर हैं; केवल निर्गुण की असफलता का सवाल सामने है। मुक्तिबोध निर्गुण की असफलता और अंत का कारण सगुणधारा को मानते हैं। उन्होंने लिखा है, "जो भक्ति आंदोलन जन-साधारण से शुरू हुआ और जिसमें सामाजिक कट्टरपन के विरुद्ध जन-साधारण की सांस्कृतिक आकांक्षाएं बोलती थीं, उसका मनुष्य-सत्य बोलता था, उसी भक्ति आंदोलन को उच्चवर्गीयों ने आगे चलकर अपनी तरह बना लिया, और उससे समझौता करके, फिर उस पर अपना प्रभाव कायम करके और अनंतर जनता के अपने तत्त्वों को उनमें से निकालकर उन्होंने उस पर अपना प्रभुत्व स्थापित कर लिया।" मुक्तिबोध के अनुसार, सगुण भक्तिधारा के माध्यम से उच्चवंशी उच्चजातीय वर्गों का सांस्कृतिक प्रभुत्व स्थापित हुआ और "साहित्य के क्षेत्र में उन वर्गों का प्रधानभाव शृंगार, विलास का प्रभावशाली

विकास हुआ; इसलिए भक्तिकाव्य की प्रधानता जाती रही है।"

नामवर सिंह भी मुक्तिबोध के इस मत से सहमत हैं कि भक्ति आंदोलन में सगुणधारा के प्रभाव का विस्तार 'उच्चवंशी उच्चजातीय वर्गों के प्रभुत्व' का प्रसार है और वही भक्ति आंदोलन की शिथिलता तथा समाप्ति के लिए दोषी है। लेकिन वे सगुण कवियों के शृंगार को सामंती प्रभाव का प्रमाण नहीं मानते। उनकी दृष्टि में वह शृंगार मानवीय प्रवृत्तियों के सामंती दमन के विरुद्ध विद्रोह है। जो शृंगार मुक्तिबोध को सामंती विलास का द्योतक लगता है, वही नामवर सिंह के लिए सामंती दमन के विरुद्ध मानवीय विद्रोह का व्यंजक है। जाहिर है दोष उस शृंगार में नहीं; मुक्तिबोध की दृष्टि में है।

नामवर सिंह के अनुसार सगुण काव्य की मुख्य कमजोरी शास्त्र-सापेक्षता है, जो एक ओर निर्गुणधारा का विरोध करती है और दूसरी ओर रीतिकाव्य के उदय का कारण बनती है। नामवर सिंह के विवेचन से यह स्पष्ट नहीं होता कि सगुणधारा क्यों और कैसे शास्त्र-सापेक्ष है, इसलिए यह सवाल उठता है कि आखिर सगुण काव्य में शास्त्र-सापेक्ष क्या है—सूर का वात्सल्य और शृंगार? मीरा का प्रेम और विद्रोह? या तुलसी का आत्मनिवेदन और आत्मसंघर्ष? क्य यह सब शास्त्र-सापेक्ष और लोक-विमुख है? इन सबका रीतिकाव्य से क्या लेना-देना है?

वास्तव में भक्ति संवेदना और भक्ति आंदोलन की व्यापक लोकधर्मिता, उसकी समतावादी सामाजिक चेतना, उसका रूढ़िवाद और कुलीनता के विरुद्ध विद्रोह, शास्त्र के भ्रम और लोक के भय से मुक्ति का उसका आह्वान, उसकी प्रेमानुभूति का सहज तथा स्वच्छंद स्वभाव और लोकसंस्कृति के विभिन्न रूपों—विशेषत: लोकभाषाओं—के उत्कर्ष का उसका अभियान जितना मूलगामी है उतना ही आश्चर्यजनक है उसका अंत। वैसे आधुनिक भारतीय भाषाओं के निर्माण और आधुनिक भारतीय साहित्य के विकास में भक्ति आंदोलन की भूमिका को देखते हुए यह कहना सही नहीं होगा कि वह पूरी तरह विफल हो गया, लेकिन यह भी सच है कि उसका सामाजिक उद्देश्य पूरा न हो सका। भक्ति आंदोलन के माध्यम से जन-साधारण की जो सामाजिक और सांस्कृतिक आकांक्षाएं प्रकट हुई थीं वे अधूरी ही रह गईं।

इस विफलता का कारण केवल निर्गुण से सगुण के द्वंद्व में खोजना ठीक नहीं है; क्योंकि अगर हम यह मान भी लें कि सगुणधारा ने निर्गुणधारा को समाप्त कर दिया तो हमारे सामने एक और सवाल आ खड़ा होगा कि सगुणधारा को किसने समाप्त किया? असल में निर्गुण, सूफी और सगुण अर्थात् पूरा भक्ति आंदोलन जिस सामंती समाज-व्यवस्था के विरुद्ध खड़ा हुआ था, वह अधिक शक्तिशाली साबित हुई। उसने भक्ति आंदोलन की सभी धाराओं को धीरे-धीरे अपने अनुकूल बना

लिया। इससे साबित होता है कि सिर्फ सदाचारवाद से—चाहे वह कितना भी क्रांतिकारी क्यों न हो—सामाजिक व्यवस्था नहीं बदलती। डी० पी० मुखर्जी ने भक्ति आंदोलन की सामाजिक असफलता के कारणों की ओर सही संकेत किया है। उनके अनुसार भक्ति आंदोलन में समाज के स्वरूप की पहचान है, लेकिन सामाजिक हित की कोई धारणा नहीं है। फलतः उसमें आत्मा के अनुरोध और सामाजिक जिंदगी की ठोस जरूरतों के बीच दरार है, आध्यात्मिकता की भौतिक अंतर्वस्तु और लोकधर्म के विभिन्न रूपों के बीच अंतर्विरोध है। भक्ति आंदोलन की यही आंतरिक कमजोरी उसकी सामाजिक विफलता का मुख्य कारण है। इससे यह भी स्पष्ट होता है कि केवल साहित्य के सहारे समाज को बदलने की आकांक्षा का अंत प्रायः असफलता में होता है।

भक्ति आंदोलन की सभी धाराओं, विशेषतः निर्गुणधारा, की परवर्ती परिणति से सिद्ध होता है कि सामाजिक संरचनाएं और सांस्कृतिक परंपराएं प्रायः साहित्यिक प्रवृत्तियों और परंपराओं से अधिक शक्तिशाली होती हैं। जिस वैदिक-पौराणिक परंपरा और उससे पोषित सामाजिक व्यवस्था के विरोध में निर्गुणधारा आगे बढ़ी थी, वह परंपरा अधिक स्थायी साबित हुई। बाद के दिनों में निर्गुणधारा भी उसी सर्वग्रासी परंपरा की धारा में विलीन हो गई। इस प्रक्रिया की सच्चाई जानने के लिए कबीर के व्यक्तित्व और विचारों के संस्कृतीकरण के इतिहास की समझ जरूरी है। पिछले पांच सौ वर्षों से कबीर के व्यक्तित्व और विचारों को वैदिक-पौराणिक परंपरा के विभिन्न सांचों में ढालने के अनेक प्रयास लगातार होते आ रहे हैं। ऐसे प्रयासों के पीछे निर्गुणधारा और कबीर की विचारधारा का कोई विरोधी नहीं, बल्कि कबीर के भक्तगण हैं। कबीर के विचारों को शास्त्र-सापेक्ष बनाने का काम कबीरपंथियों ने किया है।

कबीर ने जीवन-भर जिन धार्मिक और सामाजिक रूढ़ियों का विरोध किया, उन्हीं में कबीर को कैद करने की कोशिश कबीरपंथियों ने की है। कबीर ने अपने जीवन में न मठ बनाया न संप्रदाय चलाया; लेकिन बाद में उनके नाम पर जो मठ और संप्रदाय बने हैं, उनमें मठवाद और संप्रदायवाद की सारी रूढ़ियां मौजूद हैं। कबीर ने धार्मिक आडंबर और बाह्याचार का खंडन किया था, कबीर-पंथी 'जप माला छापा तिलक' के सहारे लोक-परलोक दोनों साधते हैं। कबीर-पंथियों ने तरह-तरह के मिथकों और चमत्कारों को कबीर से जोड़कर उन्हें अवतार बनाया है, उनकी मूर्ति स्थापित की है और शास्त्रीय विधि से मूर्ति-पूजा की प्रथा भी चलाई है। यहां तक कि आधुनिक कबीरपंथ पर वर्ण-व्यवस्था की भी छाया पड़ रही है।

कबीर ने कहा था : 'संस्कीरत है कूप-जल भाखा बहता नीर।' कबीरपंथी लोकभाषा की गंगा को संस्कृत के कूप-जल में डुबाकर पवित्र बना रहे हैं; वे कबीर

की बानी का संस्कृत में अनुवाद कर रहे हैं। 'बीजक' का संस्कृत में अनुवाद हो चुका है। नाभादास ने कहा था : 'कबीर कानि राखी नहीं, वर्णाश्रम षट दरसनी।' आधुनिक कबीरपंथी संस्कृत में कबीर की विचारधारा की व्याख्या कर रहे हैं ताकि वह षट्दर्शन की परंपरा में मान्य और स्वीकार्य हो सके। 'दशमात्रा', 'कबीर शतकम्' और 'ब्रह्मनिरूपण' जैसी पुस्तकों में यही प्रयत्न दिखाई देता है। कबीर के विचारों के संस्कृतीकरण का यह अभियान मुक्तिधर्मी लोक-प्रतिभा को रूढ़िवादी शास्त्रीयता का जामा पहनाने का अभियान है।

इस अभियान का एक अद्भुत उदाहरण है 'कबीर मंसूर' नामक पुस्तक; जिसके लेखक हैं कबीरपंथी साधु परमानंद। मूलत: उर्दू में लिखी यह पुस्तक पहली बार सन् 1857 ई० में छपी थी। उसका हिंदी अनुवाद 1903 ई० में प्रकाशित हुआ। पुराणों की शैली में लिखा हुआ लगभग पंद्रह सौ पृष्ठों का यह पोथा हिंदू देवी-देवताओं के चित्रों से सुसज्जित है! इसमें चारों युगों में कबीर के अनेक अवतारों का वर्णन है; केवल कलयुग में मूसा, दाऊद, सुलेमान, ईसा; मुहम्मद आदि रूपों में उनके चौदह अवतारों की चर्चा है। इस पुस्तक के अनुसार कबीर 'परमब्रह्म' हैं। पुस्तक में उनकी अनेक लीलाओं का भी वर्णन है। कबीर ने राम-रहीम की एकता पर जोर दिया था तो 'कबीर मंसूर' में उन्हें हिंदू, इस्लाम और ईसाई धर्मों के बीच एकता का सूत्रधार बना दिया गया है। यह पुस्तक कबीर के व्यक्तित्व के ऐतिहासिक महत्त्व और उनके विचारों की क्रांतिकारी भूमिका को मिटाकर उन्हें मिथकीय, शास्त्र-सापेक्ष और परंपराबद्ध बनाती है। 'कबीर मंसूर' के कबीर की केवल पूजा हो सकती है, वे सामाजिक और सांस्कृतिक रूढ़िवाद के विरुद्ध किसी संघर्ष के प्रेरणास्रोत नहीं बन सकते।

कबीरपंथ में कबीर के विचारों की दुर्गति के इतिहास से साबित होता है कि कोई क्रांतिकारी विचारधारा विरोधियों की आलोचनाओं से नहीं मरती; वह इतिहास-प्रक्रिया से बेखबर अनुयायियों की अंधश्रद्धा, कट्टरवादिता और महत्त्वाकांक्षा से मरती है।

कृष्णकथा की परंपरा और सूरसागर

श्रीकृष्ण के लौकिक और अलौकिक, मानवीय और दिव्य—दो रूप हैं। लौकिक रूप में श्रीकृष्ण युगमानस के सार्वभौम संकल्प के प्रतीक हैं, युग के सूत्रात्मा हैं। भारतीय संस्कृति के विकास के इतिहास में कोई भी संस्कृति-निर्माता या युग-नायक ऐसे बहुमुखी व्यक्तित्व से संपन्न नहीं है। कृष्ण का मानवीय रूप इतना विकसित है कि उसका ईश्वरत्व से अभेद दिखाई देता है। कृष्ण का मानव-व्यक्तित्व अत्यंत वैविध्यपूर्ण, समृद्ध और आकर्षक है, वे अपने युग के संपूर्ण लोक-मानस के आकर्षण के केंद्र बिंदु सिद्ध होते हैं। महापुरुष तीन प्रकार के होते हैं: (1) चिंतक, (2) भावनाप्रधान और (3) कर्मठ। मनुष्य में अंतर्निहित ज्ञान-शक्ति, इच्छाशक्ति और क्रियाशक्ति के विकास से ही चिंतक, भावनाप्रधान और कर्मठ व्यक्तित्वों का निर्माण होता है। श्रीकृष्ण में ज्ञानशक्ति, इच्छाशक्ति और क्रियाशक्ति का चरमोत्कर्ष दिखाई पड़ता है, इसलिए वे चिंतक, अनुरागी और कर्मठ महापुरुष हैं। श्रीकृष्ण एक युगप्रवर्तक के रूप में पूज्य हैं। संपूर्ण कृष्णचरित में भारतीय चिंतन-परंपरा के बुद्धिवाद और आनंदवाद का पूर्ण समन्वित रूप प्रकट हुआ है।

श्रीकृष्ण के अलौकिक स्वरूप की अभिव्यक्ति उनके अवतारी रूप में हुई है। कृष्ण का दिव्य रूप वह है जहां वे सच्चिदानंद हैं। उनकी विभिन्न लीलाओं के बीच से उनका लीला रूप विकसित हुआ है। अवतारी रूप में उनके जन्म और कर्म दिव्य हैं। वे लीला पुरुषोत्तम, रसरूप सच्चिदानंद हैं। वे ब्रह्म हैं, सर्वोच्च सत्ता हैं। उनके निर्गुण और सगुण दो रूप हैं। सच्चिदानंद ब्रह्म के रूप में वे इस जगत् के मूल कारण हैं। यह जगत् या सृष्टि उनकी लीला का परिणाम है। सगुण रूप में श्रीकृष्ण अवतारी हैं, साधुहितकारी, भक्तवत्सल और असाधुअहेरी। लीलाविग्रह में उनके दो रूप हैं—पहला ऐश्वर्यमय और दूसरा प्रेममय। श्रीकृष्ण के प्रेममय रूप से ही उनकी माधुर्यमयी लीला संपन्न होती है।

प्रेममूलक वैष्णव धर्म या भागवत धर्म किसी एक कवि की मिथकीय फैंटेसी

या कल्पना का परिणाम नहीं है, अपितु वासुदेव कृष्ण की धारणा के इतिहास का सत्य है जो काव्यात्मक और लोकप्रचलित निजंधरी कथाओं के विकास से आच्छादित हो गया है। श्रीकृष्ण के स्वरूप और चरित्र के विकास में इतिहास, पुराणकल्प, पुरावृत, अवदान, आख्यान, उपाख्यान, चरित, प्रबंधकल्पना, गाथा आदि के साथ-साथ दार्शनिक आचार्यों के चिंतन तथा भक्त कवियों की भावना का ऐसा संयोग हो गया है कि उसमें तथ्य और कल्पना को पूर्णतः पृथक् कर पाना कठिन है। श्रीकृष्ण के चरित्र में नाना वैदिक-अवैदिक, आर्य-अनार्य और शास्त्रीय तथा लौकिक तत्त्वों का समन्वय हुआ है। कृष्ण का जीवनचरित, व्यक्तित्व और लीलावपु दीर्घकालीन भारतीय विचारधारा और भावधारा के विकास और समन्वय का परिणाम है। भारतीय चिंतन परंपरा का उत्कर्षित रूप श्रीकृष्ण में प्रकट है।

प्रत्येक प्राचीन सभ्यता और संस्कृति का पतन, विनाश और अंत जीवन के गतिशील सिद्धांतों और आदर्शों में अनास्था के फलस्वरूप होता है। जब समाज सिद्धांत की आंतरिक शक्ति से विमुख होकर केवल उसके बाह्य रूप या शरीर से मोहवश बंध जाता है तो जीवन और जीवन के नियामक सिद्धांतों में विरोध उत्पन्न हो जाता है। धर्म आस्तिक और आस्थावान व्यक्ति के लिए जीवन संचालन के कतिपय आदर्शों, सिद्धांतों और मूल्यों का समुच्चय है। वह व्यक्ति और समाज दोनों के पारस्परिक सहयोग और समन्वय का संबंध सूत्र है। युग परिवर्तन के साथ ही व्यक्ति और समाज का मानसिक धरातल भी बदल जाता है और पुराने विचार तथा आचार अनुपयोगी हो जाते हैं। युगजीवन के संदर्भों में प्राचीन जीवनमूल्यों, मान्यताओं और आदर्शों के असमर्थ, अनुपयोगी और अनावश्यक होने पर नवीन जीवनमूल्यों और आदर्शों की स्थापना होती है। लोकसंग्रह की भावना और लोकचेतना के प्रति सचेत कृष्ण जैसे लोकनेता प्राचीनता की लकीर न पोटकर, प्राचीनता की शाश्वतता में अंध आस्था न रखकर, मनुष्य और नियम के बीच मनुष्य में अधिक आस्थावान होने के कारण मानव-जीवन के संचालक नियमों और आदर्शों की युगानुरूप परिवर्तनशीलता में विश्वास करते हैं। मनुष्य से श्रेष्ठ कुछ भी नहीं है—'न हिमानुषाच्छ्रेष्ठतरं हि किंचित्,' उसका धर्म, दर्शन, नियम, सिद्धांत कुछ भी नहीं। जीवन नियम को अर्पित नहीं हो सकता। जहां जीवन नियम को अर्पित हो जाता है वहां जीवन की जीवंतता सूख जाती है। जहां व्यक्ति के व्यक्तिगत और सामाजिक जीवन के मार्ग में पूर्व निर्मित जीवन सिद्धांत बाधक बन जाते हैं, वहां उन नियमों की निस्सारता का बोध होता है तथा उनके परिवर्तन की आवश्यकता पड़ती है। जीवन आत्मानुशासन से संचालित होना चाहिए, आत्मविवेक से अनुशासित होना चाहिए, आरोपित नियमों के शासन से नहीं। जीवन के नियम, मूल्य और आदर्श जीवन सापेक्ष होते हैं

और जीवन सामाजिक स्थितिसापेक्ष होता है। अतः कालचक्र के परिवर्तन के कारण सामाजिक स्थिति के परिवर्तित हो जाने से युगजीवन के साथ युगधर्म भी बदलते रहते हैं। प्राचीनता के प्रति विवेकसंपन्न दृष्टि अपेक्षित है, अंध-श्रद्धा नहीं।

श्रीकृष्ण के जीवन का ऐतिहासिक स्वरूप विवादास्पद है। कुछ विद्वान उनकी स्थिति का काल ईसवी सन से तीन हजार वर्ष पूर्व मानते हैं। चिंतामणि विनायक वैद का विचार है कि महाभारत, हरिवंश आदि के रचनाकाल, मेगास्थनीज के लेख तथा प्रचलित परंपराओं के आधार पर श्रीकृष्ण का जन्मकाल ई. पू. 3185वें वर्ष तथा मृत्यु 3072वें वर्ष में मानना चाहिए। इस हिसाब से उनकी अवस्था युधिष्ठिर के राजसूय यज्ञ के अवसर पर 71 वर्ष की और महाभारत की लड़ाई के समय 84 वर्ष की तथा मृत्यु के समय 113 वर्ष की ठहरती है।[1] एक दूसरे विद्वान तिलकधर शर्मा ने हिमयुग के विश्वव्यापी प्रलय के काल निर्णय, ज्योतिष के मार्ग शीर्षांत वसंत संपात के काल तथा सप्तर्षि के भ्रमणचक्र और महाभारत के ऐतिहासिक समय के आधार पर श्रीकृष्ण का ऐतिहासिक समय ई. पू. तीन हजार वर्ष माना है।[2] लोकमान्य तिलक ने श्रीकृष्ण का अवतारकाल ईसा से लगभग 1400 वर्ष पूर्व माना है।[3] राधाकमल मुखर्जी के अनुसार श्रीकृष्ण का ऐतिहासिक समय ई. पू. 1000 वर्ष के करीब है।[4] भारतीय दर्शन, धर्म और काव्य में कृष्ण का ऐतिहासिक व्यक्तित्व उतना महत्त्वपूर्ण नहीं है जितना उनका मिथकीय स्वरूप। सच तो यह है कि उनके मिथकीय स्वरूप के सामने उनका ऐतिहासिक व्यक्तित्व पराजित हो गया है। दर्शन, धर्म और काव्य में श्रीकृष्ण के मिथकीय स्वरूप के लौकिक और अलौकिक, मानवीय और अतिमानवीय रूपों को ही चिंतन, भावना और अनुभूति का विषय बनाया गया है।

वैदिक साहित्य में कृष्ण

कृष्ण का सर्वप्रथम उल्लेख ऋग्वेद (मं. 8) में सूक्त 85 के ऋषि या रचयिता के रूप में आया है और इसके तीसरे तथा चौथे मंत्रों में ही ऋषि अपने को कृष्ण कहते हुए जान पड़ते हैं। 'अनुक्रमणिका' के लेखक उन्हें आंगिरस या अंगिरस के उत्तराधिकारी कहते हैं।[5] अगर ऐसा है तो कृष्ण का समय ऋग्वेद का समय होगा जो किसी भी प्रकार ई. पू. 3000 के बाद का नहीं है। ऋग्वेद में इंद्र के शत्रु के रूप में कृष्ण का उल्लेख है। यह द्रुतगामी कृष्ण अपनी दस हजार असुर-सेना के साथ अंशुमती नदी के तट पर विस्तृत किंतु गूढ़ प्रदेश में विचरण करता था। इंद्र ने बुद्धि के द्वारा उसे प्राप्त किया और मनुष्यों के हितार्थ उससे युद्ध करने के लिए अभिलाषदाता मरुतों का आह्वान किया तथा बृहस्पति की सहायता से उसे पराजित कर उसकी सेना का वध कर डाला। एक अन्य सूक्त में दक्षिण हाथ

में वज्र धारण करने वाले इंद्र की स्तुति में कहा गया है कि उन्होंने ऋजिश्वा राजा के साथ कृष्णासुर की गर्भवती स्त्रियों का वध किया।[6] डॉ. ब्रजेश्वर वर्मा ने अनुमान किया है कि कहीं यह कृष्णासुर और आंगिरस कृष्ण एक ही तो नहीं हैं और आंगिरस कृष्ण के पौत्र विष्णापु का वध कहीं इंद्र के साथ युद्ध में ही तो नहीं हुआ था ?[7]

यद्यपि वैदिक परंपरा के अनुसार इंद्र कृष्ण को पराजित करते हैं किंतु पौराणिक वैष्णव परंपरा के अनुसार कृष्ण ने ही इंद्र को अनेक बार पराजित किया है। ऋग्वेद तथा परवर्ती पौराणिक परंपरा में इंद्र-कृष्ण संघर्ष के कारण ही वाल्टर रूबेन जैसे विद्वानों ने कृष्ण को आर्यविरोधी और अनार्य भी माना है।[8] संभव है ई. पू. 1100 के करीब वैदिक धर्म की पूजाविधि, याज्ञिक हिंसा और कठोर धार्मिक रूढ़िवाद के विरुद्ध नवीन सामाजिक परिवेश के अनुकूल वैचारिक क्रांति का जो प्रयास कृष्ण ने किया, उसके परिणामस्वरूप अहिंसक और मानवतावादी भागवत धर्म का विकास हुआ। भागवत धर्म भी बौद्ध और जैन धर्मों की भांति बलिप्रधान ब्राह्मण धर्म के विरुद्ध एक प्रतिक्रिया का फल है।[9] भागवत धर्म और उसके प्रवर्तक कृष्ण को लोकमानस की स्वीकृति मिलने पर भी परंपरापूजक वर्ग का विरोध कायम रहा और इस विरोध के फलस्वरूप ही इंद्र-कृष्ण-संघर्ष की कथाएं रची गईं। प्रारंभ में वैदिक धर्म की प्रबलता के युग में इंद्र से कृष्ण की पराजय का आयोजन हुआ। किंतु बाद में पौराणिक काल के सर्वाधिक महत्त्वपूर्ण देवता कृष्ण से इंद्र की अनेक पराजयों की कथा लिखी गई। इंद्र-कृष्ण-संघर्ष का तात्पर्य है वैदिक रूढ़िवाद और स्वाभाविक आध्यात्मिक विवेकवाद का द्वंद्व।

'कौशीतकी ब्राह्मण' में जो बुद्धदेव के पूर्व की रचना है,[10] कृष्ण आंगिरस का उल्लेख है। छांदोग्य उपनिषद (जिसका रचनाकाल 600 ई. पू. है) के अनुसार देवकीपुत्र कृष्ण घोर आंगिरस के शिष्य थे। छांदोग्य उपनिषद में घोर आंगिरस द्वारा अपने शिष्य कृष्ण को दिए गए उपदेश तथा श्रीमद्भागवतगीता में वसुदेव कृष्ण के द्वारा अर्जुन को दिए गए उपदेश में पर्याप्त वैचारिक साम्य है। छांदोग्योपनिषद में देवकीपुत्र कृष्ण द्वारा एक ही प्रकार के सिद्धांतों का ग्रहण और व्याख्यान हुआ है। रायचौधरी का निष्कर्ष है कि कृष्ण ने अपने गुरु घोर आंगिरस से इन सिद्धांतों को सीखा और उसे अपने शिष्य भागवतों (अर्जुनादि) को सिखाया, जो भगवतगीता के केंद्रीय विचार हैं।[11] ऋग्वेद और छांदोग्योपनिषद में कृष्ण की उपस्थिति से यह प्रश्न उठता है कि क्या वैदिक सूक्त के रचयिता कृष्ण आंगिरस और छांदोग्य के घोर आंगिरस के शिष्य देवकीपुत्र कृष्ण एक ही व्यक्ति थे ? भंडारकर का मत है[12] कि यदि कृष्ण (ऋग्वेद) और घोर (छांदोग्य) दोनों आंगिरस थे तो इससे यह परिणाम निकलता है कि कृष्ण के ऋषि होने की परंपरा ऋग्वेद के मंत्रों की रचना के समय से लेकर छांदोग्योपनिषद के रचनाकाल तक चली आई और

उस समय कार्ष्णायिन नाम का कोई गोत्र वर्तमान था, जिसके मूल पुरुष कृष्ण थे। वासुदेव के आराध्य देव बन जाने पर जब कृष्ण और वासुदेव दोनों मिलकर एक वासुदेवकृष्ण हो गए तो उन्हें कालांतर में कृष्ण कुल के वंश-वृक्ष में भी स्थान मिल गया। वासुदेव का व्यक्तिवाचक संज्ञा होना और कृष्ण का एक गोत्र नाम होना, बौद्धों के 'घटजातक' और 'महाडमग्ग जातक' के विवरणों से भी प्रमाणित होता है। कृष्ण-परंपरा की चिंतन-प्रक्रिया के विकास के फलस्वरूप बाद में वासुदेव के व्यक्तित्व और आध्यात्मिक दृष्टिकोण का संघात देवकीपुत्र कृष्ण के संपूर्ण ज्ञान में हो गया, जिसमें कृष्ण के ऋषित्व, उपदेशक और वासुदेव के मानवीय और देवत्व रूप तथा गुण आदि का समुच्चय उपस्थित हुआ।

बौद्ध और जैन साहित्य में श्रीकृष्ण

घटजातक (तीसरी शती ई. पू.) में उपसागर और देवगब्भा के दो बड़े लड़कों का नाम वासुदेव और बलदेव है।[13] इसके गद्य भाग में अन्य नामों का संकेत नहीं है किंतु उससे संलग्न पद्य में केशव और कण्ह का उल्लेख है। प्रथम पद्य की टीका में कहा गया है कि कण्ह गोत्र नाम है और उसका संबंध कण्हायन गोत्र से है। महा उमग्ग जातक की टीका में एक स्थल पर वासुदेव कण्ह की विशेष प्रिया रानी जांबवंती का संकेत है। कृष्ण की प्रिया जांबवंती के वैवाहिक संबंध का उल्लेख श्रीमद्भागवत आदि पुराणों में हुआ है। ब्रजभाषा के कृष्ण साहित्य में कृष्ण को अनेक स्थलों पर कान्ह और कन्हैया भी कहा गया है। संभव है यह परवर्ती विस्तार पूर्ववर्ती संकेत-सूत्रों के आधार पर ही हुआ हो।

जैन परंपरा में कृष्ण अरिष्टनेमि या नेमिनाथ (22वें तीर्थंकर जो 23वें तीर्थंकर पार्श्वनाथ के निकट पूर्ववर्ती थे) के समकालीन बतलाए गए हैं। चूंकि पार्श्वनाथ की स्थिति 817 ई. पू. में मानी जाती है इसलिए निश्चय ही श्रीकृष्ण 9वीं शताब्दी ई. पू. के पूर्वार्द्ध में लोकप्रसिद्ध रहे होंगे।

भागवत धर्म और वासुदेव कृष्ण

वैदिक परंपरा के नाम पर प्रचलित रूढ़िवाद, याज्ञिक हिंसा और विधि-विधान से आबद्ध शास्त्रीय धर्म के स्थान पर सहज मानवीय धर्म के स्वाभाविक विकास का परिणाम भागवत धर्म का उदय है। भागवत धर्म के प्रारंभिक आचार्यों ने यद्यपि वैदिक विधि, यज्ञ या बलिप्रथा की खुलेआम निंदा नहीं की किंतु एक ऐसे धर्म-सिद्धांत को विकसित करने का प्रयास किया, जिसमें अहिंसा पर बल दिया गया था। यह भागवत धर्म पांचरात्र, एकांतिक, नारायण, वासुदेव, सात्वत धर्म आदि अनेक नामों से अभिहित किया गया है। वैष्णव धर्म इस भागवत धर्म का ही विकसित रूप है जो अनेक आध्यात्मिक चिंतनधाराओं और उपासना-पद्ध-

तियों के संयोग से निर्मित है। इस समन्वयवादी धर्म की स्थापना में मुख्यतः तीन धार्मिक सिद्धांतों का योगदान है।[14] (1) व्यूह सिद्धांत, जिसके द्वारा वासुदेव-पूजा का संकर्षण पूजा से संयोग और भागवत धर्म का उदय हुआ, (2) अवतार-वाद, जिसके द्वारा भागवत धर्म और विष्णुनारायण-पूजा के संयोग से वैष्णव धर्म का विकास हुआ, (3) पुरुष-प्रकृति सिद्धांत, जिससे वैष्णव धर्म में श्रीतत्त्ववाद का समावेश हुआ । वासुदेव-पूजा का अस्तित्व प्राचीन है। भागवत निश्चय ही वासुदेव के भक्त थे और वासुदेवकों के रूप में वासुदेव-पूजा का प्रारंभ पाणिनि के पहले ई. पू. 5वीं शताब्दी में हो गया था।[15] तैत्तिरीय आरण्यक के दशम प्रपाठक में जो विष्णु गायत्री दी गई है उसमें नारायण, वासुदेव तथा विष्णु को एकत्र कर दिया गया है—'नारायण विद्महे, वासुदेवाय धीमहि। तन्नो विष्णुः प्रचोदयात्।' यहां वासुदेव विष्णु का एक नाम है। रायचौधरी के अनुसार तैत्तिरीय आरण्यक का अंतिम अंश परवर्ती रचना है तथा विष्णु का वासुदेव नाम किसी संहिता, ब्राह्मण ग्रंथ या प्राचीनतम उपनिषदों में नहीं आता है।[16] किंतु तैत्तिरीय आरण्यक का समय रायचौधरी के ही अनुसार ई. पू. तीसरी शताब्दी से बाद का नहीं हो सकता; क्योंकि आपस्तंब के पहले की यह रचना है और आपस्तंब का समय डॉ. बूलर के अनुसार भाषा वैज्ञानिक आधार पर किसी प्रकार ई. पू. तीसरी शताब्दी के बाद का नहीं है। इससे यह सिद्ध होता है कि ई. पू. तीसरी शताब्दी में विष्णु और वासुदेव का ऐक्य स्थापित हो चुका था। गीता में वासुदेव वृष्णिवंशोद्भूत कहे गए हैं—'वृष्णीनां वासुदेवो स्मि।' वृष्णिवंश का उल्लेख पाणिनि की अष्टाध्यायी और कौटिल्य के अर्थशास्त्र में है। तैत्तिरीय संहिता, तैत्तिरीय ब्राह्मण, शतपथ ब्राह्मण और जैमिनीय उपनिषद ब्राह्मण में भी वृष्णि का उल्लेख है।[17] इस प्रकार वृष्णिवंश और उसमें उत्पन्न होने वाले वासुदेव कृष्ण की प्राचीनता प्रमाणित है । सात्वत वृष्णि जाति का ही दूसरा नाम है जिसके वासुदेव संकर्षण, अनिरुद्ध आदि सदस्य थे और उन सात्वतों का अपना धर्म था, जिसमें वासुदेव सर्वोच्च सत्ता के रूप में पूजित थे।[18]

वासुदेव पूजा और भागवत धर्म का ऐतिहासिक आधार बौद्ध ग्रंथ निद्देश और घटजातक में उपलब्ध है। 400 ई. पू. के निद्देश में वासुदेव और बलदेव की पूजा और अर्चना का स्पष्ट कथन है। बौद्ध घटजातक में उपसागर और देवगंभा के दो बड़े लड़कों का नाम वासुदेव और बलदेव है। घटजातक की देवगंभा और छांदोग्योपनिषद की देवकी संभवतः एक ही हैं। इसलिए बौद्ध परंपरा के अनुसार देवकीपुत्र वासुदेव कृष्ण की पूजा की प्राचीनता सिद्ध होती है। निद्देश के अनुसार वासुदेव और बलदेव दोनों की पूजा, और अर्चना के उल्लेख से भागवतों या पांचरात्रों के व्यूह सिद्धांत की प्राचीनता का भी संकेत मिलता है। इसके साथ ही व्यूह सिद्धांत की विस्तृत व्याख्या महाभारत के शांतिपर्व के नारायणीय अंश में देखने

को मिलती है।

ई. पू. चौथी शताब्दी में चंद्रगुप्त मौर्य के काल में भारत आने वाले ग्रीक राजदूत और भ्रमणकारी मेगस्थनीज तथा एरियन के लेखों से वासुदेव कृष्ण की पूजा का प्रमाण मिलता है। मेगस्थनीज ने लिखा है कि 'हेराक्लीज की शौरसेनोयी राष्ट्र वाले विशेष पूजा करते थे।' उस लेख के अनुसार शौरसेनोयी राष्ट्र में मेथोरा और क्लेइयोसोओरा दो बड़े नगर थे जिनके बीच में जोवारो नामक बड़ी नदी थी। भंडारकर ने हेराक्लीज को वासुदेव कृष्ण, शौरसेनोयी को शूरसेन वंश या सात्वत, मेथोरा को मथुरा और क्लेइयोसोओरा को कृष्णपुर तथा जोवारे को यमुना नदी माना है।[19] कनिंघम का भी मत है कि केशोपुरा ही वह स्थान है जिसका नाम एरायन ने किलसोवोरा या केसोबोरा और प्लिनी ने किलसोबोरा लिखा है।[20] मथुरा और आसपास की खुदाई से मिले पुराण नामक प्राचीन भारतीय सिक्के, खंडित बौद्ध तोरण और अनेक अन्य वस्तुओं से कृष्णपुरा, केसवपुरा या किलसोबोरा का ई. पू. चौथी शताब्दी में अस्तित्व प्रमाणित है।[21] मथुरा के संग्रहालय में कुषाण काल की एक वासुदेव कृष्ण की चतुर्भुजी मूर्ति है जो कृष्ण की प्राचीनतम मूर्ति है। पतंजलि के महाभाष्य में भी मथुरा का उल्लेख मिलता है।

मथुरा में वासुदेव कृष्ण की पूजा का प्रचार ई. पू. चौथी शताब्दी के बहुत पहले ही संभावित है। ई. पू. दूसरी शताब्दी के बेसनगर (ग्वालियर) के शिलालेख में ग्रीक राजा एंटियाल्किडस के राजदूत हिलियोडोरा द्वारा वासुदेव के गरुड़-ध्वज की स्थापना का उल्लेख है। इसमें हिलियोडोरा अपने को भागवत कहता है। इस शिलालेख से भागवत धर्म और कृष्ण वासुदेव की महत्ता और प्राचीनता का प्रमाण मिलता है। इससे यह भी सिद्ध होता है कि ई. पू. दूसरी शताब्दी तक वासुदेव कृष्ण का देवत्व स्थापित हो चुका था। वासुदेव के लिए इस शिलालेख में प्रयुक्त 'देव-देव' विशेषण से देवकी पुत्र कृष्ण के अध्यापन-शिक्षा में घोर आंगिरस द्वारा उद्धृत ऋग्वेद में सूर्य के लिए प्रयुक्त विशेषण 'देवं देवत्रा' की तुलना की जा सकती है। इससे यह भी सिद्ध होता है कि इस शिलालेख के कुछ पहले ही वासुदेव कृष्ण सर्वोच्च देवता के रूप में प्रतिष्ठित हो चुके थे, भागवत धर्म लोक धर्म बन चुका था और उसकी सहज मानवतावादी प्रकृति के कारण शक, यवन एवं आभीरों ने उसे अपने धर्म के रूप में स्वीकार कर लिया था तथा वे अपने को भागवत या वासुदेवक कहने लगे थे; अन्यथा एक विदेशी किसी पराए दुर्बल धर्म या देवता से इतना शीघ्र प्रभावित नहीं हो सकता। इस गरुड़ध्वज से यह भी सिद्ध होता है कि वासुदेव के भक्त ही भागवत हैं और वासुदेव की पूजा ही भागवत धर्म है। एक तीसरा निष्कर्ष यह भी निकलता है कि ई. पू. दूसरी शताब्दी तक भागवत धर्म या वासुदेव कृष्ण की पूजा का प्रचार-प्रसार दूर-दूर तक हो चुका था।

ई. पू दूसरी शताब्दी के राजपूताना के घोसुंडी के शिलालेख में संकर्षण

और वासुदेवपूजा का उल्लेख मिलता है। ई. पू. पहली शताब्दी में नानाघाट शिलालेख में संकर्षण और वासुदेव का द्वंद्व समास के रूप में प्रयोग है। ई. पू. दूसरी शताब्दी के पतंजलि के महाभाष्य में कृष्णवासुदेव की कथापरंपरा के अनेक सूत्र उपलब्ध हैं। पतंजलि ने पाणिनि की अष्टाध्यायी में आए हुए वासुदेव शब्द के अर्थचिंतन के संदर्भ में माना है कि पाणिनि के लिए वासुदेव एक क्षत्रिय व्यक्ति ही नहीं, बल्कि एक पूज्य देवता भी हैं। भंडारकर का मत है कि महाभाष्य में आए वासुदेव अवश्य ही वृष्णि कुल के वासुदेव हैं।[22] महाभाष्य में कृष्ण द्वारा कंसवध की कथा का रंगमंच पर अभिनय होने का भी उल्लेख है। उसमें 'चिर हते कंस' कहने से ऐसा लगता है कि कृष्ण द्वारा कंस के मारे जाने की कथा पतंजलि के बहुत पहले से प्रचलित थी। महाभाष्य में ही दो स्थलों पर अलग-अलग कृष्ण और वासुदेव के द्वारा कंसवध का स्पष्ट कथन है। इन दोनों स्थलों की तुलना से स्पष्ट है कि पतंजलि के बहुत पहले से ही कृष्ण और वासुदेव एक ही व्यक्ति के रूप में लोकप्रसिद्ध और लोकस्वीकृत थे।[23] महाभाष्य में ही कृष्ण के मित्र और सहायक के रूप में बलराम भी आए हैं, जिसका संकेत घोसुंडी के शिलालेख में है। महाभाष्य में ही कृष्ण के लिए केशव संज्ञा का प्रयोग है जिससे कृष्ण से नारायण विष्णु के तादात्म्य की सूचना मिलती है क्योंकि बोधायन धर्मसूत्र में केशव नारायणविष्णु की उपाधि थी।[24] महाभाष्य के आधार पर यह कहा जा सकता है कि ई. पू. दूसरी शताब्दी के पहले ही कृष्णकथा पर्याप्त विकसित हो गई थी, जिसमें कृष्ण को देवत्व प्राप्त था, वासुदेव और नारायण-विष्णु से कृष्ण का तादात्म्य स्थापित था, कृष्ण-बलराम का संयुक्त क्रिया-शील रूप लोकप्रचलित था और कृष्ण द्वारा कंसवध की कथा भी जनसामान्य में प्रचलित थी।

महाभारत के पहले का साहित्य 'मानव' कृष्ण के विषय में मुखर है। बौद्ध और जैन परंपराओं से भी वासुदेव का मानवश्रेष्ठ रूप प्रतिपादित है। कृष्ण अवश्य ही बुद्धदेव के पूर्ववर्ती एक ऐतिहासिक व्यक्ति जान पड़ते हैं। हिंदू, जैन और बौद्ध परंपराएं इस तथ्य से सहमत हैं कि वासुदेव कृष्ण मथुरा राजवंश (यादव, वृष्णि या सात्वत) के वंशज थे। उनके पिता का नाम उत्तरायन धर्म-सूत्र और महाभारत के अनुसार वसुदेव, पुराणों (मत्स्य और वायु) के अनुसार वसुदेव, आनक दुंदभी और घटजातक के अनुसार उपसागर है। उनकी माता का नाम देवकी है, क्योंकि छांदोग्य उपनिषद, महाभारत, उत्तरायन धर्मसूत्र, स्कंद-गुप्त के भीतरी स्तंभ से यह प्रमाणित है। बलदेव या संकर्षण नाम के उनके एक सखा और भाई का उल्लेख महाभारत, जातक, उत्तरायन धर्मसूत्र और पतंजलि के महाभाष्य में है। कृष्ण और कंस के संघर्ष की कथा जातक, महाभारत और महाभाष्य में है। इस प्रकार कृष्ण निश्चय ही एक ऐतिहासिक महापुरुष सिद्ध

होते हैं।

महाभारत के युगप्रवर्तक श्रीकृष्ण

अत्यंत प्राचीनकाल से महाभारत भारतीय साहित्य-परंपरा का विशाल कोश और नवीन साहित्य-सर्जन का अक्षय स्रोत रहा है। महाभारत में प्राणवान चरित्रों की बहुलता और कथाओं की विविधता का जो अद्वितीय संगम है, उससे कथा और चरित्र ग्रहण कर परवर्ती साहित्य-स्रष्टाओं ने अनेक मनोरम काव्य और नाटकों की रचना की है। गीता महाभारत का एक अंश है जो पूर्ववर्ती भागवत धर्म और परवर्ती वैष्णव धर्म का आधार ग्रंथ तो है ही, वह भारतीय दर्शन का काव्यात्मक विश्वकोश भी है। महाभारत में परिशिष्ट के रूप में पौराणिक कृष्णकथा के बीजत्व को छिपाए हुए हरिवंश है। महाभारत में भारतीय सभ्यता की प्रधानतः बुद्धिवादी मनःस्थिति का काव्यात्मक निदर्शन है।

भारतीय वाङ्मय का स्रोत ग्रंथ होने के बावजूद महाभारत के काल और रूप आकार की अनिश्चितता बौद्धिक ऊहापोह का विषय रही है। कुछ विद्वान व्यास का आविर्भाव काल ई. पू. 3800 मानते हैं, किंतु हस्तिनापुर के उत्खनन से प्राप्त सामग्री के आधार पर के. एम. मुंशी ने व्यास का समय 950 ई. पू. माना है।[25] कुछ विद्वानों के अनुसार पाणिनि और आश्वलायन के पूर्व महाभारत का अस्तित्व था।[26] अनेक विद्वान महाभारत में 'यौन' शब्द को देखकर महाभारत की प्राचीनता के विषय में शंका करते हैं, किंतु यवन शब्द का प्रयोग पाणिनि के काल से उपलब्ध है। पाणिनि ने यवनानि की व्याख्या करते हुए उसे यवनों (यूनानियों) की लिखावट माना है। मेगस्थनीज के लेख से यह स्पष्ट है कि ई. पू. चौथी शताब्दी के भी पहले भारत और यूनान का संबंध था। अशोक के शिलालेख और बेसनगर के स्तंभ-लेख में योनराज और योन दूत का उल्लेख है।[27] इसलिए यवन या यौन शब्द की उपस्थिति के कारण महाभारत की प्राचीनता में शंका करना उचित नहीं है। महाभारत के ही एक अंश भगवद्गीता का समय ई. पू. 400 से 300 के बीच माना जाता है।[28]

महाभारत एक विकासशील महाकाव्य है और ऐसे महाकाव्य बराबर परिवर्तित और परिवर्धित होते रहते हैं। ऐसे महाकाव्यों के रूप और आकार में परिवर्तन अवश्यंभावी है। संभवतः मूल महाभारत लघु आकार में 'भारत' हो; किंतु अपने विकसित दीर्घाकार में 'महाभारत' बन गया हो। महाभारत में क्रमशः कथाएं जुड़ती गई हैं। प्रायः सभी विद्वान इस बात से सहमत हैं कि महाभारत का वर्तमान रूप ई. पू. पांचवीं शताब्दी में स्थिर हो गया था और वह धर्मशास्त्र के समान लोकश्रद्धा का विषय बन चुका था। इसके बाद उसके रूप आकार में परिवर्तन की कोई संभावना नहीं रही।

महाभारत में कृष्णकथा के अनेक तत्त्व और सूत्र सुरक्षित हैं। इसमें कृष्ण का मानवीय रूप ही अधिक प्रकट है, किंतु उनके देवत्व की भी आभा विद्यमान है। महाभारत में पूर्ववर्ती आध्यात्मिक-धार्मिक तत्त्व-चिंतन का समाहार है, जिसमें विष्णु और कृष्ण, नारायण और विष्णु, नारायण और वासुदेव कृष्ण तथा वासुदेव और कृष्ण का ऐक्य प्रतिपादित है। इसके फलस्वरूप परवर्ती काल में कृष्ण के लीलावयु के विकसित रूप में विष्णु, नारायण और वासुदेव की विभिन्न उपाधियों, विशेषणों और दार्शनिक तत्त्वों का समुच्चय हो गया है। महाभारत के नारायणीय उपाख्यान में भागवत धर्म या पांचरात्र मत की विस्तृत व्याख्या है। नारायणीय उपाख्यान में अनेक कथाओं और अंतर्कथाओं के माध्यम से पांचरात्र मत, व्यूह सिद्धांत, वैष्णव धर्म की अहिंसाभावना तथा श्रीकृष्ण, शिव, विष्णु और नारायण आदि के एकात्म्य स्थापना के द्वारा उदार धार्मिक भावना के विकास का प्रशस्त पथ उद्‌घाटित हुआ है। नारायण ने पांचरात्र मत या वासुदेव धर्म का जो उपदेश दिया है उसमें व्यूह सिद्धांत भी प्रकट है।

उपदेश का सारांश है : 'जो नित्य अजन्मा और शाश्वत है, जिसे त्रिगुणों का स्पर्श नहीं, जो आत्मा प्राणीमात्र में साक्षी के रूप में रहता है, जो चौबीस तत्त्वों से परे पचीसवां तत्त्व है, जो निस्पृह होकर ज्ञान से ही जाना जा सकता है, उस सनातन परमेश्वर को वासुदेव कहते हैं। वह सर्वव्यापक है। प्रलयकाल में वासुदेव के सिवा कुछ नहीं रहता है। पंच महाभूतों का शरीर बनता है और उसमें अदृश्य वासुदेव सूत्र रूप में तुरंत प्रवेश करता है। यह देहवर्ती जीव महासमर्थ है और शेष तथा संकर्षण उसके नाम हैं। इस संकर्षण से मन उत्पन्न होकर सनतकुमारत्व अर्थात जीवन मुक्तता प्राप्त करता है। उस मन को प्रद्युम्न कहते हैं। इस मन से कर्ता, कारण और कार्य की उत्पत्ति होती है और चराचर जगत का निर्माण होता है, इसी को अनिरुद्ध कहते हैं और यह ईशान भी कहलाता है। सब कर्मों में व्याप्त होने वाला अहंकार यही है। जो निर्गुणात्मक क्षेत्रज्ञ भगवान वासुदेव जीव-रूप में अवतार लेता है, वह संकर्षण है। संकर्षण से जो मन-रूप में अवतार होता है, वह अनिरुद्ध है और वही अहंकार और ईश्वर है।'[29] यहां वासुदेव कृष्ण के रूप में वासुदेव को अवतार माना गया है और प्रद्युम्न, अनिरुद्ध और संकर्षण या बलराम को क्रमशः मन, बुद्धि और जीव मानकर चतुर्व्यूह सिद्धांत की स्थापना हुई है। इसे सात्वतों का धर्म भी कहा गया है। भंडारकर का मत है कि गीता में व्यूह सिद्धांत की व्याख्या नहीं है इसलिए गीता के रचनाकाल तक व्यूह सिद्धांत की स्थापना नहीं हो पाई थी।[30] वसुउपरिचर की कथा से वैदिक हिंसात्मक यज्ञ के स्थान पर अहिंसा की भावना का विकास द्योतित है।

नारायणीय उपाख्यान में नारायण और वासुदेव का ऐक्य प्रतिपादित है। नारायण की धारणा और महत्ता का बीजारोपण तैत्तिरीय आरण्यक में हुआ है

और उसमें ही नारायण वासुदेव और विष्णु का ऐक्य निर्देशित है। तैत्तिरीय आरण्यक निश्चय ही ई. पू. तीसरी शती के पहले की रचना है और इसमें नारायण विष्णु और वासुदेव का साम्य-संस्थापन एक महत्त्वपूर्ण तथ्य है। महाभारत के नारायणीय में और अन्यत्र भी नारायण की व्याख्या नर-अयन, अर्थात् मनुष्यों का निवास स्थल या मनुष्यों का लक्ष्य स्थल है। न या नर का अर्थ वैदिक साहित्य में मानव देवों से भी है, इसलिए नारायण देवों के भी लक्ष्य हैं। एक परंपरा के अनुसार नारायण का संबंध प्रलय-काल के पश्चात् उनके जल निवास से भी स्थापित किया जाता है। नारायण की धारणा परवर्ती ब्राह्मण ग्रंथों और आरण्यकों में विकसित हुई है। शतपथ ब्राह्मण में नारायण को सर्वत्र व्याप्त माना गया है और उन्हें सर्वोच्च सत्ता के गुणों से संपन्न बताया गया है।[31] नारायण का श्वेत द्वीप विष्णु के वैकुंठ, शिव के कैलाश और गोपाल कृष्ण के गोलोक के समान है। भंडारकर के अनुसार नारायण परवर्ती काल में सर्वोच्च सत्ता के रूप में प्रतिष्ठित हुए और वे वासुदेव के पूर्ववर्ती थे लेकिन, जब महाकाव्य काल में वासुदेव पूजा का प्रारंभ हुआ तो वासुदेव का नारायण से ऐक्य स्थापित हुआ। तैत्तिरीय आरण्यक के पूर्व वासुदेव के मानवरूप के प्रमाण हैं किंतु नर-नारायण की चर्चा ऋग्वेद के पुरुषसूक्त के रचयिता दो ऋषियों के रूप में हुई है। संभावना इस बात की अधिक है कि वासुदेव और नारायण दोनों भिन्न-भिन्न देवता हों और महाभारत-काल में वासुदेव की पूजा की प्रधानता के कारण नारायण की विशेषताएं वासुदेव के साथ जुड़ गई हों। नारायण के रूप में नर की स्थिति की परंपरा प्राचीन है। इस नर-नारायण की धारणा में आत्मा-परमात्मा या जीव और ब्रह्म का सामीप्य और संबंध प्रकट है। श्वेताश्वतर उपनिषद में एक ही वृक्ष पर बैठे दो पक्षियों के रूप में जीव और ईश्वर का संबंध, सामीप्य, सादृश्य और भेदाभेद निरूपित है:

> द्वा सुपर्णा सयुजा सखाया समानं वृक्षं परिषस्वजाते।
> तयोरन्यः पिप्पलं स्वाद्वत्यनश्नन्नन्यो अभिचाकशीति ।। 4 । 6 ।।
> समाने वृक्षे पुरुषो निमग्नो नीशया शोचति मुह्यमानः।
> जुष्टं यदा पश्यत्यन्यमीशमस्यमहिमानमिति वीतशोकः ।।4 । 7 ।।

महाभारत में अनेक स्थलों पर अर्जुन और कृष्ण को नर-नारायण कहा गया है। अर्जुन और कृष्ण दोनों के महाभारत युद्ध में साथ-साथ होने के बाद भी अर्जुन युद्ध में संलग्न है और कृष्ण तटस्थ; अर्जुन मोहग्रस्त भी होते हैं किंतु कृष्ण के विराट स्वरूप के दर्शनोपरांत वे शोकरहित हो जाते हैं।

नारायणीय उपाख्यान में नारायण का कृष्ण के साथ ऐक्य-स्थापन अनेक रूपों में हुआ है। नारायण अपने चार व्यक्त रूपों में नर, नारायण, हरि और कृष्ण के रूप में विद्यमान हैं। श्रीकृष्ण स्वयं नारायण, रुद्र, वासुदेव, विष्णु, दामोदर,

केशव, गोविंद, और कृष्ण के ऐक्य का प्रतिपादन करते हैं, रुद्र नारायाणस्वरूप ही है। 'अखिल विश्व की आत्मा मैं हूं और मेरी आत्मा रुद्र है। मैं पहले रुद्र की पूजा करता हूं, आप शरीर को ही नर कहते हैं, सब प्राणियों का शरीर मेरा आयन अर्थात निवास स्थान है इसलिए मुझे नारायण कहते हैं। सारे विश्व में मैं व्याप्त हूं और सारा विश्व मुझमें स्थित है, इसी से मुझे वासुदेव कहते हैं। मैंने सारा विश्व व्याप्त लिया है अतएव मुझे विष्णु कहते हैं। पृथ्वी और स्वर्ग भी मैं हूं, और अंतरिक्ष भी मैं हूं, इसी से मुझे दामोदर कहते हैं। चंद्र, सूर्य, अग्नि की किरणें मेरे बाल हैं, इसलिए मुझे केशव कहते हैं। गो अर्थात पृथ्वी को मैं ऊपर ले गया, इसीसे मुझे गोविंद कहते हैं। यज्ञ का हविर्भाव मैं हरण करता हूं, इसी से मुझे हरि कहते हैं, सत्वगुणी लोगों में मेरी गणना होती है इसी से मुझे सात्वत कहते हैं। लोहे का काला फल होकर मैं जमीन जोतता हूं और मेरा रंग काला है, इसी से मुझे कृष्ण कहते है।'[32] कृष्णोक्त इस अंश में यद्यपि दामोदर, गोविंद आदि की व्याख्या गोपाल कृष्ण की पौराणिक कथाओं में प्रयुक्त नामों से भिन्न अर्थ की हैं, किंतु इससे इतना स्पष्ट है कि महाभारत काल में कृष्ण का ईश्वरत्व स्थापित हो गया था और उनमें ईश्वर द्योतक विभिन्न उपाधियों और गुणों का समाहार हो गया था।

महाभारत में कृष्ण और विष्णु के ऐक्य का प्रयास है। विष्णु वैदिक देवता हैं। यद्यपि वैदिक काल में वे सर्वोच्च देवता नहीं थे किंतु ब्राह्मण काल में उनका महत्त्व बढ़ा हुआ प्रतीत होता है। ऐतरेय ब्राह्मण में विष्णु को सर्वोच्च देव माना गया है। शतपथ ब्राह्मण और तैत्तिरीय आरण्यक में भी विष्णु की कथाएं हैं। मैत्रेय उपनिषद और कठोपनिषद में विष्णु की महत्ता स्थापित है तथा विष्णु के स्थान को परम पद कहा गया है। महाभारत के अश्वमेध पर्व के अनुगीता में कृष्ण के विराट रूप को वैष्णव रूप कहा गया है। गीता और अनुगीता में विष्णु और कृष्ण वासुदेव का सामान्य लक्षणों के आधार पर ऐक्य स्थापित है। गीता और अनुगीता के बीच के काल में अर्थात ई. पू. दूसरी शती के करीब वासुदेव कृष्ण और विष्णु का तादात्म्य स्थापित हो गया था। महाभारत के शांतिपर्व में युधिष्ठर की कृष्ण-स्तुति में विष्णु और कृष्ण का ऐक्य व्यंजित है।

महाभारत के कृष्ण ज्ञानी और कर्मठ रूप में पांडवों के सखा, पथ-प्रदर्शक और सहायक-सलाहकार के रूप में उपस्थित हैं। आदिपर्व में कृष्ण का पांडवों से परिचय हुआ है, उसी में सुभद्रा-हरण का प्रसंग है और खांडववन-दाह का भी प्रसंग है। सभापर्व में राजसूय यज्ञ में कृष्ण युधिष्ठिर के सलाहकार हैं। उसी पर्व में शिशुपाल-कृष्ण-संवाद और कृष्ण द्वारा शिशुपाल के वध की घटना है। सभा पर्व में ही शिशुपाल ने कृष्ण के बाल्यकालीन जीवन की चर्चा करते हुए उनको गोप कहा है तथा बचपन में शकुनी और वृषभासुर के संहारक के रूप में भी

कृष्ण की चर्चा की है। इस संवाद में ही शकटभंजन या शकटासुर वध की चर्चा है। इस कृष्ण-शिशुपाल-संवाद में कृष्ण के बालजीवन की अनेक लीलाओं के संकेत सूत्र मिल जाते हैं। द्रौपदी ने अपनी सहायता के लिए कृष्ण को पुकारते हुए हरि, गोविंद, द्वारिकावासी, गोपीजनप्रिय आदि कहा है, जिससे गोपीकृष्णलीला और कृष्ण के द्वारिकावास का संकेत मिलता है। सभा पर्व में ही कृष्ण द्वारा कंस के वध की कथा का भी संकेत है। महाभारत में प्राप्त कृष्ण की बाललीला संबंधी चर्चाओं से यह स्पष्ट है कि महाभारत और भागवत के कृष्ण के व्यक्तित्व, चरित्र और लीला में पर्याप्त समानता है और वे दोनों एक ही हैं, दो नहीं; जैसा कि कुछ विद्वानों का विचार है। सभापर्व के बाद कृष्ण वनपर्व, विराटपर्व, उद्योगपर्व में पांडवों के सहायक के रूप में विद्यमान हैं। भीष्मपर्व में गीता का उपदेश है। भीष्मपर्व से मौसलपर्व तक श्रीकृष्ण महाभारत युद्ध में पांडवों के सहायक और संरक्षक थे। मौसलपर्व में ही बहेलिए के तीर से कृष्ण के आहत होकर लीला-संवरण की घटना है।

महाभारत काल के अंत में और पुराण काल के प्रारंभ में श्रीकृष्ण के लीला-वपु के विकास में निश्चय ही वैदिक साहित्य के विष्णु का देवत्व, ब्राह्मण ग्रंथों और आरण्यकों के नारायण का विश्वात्म और दार्शनिक रूप, छांदोग्योपनिषद के श्रीकृष्ण का ज्ञानी रूप और महाभारत के पूर्ववर्ती ऐतिहासिक देवता वासुदेव के जीवन-चरित्र के अनेक तत्त्वों का संयोग वासुदेव कृष्ण के व्यक्तित्व में हुआ है।

गोपाल कृष्ण की लीला का वैदिक आधार

यद्यपि गोपाल कृष्ण की ब्रजलीला का कोई प्रामाणिक उल्लेख प्राचीन साहित्य में उपलब्ध नहीं है किंतु उसके संकेत सूत्र यत्र तत्र मिल जाते हैं। वैदिक साहित्य में भी गोपाल कृष्ण की ब्रजलीला में अंतर्निहित धारणा और भावना का मूल स्थित है। इस अनुमान के पीछे यह आग्रह नहीं है कि प्रत्येक कथा का मूल वेद में ही निहित है, बल्कि इसका आधार यह है कि हिंदू धार्मिक चिंतन-पद्धति में एक देवता का दूसरे देवता के साथ तादात्म्य स्थापित करने, परवर्ती को पूर्ववर्ती का अवतार मानकर बहुदेववाद के स्थान पर एकदेववाद की स्थापना करने और पूर्ववर्ती देवताओं के गुणों तथा वैशिष्ट्य का परवर्ती देवता में समाहार और समन्वय करके एक सर्वशक्तिमान सर्वोच्च देवता की धारणा विकसित करने की परंपरा बहुत प्राचीन है।

वेद मानव-सभ्यता के विकास की ऐसी मनःस्थिति की देन हैं जहां लोकजीवन से धार्मिक मान्यताओं और शास्त्रीय दार्शनिक चिंतन का पूर्ण पृथकत्व निरूपित नहीं हो पाया था। यहां देवता में मानव एवं मानव में देवत्व का आरोप और अन्वेषण है। वेदों में लोकजीवन का परिवेश है, प्रकृति है, उसकी विभिन्न लोक-

रक्षक तथा संहारक शक्तियां हैं और जनजीवन के सहयोगी और सहगामी देवता हैं। यह मानना उचित नहीं जान पड़ता कि वहां व्यक्ति नहीं है। वेदों में प्रायः व्यक्ति अपने कर्तृत्व के आधार पर देवत्वसंपन्न हो गया है। यहां स्वयं इंद्र एक ऐतिहासिक व्यक्ति से एक आर्य वीर बने और फिर देवता हो गए।[33] निरुक्त के अनुसार वेदमंत्रों की ऐतिहासिक, यौगिक, याज्ञिक और आध्यात्मिक चार प्रकार की व्याख्याएं की जाती हैं।[34] इससे यह स्पष्ट है कि वेद की ऐतिहासिक व्याख्या प्राचीनकाल से होती रही है, और उसमें ऐतिहासिक तत्त्व विद्यमान हैं।

वैदिक वाङ्मय में गोपाल कृष्ण की ब्रजलीला के अनेक बीजतत्त्व मिल जाते हैं। गोपाल कृष्ण की कथा के मूल स्रोत वैदिक विष्णु की कथा में हैं। ऋग्वेद में विष्णु को 'गोपा' कहा गया है। विष्णु के स्थान पर बहुश्रृंगा, तीव्र गति वाली गायों का निवास बताया गया है। गोपा विष्णु के साथ गायों के संबंध का प्रभाव विष्णु के ही अवतार माने जाने वाले पौराणिक गोपाल कृष्ण के लीला-रूप के निर्माण पर अवश्य पड़ा होगा। महाभारत काल में विष्णु का कृष्ण के साथ तादात्म्य हो गया था। अतः वैदिक विष्णु की उपाधियां कृष्ण के साथ संयुक्त हो गई होंगी। कालिदास के मेघदूत के 'गोप वेषस्य विष्णोः' (पूर्वमेघ, 15) कथन से ऐसा लगता है कि कालिदास के समय में विष्णु का गोपाल रूप जन-सामान्य में प्रचलित था। ऋग्वेद में ही युवा विष्णु की चर्चा है...'युवा अकुमारः' अर्थात जो अब बालक नहीं है। इस युवा अकुमारः विष्णु से गोपाल कृष्ण का वृंदावन-लीला में अनेक स्थलों पर गोपियों की मनोकामना पूर्ण करने के लिए बालक से युवक बन जाने की कथा का संकेत मिलता है। ऋग्वेद में विष्णु के हाथों शंबर की पराजय की कथा है और गोपाल कृष्ण द्वारा भी शंबर-वध की कथा पुराणों में है। विष्णु के लिए प्रयुक्त बोधायन धर्म-सूत्र के गोविंद और दामोदर के ऋग्वेद, शिपिविष्ट और शतपथ ब्राह्मण के वामन आदि का प्रयोग महाभारत के कृष्ण की उपाधि या नामों के रूप में हुआ है।

बोधायन धर्मसूत्र में विष्णु को गोविंद और दामोदर कहा गया है। गोविंद का महाभारत में अर्थ पृथ्वी के अन्वेषण और संरक्षण से है और दामोदर का अर्थ है 'सर्वत्र व्यापक'। भंडारकर के अनुसार गोविंद 'गोविद' का परिवर्ती रूप है। 'गोविद' ऋग्वेद में इंद्र की उपाधि है और उसका अर्थ है—गाय का रक्षक। विष्णु की उपाधि के रूप में प्रयुक्त गोविंद और दामोदर का प्रयोग गोपाल कृष्ण के लिए हुआ, लेकिन नवीन संदर्भ में दोनों शब्दों के अर्थ बदल गए। संदर्भ परिवर्तन के कारण शब्दों के प्राचीन अर्थ में परिवर्तन और नवीन अर्थ का विकास शब्दार्थ के विकास का सहज नियम है। पतंजलि के महाभाष्य में कृष्ण के केशव और बोधायन धर्मसूत्र में विष्णु के लिए केशव का प्रयोग यह सिद्ध करता है कि

ई. पू. दूसरी शताब्दी में विष्णु का कृष्ण से तादात्म्य स्थापित हो गया था। इसलिए कृष्ण के साथ विष्णु की प्राचीन उपाधियां जुड़ गईं। भंडारकर का मत है कि वैदिक साहित्य में इंद्र के लिए प्रयुक्त केशीसूदन और गोविंद का प्रयोग पौराणिक काल में कृष्ण के लिए होने लगा होगा।[35]

ऋग्वेद के अनेक मंत्रों में कृष्ण की ब्रजलीला से संबंधित सभी नाम आ गए हैं। उसमें राधा, गौ, ब्रज, गोपी, कालीनाग, वृषभानु, रोहिणी, कृष्ण और अर्जुन आदि नाम आए हैं। यह ठीक है कि इन सभी शब्दों का ऋग्वेद में वही अर्थ नहीं है, जो कृष्ण की ब्रजलीला में है।[36] ऋग्वेद में ये शब्द नामों के रूप में प्रयुक्त नहीं हुए हैं। यहां राधा धन, अन्न और नक्षत्र का नाम है, गौ किरणें हैं और ब्रज है किरणों का स्थान। वेद में देवताओं के नाम भी विशेषण या वर्णन ही ज्ञात होते हैं, किसी स्वतंत्र व्यक्ति के नाम नहीं। कुछ विद्वानों का मत है कि वैदिक देव जीवित व्यक्ति नहीं थे, अपितु उनके नाम गुणवाचक संज्ञाएं हैं। कृष्ण ने गीता में अपने को आदित्यों में विष्णु कहा है। वेदों में विष्णु शब्द का प्रयोग सूर्य के अर्थ में हुआ है। कृष्ण को विष्णु का अवतार मानने के कारण बार्थ आदि विद्वानों ने कृष्ण को सौर देवता माना है।[37] कृष्ण की संपूर्ण लीला की ज्योतिषपरक व्याख्या कुछ विद्वानों ने की है और उसमें राधा को नक्षत्र, कृष्ण को गोप और गोपी को तारा माना है। रूप गोस्वामी ने भी अपने नाटकों में राधा का तारक रूप स्वीकार किया है। यह संभव है कि वैदिक विष्णु की सौर प्रकृति का कृष्णलीला पर भी प्रभाव पड़ा हो। मुंशीराम शर्मा का मत है कि ऋग्वेद के राधा, कृष्ण आदि शब्द ऐतिहासिक व्यक्तियों के नाम नहीं हैं, वेद के शब्द पहले हैं और ऐतिहासिक व्यक्ति बाद में।[38] मनु के भी अनुसार ऐतिहासिक व्यक्तियों एवं पदार्थों के नाम वेद के शब्दों को देखकर रखे गए हैं।

वेदों में ब्रजलीला की खोज करते हुए नीरजाकांत चौधरी ने नीलकंठ सूरि की प्रसिद्ध हितहरिवंश टीका में उल्लिखित संभाव्य वेदमंत्रों में कृष्ण की ब्रजलीला की बात की है।[39] नीलकंठ सूरि ने शकटभंजन, पूतनावध और यमलार्जुन-उद्धार आदि कथाओं के मूल का अन्वेषण ऋग्वेद में किया है।

ई. पू. तीन हजार वर्ष की मोहनजोदड़ो से प्राप्त एक मिट्टी-गुटिका में अंकित दृश्य को यमलार्जुन घटना का अनुमान करते हुए मैके ने लिखा है—'मैं समझता हूं कि इस दृश्य की तुलना भागवत के उस दृश्य से की जा सकती है जिसमें कुबेर के दो पुत्र नलकूबर और मणिग्रीव नारद के शाप से अर्जुन के दो वृक्षों के रूप में बदल गए थे और जिन्हें कृष्ण ने यमलार्जुनोद्धार लीला के द्वारा शाप-मुक्त किया था। कृष्णलीला की यह कथा अनुमानतः किसी अति प्राचीन कथा का अवशेष है।'[40] अगर मैके का यह अनुमान सही है, और यह तब तक सही है जब तक इस मिट्टी-गुटिका की कोई दूसरी इतिहाससम्मत प्रामाणिक व्याख्या नहीं

होती, तो गोपाल कृष्ण की ब्रजलीला की एक कथा की प्राचीनता मोहनजोदड़ो से प्राप्त इस मिट्टी-गुटिका से सिद्ध होती है।

अनेक ऐतिहासिक प्रमाणों से वासुदेव कृष्ण और गोपाल कृष्ण का ऐक्य सिद्ध है। इन प्रामाणिक उल्लेखों का समय ई. पू. 600 से लेकर ई. पू. दूसरी शताब्दी तक है। इसलिए अनेक कृष्णों की कल्पना केवल कल्पना ही है। भंडारकर का यह मत भी ठीक नहीं है कि गोपाल कृष्ण के जीवन-चरित्र पर क्राइस्ट के जीवन का प्रभाव है। श्री रायचौधरी ने अनेक कृष्णों की कल्पना और बाल कृष्ण के जीवन पर क्राइस्ट के प्रभाव संबंधी आरोपों की निस्सारता इतिहासपुष्ट प्रमाणों के आधार पर सिद्ध की है। ई. पू. प्रथम शताब्दी के पहले से ही कृष्ण की बाल-लीलाओं का लोकजीवन में प्रचार और समादर अवश्य था। घटजातक में नंद-गोपा का उल्लेख है। इसके अनुसार देवकीपुत्र कृष्ण का नंद-यशोदा के यहां पालन-पोषण सिद्ध है। जातकों का रचनाकाल ई. पू. तीसरी शताब्दी है। कृष्ण ने बचपन में जो अलौकिक कर्म किए उनका उल्लेख ई. पू. प्रथम शताब्दी के कवि अश्वघोष के 'बुद्धचरित' में मिलता है :

आचार्यकं योगविधौ द्विजानमप्राप्तमन्यैर्जनको जगाम।
ख्यातानि कर्माणि च यानि शौरेः शूरादयस्तेष्ववला वभूवुः ॥ 1 । 45 ॥

ई. पू. प्रथम शताब्दी के नाटककार भास ने बालचरित नाटक में पूतना, सकट, कालियादमन, माखनचोरी आदि वृंदावन से संबंधित लीलाएं दी हैं। महाकवि कालिदास ने मेघदूत और रघुवंश में श्रीकृष्ण का उल्लेख किया है: बर्हेणेव स्फुरितरुचिना गोपवेषस्य विष्णोः (पूर्वमेघ, 15) तथा सकौस्तुभं ह्यतीव कृष्णम् (रघुवंशम्, 649)। कालिदास द्वारा उल्लिखित मोर-मुकुट सुसज्जित गोपवेश में विष्णु और कौस्तुभ मणिधारी कृष्ण को गोपाल कृष्ण से भिन्न नहीं माना जा सकता है। ई. पू. प्रथम शताब्दी की प्राकृत रचना 'गाथा सप्तसती' में राधा-कृष्ण लीला का संकेत है। 'गाथा सप्तसती' में राधा का नाम आने के कारण ही अनेक विद्वान इसे परवर्ती रचना मानते हैं। इस प्रकार यह स्पष्ट है कि ईसा की प्रथम शताब्दी के बहुत पहले ही गोपाल कृष्ण की ब्रजलीला लोकप्रसिद्ध थी।

भंडारकर ने गोपाल कृष्ण की बाललीला और गोपीलीला का मूल आभीरों के बाल देवता और बालदेवी में ढूंढ़ा है। भंडारकर भारत में आभीरों का आगमन ई. सन् की प्रथम शताब्दी मानते हैं और गोपाल कृष्ण को ई. सन् प्रथम शताब्दी के बाद मानते हैं।[41] रायचौधरी ने लिखा है कि 'अयर' (आभीर) तमिलनाडु में ई. सन की कई शताब्दी पूर्व आ चुके थे।[42] इसलिए आभीरों का भारत में निवास प्राचीन है। आभीर जाति का अस्तित्व भारत में ई. सन के बहुत पहले से था और संभवतः उनके किसी बाल देवता की कुछ कथाएं कृष्ण के साथ संयुक्त हो गईं। एक विद्वान वाल्टर रूबेन ने कृष्ण की जीवनकथा पर ईरानी कीरो के जीवन का

प्रभाव माना है।[43] लेकिन वाल्टर रूबेन के ही अनुसार पुराण और उसमें कृष्ण की कथा का अस्तित्व अत्यंत प्राचीन है, इसलिए कृष्ण के जीवन पर कीरो के जीवन के प्रभाव को नहीं स्वीकार किया जा सकता।

कुशाणकाल से ही कृष्ण और उनकी विभिन्न लीलाओं का अंकन शिलालेखों और स्तंभों में हुआ है तथा कृष्णलीला का मूर्तिकला में भी रूपायन हुआ है। अनेक भारतीय सम्राटों और सामंतों ने भागवत धर्म के प्रचार-प्रसार और स्थायित्व के लिए शिलालेख और स्तंभलेखों का सहारा लिया तथा अनेक कलाकारों ने कभी आत्मप्रेरणा से और कभी किसी राजा की प्रेरणा से मूर्तिकला और वास्तुकला में कृष्णलीला का अंकन किया। कुछ दिन पहले पटना के निकट कुषाणकाल की कृष्ण-बलराम आदि की अनेक मूर्तियां मिली हैं। राजस्थान में प्राचीनकाल से शिलालेखों और मूर्तिकला में कृष्णलीला की अभिव्यक्ति हुई है। मारवाड़ की प्राचीन राजधानी मंडोर में प्राप्त पाषाणस्तंभों पर कृष्णलीला का निदर्शन है। प्रत्येक स्तंभ को अनेक भागों में विभक्त कर कृष्ण की विविध ब्रजलीलाएं अंकित हुई हैं। उसमें कृष्ण द्वारा मां यशोदा का दुग्धपान अत्यंत सहज मुद्रा में अंकित है। शकटभंजन, माखनचोरी, केशीवध, वृषभासुरवध, बलराम द्वारा प्रलंबासुर-वध, कालियादमन आदि लीलाएं उत्कीर्ण हैं। रायचौधरी के अनुसार मंडोर की इन मूर्तियों का समय ई. सन के बाद का नहीं है।[44] गुप्तकालीन शिलालेखों और स्तंभलेखों आदि में कृष्णलीलाएं अंकित हैं। इससे यह निष्कर्ष निकलता है कि ई. सन के प्रारंभ के पहले से ही गोपाल कृष्ण की लोकानुरंजिनी मधुर लीलाओं का लोकजीवन में अत्यंत सम्मान और प्रचलन था। बारहवीं शताब्दी के प्रारंभ में निर्मित कंबोडिया के विशाल अंकोरवाट मंदिरों में शिलापटों पर अंकित गोपाल कृष्ण के यमलार्जुन-उद्धार, गोवर्धनधारण, दावानलपान तथा गोवर्धनपूजा आदि के दृश्य इस तथ्य के प्रमाण हैं कि बारहवीं शताब्दी में गोपाल कृष्ण की पूज्य लीलाओं का प्रचार-प्रसार कंबोडिया तक हो गया था।

पुराण और कृष्णकथा

पुराणों में प्राचीन और मध्यकालीन हिंदू धर्म और भारत की धार्मिक, दार्शनिक, सांस्कृतिक, राजनीतिक, ऐतिहासिक और सामाजिक जीवन की विभिन्न स्थितियों का विशद चित्रण है। मानव सभ्यता के सामाजिक जीवन में प्रवेश काल की संपूर्ण सामाजिक स्थिति और व्यक्ति की मनःस्थिति मिथकीय चेतना से प्रभावित होती है। उस काल में मनुष्य प्रकृति के संसार में जीता है। ऐसा लगता है कि दैवी शक्तियों के संकेत से ही प्रकृति, समाज और व्यक्तियों का जीवनक्रम त[illegible] घटनाएं निर्धारित होती हैं। मानव के विकास की ऐसी अवस्था

में प्रकृति की अनुभूति प्रतीक बन जाती है। यथार्थ जीवन भी प्रतीकित हो जाता है, जिससे समाज में मिथकीय चेतना विकसित होती है और शक्ति के प्रतीक देवों का प्रादुर्भाव होता है। पुराणों में मनुष्य का मानसलोक भी उद्भासित हुआ है और उसके सामाजिक-प्राकृतिक परिवेश की भी अभिव्यक्ति हुई है। पुराणों में विश्व की उत्पत्ति, सृष्टि के विकास और मानव-सभ्यता के विकासक्रम की चर्चाएं हैं।

पुराण यों तो प्राचीनता के द्योतक हैं, लेकिन उनकी प्राचीनता संदिग्ध है। अथर्ववेद में 'पुराण' शब्द है परंतु उसका रूप निश्चित नहीं है। शतपथ ब्राह्मण में पुराण कथा की एक भंगिमा है। वृहदारण्यक से यह स्पष्ट ज्ञात होता है कि उस काल में पुराण, वेदों, उपनिषदों और सूत्रग्रंथों के समान ही महत्त्वपूर्ण थे। छांदोग्योपनिषद में पुराण पंचम वेद के रूप में माना गया है। भारतीय वाङ्मय के इतिहास से परिचित प्रत्येक व्यक्ति यह जानता है कि किसी भी शास्त्र या विद्या की महत्ता की पराकाष्ठा उसको वेदस्वरूप स्वीकार करने में है। अत: छांदोग्योपनिषद के समय तक, अर्थात ई. पू. 600 के करीब पुराण की महत्ता प्रतिष्ठित हो चुकी थी। प्राचीन काल से ही समाज की धार्मिक मान्यताओं के परिवर्तन के साथ ही पुराणों के रूप और आकार में भी परिवर्तन होता रहा है। पुराणों के रूप, आकार और विषय में तब तक परिवर्तन-परिवर्धन हुआ जब तक वे पवित्र धर्मग्रंथ के रूप में स्वीकृत न हो गए। वस्तुत: पुराण विकसनशील साहित्यरूप हैं। संपूर्ण पुराणों का रचनाकाल एक ही नहीं है। कई पुराणों के विभिन्न भाग भिन्न-भिन्न कालों में रचे गए ज्ञात होते हैं। कुछ पुराणों के प्राचीन रूप महाभारत काल और मेगस्थनीज के समय में निर्मित हो गए थे। पुराणों का अस्तित्व ई. सन के प्रारंभिक काल में माना जाता है। पद्मपुराण, भविष्यपुराण, और ब्रह्मपुराण का समय 475 ई. से पहले माना जाता है। पुराणों का अस्तित्व डॉ. हरवंशलाल शर्मा ने ई. पू. पांचवीं शताब्दी माना है।[45]

प्रो. रायचौधरी का विचार है कि कृष्णकथा के गायक पुराणों का समय चतुर्थ शताब्दी के पहले का नहीं हो सकता, लेकिन वे पांचवीं शताब्दी के परवर्ती भी नहीं माने जा सकते; क्योंकि महाभारत के अंत में अठारह पुराणों का उल्लेख है और महाभारत का वर्तमान रूप छठी शताब्दी तक पूर्ण हो चुका था।[46] यह संभव है कि गुप्तकाल तक सभी वैष्णव पुराणों का वर्तमान रूप पूर्ण हो चुका होगा, क्योंकि अनेक ऐतिहासिक प्रमाणों से यह सिद्ध होता है कि गुप्तकाल के भागवत धर्म के स्वरूप और पुराणों के वैष्णव धर्म के रूप में पर्याप्त सैद्धांतिक और व्यावहारिक साम्य है। रायचौधरी ने गुप्तकाल के वैष्णव धर्म की प्रकृति और विशेषताओं को ऐतिहासिक प्रमाणों के आधार पर निरूपित किया है। राय-

चौधरी ने माना है कि गुप्तकाल में निश्चित रूप से कृष्ण का विष्णुनारायण के साथ तादात्म्य स्थापित हो चुका था और कृष्ण विष्णु के पूर्ण अवतार मान लिए गए थे। इस काल में अवतारवाद की धारणा का चरम विकास हो चुका था और सभी अवतारों की चर्चा हुई थी। व्यूह सिद्धांत का क्रमशः लोप हो रहा था। लक्ष्मी की पूजा प्रचलित हुई थी, लक्ष्मीनारायण की आराधना लोकप्रचलित थी, जिससे राधाकृष्ण की लीला-भावना के विकास में योगदान मिला।

क्या पुराणों का धार्मिक चिंतन वैदिक आध्यात्मिक चिंतन-परंपरा का विकास है? अवतारवाद पौराणिक धर्मचिंतन का विशिष्ट तत्त्व है। भागवत-पुराण के अनुसार भगवान के अवतार तीन प्रकार के हैं: (1) पुरुषावतार, (2) गुणावतार, और (3) लीलावतार। भागवत भगवान कृष्ण को अवतार नहीं, अवतारी मानता है। प्रायः पुराणों में विष्णु के दशावतारों का विवेचन हुआ है। इन दश अवतारों में मत्स्य, कूर्म, वाराह, नृसिंह, और वामन पुरावृत्यात्मक (मिथिलाजिकल) अवतार हैं, 'परशुराम, राम, कृष्ण और बुद्ध' ऐतिहासिक अवतार हैं और कल्कि का अवतरण भविष्य के गर्भ में है। दशावतार के सिद्धांत में मानव-सभ्यता के विकास की धारणा है। अवतार युग के संकल्प के प्रतीक हैं। वे युग की लोकचेतना की संयुक्त विधायिनी शक्ति के मूर्त रूप हैं।

पुराणों के पूर्ववर्ती साहित्य में कृष्णकथा के जो बिखरे सूत्र यत्र-तत्र उपलब्ध होते हैं उन सबके सहयोग से पुराणकालीन कृष्णकथा का निर्माण हुआ है। मध्यकालीन भक्ति-साहित्य जिस रूपानंद विग्रही राधाविलासरसिक कृष्ण की मधुर रससिक्त लीला से आप्लावित है, उसका एक आधार पौराणिक साहित्य भी है। ज्ञानी और कर्मठ कृष्णवासुदेव का ऐश्वर्यमय विग्रह प्राचीन है, किंतु यशोदा दुलारे, शिखपिच्छ किरीटिन, पीतांबरावृत्त, मुरलीधर, वृंदावनवासी कृष्ण पुराणों की ही देन हैं, जो भक्तों के भावों के एकमात्र आलंबन हैं।

हरिवंश पुराण महाभारत का परिशिष्ट होने के कारण प्राचीनतम माना जाता है। उसमें कृष्णकथा का विस्तृत वर्णन है। इसमें कृष्ण वासुदेव के एकत्व की स्थापना का प्रयास है। इस पुराण में इंद्र और कृष्ण के द्वंद्व में कृष्ण की श्रेष्ठता दिखाई गई है। हरिवंश में कृष्ण गौवों के राजा और इंद्र के इंद्र होने के कारण गोविंद कहे गए हैं। कृष्ण का निवास गोलोक सर्वोपरि और श्रेष्ठ बनाया गया है। हरिवंश में कृष्ण को विष्णु का अवतार भी कहा गया है। इस पुराण में कृष्ण त्रिदेवों में श्रेष्ठ हैं और उनकी शक्ति की महत्ता अक्षुण्ण है। हरिवंश में द्वारिकावासी कृष्ण और बलराम आदि यादवों की पिंडारयात्रा के समय जल-क्रीड़ा का अत्यंत विलासमय वर्णन है और बलराम के सुरा-सुंदरी प्रेम की विशद व्यंजना है। कृष्ण-बलराम आदि यादवों की जलक्रीडा और जलविहार का ऐंद्रिक

वर्णन है। कृष्ण की कामक्रीड़ा और विलासलीला पर वाममार्गियों की चक्रपूजा के प्रभाव का अनुमान करते हुए डॉ. व्रजेश्वर वर्मा ने लिखा है कि कदाचित ऐंद्रियभोगप्रवृत्त शाक्तों और तांत्रिकों को वैष्णवता की ओर आकृष्ट करने के उपाय के रूप में कृष्ण की विलासलीला का यह वर्णन है जिसमें कालांतर में अलौकिकता और रहस्यात्मकता का समावेश हो गया।[47] हरिवंश में द्वारिकावासी कृष्ण की भांति ब्रजवासी कृष्ण कामकलापटु नहीं दिखाई देते। इसमें पूतनावध, शकटभंग, यमलार्जुनोद्धार, नागलीला तथा गोवर्धनधारण आदि घटनाओं का वर्णन है। हरिवंश में यादवों की कामक्रीड़ा के अतिरिक्त उषा-अनिरुद्ध के संयोग का भी चित्रण है। क्या हरिवंश में रतिक्रीड़ा का जो पार्थिव और ऐंद्रिक वर्णन है, उसका प्रभाव मध्यकालीन हिंदी कृष्णभक्त कवियों के संयोग-वर्णन पर पड़ा है? हरिवंश में नारी को कामिनी के रूप में ही प्रस्तुत किया गया है और उसमें भोगवासना तथा देहवाद की प्रधानता दिखाई देती है। किंतु स्त्री को भानु की प्रभा, अग्नि की शिखा, होता की वेदी मानकर तथा 'बलात भोगी हुई स्त्री दूषित नहीं होती' कहकर उसका सम्मान भी किया गया है। हरिवंशपुराण के संयोग-वर्णन में भक्तिकाल के उदात्त मनस्तत्त्व और सूक्ष्म आत्मतत्त्व का अभाव है। ऐसी स्थिति में हिंदी के कृष्ण भक्तिकाव्य को हरिवंशपुराण का अनुकरण मानना उचित नहीं लगता।

विष्णुपुराण निश्चय ही एक पुराना पुराण है और इसका रचनाकाल पांचवीं शताब्दी के करीब माना जाता है। विष्णुपुराण और ब्रह्मपुराण में कृष्ण की कथा कुछ विस्तार से कही गई है। उनमें कृष्ण के जन्म तथा अवतार-वर्णन में कृष्णावतार के कारण और उद्देश्य का विवेचन है। इनमें कृष्ण की बाल्यकाल की अनेक अद्भुत लीलाओं की चर्चा है। उनमें पूतनावध तथा अन्य राक्षसों के वध की कथाएं हैं। इस पुराण में श्रीकृष्ण की बाल और किशोर लीलाएं वर्णित हैं। विष्णुपुराण और ब्रह्मपुराण के कुछ श्लोक मिलते-जुलते हैं। विष्णुपुराण में शरद की रासलीला का आकर्षक वर्णन है। शिवपुराण में कृष्ण शिव के भक्त के रूप में चित्रित हैं। अग्निपुराण के बारहवें अध्याय में कृष्णावतार की कथा संक्षेप में कही गई है। नारदीयपुराण में श्रीकृष्ण-माहात्म्य है। मार्कंडेयपुराण में कृष्ण-लीला है। वामनपुराण, कूर्मपुराण आदि में कृष्णचरित है, किंतु उसका विस्तार नहीं हुआ है। गरुड़पुराण में भी कृष्ण की अनेक लीलाएं वर्णित हैं। ब्रह्मांडपुराण और देवी भागवत में श्रीकृष्ण की कथा की संक्षिप्त सूचना है। पद्मपुराण प्राचीन पुराणों में से एक है। उसमें श्रीकृष्ण के दार्शनिक स्वरूप और लीलारूप का निदर्शन है, जिसमें श्रीकृष्ण को ब्रह्म से परे और राधा के साथ गोलोकलीला विलासी कहा गया है। पद्मपुराण में कृष्णकथा के आध्यात्मिक पक्ष की व्याख्या है और कृष्ण की विभिन्न लीलाओं का मनोरम उद्घाटन भी। गोपीवल्लभ कृष्ण

की लीला के विभिन्न तत्त्वों की दार्शनिक, आध्यात्मिक व्याख्या इस पुराण की विशेषता है। पद्मपुराण राधाकृष्ण की लीलाओं के कारण भक्तों के आकर्षण का केंद्र रहा है। पद्मपुराण में वृंदावन, गोकुल, मथुरा आदि की आध्यात्मिक व्याख्या है और उनके माहात्म्य विवेचन के द्वारा कृष्ण के पूर्ण भगवानत्व या अवतारी रूप की स्थापना का प्रयास हुआ है। इसमें श्रीकृष्ण के सौंदर्य का अत्यंत भव्य और काव्यात्मक चित्रण है, जिसका मध्यकालीन कृष्णभक्ति साहित्य पर प्रभाव पड़ा है। बलराम का मद्यपान में आसक्त रूप हरिवंशपुराण की भांति इसमें भी है। इसमें शिव और कृष्ण की भक्ति का समन्वित रूप है, जो मध्यकालीन उदार भक्तिभावना के समान ही है। इसमें लीलासमुत्सुक श्रुतिरूपा गोपियों के साथ श्रीकृष्ण की मधुर लीलाओं का वर्णन है जिसका प्रभाव सूर और अन्य लीला गायक कवियों पर पड़ा है।

सूर की अनेक गोपी-कृष्ण लीलाओं में गोपियों को श्रुति कहा गया है। पद्म-पुराण में राधा-कृष्ण का प्रकृति-पुरुष के रूप में दार्शनिक विवेचन है। इसमें राधा का बिंबात्मक नखशिख रूप वर्णन है तथा गोपी भाव की उपासना का भी संकेत है। पद्मपुराण में पंच देवोपासना (विष्णु, शिव, शक्ति, सूर्य और गणेश) का संकेत है। इसमें वैष्णव धर्म और कृष्णलीला की दार्शनिक और लीला रूप की विकसित अवस्था उपलब्ध है। राधा-कृष्णलीला में सांख्य के पुरुष-प्रकृति-सिद्धांत का दार्शनिक आधार है और उस पर तांत्रिकों की लीला का भी प्रभाव है। राधा-कृष्ण के लीलावाद के विकास में सहायक विभिन्न दार्शनिक आध्यात्मिक संप्रदायों के अनेक तत्त्वों का समाहार और सामंजस्य पद्मपुराण में हुआ है।

ब्रह्मवैवर्तपुराण में राधा-कृष्णलीला की विशद चर्चा हुई है। अनेक विद्वान इस पुराण को अत्यंत अर्वाचीन मानते हैं तथा इसको बंगाल की रचना भी सिद्ध करते हैं। इस पुराण में राधा के रूप, चरित्र और लीला की दार्शनिक मीमांसा तथा रसात्मक व्यंजना हुई है, जिससे गौड़ीय वैष्णवों की भक्तिभावना और राधावाद के सिद्धांत की स्थापना हुई है। ब्रह्मवैवर्तपुराण में राधाकृष्ण की लीला में सांख्य की पुरुषप्रकृति, तंत्रमत की शिवशक्ति और वैष्णव धर्म के लक्ष्मीनारायण का समन्वय हुआ है। इस पुराण में कृष्णावतार के साथ-साथ राधा के अवतरण के कारणों की व्याख्या हुई है। अनेक स्थलों पर राधा-कृष्ण के अद्वैत भाव की विवेचना भी है। इस पुराण में राधा और कृष्ण दोनों के नामों की दार्शनिक व्याख्या है। ब्रह्मवैवर्त की रचना के समय कृष्ण के स्वरूप में ब्रह्मत्व और शिवत्व का विलय हो रहा था तथा उनका वैदिक देवता विष्णु और आरण्यक तथा ब्राह्मण ग्रंथों के नारायण से तादात्म्य स्थापित हो रहा था। ब्रह्मवैवर्त पुराण में राधा-कृष्ण के विवाह का आयोजन है। अतः यह निश्चय ही बंगाल में राधा के परकीया रूप की स्थापना के पूर्व की रचना है। इसमें कृष्ण की बाललीलाएं भी हैं।

मेघाच्छन्न झंझावातपूर्ण वन से कृष्ण को घर पहुंचाने के लिए राधा के मार्गदर्शन का उल्लेख ब्रह्मवैवर्त पुराण में है। यह प्रसंग गीतगोविंद तथा सूर-सागर में भी है। इस पुराण में कृष्ण की बाललीलाओं में इनकी अलौकिक लीलाएं भी हैं। रासलीला का अत्यंत रसात्मक वर्णन इस पुराण में है तथा कृष्ण का मथुरा गमन और उद्धव का व्रजागमन भी है। उद्धव-गोपी संवाद में राधा की विरह गाथा है। विरहिणी राधा का अत्यंत मार्मिक हृदयस्पर्शी शब्दचित्र इसमें उपलब्ध है। इस ब्रह्मवैवर्त पुराण में राधावल्लभ कृष्ण की कथा आद्योपांत अत्यंत विस्तार में गाई गई है।

श्रीमद्भागवत् पुराण कृष्णकथा का स्रोत और संपूर्ण मध्यकालीन कृष्ण-भक्ति साहित्य का प्रधान उपजीव्य है। भागवत पुराण मध्यकालीन भक्ति साहित्य का एक प्रेरणा स्रोत रहा है। कृष्णभक्ति संप्रदाय के आचार्यों ने भागवत पुराण को प्रस्थानत्रयी—उपनिषद, ब्रह्मसूत्र और गीता—के समकक्ष मानकर उसकी टीकाएं और व्याख्याएं की हैं। वल्लभ संप्रदाय में भागवतपुराण प्रमाणचतुष्ठ्य के रूप में स्वीकृत और समादृत है। भागवतपुराण का रचनाकाल विवाद का विषय है, किंतु डॉ. हरवंशलाल शर्मा का मत है कि इसका रचनाकाल छठी शताब्दी से नवीं शताब्दी के बीच में माना जा सकता है।[48] अधिकांश विद्वानों का मत है कि भागवतपुराण दक्षिण भारत की रचना है। भागवतपुराण में राधा का अभाव है। संभवतः राधा उत्तर भारत के मानस की सृष्टि हैं। भागवत में इनका अभाव इस तथ्य की ओर संकेत करता है कि यद्यपि ई. सन के प्रारंभिक काल से ही उत्तर भारत में संस्कृत और प्राकृत साहित्य तथा पद्नपुराण और वायुपुराण आदि में राधा का उल्लेख है, किंतु आठवीं-नवीं शताब्दी तक दक्षिण भारत राधा के स्वरूप से अपरिचित था।

भागवत के विमर्श से यह निष्कर्ष निकलता है कि भागवतकार के मानस से महाभारत और उसकी कृष्णकथा विस्मृत नहीं है। इसलिए भागवतकार ने महा-भारत की कृष्णकथा का सार-संग्रह भागवत के प्रारंभ में किया है, किंतु उसका लीलारसिक मन कृष्ण की रसवत वात्सल्य और कैशोर लीलाओं की मार्मिक व्यंजना में ही लीन हुआ है। भागवत के वृहद दशम स्कंध के पूर्वार्ध और उत्तरार्ध दो खंडों में कृष्ण की संपूर्ण लीला का अत्यंत मनोयोगपूर्वक वर्णन है। रचनाकार की सहृदयता और प्रतिभा का उन्मुक्त विलास दशम स्कंध के पूर्वार्ध में ही प्रकट है। भागवत में श्रीकृष्ण भगवान स्वयं हैं तथा अवतार नहीं अवतारी हैं। इसमें श्रीकृष्ण की विविध लीलाओं की विशद व्यंजना है, जिसमें उनका प्रेममय और ऐश्वर्यमय स्वरूप प्रकट हुआ है। कृष्ण की अनेक लीलाएं मानवीय हैं, किंतु अधि-कांश लीलाएं अलोक सामान्य और रहस्यात्मक हैं। भागवत का प्रतिपाद्य श्री-कृष्ण का पूर्ण ईश्वरत्व ही है। इसका मूल स्वर भक्तिपरक है, यह भक्ति-ज्ञान

समन्वित है। भागवत के उद्धव केवल कोरे बौद्धिक और योगमूलक ज्ञानी नहीं हैं, बल्कि ज्ञानी भक्त हैं।

भागवत में श्रीकृष्ण का जन्म नहीं, अवतरण होता है। वे अपने चतुर्भुजी ऐश्वर्यमय रूप में अवतरित होते हैं और पुनः बालक बन जाते हैं। इनका बचपन अलौकिक कर्मों और दिव्य लीलाओं से परिपूर्ण है। श्रीकृष्ण की विभिन्न लीलाओं में उनके मानव-विग्रह और ब्रह्मस्वरूप की व्यंजना हुई है। भागवत की बाललीला में पूतनावध, शकटभंजन और अनेक अन्य असुरों के संहार की कथाएं हैं। गोचारण, माखनचोरी, माटीभक्षण और यमलार्जुनोद्धार में श्रीकृष्ण का अलौकिक रहस्यात्मक दिव्य स्वरूप प्रकट हुआ है। कृष्ण की बाललीला और अलौकिक कर्मों में बलराम उनके सहयोगी हैं। श्रीकृष्ण की संपूर्ण लीलाओं में उनके दो रूप हैं—(क) प्रेममय मानवीय रूप और (ख) ऐश्वर्यमय दिव्य रूप। बचपन से ही श्रीकृष्ण का दिव्य रूप उनके अवतरण से प्रकट होता है। उनका बचपन अलौकिक कर्मों और रहस्यात्मक लीलाओं से परिपूर्ण है। भागवतकार ने श्रीकृष्ण के बालरूप तथा बाललीलाओं में प्रायः उनका मानवीय रूप उपस्थित किया है किंतु वहां भी भागवतकार उनके ईश्वरत्व को नहीं भूलता है। गोप-गोपियों के बीच श्रीकृष्ण का जीवन लौकिकता और अलौकिकता का अद्भुत समन्वय है। गोचारण, दुग्धदोहन, माखनचोरी, गोपीमोहन, माटीभक्षण आदि में श्रीकृष्ण का मानव रूप उद्घाटित है, लेकिन इस बीच में ही उनके दिव्य स्वरूप की आभा भी विद्यमान है। कृष्ण और बलराम मानवीय और दैवी कर्मों में परस्पर सहयोगी हैं। कालीयनाग दमन और दावानलपान करने वाले कृष्ण मोरमुकुटधारी और वंशीधर भी हैं। श्रीकृष्ण वंशी बजाकर गोपियों को आकर्षित करते हैं, नाद रूप को बांधता है। भागवत में श्रीकृष्ण की बाल, पौगंड, और किशोर लीलाओं का विशद चित्रण है। इसमें कृष्ण की चीरहरण-लीला की आध्यात्मिक व्याख्या है।

भागवत में अनेक प्रसंगों के सहारे श्रीकृष्ण को देवाधिदेव सिद्ध करने का प्रयास है। ब्रह्मा द्वारा वत्स गोपहरण में श्रीकृष्ण ब्रह्मा से श्रेष्ठ सिद्ध होते हैं। कृष्ण और इंद्र के द्वंद्व में कृष्ण की श्रष्ठता प्रतिपादित है। श्रीकृष्ण द्वारा इंद्र यज्ञ निवारण और गोवर्धनधारण में इनका ज्ञानी, कर्मठ, मानवीय रूप तथा अलौकिक शक्तिसंपन्न दैवी रूप प्रकट हुआ है। इंद्र की पूजा बंद करने के कारणों की व्याख्या में कृष्ण का यह कथन महत्त्वपूर्ण है कि जिसके द्वारा मनुष्य की जीविका सुगमता से चलती है, वही उसका इष्टदेव होता है। कृष्ण ने गोवर्धन-पूजा में गोपपूजा की महत्ता स्थापित की है जो भारत की तदयुगीन कृषिप्रधान समाजव्यवस्था के लिए विशेष उपयुक्त प्रतीत होती है।

रासलीला भागवत की श्रीकृष्णलीला का महत्त्वपूर्ण अंग है। इसमें काव्यधर्म और धार्मिक काव्य का संतुलित समन्वय है। कुछ विद्वान रासपंचाध्यायी को

प्रक्षिप्त मानते हैं किंतु अधिकांश विद्वान उसे भागवत का अनिवार्य अंग मानते हैं। रासलीला में संयोग श्रृंगार के संपूर्ण अवयवों की व्यवस्था है। यहां प्रकृति उद्दीपक है, गोपियों का चित्त रति-भाव का उन्मुक्त क्रीड़ास्थल है, उनकी चेष्टाएं और मुद्राएं रसात्मक हैं और कृष्ण की रासोल्लसित क्रीड़ाएं प्रत्यक्षतः लौकिक होकर भी भागवतकार की व्याख्या के कारण आध्यात्मिक बन गई हैं। गोपियां अपने संपूर्ण अस्तित्व का कृष्णार्पण कर देती हैं और पूर्ण अपने अंश को सहर्ष स्वीकार करता है। भागवत की रासलीला में ही एक विशेष गोपी का उल्लेख है जिसको राधा माना जाता है। महारास गोपियों का कृष्ण से महामिलन है, पूर्ण मिलन है।

ब्रज की कमनीय रसमयी लीलाओं की चरम परिणति के पश्चात श्रीकृष्ण मथुरा गमन करते हैं, जहां उनका ऐश्वर्यमय रूप प्रकट हुआ है। ब्रज से मथुरा को उनका प्रयाण इच्छा से कर्म की ओर, सौंदर्य से शक्ति की ओर, माधुर्य से ओज की ओर और भोग से साधना की ओर गतिशील होने का दिव्य आयोजन है। श्रीकृष्ण ने मथुरा में कंस का वध किया, अपने माता-पिता देवकी-वसुदेव को कारामुक्त किया और उग्रसेन को राजा बनाया। मथुरा में बाह्य संघर्षों के कम होने पर कृष्ण के अंतर में ब्रज की मधुर लीला की स्मृति जाग्रत होती है और कृष्ण अपने सखा उद्धव को ब्रज भेजते हैं। इसके बाद भागवत में गोपी-उद्धव संवाद में भ्रमरगीत का आयोजन है, जिसका मध्यकालीन कृष्ण-भक्तिसाहित्य पर विशेष प्रभाव पड़ा है।

भागवत के दशम स्कंध के उत्तरार्ध में मथुरावासी कृष्ण के अत्यंत संघर्षशील जीवन की झांकी मिलती है। कंसवध के उपरांत कृष्ण को अनेक बार जरासंध से घोर युद्ध करना पड़ा और उन्होंने बुद्धि-कौशल से कालयवन का विनाश कराया। मथुरावासी कृष्ण यहां द्वारिकावासी बन गए। द्वारिका में उन्होंने रुक्मिणी जांबवंती, सत्यभामा आदि आठ रानियों से परिणय किया। इस बीच में उषा-अनिरुद्ध प्रेमविवाह के प्रसंग में कृष्ण-बाणासुर और कृष्ण-शिव का युद्ध भी है जिसमें कृष्ण की शिव से श्रेष्ठता सिद्ध हुई है। इसके अनंतर अनेक दुष्टों के दमन के बाद कृष्ण पांडवों के सखा और सहायक के रूप में प्रकट हुए हैं। भागवत में सुदामा-कृष्ण मैत्री का भी प्रसंग है जिसका मध्यकालीन साहित्य में विशेष उपयोग हुआ। इस प्रकार श्रीमद्भागवत में कृष्णकथा पूर्ण विकसित रूप में मिलती है।

राधावल्लभ श्रीकृष्ण

भक्ति आंदोलन के विकास में तीन मुख्य सहायक तत्त्व हैं : उस काल के सामाजिक जीवन के नए परिवर्तन, आचार्यों का दार्शनिक चिंतन और भक्त कवियों की सृजनशीलता। जीवन के भौतिक और सामाजिक आधार के परिवर्तन, नए

सामाजिक संबंधों के विकास और नए वर्ग संतुलन के कारण विचारधारा के स्तर पर नए परिवर्तन संभव हुए, सामंतवाद विरोधी चिंतन और भावना के लिए नई जमीन तैयार हुई। भक्ति-दर्शन इसी नई ऐतिहासिक सामाजिक जमीन पर विकसित हुआ। दर्शन के आचार्यों ने अपने चिंतन से उसको सैद्धांतिक रूप दिया। भक्त कवियों ने जनजीवन के नए यथार्थ और सामंतविरोधी भावना की अभिव्यक्ति की। भक्तिकाव्य में शास्त्रमत और लोकमत, दार्शनिक चिंतन और सहज भावना तथा जीवन की वास्तविकता और आध्यात्मिक चेतना की व्यंजना है। कृष्ण-भक्तिकाव्य में वैराग्य, निष्क्रियतावाद, मायावाद आदि के बदले जीवन की विभिन्न दशाओं, स्थितियों, भावनाओं को विशेष महत्त्व दिया गया है। राधाकृष्ण की भक्ति में जीवन का प्रेम भक्ति के रूप में व्यक्त हुआ है।

मध्यकाल के भक्ति आंदोलन और उसके काव्य में राधा-कृष्ण के स्वरूप के विकास को देखने के पहले उसकी परंपरा को देख लेना जरूरी है।

श्रीकृष्ण के राधावल्लभ स्वरूप का शास्त्रीय विवेचन नारद पांचरात्र में उपलब्ध है। इसमें गोकुल में कृष्ण की बाललीलाओं की व्यंजना है और इसके एक अंश ज्ञानामृतसार में गोपीकृष्ण-लीला का वर्णन है। इसमें राधा सर्वेश्वरी हैं, गोपियों में श्रेष्ठ हैं, कृष्णप्रिया हैं और मूल पुरुष के द्विधाविभक्त रूप का एक अंश हैं। भंडारकर ने नारद पांचरात्र के ज्ञानामृतसार को जोधपुर के निकट मंडोर की गोपीकृष्ण-लीलाओं की मूर्तियों से साम्य के कारण चतुर्थ शताब्दी के बाद की रचना माना है।[49] लेकिन उसके राधावाद को देखकर ही भंडारकर ने उसे वल्लभाचार्य का निकट पूर्ववर्ती अर्थात 16वीं शताब्दी के प्रारंभिक काल की रचना भी कहा है।[50] भंडारकर ने इसमें व्यूह सिद्धांत का अभाव और वल्लभ संप्रदाय के भक्ति-सिद्धांत से साम्य देखकर ही इसे 16वीं शताब्दी का ग्रंथ होने का अनुमान किया है। वास्तव में गुप्तकाल अर्थात चौथी-पांचवीं शताब्दी में ही व्यूह सिद्धांत का लोप हो गया था। परम भागवत गुप्त सम्राटों के किसी शिलालेख में व्यूहवाद की झलक नहीं है। गुप्तकाल के शिलालेखों में व्यूह सिद्धांत का पूर्णतः अभाव है।[51] इसलिए नारद पांचरात्र में व्यूह सिद्धांत का अभाव उसको 16वीं शताब्दी की रचना नहीं सिद्ध करता। जहां तक वल्लभाचार्य के भक्ति-सिद्धांत के साम्य का संबंध है तो केवल इस कारण से ही इसका काल निर्णय नहीं हो सकता, क्योंकि वल्लभ संप्रदाय के भक्ति-सिद्धांत का मूल स्रोत श्रीमदभागवत है, नारद पांचरात्र नहीं। वल्लभ संप्रदाय पर केवल निकट पूर्ववर्ती भक्ति ग्रंथों का ही प्रभाव संभाव्य नहीं है, अत्यंत प्राचीनकाल के भक्ति ग्रंथों का भी प्रभाव संभव है। गाथासप्तशती और पंचतंत्र में राधा तथा भास के नाटकों में बाललीला की उपस्थिति के उपरांत चौथी-पांचवीं शताब्दी में नारद पांचरात्र की रचना आश्चर्यजनक नहीं है। वृहद्संहिता में राधाकृष्ण लीला की विवेचना हुई है।

सातवीं-आठवीं शताब्दी के अनंतर राधावल्लभ श्रीकृष्ण काव्य और अन्य कलाओं की विषयवस्तु के रूप में स्वीकृत हुए। आठवीं शताब्दी की प्राकृत रचना 'गउडवहो' में राधावल्लभ श्रीकृष्ण का उल्लेख मिलता है। दसवीं शताब्दी के पुष्पदंत के महापुराण में श्रीकृष्ण की बाल और किशोर लीलाओं की सरस व्यंजना है। प्राकृत पेंगलम् में राधाकृष्ण की लीला विषयक अनेक पद उपलब्ध हैं। बारहवीं शताब्दी के हेमचंद्र द्वारा संगृहीत अपभ्रंश दोहों में कृष्णलीला वर्णित है। संस्कृत में आठवीं शताब्दी के पूर्व के कवि भट्नारायण के वेणीसंहार में राधाकृष्ण का उल्लेख है। बारहवीं शताब्दी तक अनेक काव्य और काव्यशास्त्रों के ग्रंथों में यन्त्र-तत्र राधाकृष्ण की चर्चा है। गुजरात के विल्वमंगल, लीला शुक स्वामी ने 'कृष्णकर्णामृत' और 'बालगोपाल स्तुति' नामक रचनाओं में कृष्णलीला का वर्णन किया है। बारहवीं शताब्दी में जयदेव ने 'गीतगोविंद' द्वारा राधाकृष्ण लीला और कृष्ण के राधावल्लभ स्वरूप को साहित्य और लोकमानस में पूर्णतः प्रतिष्ठित कर दिया। चौदहवीं और पंद्रहवीं शताब्दी के पश्चात कृष्ण-लीला का पूरा प्रकाश लोकभाषाओं में दिखाई पड़ता है। इस बीच संपूर्ण भारतवर्ष का लोकमानस राधाकृष्ण की मधुर रससिक्त लीलाओं से रसमय हो गया था। लोकभाषा के कवियों ने कृष्ण की वंशी की स्वरलहरी के साथ अपनी आत्मा के संगीत का तादात्म्य कर कृष्णलीला की शब्द और स्वर में जो साधना की, उससे संगीत और काव्य दोनों कलाओं का चरम उत्कर्ष हुआ। कलाओं में आध्यात्मिकता और लोक सहज मानवीयता के समन्वय से आत्मोल्लास का जो ललित महोत्सव मध्यकाल में उपलब्ध है, वह अन्यत्र दुर्लभ है। भक्ति आंदोलन के काल में अखिल भारतीय स्तर पर सभी आधुनिक भारतीय भाषाओं में सर्वाधिक काव्यरचना कृष्णभक्ति को लेकर हुई। जीवन की स्थितियों, दशाओं और भावनाओं के अनुरूप होने के कारण ही कृष्णभक्ति कविता का मुख्य विषय बन गई।

महाकवि विद्यापति मध्यकाल के पहले ऐसे कवि हैं जिनकी पदावली में जन-भाषा में जनसंस्कृति की अभिव्यक्ति हुई है। विद्यापति अपभ्रंश काव्यपरंपरा के अंतिम महत्त्वपूर्ण कवि हैं और लोकभाषाओं के पहले महान कवि। 'कीर्तिलता' में उनका पहला रूप है और मैथिली में रचित पदावली में उनका दूसरा रूप दिखाई देता है। लोकभाषा में कृष्णकाव्य परंपरा के निर्माता के रूप में विद्यापति हमारे सामने आते हैं। विद्यापति ने अपनी पदावली में राधाकृष्ण की संयोगलीला का वर्णन किया है। विद्यापति के पदों में प्रेम और सौंदर्य की अनुभूति की जैसी निश्छलता और अभिव्यक्ति की स्फटिक स्वच्छता है, वह अन्यत्र कम ही प्राप्य है। बंगाल के कवि चंडीदास ने कीर्तन पदावली में राधाकृष्ण की लीलाओं की मर्मस्पर्शी अभिव्यंजना की है और चैतन्य महाप्रभु उन कीर्तन पदों को तन्मय और

भावविभोर होकर गाते थे। इस बीच में कृष्णभक्ति के स्रोत ग्रंथ श्रीमद्भागवत के भी लोकभाषाओं में अनुवाद हुए। असमिया के कवि शंकरदेव (15वीं शताब्दी), उड़िया के जगन्नाथ, तेलुगु के पोतनात्य, गुजराती के भालण आदि ने भागवत का जो काव्यात्मक अनुवाद किया, वे अनुवाद केवल अनुवाद ही नहीं हैं, उनमें अनुवादकों की सर्जनात्मक कवि-प्रतिभा भी मुखरित हुई है। गुजरात प्रदेश भी कृष्णभक्ति का केंद्र रहा है। विल्वमंगल (1250 ई. से 1350 ई.) ने बाल-गोपाल-स्तुति और कृष्णकर्णामृत की रचना करके गुजरात में कृष्णभक्ति काव्य की रचना का पथ प्रशस्त किया। गुजरात में कवियों ने गुजराती और ब्रजभाषा दोनों में कृष्णकाव्य की रचना की। भक्तवर नरसी मेहता ने संपूर्ण कृष्णलीला को अपने काव्य का विषय बनाया; किंतु बाललीला और 'सूरत संग्राम' में राधाकृष्ण की संयोगलीला का विशेष वर्णन किया है। उन्होंने ब्रजभाषा में भी पदों की रचना की है। दूसरे कवि केशव कायस्थ ने कृष्णक्रीड़ा-काव्य, भालण ने श्रीमद्-भागवत दशम स्कंध में गुजराती और ब्रजभाषा का प्रयोग किया है। इसके अनंतर संपूर्ण कृष्णलीला विषयक प्रभूत साहित्य गुजराती में लिखा गया। उड़िया के रसकल्लोल काव्य में राधाकृष्ण की मधुरलीला का चित्रण है। पुरी के जगन्नाथजी राधाकृष्ण के संयुक्त रूप माने जाते हैं। उत्कल साहित्य पर चैतन्य महाप्रभु का गहरा प्रभाव पड़ा है, इसलिए वहां पर्याप्त कृष्णभक्ति साहित्य की रचना हुई। कन्नड़ के भक्त कवि पुरंदरदास ने वात्सल्य और माधुर्य दोनों भावों को अपने काव्य का विषय बनाया; किंतु उनके पदों में बाललीला की ही प्रधानता है। ब्रजभाषा में जैन कवि साधार अग्रवाल का 'प्रद्युम्न चरित' प्राचीन रचना है। सूर के पूर्ववर्ती विष्णुदास ने भी कृष्णलीला विषयक पदों की रचना की है।

उत्तर भारत में निंबार्काचार्य, चैतन्य महाप्रभु और वल्लभाचार्य—इन तीन आचार्यों ने राधाकृष्ण की भक्ति को दार्शनिक भित्ति प्रदान की और भक्ति आंदोलन को शक्ति तथा गति दी। निंबार्काचार्य ने दसश्लोकी में अपने सिद्धांतों का प्रतिपादन किया है। उनके अनुसार कृष्ण सर्वोच्च ब्रह्म हैं, जो अरविंद नयन हैं, व्यूह अवयवी हैं, कल्याण राशि गुणयुक्त और दोषविमुक्त हैं, वृषभानुजा राधिका सौंदर्य ज्योतिपुंज हैं, कृष्ण के वामांग में विराजमान हैं, अपनी छविद्युति से आलोक विकीर्ण करती हैं और हजारों सखियों से सेवित हैं तथा सदा मनो-वांछित वस्तु प्रदात्री हैं। कृष्ण के पादारविंद की अर्चना-सेवा मुक्ति का एकमात्र उपाय है तथा कृष्ण की आराधना ब्रह्मा, शिव आदि भी करते हैं। इस प्रकार निंबार्क ने दर्शन के सहारे राधाकृष्ण को अनुभूति के अतिरिक्त ज्ञान और ध्यान का विषय बनाया। श्रीभट्ट इस संप्रदाय में ब्रजभाषा के प्राचीनतम कवि हैं और 'युगल शतक' उनकी रचना है। चैतन्य महाप्रभु (सन 1485 से 1533) भावुकता और आत्मिक उल्लास के मूर्त रूप थे। चैतन्य महाप्रभु द्वारा विरचित

कोई ग्रंथ नहीं है, उनके कुल आठ श्लोक ही मिलते हैं। उनके विचारों का पल्लवन कविवर कृष्णदास ने चैतन्य चरितामृत तथा रूप, जीव और सनातन गोस्वामियों ने अपने-अपने ग्रंथों में किया है। उनके विचारों का सारांश भंडारकर के अनुसार यह है कि कृष्ण देवाधिदेव हैं, मूर्तिमान सौंदर्य हैं, प्रेमप्रेरक हैं।[52] उनकी तीन शक्तियां हैं—परमब्रह्मशक्ति, मायाशक्ति और विलासशक्ति। विलासशक्ति दो प्रकार की होती है, एक प्रभाव विलास जिसके माध्यम से गोपी विलास के समय कृष्ण एक से अनेक होकर प्रत्येक गोपी के साथ क्रीड़ा करते हैं और दूसरी वैभव विलास जिसके द्वारा वे चतुर्व्यूह का रूप धारण करते हैं। चैतन्य मत के व्यूह सिद्धांत का आधार प्रेम और लीला है। कृष्ण की लीला गोलोक में नित्य है। कृष्ण की मूल शक्ति प्रेम है जो आनंद का कारण है। यही प्रेम भक्त के चित्त में स्थिर होकर महाभाव बन जाता है। महाभाव ही राधा है। राधा कृष्ण के सर्वोच्च प्रेम का आलंबन हैं, प्रेम की आदर्श प्रतिमा हैं। गोपीकृष्ण-लीला प्रेम का प्रतिफलन है और यही भक्तों का साध्य है।

वल्लभाचार्य ने ब्रज प्रदेश में कृष्णभक्ति को सुसंगठित और व्यवस्थित रूप में स्थापित किया। उनका दार्शनिक सिद्धांत शुद्धाद्वैत और उनका भक्ति सिद्धांत पुष्टिमार्ग कहलाता है। वल्लभ दिग्विजय के अनुसार उनका जन्म वैशाख कृष्ण एकादशी रविवार संवत 1535 वि., तिरोधान ज्येष्ठ 10 संवत 1587 वि. निश्चित है। उनके मुख्य ग्रंथ हैं—(1) पूर्व मीमांसा भाष्य, (2) उत्तर मीमांसा या ब्रह्मसूत्र का अणु भाष्य, (3) भागवत की सूक्ष्म टीका और सुबोधिनी टीका, (4) तत्त्वदीप निबंध तथा 16 छोटे-छोटे प्रकरण ग्रंथ। वल्लभाचार्य के अनुसार कृष्ण सर्वोच्च ब्रह्म हैं। वे सच्चिदानंद और पुरुषोत्तम हैं। भक्ति के लिए भगवान का अनुग्रह आवश्यक है। महापुष्टि ईश्वर प्राप्ति में बाधक तत्त्वों का परिहार करती है। ईश्वर अनुग्रह से ही प्रेमाभक्ति की प्राप्ति होती है। प्रेमाभक्ति की प्राप्ति की तीन अवस्थाएं हैं—प्रेम, आसक्ति और व्यसन। राधा कृष्ण की आह्लादिनी शक्ति हैं, रामेश्वरी और रासेश्वरी हैं। राधा कृष्ण की लीला में प्रवेश ही भक्त का लक्ष्य है, जो भगवान के अनुग्रह से संभव है।

निंबार्क, वल्लभ और चैतन्य ने राधा-वल्लभ कृष्ण के स्वरूप की दार्शनिक मीमांसा की और रूपगोस्वामी ने 'उज्ज्वल नीलमणि' तथा 'भक्तिरसामृत सिंधु' द्वारा भक्ति के रसरूप का विवेचन किया। भक्ति की रसवत्ता के विवेचन द्वारा रूपगोस्वामी ने काव्य रस और भक्ति रस के संबंध को स्पष्ट किया। इस रस-विवेचन में श्रीकृष्ण श्रेष्ठ नायक और राधा श्रेष्ठ नायिका हैं। भगवत विषयक रति ही स्थायी भाव है और भगवत विषयक रति से शांति, प्रीति, सख्य या प्रेयस, वात्सल्य या अनुकंपा और कांता या मधुरा, पांच प्रकार के भाव निष्पन्न होते हैं। आनंदमय मधुर रस या उज्ज्वल रस ही श्रेष्ठ रस है, वही भक्तिरस है। इन

आचार्यों के साहित्यशास्त्रीय चिंतन का परवर्ती ब्रजभाषा कृष्णकाव्य पर गहरा प्रभाव पड़ा।

सूरसागर की कथावस्तु का वैशिष्ट्य

काव्य में मौलिकता कोई आदर्श या मूल्य नहीं है। वह माध्यम ही है। मौलिकता विषयवस्तु के स्वरूप के विकास में निहित है। कई बार कवि काव्यवस्तु के विकास का सूत्र परंपरा से प्राप्त करता है और परंपरा से ही उसे विषयवस्तु के अनावश्यक तथा निरर्थक तत्त्वों के त्याग का संकेत भी मिलता है। कवि के अनुभव का विषय होकर ही कोई विषयवस्तु काव्यवस्तु बनती है, लेकिन कवि उसे अपनी रचना के उद्देश्य और अभिव्यक्ति के अनुरूप पुनर्निर्मित करता है। कवि परंपरा से प्राप्त विषयवस्तु को आत्मानुभूति, चिंतन और मनन द्वारा काव्यवस्तु बनाता है। अतीत की अपूर्ण विषयवस्तु को अपनी प्रतिभा से पूर्णरूप प्रदान करने में कवि की मौलिकता प्रकट होती है। कोई भी कवि परंपरा से विषयवस्तु प्राप्त करता है, लेकिन वह उसे काव्यवस्तु स्वयं बनाता है। विषयवस्तु काव्य-वस्तु का स्वरूप कवि की रचना के संदर्भ में प्राप्त करती है। काव्यवस्तु कवि की भावना और चिंतनदृष्टि से निर्मित होती है। काव्यवस्तु में विषयवस्तु का मूल रूप कायम रहता है, लेकिन कवि की वैयक्तिक चेतना और सामाजिक चेतना के संपर्क से उसका नवीन रूप बनता है।

एजरा पाउण्ड ने श्रेष्ठ सर्जकों के विषय में लिखा है कि ऐसे कवि आत्मसर्जन के अतिरिक्त पूर्ववर्ती सर्जना के अधिकांश को आत्मसात और समन्वित करके नई रचना करने में सक्षम होते हैं। वे आत्मचेतना से काव्यसर्जन प्रारंभ करते हैं तथा परंपरा से उपलब्ध विषयवस्तु का संग्रह और सामंजस्य स्थापित करते हैं। वे उपलब्ध विषयवस्तु को अपना बनाकर अभिव्यक्ति की प्रसिद्ध पद्धतियों का उपयोग करते हैं और अपने विशिष्ट रचनात्मक गुण से संपूर्ण कलाकृति को आच्छादित कर देते हैं और समग्र कलाकृति को एक आवयविक समरूप विकास की गति प्रदान करते हैं। इस प्रकार समर्थ कवि एक ही साथ परंपरीण और मौलिक स्रष्टा दोनों होते हैं। जो रचनाकार किसी परंपराप्राप्त लोकप्रचलित कथा या विषयवस्तु को अपनाते हैं वे रचना के स्तर पर कुछ सुविधाओं के साथ-साथ कुछ असुविधाओं को भी झेलते हैं। ऐसी विषयवस्तु में साधारणीकरण की संभावना अधिक होती है, लेकिन रचनाकार की मौलिकता के खो जाने का खतरा भी होता है। जो कवि परंपराप्राप्त और लोकप्रचलित विषयवस्तु को अपनी नई सृष्टि-दृष्टि से नया रूप दे पाता है वही लोकप्रियता और मौलिकता की रक्षा कर पाता है।

सूरदास ऐसे ही कवि हैं। उन्होंने एक लोकप्रचलित कथा को अपनाकर काव्य

रचना की है, जिसमें साधारणीकरण की क्षमता है और सूर की मौलिकता भी है। सूरसागर के पद साहित्य के दो भाग हैं—(क) विनय के पद और (ख) लीला के पद। विनय के पदों में भक्त का दैन्य और आत्मनिवेदन ही प्रधान है। विनय के पद अपनी अभिव्यक्ति के सौंदर्य और विषयवस्तु दोनों दृष्टियों से सामान्य भक्त या संत भावना की पद-परंपरा की नवीन कड़ी हैं। इनमें सिद्धों और नाथों की ज्ञानसाधना और निर्गुण भक्तों की भक्तिभावना की परंपरा का विकास परिलक्षित होता है। विनय के पदों में परमार्थ चिंतन और भक्ति की अनुभूति के विभिन्न सोपानों की व्यंजना है। इसमें ईश्वरोन्मुख चित्त की विभिन्न अवस्थाओं और गतिविधियों की अभिव्यक्ति हुई है। सूरदास ने विनय के पदों में वेद, उपनिषद, पुराण, गीता और सांख्यदर्शन आदि का उल्लेख किया है। सूरसाहित्य में नानापुराणनिगमागम के मत और सम्मत का शास्त्रीय स्वरूप तो उपलब्ध नहीं है, किंतु प्राचीन साहित्य में विवेचित और व्याख्यायित ज्ञान और साधना का जो स्वरूप भारतीय जीवन का अंग और संस्कार बन चुका है, उसकी अभिव्यक्ति इसमें हुई है। विनय के पदों में कवि ने विभिन्न रूपकों के माध्यम से तत्कालीन सामाजिक चेतना और सामाजिक दशा का भी वर्णन किया है। विनय के पदों में सूरदास ने चौपड़ राजा, गाय, साहिबी, लिखनहार, कत्थक नृत्य, विषयासक्ति, परिवार, खेती आदि के रूपकों द्वारा संतचित्त की विभिन्न अवस्थाओं, तद्‌युगीन जीवन की प्रवृत्तियों, सामंती व्यवस्था की सामाजिक तथा राजनैतिक दशा और समाज की मन:स्थिति की विशद व्यंजना की है। कवि ने एक पद में अपनी मानसिक अवस्था और प्रकृति के बहाने पूरे युग की मानसिक और सामाजिक दशा का चित्रण किया है :

भक्ति बिना जौ कृपा न करते, तौ हौं आस न करतौ।
... ...
सुजन-वेष-रचना प्रति जनमनि, आयौ पर-धन हरतौ।
धर्म-धुजा अंतर कछु नाहीं, लोक दिखावत फिरतौ।
परतिय-रति-अभिलाष निसा-दिन, मन पिटारी लै भरतौ।
दुर्गति, अति अभिमान, ज्ञान, त्रिन, सम साधन तैं टरतौ।
उदर-अर्थ चारी हिंसा करि, मित्र-बंधु सौं लरतौ।
रसना-स्वाद-सिथिल, लंपट ह्वै अघटित भोजन करतौ।
यह व्यौहार लिखाइ, रात-दिन, पुनि जीतौ पुनि मरतौ।
रवि-सुत-दूत वारि नहीं सकते, कपट घनौ उर वरतौ।
साधु-सील, सद्रूप पुरुष कौ, अपजस बहु उच्चरतौ।
औघड़-असत-कुचीलनि सौं मिलि, माया-जल मैं तरतौ।

कबहुंक राज-मान-मद-पूरन, कालहु तै नहीं डरतौ।
मिथ्या बाद आप-जस सुनि सुनि, मूछहि पकरि अकरतौ।
इहि बिधि उच्च-अनुच तन धरि धरि, देस बिदेस विचरतौ।
तहं सुख मानि, बिसारि नाथ-पद, अपने रंग बिहरतौ।
अजहूं सूर पतित-पद तजतौ, जौ औरहुं निस्तरतौ। (203)

इस पद में समाज में प्रचलित भोगवासना, बाह्याडंबर और दूसरी सामाजिक बुराइयों के अतिरिक्त वाममार्गियों की साधना-पद्धति की निंदा की गई है। सूरसागर के द्वादश स्कंधात्मक रूप में प्रथम स्कंध में विनय के पदों के बीच-बीच में भागवत प्रसंग का समावेश है। इन कथात्मक और इतिवृत्तात्मक शिथिल पदों का विनय के अनुभूतिप्रवण पदों से आवयविक संबंध ज्ञात नहीं होता। ये पद सूरसाहित्य के अनिवार्य अंग नहीं बन पाए हैं। संभव है विनय के पदों में इन कथात्मक पदों का समावेश सूरसागर को स्कंधात्मक रूप देने के लिए बाद में किया गया हो। प्रथम स्कंध के प्रारंभ में विनय के दो सौ तेईस पद हैं और दूसरे स्कंध में भागवत प्रसंग के बीच में लगभग साठ पद यत्र-तत्र बिखरे हुए हैं। द्वितीय स्कंध में विनय के पच्चीस पद हैं, चतुर्थ स्कंध में एक पद और षष्ठ स्कंध में भी एक पद है। संपूर्ण विनय के पदों में परस्पर अनुभूति का ऐक्य और अभिव्यक्ति की एकरूपता से यह प्रतीत होता है कि विनय के पद एक विशेष काल में कवि की विशेष मनःस्थिति की देन हैं। अतः इन्हें सूरदास के संपूर्ण जीवन में कालांतर से रचित नहीं माना जा सकता। ये पद भगवान की ओर उन्मुख भक्त के चित्त की प्रारंभिक अवस्था के व्यंजक हैं। अतः इनकी रचना सूर के मानस-लोक में श्रीकृष्ण की प्रेममयी लीलाओं के प्रतिबिंबित और उद्भासित होने के पहले हुई होगी।

सूरसागर की कथावस्तु के स्वरूप के निर्माण में महाभारत, हरिवंशपुराण, ब्रह्मवैवर्तपुराण, पद्मपुराण, जयदेव के गीतगोविंद और विद्यापति के पदों का योग महत्त्वपूर्ण है, किंतु उस पर सर्वाधिक स्पष्ट प्रभाव श्रीमद्भागवत पुराण का ही परिलक्षित होता है। श्रीमद्भागवत में कृष्ण के चरित्र और विभिन्न लीलाओं का जैसा सांगोपांग वर्णन है वैसा अन्य पुराणों में नहीं है। भागवत में चित्रित कृष्ण का लीलात्मक स्वरूप लीलारस-रसिक सूरदास की भक्तिभावना के अनुकूल होने के कारण सहज ही सूर की अनुभूति का विषय बन गया है। स्कंधात्मक सूरसागर सूरदास के लीलापदों का भागवत लीला के क्रम से संपादन का प्रतिफल है। इसलिए उसे भागवतानुसार देखकर ही कुछ आलोचकों ने भागवत का अनुवाद कहा है। सूरसागर के संग्रहात्मक रूप पर भागवत की कृष्णकथा का प्रत्यक्ष प्रभाव होने पर भी अनुसरण का कोई विशेष प्रयास नहीं है। सूरसागर का संग्रहात्मक रूप ही वास्तविक और प्रामाणिक है। सूरदास ने संपूर्ण उपलब्ध

कृष्णकथा का संग्रह और सामंजस्य कर उसे आत्मानुभूति एवं आत्मचिंतन का विषय बनाकर सूरसागर की काव्यवस्तु के रूप में प्रस्तुत किया है। सूरदास जिस संप्रदाय में दीक्षित थे, उस वल्लभ संप्रदाय में भागवत प्रमाणचतुष्ट्य के रूप में स्वीकृत है और उसका आराध्य ग्रंथ है। इसलिए उसका प्रभाव सूरदास के काव्य पर पड़ना अनिवार्य था। सूरदास के समय में भागवत के अवधी और ब्रजभाषा में अनुवाद उपलब्ध थे। सूर के समकालीन कवि लालचंद्र ने हरिचरित्र नाम से भागवत के दशम स्कंध का दोहा चौपाइयों में अनुवाद किया है। अतः भागवत का सूरसागर की कथावस्तु पर प्रत्यक्ष और परोक्ष प्रभाव पड़ना स्वाभाविक है। भागवत और सूरसागर में स्वरूप और रचना उद्देश्य की भिन्नता है, दोनों में कथा का साम्य होते हुए भी अनेक अंतर हैं :

1. भागवत और सूरसागर में विषयवस्तु की दृष्टि से वह अंतर है जो एक पुराण और विशुद्ध साहित्य में होता है। पुराण एक साहित्य रूप है, किंतु उसमें धार्मिक चिंतन और दार्शनिक व्याख्याओं की प्रधानता होती है, काव्य के सहज गुणों का समन्वय नहीं होता। काव्य में ईश्वर भी अपने मानव विग्रह में लोक-सामान्य आचरण के कारण सहृदय की रसानुभूति का विषय बनता है, किंतु पुराण में ईश्वर का दिव्य स्वरूप और उसकी अलौकिक लीला रहस्यमयी और विस्मयकारी होती है। भागवत में पुराण के लक्षण—सर्ग, विसर्ग, स्थान, पोषण, ऊति, मनवंतर, ईशानुकथा, निरोध, मुक्ति और आश्रय आदि हैं जबकि सूरसागर में इन लक्षणों का अभाव है और उसमें काव्य के भावपक्ष और कलापक्ष का उत्कर्षित रूप विद्यमान है। भागवत में जहां काव्य तत्त्व है वह मुख्य नहीं है और सूरसागर में जहां पुराण तत्त्व है वह कृष्णकथा की परंपरा का अंग है, उसमें सूर की प्रतिभा का कोई विशेष उत्कर्ष नहीं है। सूरसागर के विशुद्ध साहित्यिक स्वरूप के कारण उसमें उपदेश की प्रवृत्ति का अभाव है। चीरहरणलीला तथा संयोगलीला के विभिन्न इंद्रियग्राह्य बिंबात्मक वर्णनों को काव्यरचना का आवश्यक अंग मानने के कारण ही उनकी दार्शनिक व्याख्या नहीं दी गई है। सूरदास के सूरसागर में गोपी-कृष्णलीला की अभिव्यक्ति में काव्यकला का उत्कर्ष ही साध्य है, उपदेश की प्रवृत्ति नहीं।

2. सूरदास की दृष्टि काव्यवस्तु, भावानुभूति और अभिव्यक्ति-निपुणता पर है, किंतु भागवत में कथा की प्रधानता है। सूरदास काव्यवस्तु के सौंदर्यपक्ष का उद्घाटन करते प्रतीत होते हैं, किंतु भागवत में कथा की दार्शनिक व्याख्या प्रधान है।

3. सूरदास ने शब्दार्थ के संपृक्त संयोजन से काव्य में शब्द-शक्तियों के विकसित रूप का उपयोग कर काव्यवस्तु को विशेष अर्थवत्ता से मंडित किया है। लेकिन भागवत विधि निषेध एवं अर्थवाद तक सीमित है। सूरदास की दृष्टि

कथा की सार्थकता पर है, उसमें अर्थ गांभीर्य है, किंतु भागवत का साध्य संदेश देना है।

4. सूरसागर में कृष्णकथा के आस्वादन से रसबोध और सौंदर्यबोध का विकास होता है, जबकि भागवत विमर्श से तत्त्वबोध और तत्त्वदर्शन का। सूरसागर का रसवाद भागवत के तत्त्ववाद से भिन्न है। सूरसागर में जीवन और जगत का सत्य ही काव्य का सत्य, सूर की आत्मा का सत्य बन गया है और यही सगुण-लीला या नरलीला का उद्देश्य भी है। भागवत में आध्यात्मिक सत्य ही सत्य है, शेष असत्य।

5. सूरदास ने भागवत की भांति कृष्णकथा के गोकुल, मथुरा और द्वारिका तीनों स्थलों को ग्रहण किया है, किंतु उनका मन गोकुललीला में ही विशेष रमा है। सूरसागर में भागवत की भांति कृष्ण की ऐश्वर्यमयी लीलाओं का भी चित्रण है, किंतु सूरदास का रसिक मन कृष्ण की रसमयी गोकुललीला में ही विशेष प्रवृत्त हुआ है। गोकुल की बाल और किशोर लीलाओं की सघन अनुभूति और सफल अभिव्यक्ति ही सूरसागर का साध्य है। सूरदास सदा गोकुल में ही रहना चाहते थे, जीवन में भी और काव्य में भी। सूरसागर में सूर की आत्मा कृष्ण के सदा निकट होने पर भी बार-बार मथुरा और द्वारिका से भी कभी उद्धव के रूप में और कभी किसी पथिक के रूप में ब्रज लौट आती है और कृष्णविहीन ब्रज की दयनीय दशा पर द्रवित हो जाती। सूर की आत्मा का यह द्रवित रूप सूरसागर के सर्वोत्तम काव्यांश भ्रमरगीत के रूप में प्रस्तुत है। मथुरा और द्वारिका में कृष्ण का ऐश्वर्यमय रूप है और गोकुल में प्रेममय रूप। भागवत को कृष्ण का ऐश्वर्यमय रूप विशेष प्रिय है और सूर को प्रेममय रूप। यद्यपि भागवत में भी श्रीकृष्ण का प्रेममय रूप उद्घाटित है और सूरसागर में ऐश्वर्यमय रूप की भी व्यंजना है, किंतु सूरसागर में श्रीकृष्ण का प्रेममय रूप ही विशेष महत्त्वपूर्ण है। सूरदास का मन ही गोकुल है, वृंदावन है जहां संपूर्ण लीलाएं पूर्ण हुई हैं।

6. सूरसागर में चरित्र और घटना नहीं, भाव और लीला की प्रधानता है, यह पद-परंपरा के विशेष अनुरूप हैं। इसलिए सूरसागर में भागवत के उन प्रसंगों को छोड़ दिया गया है जिनमें घटना बाहुल्य है। सूरसागर में घटनात्मक और कथात्मक स्थलों को केवल कथा-निर्वाह और प्रबंध-प्रवाह के लिए लिया गया है। लेकिन भागवत में श्रीकृष्ण की अलौकिकता और दिव्य स्वरूप के उद्घाटन के लिए घटनात्मक प्रसंगों का विस्तार से वर्णन हुआ है।

सूरसागर में परंपरा और लोकजीवन से कृष्णकथा को ग्रहण कर सूरदास ने अपनी कारयित्री प्रतिभा के सहारे उसका नया रूप निर्मित किया है। सूरसागर की काव्यवस्तु का अपना वैशिष्ट्य है और उसमें कवि-प्रतिभा की सृजनशीलता दिखाई देती है। सूरसागर की काव्यवस्तु में सूर की मौलिकता और सर्जनात्मक

कल्पना की अभिव्यक्ति तीन रूपों में हुई है : नवीन प्रसंगोद्भावना, मौलिक सृजनशक्ति, नवीन सृष्टि दृष्टि ।

आचार्य शुक्ल ने लिखा है कि 'सूर की बड़ी भारी विशेषता है नवीन प्रसंगों की उद्भावना ।' आचार्य रामचंद्र शुक्ल का यह कथन सूर-साहित्य के अध्येताओं को पूर्णतः सच प्रतीत होता है । सूरदास ने साहित्य की परंपरा, लोकजीवन और श्रीमद्भागवत पुराण से कथा ग्रहण कर उसे अपनी सर्जनात्मक प्रतिभा के सहारे पुनर्निर्मित किया है । कृष्णकथा में नवीन रमणीय प्रसंगों की उद्भावना से कथा और काव्य दोनों का चारुत्व बढ़ गया है । परंपरा से प्राप्त कथावस्तु के आधार पर नवीन काव्यवस्तु के निर्माण में प्रवृत्त कवि की मौलिकता प्रसंग-परिवर्तन, नवीन प्रसंगोद्भावना तथा प्रसंग-गर्भत्व के संयोजन के कौशल में प्रकट होती है । नवीन प्रसंगों या संदर्भों की सृष्टि से प्राचीनता को नवीन अर्थवत्ता तथा मूल्यवत्ता प्राप्त होती है, उसकी रमणीयता में अभिवृद्धि होती है। प्रसंग-परिवर्तन और संदर्भ-परिवर्तन द्वारा ही कवि प्राचीन कथा में भी नवीन भावों और विचारों के समावेश नें सक्षम होता है ।

सूरदास ने अपने रचनात्मक उद्देश्य के अनुरूप परंपरा प्राप्त कृष्णकथा में नवीन संदर्भों और नए प्रसंगों को जोड़कर उसे नए भावों, विचारों और नए अर्थों की अभिव्यक्ति के अनुकूल बनाया है । अनेक स्थानों पर सूरदास ने भागवत में उपलब्ध कथा का प्रसंग ही बदल दिया है और उसका सूरसागर की काव्यवस्तु के अनुरूप नया रूप निर्मित किया है । सूरसागर में लीलाक्रम के अनुरूप कथाएं रखी गई हैं, भागवत के अनुकरण का कोई आग्रह नहीं है । कृष्ण की बाललीला में सूर की प्रसंगोद्भावना की शक्ति दिखाई पड़ती है । भागवत में श्रीकृष्ण के जन्म, नामकरण, माखनचोरी आदि लीलाओं का संक्षिप्त वर्णन है, किंतु सूरसागर में बाललीला का अत्यंत विस्तृत चित्रण है । कृष्ण की बाललीला की मौलिक संकल्पात्मक अनुभूति के कारण सूरदास वात्सल्य के महाकवि बन गए हैं । सूर-सागर में कृष्ण जन्म से जो शोभासिंधु लहराया है उसकी बहुरंगी विविध तरंगें सूरसागर में आंदोलित हैं (पद सं. 647) । ब्रज का आनंदोत्सव ब्रजवासियों के हार्दिक उल्लास में व्यक्त हुआ है । बाललीला में श्रीधर के अंगभंग का प्रसंग भागवत निरपेक्ष और सूर की मौलिक उद्भावना की देन है । बाललीला में ही ढाढ़ी और ढाढ़िनी का प्रसंग है (पद सं. 654) जिसमें सूर की भक्तिभावना और ब्रज की क्षेत्रीय संस्कृति के अनेक तत्त्वों की व्यंजना है । उसमें कृष्ण के जन्म के उपरांत अनेक संस्कारों का वर्णन है, जिनमें कुछ शास्त्रीय संस्कार हैं और कुछ क्षेत्रीय । जन्मोत्सव, नामकरण, अन्नप्राशन, वर्षगांठ आदि संस्कारों के उत्सव का भव्य वर्णन है और अवसरानुकूल मंगलगान, सोंहिलोगान आदि लोकगीतों का भी प्रयोग है ।

सूरदास ने कर्णच्छेदन और करवट बदलने के उत्सव का भी वर्णन किया है। कृष्ण के पालने में झूलने में मातृ हृदय की विभिन्न भावनाओं और मातृत्व भाव की सफल अभिव्यंजना है (पद सं. 661)। कृष्ण के शयन, जागरण, करवट बदलने में माता-पिता की भावनाओं की अभिव्यक्ति है। संपूर्ण बाललीला में अनेक नवीन प्रसंगों के सहारे बाल स्वभाव और मातृ हृदय के मर्म का भव्य उद्‌घाटन है। कृष्ण के चलने, उठने, बैठने और सोने का सूरदास ने नवीन प्रसंगों द्वारा मनोहर चित्र उपस्थित किया है। चंद्र प्रस्ताव में बालहठ की विवृति है। सूरदास ने कृष्ण की बाललीला में कृष्ण और राम के अभिन्नत्व की ओर भी संकेत किया है (पद सं. 816)।

कृष्ण के सखाओं के साथ खेलने में बालस्वभाव और सख्यभाव की व्यंजना है (पद संख्या 863)। सूर ने कृष्ण के माटी खाने वाले प्रसंग में कृष्ण की नरलीला और विराट रूप का दर्शन कराया है (पद सं. 861)। माखनचोरी में भावतीलीला का भी बीज अंकुरित होता दिखाई पड़ता है। सूरसागर में माखन-चोरी एक स्वतंत्र भावात्मक खंडकाव्य बन गया है। सूरदास ने बाललीला के चित्रण में नए-नए प्रसंगों के माध्यम से कृष्ण के मानवीय रूप को ही उभारा है। सूर के कृष्ण का स्वरूप व्यापक जनसमुदाय के दूसरे बच्चों से मिलता-जुलता है, उसमें दिव्यता से अधिक साधारणता है। यह सूर की व्यापक मानवीय सहानुभूति का प्रमाण है।

गोपीकृष्ण की प्रेमलीला की मनोहर व्यंजना के लिए सूरदास ने अनेक प्रसंगों की उद्‌भावना की है। कभी माखनचोरी में और कभी गोदोहन में प्रेम का विकास दिखाई पड़ता है। गोचारण के प्रसंग में भी सूर ने प्रेम के विकास का अवसर निकाल लिया है। मुरली-प्रसंग, आंख-समय और नयन-समय के पद के विभिन्न प्रसंगों में सूर की सर्जनात्मकता विशेष मुखर हुई है। कृष्ण की मुरली नाद का प्रतीक है, नाम रूप का है। आंखें रूप की वाहक हैं। संपूर्ण रसमयी गोकुल-लीला इस नाद और रूप की ही लीला है।

सूरदास ने राधाकृष्ण के प्रेम के सहज विकास को अनेक नवीन प्रसंगों के माध्यम से आयोजित किया है। राधा और कृष्ण का बालसखा-सखी का रूप और उनका पारस्परिक प्रेम पूर्णतः सूर की मौलिक उद्‌भावना है। यमुना के तट पर, गोकुल की गलियों में, कभी गोचारण में और कभी गोदोहन में कृष्ण और राधा एक दूसरे से मिलते हैं और इस साहचर्य और सहयोग के बीच से उनका प्रेम विकसित होता है। राधाकृष्ण की संयोगलीला अनेक रूपों में व्यंजित हुई है और उसे सूर ने नवीन प्रसंगों के माध्यम से क्रमशः विकसित किया है। रास-लीला में राधाकृष्ण के संयोग और विवाह का भव्य आयोजन हुआ है। मन की अनेक दशाओं या एक मनोदशा के अनेक परिवर्तित रूपों के चित्रण के लिए एक

के बाद एक नवीन प्रसंगों की सृष्टि में सूर की प्रतिभा अद्वितीय है। इसका प्रत्यक्ष प्रमाण गोपीगीत और गोपी-मुरली-संवाद आदि में दिखाई पड़ता है। खंडिता प्रकरण में नवीन प्रसंगों के माध्यम से कृष्ण के बहुनायकत्व, अनुरागमयी चंद्रावली का रूप तथा गोपियों की मनोव्यथा का उद्‌घाटन है। इस खंडिता प्रकरण पर यद्यपि जयदेव के गीतगोविंद का प्रभाव प्रतीत होता है किंतु गीतगोविंद में सूरसागर की भांति प्रसंगों और भावों के वैविध्य का अभाव है। 'श्याम रंग पर तर्क' के पदों में अनेक प्रसंगों की सृष्टि करके कृष्ण की श्यामता पर व्यंग्य किया गया है। गोपियों के विरह-वर्णन में और भ्रमरगीत में अनेक प्रसंगों के माध्यम से गोपीकृष्ण-प्रेम के अतीत, वर्तमान, और भविष्य का उद्‌घाटन हुआ है। गोपी-उद्धव संवाद में सूरदास ने नवीन प्रसंगों के माध्यम से श्रीकृष्ण, उद्धव और भ्रमर पर गोपियों के द्वारा अनेक प्रकार से व्यंग्य प्रहार का आयोजन किया है। नए प्रसंगों की उद्‌भावना का उपयोग सगुण-निर्गुण-विवाद में भी हुआ है। भ्रमरगीत में ही अनेक नवीन प्रसंगों के सहारे विरह की मनोदशा की व्यंजना है और स्मृतिजन्य सुख-दु:खात्मक भावदशा की अभिव्यक्ति है। नवीन प्रसंगों की उद्‌भावना में एक ओर सूरदास की व्यापक मानवीय सहानुभूति प्रकट हुई है तो दूसरी ओर उनकी सृजनशील कल्पनाशक्ति। विभिन्न मार्मिक प्रसंगों के माध्यम से ही सूर ने मनुष्य जीवन के विभिन्न रूपों, मानवीय संबंधों, भाव-दशाओं और मानवीय क्रिया-व्यापारों का हृदयस्पर्शी चित्रण किया है।

नवीन सृजनशक्ति

सूरसागर की संपूर्ण कथावस्तु में सूरसागर की सर्जनात्मक प्रतिभा का प्रमाण उन स्थलों पर मिलता है जो पूर्णत: सूर की सृष्टि हैं। यहां सूर ने कृष्णकथा की परंपरा को नए रूप में ढाला है, उसका विकास किया है। राधाकृष्ण का बाल सखा-सखी रूप सूर की मौलिक उद्‌भावना है जिसमें राधाकृष्ण के प्रेम का विकास होता दिखाई देता है। सूरदास ने राधाकृष्ण के प्रेम को बचपन से क्रमश: विकसित होते हुए दिखाया है। यह प्रेम अचानक उठे हुए तूफान की तरह नहीं है, यह एकपक्षीय प्रेम भी नहीं है। इस प्रेम के मूल में सौंदर्य का आकर्षण तो है, लेकिन साथ ही साहचर्य और सहयोग के भाव भी हैं। इस प्रेम के विकास की व्यंजना में सूरदास की मौलिकता प्रकट हुई है। राधा-कृष्ण के प्रथम परिचय के बाद राधा कृष्ण के घर जाती हैं और मां यशोदा राधा का शृंगार करती हैं। यशोदा राधा को कृष्ण की जीवनसंगिनी के रूप में देखने की आंतरिक कामना भी प्रकट करती हैं। सूरदास ने इस प्रसंग के सहारे राधाकृष्ण के रासलीला के समय संपन्न होने वाले गंधर्व विवाह की भूमिका का निर्माण किया है।

पनघटलीला, दानलीला, खंडिता समय, वसंत और फाग, हिंडोला आदि सूर

की नवीन सृजनशक्ति की देन हैं। इन लीलाओं के सहारे सूरदास ने प्रेमलीला का विकास दिखाया है। सूरसागर में ये लीलाएं भावाभिव्यंजना और अभिव्यक्ति शक्ति की पूर्णता के कारण स्वतंत्र खंडकाव्यों के रूप में दिखाई पड़ती हैं। ग्रीष्म लीला, युगल समागम, नैन-समय के पद, आंख-समय के पद, स्वप्न-दर्शन, पावस-प्रसंग, चंद्रोपालंभ आदि में सूरदास की भावप्रवणता और अनुभूति-गांभीर्य का प्रमाण मिलता है। सूरदास ने प्रेम के विभिन्न रूपों और पक्षों की अभिव्यक्ति के लिए इन नवीन प्रसंगों की सृष्टि की है।

स्कंधात्मक सूरसागर के वेंकटेश्वर प्रेस और नागरी प्रचारिणी सभा से प्रकाशित संस्करणों के कथाक्रम में अंतर है। वेंकटेश्वर प्रेस के संस्करण में पनघटलीला-प्रस्ताव और दानलीला के बाद रासलीला है, जबकि सभा के संस्करण में रासलीला के पश्चात पनघटलीला और दानलीला है। वास्तव में पनघटलीला और दानलीला को रासलीला के पहले ही होना चाहिए क्योंकि प्रेम का जो क्रमशः विकास हुआ है, उसकी परिणति रासलीला में हुई है। रासलीला प्रेम-लीला की पूर्ण अवस्था है, वह गोपीकृष्ण-लीला का चरम उत्कर्ष बिंदु है। पनघटलीला में सूर की वृत्ति रमी है क्योंकि इसमें प्रेम का विकास है। यमुना के तट पर प्रकृति के उन्मुक्त परिवेश में गोपियों के साथ कृष्ण की रसकेलि अत्यंत मनोहर है। वहां कृष्ण गोपियों की गगरी फोड़ देते हैं, गोपियों का रास्ता रोक लेते हैं। गोपियां कभी रीझती हैं और कभी खीझती हैं। इस प्रकार यह रसलीला चलती रहती हैं। उसमें राधा के आने पर विशेष सरसता बढ़ जाती है। इस पनघटलीला का परिणाम है गोपियों का प्रेमसिंधु में निमग्न होना और कृष्ण के प्रेम-रंग में गोपियों के अंतर का रंग जाना। दानलीला में कृष्ण और गोपियों के बीच गोरस (इंद्रिय रस और दही) के लेन-देन की लीला चलती है। यह गोरस का उत्सव है, प्रेम की लीला है। गोपियां गोरस (दही) देने के लिए तत्पर हैं और कृष्ण गोरस (इंद्रिय रस-रति) चाहते हैं। गोपियां कहती हैं—जो रस चाहौ सो रस नाहीं, गोरस पियो अघाइ (पद सं० 2080)। गोपियां केवल दही देना चाहती हैं और कृष्ण कहते हैं कि 'लय हौं दान सब अंग-अंग कौ।' वे सर्वांगदान, सर्वस्व समर्पण चाहते हैं। गोपियां प्रेमदान के लिए पूर्ण श्रद्धा, संपूर्ण शृंगार के साथ यमुना तट पर उपस्थित होती हैं और रसनागर कृष्ण भी सखाओं सहित यमुना तट पर प्रतीक्षारत हैं। गोपियां गोरस उन्मुक्त होकर लुटाती हैं और कृष्ण गोरस का आनंद लेते हैं। गोपियां राधा सहित रीती मटकी लिए, मनविहीन तन लिए घर जाती हैं। गोपियां कृष्ण के लिए लोक-लाज और कुल-मर्यादा को त्यागकर सरिता की भांति कृष्णसागर से मिलकर एकरूप हो गईं (पद सं. 2246)। प्रेमविवश गोपियां गोरस के बदले हरिरस बेचने लगती हैं (पद सं. 2253)। इस दानलीला की पूर्णता राधाकृष्ण की रसकेलि में हुई है। लोक,

कुल और समाज के बंधनों से मुक्त गोपियों का प्रेम सामंती समाज के लिए एक चुनौती है। गोपियों का प्रेम सामंती व्यवस्था के सामाजिक बंधनों को तोड़कर प्रेम के मानवीय रूप की स्थापना करने वाला है।

नवीन सृष्टि-दृष्टि

नवीन सृष्टि-दृष्टि का तात्पर्य है प्राचीन कथा और घटनाओं का नवीन रचनात्मक दृष्टिकोण से पुनर्निर्माण। रचनात्मक दृष्टिकोण में कवि की भावानुभूति और चिंतन दृष्टि का विशेष महत्त्व है। सूरदास ने सूरसागर में कृष्णकथा के कुछ अंश को भागवत, ब्रह्मवैवर्त पुराण और जयदेव के गीतगोविंद से लिया है, किंतु उनको आत्मानुभूति का विषय बनाकर और अपनी भक्तिभावना के अनुकूल निर्मित कर अत्यंत नवीन रूप में अभिव्यंजित किया है। नवीन रचनात्मक दृष्टिकोण के संयोग से प्राचीन कथा भी नवीन रूप में अभिव्यक्त हुई है, परंपरा की होकर भी उसमें सूर की मौलिकता के प्रमाण हैं। परंपरा से रचनात्मक प्रेरणा ग्रहण करने वाले कवि की मौलिकता इस नवीन सृष्टि-दृष्टि में ही व्यक्त होती है। सूरदास ने अपने रचनात्मक उद्देश्य के अनुसार परंपरा, लोकजीवन और पुराणों से प्राप्त कृष्णकथा को अपनी नई रचनादृष्टि से नियोजित करके नए रूप में ढाला है। इससे कथा पुरानी होकर भी सूरसागर की कथावस्तु बन गई है। सूरदास की सृष्टि-दृष्टि की नवीनता इस बात में है कि उन्होंने कृष्ण-कथा में दैवी लीला से अधिक महत्त्व मनवोचित व्यवहारों को दिया है, मानवीय लीला में व्यक्ति-चेतना के माध्यम से सामाजिक चेतना की अभिव्यक्ति की है, दिव्य चेतना और मानवीय चेतना में सामंजस्य स्थापित किया है, दर्शन को अनुभूति का अंग बनाकर और अनुभूति को दार्शनिक ऊंचाई तक पहुंचाकर व्यक्त किया है। सूरदास ने राग और वैराग्य के संघर्ष में जीवन के रागात्मक पक्ष को महत्त्व दिया है, निवृत्ति मार्ग के ऊपर प्रवृत्ति मार्ग को प्रतिष्ठित किया है। उन्होंने मानवीय जीवन के भाव, विचार और कर्म की एकता की महत्ता स्थापित करके जीवन की समग्रता का काव्य रचा है। सूरदास के रचनात्मक दृष्टिकोण की इन विशेषताओं के अनुरूप ही कृष्णकथा का पुनर्निर्माण सूरसागर में हुआ।

सूरसागर में कृष्ण के देवत्व रूप से अधिक उनके मानवीय रूप का उत्कर्ष दिखाया गया है। यद्यपि नरलीला के समानांतर दिव्यलीला का भी संकेत है, किंतु कृष्ण के ऐश्वर्यमय रूप से उनका माधुर्यमय रूप ही अधिक व्यक्त हुआ है। भागवत या अन्य पुराणों से लिए गए कथा-प्रसंगों में भी कथा के स्वाभाविक मावोचित स्वरूप का ही अधिक उद्घाटन हुआ है। दशम स्कंध में कृष्ण के ऊखल बंधन में माता का सहज क्रोध और बंधे हुए कृष्ण का करुण चित्र व्यंजित है। गोचारण, ब्रह्मा द्वारा बालक वत्सहरण आदि कथाएं मूलतः भागवत

की हैं, किंतु सूरसागर में उनका नया रूप दिखाई पड़ता है। भागवत में ब्रह्मा बालक वत्सहरण की कथा का लक्ष्य ब्रह्मा का मोहनाश और कृष्ण के ईश्वरत्व की प्रतिष्ठा है, किंतु सूरसागर में इसके आयोजन का मुख्य लक्ष्य सखाओं में परस्पर प्रेम-वृत्ति है। 'इसमें घटना वैचित्र्य, नाटकीयता, स्वाभाविकता और सखाओं के सरस स्नेह की भाव संवलित व्यंजना कवि-प्रतिभा की उपज है।'[53]

यज्ञ पत्नी लीला, गोवर्धन पूजा और गोवर्धन-धारण में सूरदास ने भागवत की दार्शनिकता, उपदेश वृत्ति और अलौकिक रहस्यात्मकता के बदले स्वाभाविकता और लौकिक परिवेश के साथ इन घटनाओं का वर्णन किया है। सूरसागर के गोवर्धन लीला पर हरिवंशपुराण का अधिक प्रभाव है। सूरसागर में गोवर्धन-धारण की लीला दो बार है। गोवर्धन-धारण में गोपसखा कृष्ण के सहयोगी हैं। गोवर्धन पूजा में राधा, चंद्रावली और ललिता आदि का समावेश है, जो भागवत निरपेक्ष है। सूरसागर के राधाकृष्ण के प्रेम प्रसंग की ब्रह्मवैवर्त पुराण और गीत-गोविंद से समानता है। ब्रह्मवैवर्त के अनुसार मेघाच्छन्न आकाश, तमावृत्त तमाल वन तथा चपला चमक से युक्त भयावह वातावरण से डरे हुए कृष्ण को नंद के आदेश पर राधा घर पहुंचाने ले जाती है। ब्रह्मवैवर्त पुराण के अनुसार मार्ग में ही राधाकृष्ण के विवाह का आयोजन है। जयदेव के गीतगोविंद में भी यह प्रसंग है, किंतु उसमें मार्ग में केवल रसकेलि का आयोजन है, विवाह का नहीं :

मेघैर्मेदुरमम्बरं वनभुवः श्यामास्तमालद्रुमै—
र्नक्तं भीरुरयं त्वमेव तदिद राधे गृह प्रापय।
इत्थं नंद निदेशतश्चलितयोः प्रत्यध्वकुंजद्रुमम्
राधा-माधवयोर्जयन्ति यमुनाकूले रहः केलयः॥ (गीतगोविंद)

जयदेव के उपर्युक्त श्लोक में जिस प्रसंग का उल्लेख हुआ है, सूरसागर में वही कुछ भिन्न रूप में मिलता है :

गगन घहराइ जुरी घटा कारी।
पवन-झकझोर, चपला-चमक चहुं ओर, सुवन-तन चितै नंद डरत भारी॥
कह्यौ वृषभानु की कुंवरि सौ बोलि कै, राधिका कान्ह घर लिए जारी।
दोउ घर जाहु संग, गगन भयो स्याम रंग, कुंवर-कर गह्यो वृषभानु-बारी॥
गए बन घन ओर, नवल नंद-किसोर, नवल-राधा, नए कुंज भारी।
अंग पुलकित भए, मदन तिन तन जए, सूर प्रभु स्याम स्यामा बिहारी॥
(1302)

सूरदास ने ब्रह्मवैवर्त पुराण और गीतगोविंद से भिन्न दृष्टिकोण अपनाया है। सूरसागर में वैवर्तपुराण की भांति मार्ग में विवाह का आयोजन नहीं है। गीतगोविंद और सूरसागर में अंतर यह है कि जहां गीतगोविंद में प्रकृति की भयानकता से कृष्ण डरते हुए दिखाई देते हैं, वहां सूरसागर में नंद ही त्रस्त हैं। इसमें नंद

की ममता और पुत्रस्नेह की अभिव्यक्ति है। सूरसागर में राधा-कृष्ण की रसकेलि के लिए राधा-कृष्ण का किशोर वय तथा कुंजों का आकर्षक परिवेश भी है। सूरदास ने वस्तुस्थिति के बीच से भाव की व्यंजना की है।

सूरसागर की चीरहरण लीला तथा रासलीला का मूल रूप भागवत में है, किंतु सूरदास ने इन दोनों को नवीन कलात्मक रूप में उपस्थित किया है। भागवत में चीरहरण और रासलीला की दार्शनिक व्याख्या है। भागवतकार ने सामाजिक औचित्य की दृष्टि से चीरहरण लीला और रासलीला की आध्यात्मिक विवेचना की है। सूरसागर में ये दोनों लीलाएं विशिष्ट कलात्मक रूप में अभिव्यंजित होने के कारण औचित्य-अनौचित्य से परे हैं। सूरसागर के संयोग वर्णन से हरिवंशपुराण और ब्रह्मवैवर्त पुराण की समानता प्रतीत होती है किंतु जहां हरिवंश और ब्रह्मवैवर्त की रति-क्रीड़ाओं के वर्णन में इंद्रियासक्ति और भोग-वासना की प्रधानता है, वहां सूरसागर में इंद्रियग्राह्य बिंबात्मक रूपांकन और प्रेम का आत्मोन्मुख स्वरूप ही मुख्य है। सूरसागर की चीरहरण लीला में प्रेम का सामूहिक विकास है। रासलीला कृष्ण तथा गोपियों के प्रेम का चरम उत्कर्ष बिंदु है जहां शारीरिक, मानसिक गोपनीयता या रहस्यावरण का अभाव है। राग-योग की इस दशा में वृहदारण्यक के इस कथन की सिद्धि है :

> तद्वा अस्यैतदतिच्छन्मा अवहतपाप्माऽभयं रूपं तद्यधा प्रियया स्त्रिया संपरिष्वन्क्तो न बाह्यं किंचन वेद नानंतरमेवमेवायं पुरुषः प्रज्ञेनात्मना संपरिष्वक्तो न बाह्यं किंचन वेदनांतरं तद्वा अस्यैतदाप्तकामात्मकाममकामं रूपं शोकांतरम्। (4-3-27)

अर्थात जैसे पुरुष को अपनी प्रिया स्त्री के आलिंगन काल में यह सुधि नहीं रहती कि बाहर क्या है भीतर क्या, उसी प्रकार जब उपासक प्राज्ञ द्वारा आलिंगित होता है तब उसे भीतर-बाहर की सुधि नहीं रहती है। सूरसागर की रासलीला में संयोग का यही मानसिक और आध्यात्मिक रूप है, जहां लौकिक और अलौकिक का अभेद है। यही कारण है कि सूरसागर की चीरहरण लीला और रासलीला की नैतिकता की दृष्टि से औचित्य-चर्चा अनावश्यक है। सूरसागर की कथावस्तु में सूर की नवीन कलात्मक दृष्टि का प्रतिफलन कथावस्तु के निर्माण, रूप-चित्रण तथा भाव-दशाओं के अंकन में है।

सूरसागर की कथावस्तु की सबसे बड़ी विशेषता है विषमताओं को एकसार करना, जो समृद्ध सर्जनात्मक कल्पना का प्रमुख लक्षण है। कालरिज ने सर्जनात्मक कल्पना को समन्वय, सामंजस्य और संश्लेषण या संतुलन-संस्थापन की शक्ति मानते हुए लिखा है कि वह (कल्पना) साम्य और वैषम्य, अमूर्त और मूर्त, विचार और बिंब, व्यष्टि और समष्टि, प्राचीन वस्तुबोध और नवीनताबोध, संयम और भावावेश, सतत जाग्रत विवेक और निरंतर आत्मसात्करण, गहन अनुभूति और

प्रबल उन्माद, कृत्रिम और प्राकृत, संगीतात्मक आनंद और प्रभावान्विति आदि का समन्वित स्वरूप उपस्थित करती है। इसी प्रक्रिया के सहारे किसी एक सशक्त भाव या विचार द्वारा कवि विचार-शृंखला को नियमित करता है[54]।

सूरसागर के प्रत्येक सहृदय पाठक के समक्ष सहज ही देवत्व और नरत्व, मानवीय और अतिमानवीय लीला, सगुण और निर्गुण ब्रह्म के स्वरूप, वैधी और रागानुगा भक्ति, राग और विराग, प्रवृत्ति और निवृत्ति, रूप और अरूप, शरीर और आत्मा, भक्ति और शृंगार, प्रकृति और मानव, व्यक्ति और समाज, दर्शन और काव्य, काव्य और संगीत, चित्र, नृत्य आदि का वह समन्वित स्वरूप उपस्थित होता है जो सूर की सर्जनात्मक कल्पना और अद्वितीय रचनाशक्ति की देन है। इसमें भक्ति की धारा अंत:सलिला की भांति संपूर्ण काव्यवस्तु में प्रवाहित हो रही है। सूरसागर की काव्यवस्तु की कलात्मकता के मूल में सूर की संगीत-संवेदना और सामंजस्य ज्ञान का बड़ा भारी योगदान है।

संदर्भ

1. परशुराम चतुर्वेदी, 'वैष्णव धर्म व संप्रदाय का क्रमिक विकास', हिंदुस्तानी, जनवरी 1937, भाग 7, अंक 1, पृ. 47
2. वासुदेवशरण अग्रवाल, (सं.) 'पोद्दार अभिनंदन ग्रंथ', अखिल भारतीय ब्रज साहित्य मंडल मथुरा, प्रथम संस्करण, संवत 2010, पृ. 667-74
3. वही, 673
4. राधाकमल मुखर्जी, 'दि फ्लावरिंग आफ इंडियन आर्ट', बंबई, 1964, पृ० 50
5. आर. जी. भंडारकर, 'कलेक्टेड वर्क्स', भाग 4, पूना, 1929, पृ० 15
6. ब्रजेश्वर वर्मा, 'वासुदेव कृष्ण', हिंदी अनुशीलन, वर्ष 7, अंक 2, पृ० 5
7. वही, पृ० 5
8. वाल्टर रूबेन, 'स्टडीज इन ऐंशिएंट इंडियन थाट', कलकत्ता, 1966, पृ० 72
9. हेमचंद्र रायचौधरी, 'मैटिरियल्स फार दि स्टडी आफ दि अर्ली हिस्ट्री आफ दि वैष्णव सेक्ट', कलकत्ता, 1920, पृ०7
10. वही, पृ० 39
11. वही, पृ० 50
12. आर. जी. भंडारकर, पूर्वोद्धृत, पृ० 16
13. वही, पृ० 14

14. हेमचंद्र रायचौधरी, पूर्वोद्धृत, पृ० 7
15. वही, पृ० 18
16. वही, पृ० 19
17. वही
18. आर. जी. भंडारकर, पूर्वोद्धृत, पृ० 12
19. वही, पृ० 12-13
20. 'पोद्दार अभिनंदन ग्रंथ', पृ०745
21. वही, पृ० 746
22. आर. जी. भंडारकर पूर्वोद्धृत, पृ० 5
23. हेमचंद्र रायचौधरी, पूर्वोद्धृत, पृ० 22
24. वही, पृ० 62
25. के. एम. मुंशी (सं.), 'इंडियन इनहेरिटेंस', भाग 1, भारतीय विद्या भवन, बंबई, 1965, पृ० 44
26. हेमचंद्र रायचौधरी, पूर्वोद्धृत, पृ० 7
27. वही, पृ० 16-17
28. वही, पृ० 52
29. हरवंशलाल शर्मा, 'सूर और उनका साहित्य', अलीगढ़, संवत 2020, पृ० 120
30. आर. जी. भंडारकर, पूर्वोद्धृत, पृ० 18
31. वही, पृ० 43-44
32. हरवंशलाल शर्मा, पूर्वोद्धृत, पृ० 120-121
33. बुद्धप्रकाश, 'वेद : एक ऐतिहासिक अध्ययन', नागरी प्रचारिणी पत्रिका, वर्ष 63, अंक 3-4, पृ० 319
34. भगवानदास, 'कृष्ण', भारतीय विद्या भवन, बंबई, 1962, पृ० 91
35. आर. जी. भंडारकर, पूर्वोद्धृत, पृ० 51
36. मुंशीराम शर्मा, 'भारतीय साधना और सूर साहित्य', कानपुर संवत 2017, पृ० 152
37. हेमचंद्र रायचौधरी, 'अर्ली हिस्ट्री आफ दि वैष्णव सेक्ट', पृ० 24
38. मुंशीराम शर्मा, पूर्वोद्धृत, पृ० 154
39. पोद्दार अभिनंदन ग्रंथ, पृ० 645
40. वही, पृ० 781
41. आर. जी. भंडारकर, पूर्वोद्धृत, पृ० 53
42. हेमचंद्र रायचौधरी, पूर्वोद्धृत, पृ० 91
43. वाल्टर रूबेन, पूर्वोद्धृत पृ० 56

44. हेमचंद्र रायचौधरी, पूर्वोद्धृत, पृ० 91
45. हरवंशलाल शर्मा, 'भागवत दर्शन', अलीगढ़, संवत 2020, पृ० 28
46. हेमचंद्र रायचौधरी, पूर्वोद्धृत, पृ० 42
47. ब्रजेश्वर वर्मा, 'पोद्दार अभिनंदन ग्रंथ', पृ० 259
48. हरवंशलाल शर्मा, पूर्वोद्धृत, पृ० 85
49. आर. जी. भंडारकर, पूर्वोद्धृत, पृ० 57
50. वही, पृ० 58
51. हेमचंद्र रायचौधरी, पूर्वोद्धृत, पृ० 105
52. आर. जी. भंडारकर, पूर्वोद्धृत, पृ० 120
53. हरवंशलाल शर्मा, 'सूर और उनका साहित्य', पृ० 148
54. आई. ए. रिचर्ड्स, 'प्रिंसिपल्ल आफ लिटरेरी क्रिटिसिज्म', लंदन, 1961, पृ०242

चरित्रबोध का स्वरूप

सूरसागर में यद्यपि लीला और भाव की ही प्रधानता है किंतु इसमें चरित्र का अभाव नहीं है। इसमें केवल लीला का आरोप नहीं है, बल्कि चरित्रबोध भी है, विभिन्न व्यक्तित्वों का स्वतंत्र विकास भी है। सूरसागर में चरित्र का विकास लीलाक्रम के अनुरूप ही हुआ है। सूरसागर के अनेक पात्रों के व्यक्तित्व में एक विशेष भाव-स्तर पर अभेद प्रतीत होता है, किंतु प्रत्येक व्यक्तित्व में अपने शील और स्वभाव की विशिष्टता के कारण एक दूसरे से भिन्नता है। वात्सल्य भाव के स्तर पर यशोदा, नंद, वसुदेव और देवकी में कोई मौलिक भेद नहीं है। सबके हृदय में कृष्ण के प्रति असीम स्नेह है, अक्षय वात्सल्य है, किंतु अपने शील और स्वभाव के मौलिक अंतर के कारण ये सभी एक दूसरे से भिन्न हैं। भाव के स्तर पर सभी गोपियों में आंतरिक एकता है किंतु राधा के अतिरिक्त चंद्रावली, ललिता, विशाखा और सुखदा आदि गोपियों के चरित्र की अपनी विशेषताएं हैं। कृष्ण के गोप सखाओं में सख्य भाव के स्तर पर अनुभूति की समानता दिखाई पड़ती है, किंतु श्रीदामा, सुदामा, सुबल आदि के व्यक्तित्व में पर्याप्त अंतर दिखाई पड़ता है।

सूरसागर में कृष्ण के चरित्र में मनोवैज्ञानिक विश्वसनीयता और रहस्यात्मकता का पुट है, मानवीय चरित्र तथा दिव्य लीला का सामंजस्य है। श्रीकृष्ण के मनोवोचित तथा अनुभूतिगम्य चरित्र और रहस्यात्मक दिव्य लीला के बीच सामंजस्य के कारण ही सूरसागर का आस्वादन आस्थावान व्यक्ति और आस्था-अनास्था की दुविधा से मुक्त व्यक्ति समान रूप से कर सकते हैं। विभिन्न पात्रों के सजीव व्यक्तित्व के माध्यम से मन की भंगिमाओं की विविधता मूर्त रूप में विशेष कलात्मक ढंग से सूरसागर में अभिव्यक्त है। सूरसागर में मानव चरित्र और दिव्य लीला की समन्वित अनुभूति है। इससे सूरसागर की कलात्मकता विशेष निखर उठी है और उसके प्रभाव की सीमा व्यापक हुई है।

लीला क्या है ?

भक्तिदर्शन की चिंतनपरंपरा के अनुसार चरित्र और लीला में अंतर होता है। चरित्र का संबंध मनुष्य से होता है और लीला का ईश्वर से। धार्मिक चिंतन के अनुसार जगत ईश्वर की लीला का परिणाम है। भक्तिदर्शन की मान्यता है कि संपूर्ण सृष्टि सच्चिदानंद की लीला का परिणाम है। जगत के चेतन-अचेतन सभी तत्त्व उनके आत्मरूप ही हैं, वह सब में अंतर्निहित है, सारा जगत उसमें स्थित है और वह सबका नियामक है। तैत्तिरीय उपनिषद में सृष्टि के आविर्भाव की व्याख्या करते हुए ऋषि कहता है—'उसने (ब्रह्म) कामना की कि मैं बहुत होऊं, जन्माऊं। उसने तप किया। उसके तप के कारण यह जो कुछ है, इस सब (जगत) को सिरजा। उसको सिरज कर फिर उसमें प्रविष्ट हो गया। उसमें प्रविष्ट कर सत् और तत् (वह) हो गया, व्याख्यात-अव्याख्यात, निलयन और अनिलयन, विज्ञान और अविज्ञान (अचेतन), सत्य और अनृत (असत्य) हो गया।[1] कल्पांत में ईश्वर ने लीला-समुत्सुक होकर ही जगत की सृष्टि की। वस्तुतः भगवान में रिरंसावृत्ति के साथ ही सिसृक्षावृत्ति और युयुत्सावृत्ति भी रहती हैं, ये दोनों वृत्तियां सामयिक होती हैं। रिरंसावृत्ति ही नित्य होती है। रिरंसा अर्थात रमण करने की इच्छा। रिरंसावृत्ति उस शक्ति का परिणाम है जिसे परा शक्ति कहते हैं। यह जो भगवान की नित्य रिरंसावृत्ति है, वही सच्चिदानंदमयी लीला में सदा अभिव्यक्त होती रहती है।[2]

वृहदारण्यक में भी कहा गया है कि यह आत्मा (परमात्मा) ही पहले पुरुष जैसे था। उसने नजर दौड़ाकर अपने से भिन्न (किसी) को नहीं देखा। (उसने) मैं हूं (सोहं) यह पहले कहा। इसलिए अहं नाम वाला हुआ। उसने दूसरे की चाह की। उसने (अपने) इसी आत्मा (शरीर) के दो भाग किए, उससे पति और पत्नी हुए।[3] यह ईश्वर की चाह ही रिरंसावृत्ति है और यही इस लीला का मूल कारण है। परा शक्ति ही लीलावती राधा है, जो लीलारस समुत्सुक सच्चिदानंद भगवान की नित्य लीला सहचरी हैं।

भगवान की सच्चिदानंदमयी लीला दो प्रकार की होती है—नित्य लीला और नरलीला या अवतार लीला। इसे ही गुप्त लीला और प्रकट लीला भी कहते हैं। इसे क्रमशः गोलोक लीला और ब्रज लीला भी कहा जाता है। नित्य लीला भी दो प्रकार की होती हैं—मंत्रोपासनामयी और स्वारसिकी। ब्रह्म के दो रूप हैं, मूर्त (साकार) और अमूर्त (निराकार)। वह अमूर्त निराकार रूप में नित्य गोलोक में लीला-प्रवृत्त रहता है। गोलोक, देवलोक और ब्रह्मलोक से भी ऊपर महाकाश में स्थित है। गोलोक की लीला नित्य है। उसमें विरह का अभाव होता है और वह मानवीय अनुभूति का विषय नहीं बन सकती।

वृंदावन में श्रीकृष्ण की लीला नित्य भी है और क्रमिक भी; गुप्त भी है और

प्रकट भी। श्रीकृष्ण के दो रूप हैं—ऐश्वर्यमय और प्रेममय। उनकी मथुरा और द्वारिका की लीला ऐश्वर्यमयी है, लेकिन वृंदावन की लीला प्रेममयी है। श्रीकृष्ण की मधुर रससिक्त लीलाओं के रसिक भक्तों के लिए वृंदावन-लीला ही सर्वोत्तम है, क्योंकि यही श्रीकृष्ण की सगुण साकार सरूप रसवत लीला का क्षेत्र है, जो भक्तों के लिए अनुभवगम्य है, अनुभूति का विषय है। आचार्य हजारीप्रसाद द्विवेदी ने लिखा है: 'सत्य का वही रूप मनुष्य के काम का है, जो उसकी अनुभूतियों का विषय बन सका है। नित्य लीला बहुत बड़ी चीज है, भगवान का शाश्वत रूप और भूमा रूप निस्संदेह बड़े महत्त्व के हैं, लेकिन आनंद रूप का माहात्म्य अधिक है, क्योंकि मनुष्य अपनी सीमाओं के भीतर से, अपने देशकाल परिच्छिन्न मन से जो अनुभव करता है वही उसका यथार्थ है।[4] राधाकृष्ण की वृंदावन लीला में विरह-भाव के लिए पर्याप्त अवसर है, इसलिए चैतन्य महाप्रभु वृंदावन की इस माधुर्यमयी लीला को ही अपनी प्रेम साधना का साध्य और साधन मानते थे। यह वृंदावन की रसमयी लीला अनुभूति का विषय है, इसलिए यही अधिकांश कृष्ण-भक्त कवियों के काव्य का विषय है।

वृंदावन की माधुर्यमयी लीला का मूल तत्त्व है प्रेम। इस लीला के अनुसार प्रेम ही ईश्वर है और ईश्वर प्रेममय है। संपूर्ण लीला का कारण तत्त्व प्रेम ही है और श्रीकृष्ण उस प्रेम के आलंबन हैं। यह प्रेमतत्त्व भक्ति का मूल तत्त्व है। भक्ति पर्यवसायी प्रेम मध्यकालीन भक्ति-साहित्य की आत्मा है और दास्य, सख्य, वात्सल्य और माधुर्य इसके आश्रय के अनुकूल विभिन्न रूप हैं। नित्य द्वैत और अद्वैत ही प्रेम का स्वरूप है। प्रेम में समत्व का भाव आवश्यक है, इसलिए भगवान वृंदावन की प्रेममयी लीला के लिए अपने ऐश्वर्यलोक का परित्याग कर नर रूप में गोप-गोपियों के बीच मानवोचित आचरण में प्रवृत्त हुए हैं! इस वृंदावन की वात्सल्य, सख्य तथा भावती लीला में जहां उनसे मानवीयता अलग होती है तथा ऐश्वरत्व प्रकट होता है; वहां वे भय या श्रद्धा उत्पन्न करते हैं, प्रेम नहीं। वृंदावन की भावती लीला में प्रेम की पूर्णता है। चीरहरण लीला इसका प्रस्थान बिंदु है और रासलीला चरमोत्कर्ष। वृंदावन की संपूर्ण लीला लौकिक होकर भी लोकोत्तर है, विधि-निषेध से परे है, इसलिए इसे लौकिक नैतिकता का विषय नहीं बनाया जा सकता। भक्त का अंतःकरण ही इस लीला की अनुभूति की गहनता और निश्छलता का प्रमाण है। व्यक्तियों के अंतःकरण में जो समाजचेतना है, उस चेतना के सामान्य धरातल पर ही लीला की अनुभूति व्यक्ति के अंतःकरण का धर्म होकर समाज का धर्म बन जाती है। लीला और चरित्र में अंतर है; लीला भगवान की इच्छा का परिणाम है और चरित्र व्यक्ति के शील का स्वरूप। चरित्र का आचरण और अनुकरण संभव है, किंतु लीला का नहीं। इसलिए भगवान कृष्ण की वृंदावन की लीलाएं भक्तिभावना का विषय है, अनुकरण का

नहीं।

सूरदास का सूरसागर लीलारस का तरंगायित सागर है जिसमें प्रेम की धाराओं के लयात्मक नर्तन में भक्ति की आत्मा का संगीत सुनाई पड़ता है। सूरदास ने ईश्वर को 'मन बानी कौ अगम अगोचर' कहकर साकार सगुण नररूप श्रीकृष्ण की प्रेममयी लीलाओं को ही अपनी अनुभूति और अभिव्यक्ति का विषय बनाया है। सूरदास ने संपूर्ण अवतारलीला का कारण प्रेम को ही माना है। सूर के श्याम प्रीति के वशीभूत हैं, वे अपने प्रेमियों में ऊंच-नीच, पुरुष-नारी आदि का कोई भेद नहीं करते हैं। प्रीति के कारण ही वे देवकी-पुत्र हैं और यशोदानंदन भी। सख्य प्रीति के कारण ही वे गोचारण करते हैं और नंदनंदन भी कहलाते हैं। प्रीति ही राधाकृष्ण लीला का भी मूल कारण है :

प्रीति के बस्य हैं ये मुरारी।
प्रीति के बस्य नटवर सुभेषहिं धर्‌यौ प्रीतिबस करज गिरिराजधारी ॥
प्रीति के बस्य ब्रज भए माखनचोर, प्रीति के बस्य दांवरि बंधाई।
प्रीति के बस्य गोपीरमन नाम प्रिय, प्रीतिबस जमलतरु मोछदाई ॥
प्रीतिबस नंदबंधन बरुन गृह गए प्रीति के बस्य बनधाम कामी ॥
प्रीति के बस्य प्रभु सूर त्रिभुवनबिदित, प्रीतिबस सदा राधिकास्वामी ॥
(2636)

प्रीति के वशीभूत होकर ही भगवान श्रीकृष्ण नरलीला करते हैं। वे कभी गोवर्धन धारण करते हैं और कभी माखनचोरी। वे सभी बंधनों से मुक्त होकर भी कभी रस्सी से बंध जाते हैं। प्रेम की प्रगाढ़ता के कारण ही वे गोपीरमण हैं, यमलार्जुन उद्धारक हैं, बनमाली हैं और राधिकावल्लभ भी हैं। इस प्रकार सूरदास संपूर्ण अवतारलीला या नरलीला का कारण प्रेम को ही मानते हैं। सूरसागर में राधा-कृष्ण की मधुर लीला गुप्त और प्रकट दोनों रूपों में वर्णित है। सूरदास श्यामा श्याम की गुप्त लीला की अनुभूति करते हैं और गोकुल की प्रकटलीला को गोलोक की नित्यलीला का प्रकाश ही मानते हैं। वृंदावन की रासलीला, नारायण और कमला के मन को भी मोहित करती है और इस लीलारस की आनंदानुभूति के लिए नारायण भी विमुग्ध मन से कामना व्यक्त करते हैं :

मुरली-धुनि बैकुंठ गई।
नारायण-कमला सुनि लंपति, अति रुचि हृदय भई ॥
सुनौ प्रिया यह बानी अद्‌भुत, वृंदावन हरि देखौ।
धन्य-धन्य श्रीमति मुख कहि-कहि, जीवन ब्रज कौ लेखौ।
रास-विलास करत नंद-नंदन, सो हमतें अति दूरि।
धनि बन-धाम, धन्य ब्रज-धरनी, उड़ि लागै जौ धूरि ॥
यह सुख तिहूं भुवन मैं नाहीं, जौ हरि संग पल एक।
सूर निरखि नारायण इकटक, भूले नैन निमेष ॥ (1682)

सूरदास के कृष्ण में लीला और चरित्र की एकता

श्रीकृष्ण कवि सूरदास के इष्टदेव हैं, जिनकी सगुणलीला के पदों का गान भक्त का लक्ष्य है। विनय के पदों में सूरदासजी ने श्रीकृष्ण को वासुदेव, हरि, गोविंद, श्याम, गिरिधर, कान्ह, मनमोहन, मोहन, माधव, गोपाल, नंदकुमार, घनश्याम, भगवान, ब्रजनाथ, मुरारी, आदि अनेक नामों से संबोधित करते हुए आत्म-विनय का निवेदन किया है। इन पदों में वैदिक साहित्य, गीता तथा दार्शनिकों के द्वारा विवेचित ईश्वर का तात्त्विक रूप और पुराणों में वर्णित श्रीकृष्ण के लीलाप्रवण स्वरूप प्रकट हैं। इन पदों में मध्यकाल के भक्त कवियों के साधुहितकारी एवं असाधु अहेरी भगवान की 'शक्ति, शील और सौंदर्य' का उद्‌घाटन हुआ है। सूरदास ने श्रीकृष्ण को ब्रह्मा, विष्णु, शिव, नारायण आदि से श्रेष्ठ कहा है और श्रीकृष्ण के स्वरूप में आरण्यकों और ब्राह्मण ग्रंथों के वासुदेव के दार्शनिक स्वरूप का भी समावेश किया है :

बासुदेव की बडी बड़ाई।
जगत-पिता, जगदीस, जगत-गुरु, निज भक्तनि की सहत ढिठाई।
भृगु को चरन राखि उर ऊपर, बोले बचन सकल-सुखदाई॥
शिव-विरंचि मारन को धाए, यह गति काहू देवन पाई।
बिनु बदलैं उपकार करत हैं, स्वारथ बिना करत मित्राई।
रावन अरि कौ अनुज विभीषन, ताकौ मिले भरत की नाईं।
बकी कपट करि मारन आई, सौ हरि जू बैकुंठ पठाई।
बिनु दीन्हें हीं देत सूर-प्रभु, ऐसे हैं जदुनाथ गुसाईं॥ (3)

सूरदास ने विनय के पद में राम और कृष्ण का अभेद अनेक स्थलों पर स्थापित किया है। श्रीकृष्ण के भक्तवत्सल और करुणाकर स्वभाव की कवि ने बार-बार वंदना की है। सूरसागर के कृष्ण लोक और देव दोनों के वंद्य और आराध्य हैं। वैसे तो सूरसागर के भीतर संपूर्ण नरलीला के अंतर्गत देवलीला का आलोक है, किंतु नरलीला या प्रकटलीला में श्रीकृष्ण का मानवीय रूप ही अधिक मुखर है। श्रीकृष्ण का अतिमानवीय या अलौकिक स्वरूप पुराणों का विषय है। सूरदास के काव्य में श्रीकृष्ण के मानवोचित व्यवहार और चरित्र की ही प्रधानता है। सूरदास श्रीकृष्ण के मानवीय रूप, गुण और चरित्र के साथ-साथ कभी-कभी उनके दिव्य स्वरूप की ओर भी संकेत कर देते हैं। सूरसागर में श्रीकृष्ण के मानवीय, अतिमानवीय और अलौकिक रूपों की सुसंबद्ध कलात्मक अभिव्यक्ति है।

बाल छवि : यशोदानंदन नंदकुमार

रूपोपासक कवि सूरदास की रूप की धारणा, रूप की अनुभूति तथा रूपबोध की

कलात्मक अभिव्यक्ति सूरसागर में है। रूप तथा गुण के उपासक के मानस में जो छविमूर्ति स्थापित हो गई थी, उसे उसने शब्दों के सहारे अभिव्यक्त कर सर्वसुलभ बनाने का महत प्रयास किया। ब्रज में श्रीकृष्ण का अवतरण ही सौंदर्य के सागर का प्रवाह है। सौंदर्य-सागर की जो लहरें उठीं, उनके स्पर्श से गोकुल की गली-गली और ब्रजवासियों का अंत:करण आनंदमय हो गया :

सोभा-सिंधु न अंत रही री।
नंद-भवन भरि पूरि उमंगि चलि ब्रज की बीथिनि फिरति बही री।
देखी जाइ आजु गोकुल मैं, घर-घर बेंचति फिरति दही री।
कहं लगि कहौं बनाइ बहुत बिधि, कहत न मुख सहसहुं निबही री।
जसुमति-उदर-अगाध उदधि तैं, उपजी ऐसी सबनि कही री।
सूरस्याम प्रभु इन्द्र-नीलमनि, ब्रज-बनिता उर लाइ गही री। (647)

कृष्ण के जन्मोत्सव के कारण नंद के घर पर बाजे बज रहे हैं, खुशी के गीत गाए जा रहे हैं, यशोदा के हृदय में असीम आनंद तरंगायित हो रहा है और ब्रजवासियों का मन अत्यंत उल्लसित है। ब्रज की संपूर्ण प्रकृति ही आनंद ज्योति से प्रकाशित हो रही है (पद सं. 648)। गोकुलवासियों की आंखें कृष्ण के बालरूप का पान कर रही हैं।

श्रीकृष्ण के अनुदिन विकास के साथ ही साथ ब्रजवासियों का आनंद भी वृद्धिमान है। यशोदा कृष्ण को पालने में झुलाती हैं, और कृष्ण के सोने के लिए लोरी गाती हैं। कृष्ण कभी आंख मूंदकर सोने का बहाना करते हैं और कभी-कभी अधरोष्ठों को स्पंदित करते हैं। मां कृष्ण को निद्रामग्न जानकर गाना बंद कर देती हैं तो कृष्ण जग जाते हैं और लोरी पुन: प्रारंभ हो जाती है (पद सं. 661)। यशोदा कृष्ण की बालछवि पर मुग्ध हैं, कृष्ण की घुंघराली लटें, सुंदर आंखें और मनमोहक मुस्कान से सुख में सुख की वृद्धि हो रही है (पद सं. 709)। कवि ने कृष्ण के घुटनों के सहारे चलने का मनोहर चित्र खींचा है। कृष्ण की कमर में किंकिनी है, भाल पर लटें लटकी हुई हैं, गले में हरिनख और प्रवाल माला है, कलाई में पहुंची, करों में नूपुर और शरीर पितांबर से आवृत्त है (पद सं. 715)।

सूर ने कृष्ण की बाल छवि की मोहक मुद्राओं का कलात्मक वर्णन किया है। सूर का मानस कृष्ण की रूप-राशि के आलोक से उद्दीप्त है और वाणी गुणगान में संलग्न। नेत्रों में रूप ग्रहण की शक्ति है किंतु वाक् शक्ति रसना के पास नहीं है। रूप ग्रहण की शक्ति और अभिव्यक्ति की शक्ति के अलगाव के कारण कृष्ण की बाल छवि के वर्णन में कवि कठिनाई का अनुभव करता है। वह सवाक् नेत्रों की कामना करता है, जिससे वह बाल रूप की पूर्ण अनुभूति को शब्दार्थ में रूपायित कर सके :

बरनौ कहां अंग-अंग-सोभा, भरी भाव जल-रास री।
लाल गोपाल बाल-छवि-बरनत, कवि-कुल करिहैं हास री ।।
जो मेरी अंखियनि रसना होती कहती रूप बनाइ री :
चिरजीवहु जसुदा को ढोटा, सूरदास बलि जाइ री ।। (757)

सूरसागर के बालकृष्ण का सौंदर्य असाधारण है, वे सुंदरता के मंदिर में रूपरत्न की उद्दीप्त ज्योति हैं :

मानो सुंदरता-मंदिर मैं रूप-रतन की ज्योति री।
सूरदास देखैं सुंदर मुख, आनंद उर न समाइ री ।। (754)

विनोदी बालक

बालक श्रीकृष्ण का सौंदर्य तो अपार है ही, उनकी बाललीलाएं अत्यंत आकर्षक हैं। कृष्ण अपने मुख प्रतिबिंब को पकड़ने के लिए घुटनों के बल दौड़ रहे हैं, कुछ कहना चाहते हैं, किंतु वाणी स्फुट नहीं है, इसलिए माखन संकेत से मांगते हैं। कृष्ण का यह बालविनोदी रूप ही यशोदा के मानस को विकसित करने वाला है। (पद सं. 720)। कृष्ण पहले घुटनों के बल चलते हैं, फिर पैरों के बल खड़े होने की कोशिश करते हैं। वे कभी-कभी बाल मराल की भांति धीरे-धीरे चलने का प्रयास करते हैं (पद सं. 732)। मां यशोदा कृष्ण को चलना सिखा रही हैं और कृष्ण डगमगाकर कभी-कभी गिर जाते हैं (पद सं. 738)। सूरदास ने कृष्ण की इन बाललीलाओं के साथ ही बालक की मनोदशाओं का भी चित्रात्मक वर्णन किया है। कृष्ण बलराम की लंबी मोटी वेणी देखकर मां यशोदा से बाल-स्पर्धावश अपनी वेणी के लंबी और मोटी होने की कामना करते हैं (पद सं. 774)। कृष्ण कभी गाते हैं, कभी नाचते हैं और कभी-कभी हाथ उठाकर गायों को विभिन्न नामों से पुकारते हैं। कृष्ण अपने छोटे हाथ से थोड़ा-सा माखन अपने मुंह में डालते हैं और तुरंत मणिमय खंभों में अपना प्रतिबिंब देखकर अपने प्रतिबिंब को भी खिलाने का प्रयास करते हैं (पद सं. 795)। इस प्रकार विभिन्न प्रसंगों के माध्यम से सूरदास ने बालक कृष्ण की रूप-माधुरी और लीला का वर्णन किया है। कृष्ण के बाल-रूप का वर्णन और बाल-विनोद के चित्रण में ही उनके अवतारी स्वरूप का वर्णन किया है जिसमें राम और कृष्ण तथा शिव और कृष्ण की एकता प्रतिपादित है (पद सं. 788)। कृष्ण का राम और शिव के साथ समन्वय सूरदास की समन्वयवादी उदार भक्तिभावना के कारण है।

कृष्ण का माखनचोर रूप

कुछ सयाने होने पर श्रीकृष्ण की चंचलता और विनोदप्रियता में कुछ अधिक वृद्धि हुई है। कृष्ण मां यशोदा से माखन मांगते हैं तो गोपियां कृष्ण को अपने घर पर

माखन खाने का निमंत्रण देती हैं (पद सं. 882)। एक बार श्रीकृष्ण एक गोपी के घर माखन चोरी के लिए पहुंचे। गोपी कृष्ण को देखकर छुप गई। कृष्ण माखन से भरी कमोरी के पास जाकर माखन खाने लगे और निकट के मणिमय स्तंभ में अपना प्रतिबिंब देखकर उसे दूसरा ही माखनचोर समझने लगे। इस माखनचोरी में कृष्ण का एक सहयोगी मिल गया तो कृष्ण चोरी का माखन बांटकर खाने लगे (पद सं. 883-84)। पहले कृष्ण अकेले माखनचोरी करते हैं, लेकिन बाद में ग्वाल मंडली के साथ ब्रज-भर में यह माखनचोरी-लीला चलने लगती है। कृष्ण कभी किसी गोपी के घर माखन चुराते हैं, सखाओं में बांटते हैं तो कभी बर्तन फोड़ डालते हैं। गोपियां कृष्ण की इस माखनचोरी से तंग आकर यशोदा से शिकायत करती हैं। इस माखनलीला में ही सूर ने प्रेमलीला का भी आयोजन किया है। कृष्ण एक गोपी के घर पहुंचते हैं, गोपी दही मथ रही हैं, कृष्ण दरवाजे पर खेलने लगते हैं। गोपी कृष्ण को देखती है, घर में बुलाती है, कृष्ण को आलिंगन में बांध लेती है। कृष्ण के स्पर्श से गोपी का मन उमंगित हो रहा है, चोली दरक गई है और वह तन-मन की सुधि भूल गई है। बालक कृष्ण बारह वर्ष के युवक हो गए हैं (पद सं. 919)। इस प्रकार इस बाललीला के बीच से प्रेमलीला विकसित होती है।

कृष्ण की इस माखनचोरी से तंग आकर गोपियों ने यशोदा से शिकायत की। कृष्ण मां के हृदय में ममता जगाने का प्रयास करते हैं, लेकिन कृष्ण की यह चोरी और चातुरी साथ-साथ कब तक चल सकती है? यशोदा भी शिकायत सुनते-सुनते ऊब गईं तो एक दिन कृष्ण को ओखली में बांध ही दिया। गोपियों ने जब माखनचोर चितचोर को बंधा देखा तो उनका चित्त व्याकुल हो गया। ओखली से बंधे कृष्ण का जो करुण चित्र सूरदास ने खींचा है उसे देखकर गोपियां ही क्या, किसी भी सहृदय का हृदय विकल हो सकता है। गोपियों ने बार-बार यशोदा से कृष्ण को मुक्त करने की प्रार्थना की, लेकिन यशोदा ने गोपियों को डांट दिया। गोपियों ने यशोदा से कहा—यशोदा, कृष्ण की ओर देखो। क्या इस सुंदर बालक पर तुम्हारा यह कठोर क्रोध उचित है? बार-बार तुम्हारे क्रोधित मुंह को देखकर दधिचोर कृष्ण लज्जा और भय से नतमुख हो रहा है, उसके नेत्र सजल हैं और आंखों में अश्रु की वर्षा हो रही है:

जसुदा देखि सुत की ओर।
बाल बैस रसाल पर, रिस इति कहा कठोर।
बार बार निहारि तुव तन, नमित-मुख दधि-चोर।
... ...
त्रास तें अति चपल गोलक, सजल सोभित छोर।
मीन मानौ बेधि बंसी, करत जल झकझोर।

नंद-नंदन जगत बंदन, करत आंसू कोर।
दास सूरज मोहि सुख हित निरखि नंदकिसोर ॥ (979)

गोपाल, गोविंद, मुरलीधर

गोचारण में कृष्ण के गोपाल रूप का उद्घाटन हुआ है। कृष्ण कुछ बड़े हो गए हैं और अब वे गोचारण के लिए वृंदावन जाने का मां से आग्रह करते हैं (पद सं. 1029)। कृष्ण अपने सखाओं और बंधु बलराम के साथ गाय चराने के लिए वृंदावन जाना चाहते हैं, किंतु यशोदा उन्हें रोकती हैं। कृष्ण भागकर सखाओं के साथ गोचारण के लिए चले जाते हैं। यशोदा कृष्ण को बलराम के संरक्षण में वृंदावन जाने देती हैं (पद सं. 1131)। गोचारण के बाद संध्या समय गोकुल की ओर लौटते हुए श्रीकृष्ण का मनोहर चित्र सूरदास ने उपस्थित किया है (पद सं. 1035)। गोचारण में सखाओं के बीच कृष्ण के मानवीय रूप के अनेक पक्षों का वर्णन है। गोप बालक कौतुकवश गायों को इधर-उधर हांककर कृष्ण को परेशान करते हैं, उन्हें कभी चिढ़ाते हैं और कभी डराते हैं। गोचारण में सख्य, सहयोग और सहजीवन का सुंदर सामंजस्य दिखाई पड़ता है। कृष्ण गोचारण से लौटकर मां यशोदा से बलराम की शिकायत करते हैं और गोप बालकों की भी। ममतामय मातृ हृदय कृष्ण की शिकायत पर विह्वल हो जाता है, यशोदा गोप बालकों पर क्रोधित होती हैं, बिगड़ती हैं, (पद सं. 1128)। गोचारण के प्रसंग में ही नागलीला, दावानल पान, प्रलंब वध आदि में कृष्ण का अलौकिक रूप प्रकट हुआ है।

गोपाल अब मुरलीधर हो गए हैं, बाललीला अब प्रेमलीला में प्रवेश कर रही है, स्नेह अब अनुराग का रूप धारण कर रहा है, रूप नाद पर आरोहित होकर जगतव्यापी हो गया है। कृष्ण की मुरली चराचर को नया स्वभाव और नई प्रकृति प्रदान करती है। मुरली की स्वरमाधुरी से स्थिर गतिशील और गतिशील स्थिर हो जाते हैं (पद सं. 1238)। गोपियां श्रीकृष्ण के असीम रमणीय अंग-सौंदर्य को अपने हृदय में सीमित करना चाहती हैं। गोपियों का अंतर श्याम के प्रेम से आप्लावित है, उनकी मधुप आंखों की पांखें कृष्ण के रूप-मधु से सिक्त हैं, मानस उल्लास से आपूर्ण है। ऐसी मनोदशा में लज्जा की कोई सार्थकता है ?

सुनत मुरली भवन डर न कीन्हौं।
स्याम पै चित्त पहुंचाई पहिलैं दियौ, आपु उठि चली सुधि मदन दीन्हौ।
कहत मन-कामना आज पूरन करैं नंद-नंदन सबनि बन बुलाई।
तज्यौ कुल-धर्म गोधन, भवन जन तजै, पगींरस कृष्ण-बिनु कछु न भावै (1612)

गोपियों की इस मनोदशा के निर्माण में मुरली ही कारण तत्त्व है। मुरली विधि-निषेध से परे भक्ति और अनुरक्ति को विकसित करने वाली है। मुरली के नाद और कृष्ण के रूप के कारण ही ब्रज की संपूर्ण रसकेलि हुई है। मुरली की स्वर-लहरी ब्रह्मांडव्यापी है तथा उसका चेतन तथा जड़ संपूर्ण जगत पर प्रभाव है :

मुरली-धुनि स्रवन सुनत, भवन रहि न परै।
ऐसी को चतुर नारि, धीरज मन धरै॥
सुर नर मुनि सुनत सुधि न, शिव-समाधि टरै।
अपनी गति तजत पवन, सरिता नहिं ढरै।
मोहन-मुख मुरली, मन, मोहिन बस करै।
सूरदास सुनत स्रवन सुधा सिंधु भरै॥ (1270)

राधावल्लभ श्रीकृष्ण

गोकुल की संपूर्ण लीला प्रेममयी है, किंतु अनुरागी कृष्ण और प्रेम-प्रतिमा राधा की प्रेमलीला अत्यंत मनोहर है। राधाकृष्ण की प्रेमलीला ही ब्रजलीला का केंद्र है। श्रीकृष्ण और राधा एक दिन ब्रज की गलियों में अचानक मिले, एक ने दूसरे को देखा, एक दूसरे के रूप पर रीझ गए और इससे जो प्रेम विकसित हुआ उससे सारा ब्रजमंडल प्रेममय हो गया। श्रीकृष्ण में सौंदर्य, वाक्चातुर्य और आकर्षण-शक्ति है, जिससे राधा प्रभावित होकर कृष्णमय हो गईं। कृष्ण खेलने के लिए ब्रज की गली में निकले। कटि में पीतांबर, हाथ में भंवर-चकडोरी, सिर पर मोर-मुकुट, कानों में कुंडल, शरीर पर चंदन की सुगंध और अलौकिक रूप से संपन्न कृष्ण ने जब विशालाक्षी गोरी समवयस्का राधा को देखा तो देखते ही उस पर रीझ गए (पद सं० 1290)। श्याम ने राधा का परिचय पूछा और अपनी गली में खेलने का निमंत्रण देकर राधा को बातों-बातों में ही अपना बना लिया (पद सं० 1303)। दोनों के मन में इस प्रथम स्नेह का उदय हुआ। इसके बाद राधा-कृष्ण यमुना तट पर, वृंदावन में, कुंजों में, गलियों में बार-बार मिलने लगे। राधा-कृष्ण का यह प्रेम प्रकृति के परिवेश में विकसित होने लगा (पद सं० 1303)। रूपराशि राधा और रसिक कृष्ण की संयोगलीला का चित्रण सूरदास ने अत्यंत संयम और कुशलता से किया है। राधा-कृष्ण की इस प्रेमलीला में सूर की भावानुभूति और कलात्मकता का उत्कृष्ट रूप दिखाई पड़ता है।

सूरदास ने जीवन के विभिन्न प्रसंगों के बीच से राधा-कृष्ण के प्रेम का विकास दिखाया है। ये प्रसंग कृषिप्रधान जीवनपद्धति के अनुकूल हैं, इसलिए स्वाभाविक लगते हैं। विभिन्न नए प्रसंगों की उद्भावना करके सूरदास ने प्रेम की अनुभूति को मूर्त रूप प्रदान किया है।

राधा-कृष्ण का प्रेम गोदोहन में विकसित हुआ है। एक दिन राधा ने कृष्ण

से गोदोहन की प्रार्थना की और इस गोदोहन में ही प्रीति की प्रगाढ़ता प्रकट होने लगी। कृष्ण एक धार दोहनी में डालते हैं और एक प्यारी (राधा) के पास फेंकते हैं। कृष्ण की इस प्रेमस्निग्ध कलाबाजी पर गोपियां मुग्ध हैं :

हरि सौ धेनु दुहावति प्यारी।
करति मनोरथ पूरन मन, वृषभानु महर की वारी।।
दूध धार मुख पर छवि लागति, सो उपमा अति भारी।
मानौ चंद कलंकहिं धोवत जहं-तहं बूंद सुधारी।।
हाव-भाव रस-मगन भए दोउ, छवि निरखति ललिता री।
गो-दोहन-सुख करत सूर-प्रभु, तीनिहुं भुवन कहा री।। (1351)

गारुड़ी प्रसंग में राधा को जब काम-भुजंग काट लेता है तो कृष्ण गारुड़ी बनते हैं। यशोदा को विश्वास ही नहीं होता कि आठ वर्ष के कृष्ण गारुड़ी कब बन गए। लेकिन यशोदा को कृष्ण का असली रूप ज्ञात नहीं है। यह गारुड़ी प्रसंग राधा-कृष्ण के प्रेम के विकास की दूसरी अवस्था है। इसमें वृषभानु की पत्नी कृष्ण को राधा के प्रेम में मग्न पाती हैं। दानलीला और पनघटलीला में भी राधा और कृष्ण का प्रेम क्रमशः पुष्ट हुआ है। इन दोनों लीलाओं में यद्यपि कृष्ण का सभी गोपियों के साथ अनुराग प्रकट है, किंतु राधा में कृष्ण की विशेष अनुरक्ति दिखाई देती है। रासलीला ब्रजलीला का चरम उत्कर्ष है और उस रासलीला में भी राधा रासेश्वरी हैं, कृष्ण की स्वकीया हैं। इस रासलीला में राधा-कृष्ण के गंधर्व विवाह का आयोजन है।

गोपीवल्लभ श्रीकृष्ण

माखनचोरी की लीला से ही गोपियों के हृदय में कृष्ण के प्रति अनुराग का उदय दिखाई पड़ता है और वह अनुदिन विकासशील है। गोपियां कृष्ण के प्रेम में विकल हैं, उनको पति के रूप में प्राप्त करने के लिए शंकर की पूजा करती हैं (पद सं० 1384)। कृष्ण गोपियों की इस प्रेमभावना को जानते हैं और उनकी मनोकामना की पूर्ति के लिए संयोग के विभिन्न अवसरों का उपयोग करते हैं। कृष्ण यमुना-स्नान के समय गोपियों की पीठ मलते हैं (पद सं० 1388)। गोपियां प्रेम विवश हैं, उनके अंग-अंग से कृष्ण-प्रेम की व्यंजना हो रही है। कृष्ण ने चीरहरण लीला द्वारा गोपियों की कामना को सफल किया (पद सं० 1402)। गोपियां कृष्ण को पति के रूप में चाहती थीं, वे काममयी थीं, इसलिए कृष्ण ने उनका वस्त्र हरण कर प्रेम में बाधक संकोच और लज्जा को दूर कर दिया। वास्तव में पति के समक्ष पत्नी की नग्नता औचित्य-विवेचन का विषय नहीं है। कृष्ण ने गोपियों के वस्त्रहरण और नग्नता को अपने तक सीमित रखा, उसे समाज में प्रदर्शित नहीं किया और यही चीरहरण लीला की कलात्मक

योजना की सार्थकता है। पूर्ण मिलन के पूर्व लज्जा, संकोच और झिझक के आवरण का परिहार आवश्यक है। चीरहरण के बाद गोपियों की मनःस्थिति विक्षोभ, पश्चाताप या वेदना की नहीं, बल्कि आनंदातिरेक की है।

पनघटलीला में श्रीकृष्ण का गोपीवल्लभ रूप मुख्य है। चीरहरण लीला में जिस गोपी-प्रेम की प्रतिष्ठा हो चुकी है, पनघटलीला में उसी को व्यापकता और गहराई से अंकित किया गया है। श्रीकृष्ण सखाओं सहित यमुना के किनारे पनघट को रोकते हैं। अगर कोई गोपी जल भरने आती है तो कृष्ण जल से भरा घड़ा गिरा देते हैं, फोड़ देते हैं। एक गोपी कृष्ण से जल भरने का आग्रह करती है तो कृष्ण जल भरकर घड़ा उसके सर पर रख देते हैं (पद सं० 2022 और 2025)। कृष्ण गोपियों के अंतःकरण के प्रेम को जानते हैं, इसलिए अनेक प्रकार से उस प्रेमतृषा की तृप्ति करते हैं। गोपियां परस्पर कृष्ण के सौंदर्य और प्रेम की प्रशंसा करती हैं। पनघट पर श्याम अनेक बार गोपियों से छेड़-छाड़ करते हैं (पद सं० 2266)। दानलीला में कृष्ण का रसिक रूप प्रकट हुआ है। कृष्ण गोपियों से गोरस (दही) के बहाने गोरस (इंद्रिय रस) चाहते हैं, सर्वांगदान मांगते हैं:

> लैहौं दान सब अंग-अंग कौ।
> गोरैं भाल लाल सेंदुर छवि, मुक्ता वर सिर सुभग मंग कौ।
> ... ...
> जोबन रूप अंग पाटंबर, सुनहु सूर सब इहिं प्रसंग कौ ॥ (2093)

गोपियां गोरस का दान देकर कृष्णमय हो जाती हैं। प्रेम में तन्मयता की यह स्थिति ही गोपी भाव की परम उपलब्धि है:

> गोरस कौ निज नाम भुलायौ।
> लेहु लेहु कोऊ गोपालहिं, गलिनि गलिनि यह सोर लगायौ।
> कोउ कहै स्याम, कृष्ण कहै कोऊ, आजु दरस नाहीं हम पायौ।
> ... ...
> सुनहु सूर तरुनी जोबन-मद, तापर स्याम-महारस पायौ ॥ (2225)

रास-रसिक कृष्ण

रासलीला में श्रीकृष्ण के प्रेममय स्वरूप का चरम उत्कर्ष है। रास के रंग, रस और रुचि से भरपूर कृष्ण और गोपियों के मन का विलास ही रासलीला है (पद सं० 1620)। कृष्ण मुरली बजाकर गोपियों को वृंदावन में रासलीला के लिए आमंत्रित करते हैं और गोपियां भी प्रेम विवश होकर रासलीला में भाग लेती हैं। पहले कृष्ण गोपियों को वेद मार्ग, आर्यपथ, युवती धर्म आदि की शिक्षा देते हैं, लेकिन गोपियों का मन कृष्ण में अनुरक्त है, वे प्रेम के धर्म को ही अपना

सवस्व मानती हैं, इसलिए किसी दूसरे धर्म की चिंता नहीं करतीं। राधा रासलीला की नायिका हैं, रासेश्वरी हैं। कृष्ण राधा और गोपियों के साथ रास-लीला प्रारंभ करते हैं। रासलीला में कृष्ण रूप के सरोवर ही बन गए हैं। कृष्ण रूप-रसिक भी हैं और रूप के सिंधु भी। कृष्ण युवतियों के रूप-रस के इच्छुक हैं और गोपियां कृष्ण के रूप-रस में निमग्न। सूरदास ने रासलीला में ही राधा-कृष्ण के गंधर्व विवाह का भव्य वर्णन किया है। राधा कृष्ण की स्वकीया बन गई हैं। कृष्ण रासलीला के बीच में अंतर्धान होकर अपनी निर्लिप्तता सिद्ध करते हैं। लेकिन गोपियों की विरह दशा से द्रवित होकर वे पुनः रासलीला में प्रवेश करते हैं। रासलीला के बाद यमुना में जलक्रीड़ा हुई है, जिसमें कृष्ण का रसिक रूप व्यक्त हुआ है।

रासलीला के पश्चात कृष्ण के रतिनागर रसिकेश्वर रूप का उद्घाटन है और इसके लिए सूर ने कृष्ण के शारीरिक सौंदर्य का भव्य वर्णन किया है। पूर्ण कामानंद की उपलब्धि के लिए व्यक्ति में सौंदर्य, शक्ति और कमनीय यौवन का होना आवश्यक है और सूरदास के रसिकेश्वर कृष्ण में ये तीनों उपलब्ध हैं। कृष्ण सौंदर्य-सिंधु हैं और गोपियां रूप-सरिताएं हैं, इसलिए यह रासलीला सागर और सरिता का संगम है, माधुर्य और लावण्य का संयोग है। कृष्ण का नटवर वेश गोपियों के प्रेम का कारण है। कृष्ण के सौंदर्य से आंखों का संपर्क होते ही मन में अनुराग उत्पन्न हो जाता है (पद सं० 2395)। यहां यह बात स्पष्ट हो जाती है कि कृष्ण सुख, रस, रूप, गुण, यौवन, शील, यश, आनंद, दया, विद्या, बल, चातुर्य, छल और कला की मूर्ति के रूप में चित्रित किए गए हैं :

स्याम सुख रासि, रस रासि भारी।
रूप की रासि, गुन रासि, जोबन रासि, थकित भई निरखि नव तरुन नारी।
सील की रासि, जस रासि, आनंद रासि, नील नव जलद छवि वरन। कारी।
दया की रासि, विद्या रासि, बल रासि, निर्दयारासि दनु कुल प्रहारी।
चतुरई रासि, छल रासि, कल रासि, हरि भजै जिहिं हेत तिहिं देन हारी।
सूर प्रभु स्याम सुख धाम पूरनकाम, बसन कटि पीत मुख मुरलि धारी ॥
(2421)

ऐसे कृष्ण पर राधा तथा अन्य गोपियां अपना तन-मन न्योछावर कर देती हैं। कृष्ण सौंदर्य की सीमा हैं। कृष्ण की रूप-माधुरी का वर्णन करते समय सूरदास के मानस के रूप का अक्षयकोश घटता ही नहीं है। सूर की प्रतिभा कृष्ण के सौंदर्य-वर्णन में अत्यधिक सर्जनात्मक सिद्ध होती है। सूरदास ने कृष्ण के एक-

एक अंग के सौंदर्य का बार-बार और तरह-तरह से चित्रण किया है। कृष्ण के सौंदर्य की यह विशेषता है कि वह प्रत्येक क्षण नवीन और परिवर्तनशील है :

कह काही कौ दोष लगावै।
निमि सौं कहा कहति, कह विधि सौं, कह नैननि पछतावैं।
स्याम हितू कैसें करि जानति, औरो निठुर कहावै ?
छिन मैं और और अंग सोभा, जोवै देखिन पावैं।
जबहीं इकटक करि अवलोकति, तबहीं वै झलकावैं। (2448)

इस तरह कृष्ण के रमणीय सौंदर्य को रूपायित करने का सफल प्रयास सूरदास ने किया है।

कृष्ण और राधा दोनों संयोगलीला के समय बारह वर्ष के हैं। राधा-कृष्ण सहज प्रेमी हैं। कृष्ण कुंज में राधा की प्रतीक्षा करते हैं, कृष्ण की आंखें चंद्रमुखी राधा के लिए चकोर की भांति व्याकुल हैं, अनुरक्त हैं, रागमय हैं। कृष्ण राधा के बिना व्याकुल हैं। कृष्ण मां यशोदा से अनेक प्रकार के बहाने बनाकर राधा के साथ सघन कुंजों में रतिकेलि के लिए प्रस्थान करते हैं। इस निकुंज लीला में रतिकेलि का जो वर्णन है, उसमें दोनों के शरीर, प्राण, मन, बुद्धि, चित्त, और आत्मा का पूर्ण एकात्म्य है। यह सामान्य प्रेमी-प्रेमिका का ही नहीं, शिव और शक्ति का शाश्वत संयोग है, ब्रह्म और उनकी पराशक्ति का एकात्म्य है। वृंदावन-विहार, युगल समागम दंपत्ति विहार, खंडिता प्रकरण, मानलीला, झूलन और वसंतोत्सव में कृष्ण के विनोदी, रतिरसज्ञ, अनुरागी स्वभाव की व्यंजना है।

'बहुरवनिरवन' : रतिरसज्ञ

सूरसागर में प्रेम का कभी विधि-निषेध से मुक्त उद्दाम, कभी उदात्त और कभी सहज मानवीय रूप प्रकट हुआ है। वह सारतः सामंती समाज की सीमाओं को तोड़ता भी है, लेकिन कहीं-कहीं सूरदास के संयोग चित्रण पर नायक-नायिका भेद और सामंती समाज की विलासलीला का प्रभाव भी है। श्रीकृष्ण के गोपी-वल्लभ रूप के चित्रण में इसे देखा जा सकता है।

कृष्ण राधावल्लभ ही नहीं हैं, गोपीवल्लभ भी हैं; इसलिए उनके बहु-नायकत्व द्वारा अन्य गोपियों के साथ उनके संयोग का वर्णन सूरदास ने किया है। यह कृष्ण का रतिरसज्ञ रूप है। कृष्ण ललिता, शीला, चंद्रावली, सुखमा, वृंदा, प्रमुदा, कुमुदा आदि गोपियों के घर जाकर उनकी मनोकामना पूर्ण करते हैं, रसकेलि करते हैं। कृष्ण को प्रेम की प्रकृति का सच्चा ज्ञान है इसलिए वे गोपियों से प्रतीक्षा कराते हैं और कभी-कभी रति-चिह्नों से युक्त रूप लिए एक गोपी के यहां से दूसरी गोपी के यहां पहुंचते हैं। इस प्रकार कृष्ण दक्षिण नायक के रूप में चित्रित हैं। कृष्ण के इस दक्षिणनायकत्व में उनका विनोदी रूप विशेष

व्यंजित हुआ है। कृष्ण के आकर्षक रूप का प्रभाव गोपियों पर सहज ही पड़ता है। जब कभी रति-चिह्नों से युक्त कृष्ण किसी गोपी के यहां पहुंचते हैं तो वह रुष्ट होकर मान कर बैठती है, लेकिन शीघ्र ही कृष्ण के आकर्षक रूप और वचन-विदग्धता के कारण गोपी का मान समाप्त हो जाता है। सूरसागर के खंडिता प्रकरण और मानलीला में श्रीकृष्ण का 'बहुरवनिरवन' रूप व्यक्त हुआ है। श्रीकृष्ण के इस गोपीवल्लभ रूप से यह सिद्ध होता है कि बड़ा से बड़ा कवि भी परंपरा और अपने समय के समाज के प्रभाव से अछूता नहीं रह सकता।

निष्ठुर, रसलोभी भ्रमर, विलासी

श्रीकृष्ण से राधा और दूसरी गोपियों का प्रेम बचपन से ही दैनिक जीवन के विभिन्न प्रसंगों के बीच साहचर्य और सौंदर्य के आकर्षण के कारण विकसित होता है। यह प्रेम पनघटलीला, दानलीला, चीरहरणलीला और रासलीला में क्रमशः गहरा होता दिखाई देता है। यह प्रेम इतना स्वाभाविक, सच्चा और गहरा है कि इसके टूटने की कल्पना भी गोपियां नहीं करतीं। श्रीकृष्ण के प्रेम में निमग्न ब्रजवासियों को कभी इसकी आशंका तक नहीं होती कि एक दिन कृष्ण के दारुण वियोग की वेदना भी उन्हें बरदाश्त करनी पड़ेगी। लेकिन अचानक मथुरा से अक्रूर के आगमन और कृष्ण के मथुरा जाने के निश्चय से वे चकित रह जाते हैं। नंद, यशोदा, राधा और अन्य गोपियों को यह अनुमान ही नहीं था कि कृष्ण उनके प्रगाढ़ प्रेम को एक झटके में तोड़कर मथुरा चले जाएंगे। अक्रूर के साथ कृष्ण के मथुरा जाने की खबर ब्रज में शीघ्र हीं फैल गई और ब्रजवासी हतप्रभ हो गए। गोपियां व्याकुल हैं, उद्विग्न हैं, भावी विरह की आशंका से उनका चित्त विह्वल है। कृष्ण ब्रजवासियों के सर्वस्व हैं, प्राण हैं और प्राणतुल्य कृष्ण के मथुरा प्रयाण के बाद ब्रज की दशा अत्यंत दयनीय और कारुणिक हो जाती है। यशोदा कृष्ण से मथुरा न जाने की प्रार्थना करती हैं, लेकिन कृष्ण मथुरा चले जाते हैं और चलते-चलते जो ब्रह्म उपदेश देते हैं, वह जले पर नमक छिड़कने जैसा है। ब्रजवासी गोपाल कृष्ण से परिचित थे, उन्हें किसी ब्रह्म का बोध नहीं था। कृष्ण ने ब्रजवासियों के संतोष के लिए एक निश्चित अवधि के पश्चात मथुरा से लौटने का वादा किया। कृष्ण ने देवों को सनाथ करने के लिए ब्रजवासियों को अनाथ कर दिया।

जब कृष्ण नंद के साथ मथुरा गए तो यशोदा और गोपियों का चित्त व्याकुल था, लेकिन जब नंद कृष्ण के बिना मथुरा से लौटे तो ब्रजवासियों का प्रेम में डूबा हृदय टूट गया। सूरदास ने कृष्ण के ब्रज से जाने के बाद के उनके चरित्र को विशेष महत्त्व नहीं दिया है। सूर ने मथुरावासी कृष्ण के चरित्र का कोई प्रभावशाली चित्रण नहीं किया है। इसके बाद यशोदा और गोपियों की वेदना की

अभिव्यक्ति में ही सूरदास का मन रमा है। वास्तव में सूरदास मुख्यतः सौंदर्य और प्रेम के ही कवि हैं।

विरहिणी गोपियों ने उद्धव के साथ संवाद में कृष्ण की मैत्री की प्रकृति पर व्यंग्य और कटाक्ष किया है, उनकी भ्रमरवृत्ति की ओर संकेत किया है। गोपियां बार-बार कहती हैं कि कृष्ण ने प्रेम करके धोखा किया (पद सं. 3804)। गोपियां यह भी कहती हैं कि कृष्ण का प्रेम झूठा था, बनावटी था, कृष्ण की प्रीति विहंगम प्रीति थी, स्थिरता का उसमें अभाव था (पद सं. 3805)। गोपियों को विशेष दुःख इस बात का है कि कृष्ण के कारण गोपियों ने सब कुछ त्याग दिया, किंतु अंत में कृष्ण ने गोपियों को निष्ठुरतापूर्वक छोड़ दिया। गोपियां जानती हैं कि कृष्ण भ्रमर हैं और भ्रमर कब एक कली का मित्र होता है, उसे तो नित्य नवीन कलियों का नूतन रस चाहिए (पद सं. 4125)। गोपियों के व्यंग्य और उपालंभ में आंतरिक प्रेम से उत्पन्न वेदना व्यक्त हुई है। गोपियों की विरह-वेदना की अभिव्यक्ति में सूरदास की सहानुभूति गोपियों के साथ है। सूर की कविता में गोपियों की आत्मा की आवाज सुनाई पड़ती है। यह सूरदास की मानवतावादी चेतना के कारण संभव हुआ है।

सच्चा प्रेमी (आकुल अंतर)

कृष्ण को मथुरा जाने के बाद भी ब्रज की बार-बार सुधि आती रहती है, कृष्ण ब्रज की रसकेलि और ब्रजवासियों को एकदम भूल नहीं गए हैं। एक सच्चे प्रेमी की भांति उनका हृदय ब्रजवासियों के अभाव में और ब्रज की रसमयी लीलाओं की स्मृति में सदा व्याकुल रहता है। कृष्ण का मानव हृदय ब्रजलीला की स्मृति से रिक्त नहीं है। किंतु उन्हें चिंता इस बात की है कि वे किसके साथ ब्रजलीला की बातें करें। यह भी एक विडंबना ही है कि वे ब्रजलीला की स्मृति में सहज मानवीय मनोदशा में रहना चाहते हैं; जबकि उद्धव जैसे उनके सखा उन्हें अलौकिक ब्रह्मरूप में ही देखते हैं। मां यशोदा, पिता नंद, प्रिया राधा और अन्य गोपियों की मधुर स्मृति कृष्ण के अंतर को आकुल कर देती है, ब्रज की लीला के समक्ष कृष्ण को बैकुंठ का सुख भी तुच्छ ही लगता है :

कहां सुख ब्रज कौसौ संसार।
कहां सुखद बंसी बट जमुना, यह मन सदा विचार।
कहां बन धाम कहां राधा संग, कहां संग ब्रज बाम।
कहां बिरह सुख बिना गोपिन संग, सूर स्याम मन काम ॥ (4035)

ब्रज की विविध लीलाओं की स्मृति बार-बार कृष्ण के मानस-पटल पर उभर आती है। कृष्ण ने उद्धव को ब्रज भेजा, उनको स्वयं ब्रजवासियों के लिए पत्र लिख दिया, और पुनः ब्रज लौटने का आश्वासन भी दिया। ब्रजवासी कृष्ण की

निष्ठुरता से चकित और व्याकुल हैं तो कृष्ण नंद की निष्ठुरता से (पद सं. 4059)। कृष्ण का अंतरतम प्रमावेश की दशा में है किंतु प्रत्यक्षतः उद्धव से गोपियों के लिए योग का संदेश भेजते हैं। उद्धव जब ब्रज से प्रेममय होकर लौटते हैं तो कृष्ण अपनी प्रेमकथा और ब्रज की विविध लीलाओं की मधुर स्मृति की अभिव्यक्ति इस रूप में करते हैं :

ऊधौ मोहि ब्रज बिसरत नाहीं।
वृंदावन गोकुल बन उपवन, सघन कुंज की छाहीं।
प्रात समय माता जसुमति अरु नंद देखि सुख पावत।
माखन रोटी दह्यौ सजायौ, अति हित साथ खवावत।
गोपी ग्वाल बाल संग खेलत, सब दिन हंसत सिरात।
सूरदास धनि धनि ब्रजवासी, जिनसौं हित जदु तात। (4775)

श्रीकृष्ण ने उद्धव से कहा कि मुझे ब्रज की लीला विस्मृत नहीं होती। यद्यपि मथुरा का वैभव अपार है, किंतु मेरा मन इन विभूतियों में नहीं लगता, वह बार-बार वंशीवट, जमुनातट और वृंदावन के कुंजों में भटकता रहता है। कुंजकेलि के सामने तो स्वर्ग का सुख भी आकर्षणहीन है (पद सं. 4777)।

सूर जगत को स्वर्ग से भी अधिक वास्तविक, अधिक सुखद और अधिक काम्य मानते हैं। वे कृष्ण के दिव्य रूप से मानव रूप को अधिक कुशलता से चित्रित करते हैं। सूरदास ने कृष्ण के मानवीय भावों, संवेदनाओं और व्यवहारों को ही अधिक महत्त्व दिया है।

द्वारिका में कृष्ण अपनी अनेक पटरानियों और असीम वैभव के बीच होने पर भी ब्रजलीला को विस्मृत नहीं कर सके हैं। कृष्ण रुक्मिणी से भी बार-बार ब्रजलीला की चर्चा करते हुए भावविह्वल हो जाते हैं। उन्हें इस बात का दुःख है कि उनके वियोग में गोपियां असीम वेदना में जी रही हैं। यद्यपि द्वारिका कनक निर्मित है, विभूति भूषित है, किंतु कृष्ण का मन सदा वंशीवट के कुंजों में रस-केलि की स्मृति में लगा रहता है। सत्यभामा से भी ब्रजलीला की चर्चा करते हुए कृष्ण के नेत्र सजल हो जाते हैं (पद सं. 2493)। सूरदास ने कृष्ण की मानवीयता और प्रेम की महत्ता बनाए रखने के लिए कृष्ण और ब्रजवासियों के पुनर्मिलन की व्यवस्था की है। कुरुक्षेत्र में कृष्ण का ब्रजवासियों से मिलने का प्रसंग अत्यंत मर्मस्पर्शी है। विशेष रूप से राधा और रुक्मिणी की भेंट में मानवीय प्रेम का अत्यंत उदात्त रूप दिखाई देता है।

साधुहितकारी असाधु अहेरी

श्रीकृष्ण की संपूर्ण लीला के तीन स्थल हैं—गोकुल, मथुरा और द्वारिका। गोकुल में उनकी नरलीला प्रमुख है, यहां उनका मानवीय रूप प्रधान है। मथुरा में

श्रीकृष्ण की ऐश्वर्यमयी लीला है, जहां उनका अतिमानवीय रूप है। द्वारिका में उनकी ऐश्वर्यमयी दिव्य लीला की अभिव्यक्ति हुई है। सूर ने ब्रजलीला में भी कृष्ण के दिव्य स्वरूप की झांकी यत्र-तत्र प्रस्तुत की है, उनके देवत्व की ओर संकेत किया है, किंतु मथुरा और द्वारिका में कृष्ण का ऐश्वर्यमय अतिमानवीय और अलौकिक रूप अधिक चित्रित हुआ है। ब्रज की लीला में स्वाभाविकता है, प्रेम है और मथुरा तथा द्वारिका की लीला में विस्मय और रहस्यात्मकता है। कुरुक्षेत्र में कृष्ण ने ब्रजवासियों से कहा :

सबहिनि तें हित है जन मेरौ।
जनम जनम सुनि सुबल सुदामा निबहौ यह प्रन बेरौ।
ब्रह्मादिक इंद्रादिक तेऊ, जानत बल सब केरौ।
एकहि सांस उसास त्रास उड़ि, चलते तजि निज खेरौ।
कहा भयो जो देस द्वारिका, कीन्हौं दूरि बसेरौ।
आपुन ही या ब्रज के कारन, करिहौ फिर फिर फेरौ।
इहां उहां हम फिरत साधु हित, करत असाधु अहेरौ।
सूर हृदय तैं टरत न गोकुल, अंग छुअत हौं तेरौ। (4914)

कृष्ण के इस कथन में संपूर्ण अवतारलीला का सारांश है। श्रीकृष्ण ब्रज में अवतरित होने के साथ ही असाधु-अहेर, दुष्टों का दलन, राक्षसों का वध और साधु हित या भक्तों का कल्याण करते हैं। आचार्य रामचंद्र शुक्ल के शब्दों में श्रीकृष्ण की दिव्यलीला में 'लोकमंगल की साधनावस्था' की अभिव्यक्ति है और गोकुल के कृष्ण के मानवोचित चरित्र में 'लोकमंगल की सिद्धावस्था' की व्यंजना है। लेकिन गोकुल की नरलीला में लोकमंगल का अभाव नहीं है। इसी लीला से मनुष्य और मानवीय प्रेम की महत्ता स्थापित होती है। सूरदास की कविता का यही वास्तविक क्षेत्र है। स्वयं श्रीकृष्ण गोकुललीला को दूसरी लीलाओं से अधिक महत्त्वपूर्ण मानते हैं। कृष्ण कहते हैं कि 'सूर हृदय से टरत न गोकुल, अंग छुवत हौं तेरौ'। सूर और उनके कृष्ण का हृदय गोकुललीला में ही रमता है। यही मानव हृदय के धर्म (भावों) और धर्म के हृदय (भक्ति) के विकास का अवसर है, यहीं सूरदास कविता संभव करते हैं।

बलराम

सूरदास बलराम के चरित्र के स्वतंत्र विकास की दिशा में विशेष प्रवृत्त नहीं हुए हैं। बलराम आदि से अंत तक अपने अतिमानवीय रूप में ही दिखाई पड़ते हैं और वे सदा कृष्ण के अतिमानवीय और अलौकिक स्वरूप के प्रति सजग तथा सचेत ज्ञात होते हैं। अनेक अवसरों पर वे कृष्ण के ईश्वरत्व की ओर इंगित करते हैं या कृष्ण के मानवीय चरित्र पर मुस्कराते हुए यह घोषित करते हैं कि कृष्ण

जो कुछ कर रहे हैं वह रहस्यात्मक लीला है, यथार्थ चरित्र नहीं है। बलराम कृष्ण के अलौकिक स्वरूप के अंश के प्रतीक हैं। अवतारलीला में वे कृष्ण के पूरक हैं। बलराम कृष्ण की मधुर लीलाओं में सहभागी नहीं हैं, केवल कृष्ण की अवतारलीला—साधुहितकारी और असाधु-अहेरी लीला—में ही सहयोग करते हैं।

बलराम का मानवीय रूप गोकुल में, विशेषत: श्रीकृष्ण की बाललील। में दिखाई देता है। बलराम कृष्ण से वय में बड़े हैं इसलिए खेलने में, खाने में सदा कृष्ण का ख्याल रखते हैं। क्रीड़ा में बलराम कृष्ण को श्रीदामा आदि सखाओं के साथ दौड़ने से रोकते हैं। कृष्ण जब इस प्रतियोगिता में हार जाते हैं तो बलराम उनके देवत्व रूप की व्याख्या करते हुए कहते हैं कि उनके न पिता हैं और न मां, इनके जन्म कर्म दिव्य हैं, इसलिए इनके लिए हार-जीत का कोई अर्थ नहीं है, ये स्वयं हारकर सखाओं से झगड़ते हैं (पद सं. 832)। कृष्ण को अपने मानवीय रूप में ही आनंदानुभूति होती है और बलराम उनके देवत्व की ओर बार-बार संकेत करते हैं। बलराम कृष्ण की नरलीला का रहस्योद्घाटन कर देते हैं।

बलराम स्वभावत: कुछ विनोदी हैं, इसलिए वे बार-बार कृष्ण को चिढ़ाते हैं। यह बलराम का मानवीय पक्ष है। कृष्ण मां यशोदा से शिकायत करते हैं: 'बलराम ने मुझे चिढ़ाया है। वे कहते हैं, तू यशोदा का पुत्र नहीं है, खरीदा हुआ है। वे बार-बार कहते हैं कि तेरे मां-बाप कौन हैं? नंद और यशोदा दोनों गौर वर्ण हैं और तू श्यामगात क्यों है? सखा सब हंसते हैं और मुस्कराते हैं। तू मुझे ही मारना जानती है, दाऊ को कभी नहीं डांटती।' यशोदा उत्तर देती हैं कि बलराम चबाई है, बचपन का ही धूर्त है, मैं तुम्हारी मां हूं और तू मेरा बेटा है (पद सं. 833)। कृष्ण की यह शिकायत नंद के कानों में पड़ती है। नंद बलराम को धमकाते और डांटते हैं। बलराम और कृष्ण आपस में बार-बार लड़ते हैं, झगड़ते हैं; और फिर साथ-साथ खाते, खेलते और सोते हैं (पद सं. 846)। छोटे-बड़े भाइयों में इस तरह की नोकझोंक स्वाभाविक है। इससे कृष्ण और बलराम का मानवीय पक्ष उभरता है।

माखनचोरी के प्रसंग में यशोदा द्वारा कृष्ण के ऊखलबंधन के समय कृष्ण के प्रति बलराम में भ्रातृस्नेह का उदय सूर ने दिखाया है। इसमें बलराम की सहृदयता और भ्रातृप्रेम की व्यंजना है। एक ग्वालिन ने बलराम को कृष्ण के ऊखल में बांधे जाने की सूचना दी। यह सुनते ही बलराम व्याकुल होकर कृष्ण की ओर दौड़ पड़े (पद सं. 987)। बलराम ने ऊखल में बंधे कृष्ण को देखा तो उनकी आंखें भर उठीं। पहले तो कृष्ण को ही डांटा: 'मैंने बार-बार मना किया, लेकिन तू अपनी करतूत से बाज नहीं आया। अच्छा हुआ कि तुम्हारे दोनों हाथ

बांध दिए गए हैं। कम से कम अब तो अपना स्वभाव बदलो।' इसके बाद मां यशोदा से हाथ जोड़कर विनय की मुद्रा में बलराम ने कहा—'तू श्याम को छोड़ दे, बल्कि इसके बदले मुझे बांध दे। कृष्ण मेरा जीवन-धन है, प्राणों से अधिक प्यारा है और इसकी बंधी भुजाएं और व्याकुल दशा को देखकर मेरा चित्त विह्वल हो रहा है। तुमने ऐसा क्यों किया? ग्वालिनें तो हमेशा झूठी शिकायतें किया करती हैं' (पद सं. 889)। 'तूने क्यों मेरे कृष्ण को कठोर लकुटी से डराया, थोड़े दही के लिए तूने कृष्ण की यह दुर्दशा की, उसके कोमल शरीर को देखकर क्या तुम्हारा चित्त द्रवित नहीं होता है? तू भी भली है, मैं घर पर नहीं था अन्यथा तेरा यह हठ देखता' (पद सं. 990)। 'गोविंद तो सबका प्यारा है, तुमने यह आश्चर्यजक कार्य किया है। अगर तुम्हारी जगह कोई दूसरा होता तो कृष्ण को उंगली से छूकर भी सकुशल नहीं लौटता' (पद सं. 991)। 'बलराम ने दौड़कर अपने हाथों से कृष्ण के सब बंधनों को खोला, तोड़ा और कृष्ण को हृदय से लगा लिया। बलराम ने मीठी-मीठों बातों से कृष्ण की मनोव्यथा दूर की।' (पद सं. 992)। इस प्रसंग में बलराम के मानवीय रूप और उनकी सहृदयता का विकास दिखाई पड़ता है।

गोचारण में बलराम कृष्ण के संरक्षक, सखा, सहायक और सुहृद हैं। बलराम ने देखा कि कृष्ण गोचारण के लिए पीछे-पीछे दौड़े आ रहे हैं तो सब सखाओं को रोक लिया। जब यशोदा ने कृष्ण को वृंदावन गोचारण के लिए जाने से रोका तो बलराम ने यशोदा को समझाया कि इसे मेरे साथ जाने दो, हम लोग शीघ्र ही आ जाएंगे। यशोदा ने कृष्ण को बलराम के हाथों में सौंप दिया (पद सं. 1331)। कृष्ण भी वन में सदा बलराम के निकट ही रहना चाहते हैं (पद सं. 1033)। कृष्ण दूसरे दिन पुनः बलराम के साथ गोचारण में जाने का हठ करते हैं तो बलराम अपने संरक्षण में कृष्ण को गोचारण में ले जाते हैं। बलराम ने यशोदा से कहा—'तुम मेरा विश्वास करो, मैं कृष्ण को कभी अपने से दूर नहीं रखता।' इस गोचारण के बीच में ही बलराम अनेक राक्षसों के वध में कृष्ण के सहायक हैं।

कृष्ण की मथुरा की लीलाओं में बलराम सदा सहयोगी हैं। बलराम कृष्ण की अतिमानवीय लीलाओं में अपनी संपूर्ण शक्ति के साथ कृष्ण की सहायता करते हैं और अवतारलीला के विकास में सहायक बनते हैं। बलराम के सौंदर्य की ब्रज की नारियां प्रशंसा करती हैं (पद सं. 3649)। बलराम गौरांग हैं और उनके रक्ताभ नैनों से प्रलयंकारी क्रोध प्रकट हो रहा है, उन्होंने एक कान में कुंडल धारण किया है, शरीर पर नीलांबर है और यह श्याम की कामना पूर्ण करने वाले हैं :

वे हैं रोहिनी सुत राम।
गौर अंग सुरंग लोचन, प्रलय जिनके ताम।
एक कुंडल स्रवन धारी, द्यौत दरसी ग्राम।
नील अंबर अंग धारी, स्याम पूरन काम।
महा जे खल तिनहुं ते अति, तरत हैं इक नाम।
ब्रह्म पूरन सकल स्वामी, रहे ब्रज निज धाम।
ताल बन इन बच्छ मार्‍यौ, ब्रह्मा पूरन काम।
सूर प्रभु आकरषि तातैं, संकर्षन है नाम॥ (3664)

सूरदास ने संकर्षण के स्वरूप के इस वर्णन में उनके देवत्व-रूप का और व्यूह-सिद्धांत के दार्शनिक तत्त्ववाद का संयोग उपस्थित किया है। बलराम पूर्ण ब्रह्म, सकल स्वामी और आप्त काम हैं।

उद्धव के मथुरा से ब्रज जाते समय बलराम ने यशोदा के प्रति अपनी कृतज्ञता ज्ञापित की और यशोदा के अतिशय स्नेह की भी चर्चा की (पद सं. 4054)। यशोदा के स्नेह और वात्सल्य के स्मरण से ही बलराम के नेत्र सजल हो गए। बलराम ने उद्धव से यशोदा के पास दोनों भाइयों की कुशलता और यशोदा के अविस्मरणीय स्नेह का समाचार भेजा। बलराम ने उद्धव से यह भी कहलाया कि कुछ शेष कार्यों की संपन्नता के पश्चात शीघ्र ही दोनों भाई ब्रज लौट आएंगे। बलराम ने यह भी कहा कि तुम्हारे अतिरिक्त अन्यत्र हमारा सुख-स्थल नहीं है (पद सं. 4055)।

सूरदास ने द्वारिकावासी बलराम के ब्रज आगमन पर उनके मदोन्मत्त तामसी और विलासी रूप का वर्णन किया है। बलराम के इस रूप पर हरिवंशपुराण का प्रभाव लक्षित होता है। हरिवंशपुराण के बलराम भी मदिरा प्रेमी और विलासी ही दिखाई पड़ते हैं। सूरसागर के बलराम के चरित्र-निर्माण में हरिवंश और भागवतपुराण का प्रभाव है। केवल कृष्ण के ऊखलबंधन के प्रसंग में ही सूर की मौलिकता मुखर हुई है। द्वारिका से लौटने के बाद बलराम ब्रज में जगह-जगह मदिरापान और विलास में प्रवृत्त दिखाई पड़ते हैं। सूर ने उनके इस रूप का बिंबात्मक चित्रण किया है:

बारुनि बल घूमित लोचन, बन बिहरत मन सचुपाए।
मनौ मत्त गजराज बिराजत, करिनि जूथ संग लाए॥
मुकलित केस सुदेस देखियत, नील बसन लपटाए।
भरि अपने कर कनक कटोरा, पीवत प्रियहिं चखाए।
हंसत रिसात बुलावत बरजत, तरजत भौंह चढ़ाए।
उदित मुदित उठि चलत डगमगत अनुज सुरति जिय आए॥

इंदुवदन भुवधरन अमित बल, बर बनितन के भाए।
सरबस रीझि देत अपनैं रस, सूरदास गुन गाए॥ (4820)

बलराम की रति-रसप्रीति कालिंदी के कौमार्य हरण में व्यक्त हुई है (पद सं. 4821)। बलराम बार-बार गोपियों के बीच वृंदावन में रसकेलि करते हुए दिखाई देते हैं। सूर ने बलराम के देवत्व और विलासी रूप का ही अधिक चित्रण किया है (पद सं. 4822)।

बलराम का एक नाम हलधर है, क्योंकि वे हमेशा हल धारण किए रहते हैं। हल ही उनका शस्त्र है। हल खेती का साधन है और भारतीय किसान का मुख्य सहारा भी है, इसीलिए किसान को हलजीवी और हलधर कहा जाता है। भारतीय देवताओं की परंपरा में एक से एक विलक्षण अस्त्र-शस्त्र धारण करने वाले देवता हैं, लेकिन खेती के एक प्रमुख साधन को अपना शस्त्र और पहचान का प्रतीक बनाने वाले देवता केवल बलराम हैं। गोपाल के अग्रज का हल धारण करना स्वाभाविक ही है। यह कृषि-कर्म से कृष्ण-कथा के घनिष्ठ संबंध की ओर संकेत है। कृष्ण-कथा में ऐसे अनेक तत्त्व हैं जिनका आधार किसान जीवन है। वास्तव में कृष्ण-कथा मूलतः कृषि से जुड़ी कल्पना की रचना है, इसलिए उसमें किसान जीवन की वास्तविकताओं और आकांक्षाओं की अभिव्यक्ति मिलती है।

उद्धव

सूरदास ने उद्धव के चरित्र के विकास में भागवत से भिन्न दृष्टिकोण अपनाया है। भागवत में उद्धव एक सिद्ध ज्ञानी के रूप में दिखाई पड़ते हैं। भागवत के अनुसार उद्धव का अद्वैतवाद भक्तिपरक है, वह केवल बौद्धिक, योगपरक या मनोवैज्ञानिक नहीं है। सूरदास ने उद्धव का व्यक्तित्व अपने समय की धार्मिक साधना और धर्मभावना के अनेक रूपों के पारस्परिक संघर्ष की अभिव्यक्ति के लिए निर्मित किया है। उद्धव के व्यक्तित्व के माध्यम से ही मध्यकालीन धर्म-साधना के स्वरूप और उसके आंतरिक संघर्ष की कहानी कही गई है। मध्य-कालीन धर्मसाधना में ज्ञान, योग और निर्गुण भक्ति से सगुण भक्ति के द्वंद्व की स्थिति थी। मध्यकाल के अधिकांश भक्त कवियों ने इस संघर्ष की ओर संकेत किया है और उसके बीच से ही समन्वय-सूत्र खोजने का प्रयास किया है। सूरदास ने उद्धव-गोपी-संवाद में ज्ञान से भक्ति तथा निर्गुण से सगुण के द्वंद्व को सामने लाकर ज्ञान से भक्ति की श्रेष्ठता तथा निर्गुण से सगुण भक्ति की विशेष सार्थकता सिद्ध करने का सफल प्रयास किया है। उद्धव का पक्ष ज्ञान, योग और निर्गुण का है और गोपियां प्रेमभक्ति की साक्षात प्रतिमाएं हैं। सूरसागर के उद्धव उस काल की धार्मिक चेतना के भीतरी द्वंद्व की अभिव्यक्ति के माध्यम बने हैं।

सूरसागर के उद्धव कृष्ण के सखा हैं, अरूप ब्रह्म के ज्ञाता हैं, अद्वैतवादी और

प्रेम से परे हैं (पद सं० 4032)। कृष्ण ने उद्धव को प्रत्यक्षतः ज्ञान और योग का संदेश देने के लिए ब्रज भेजा था, किंतु परोक्ष रूप से उद्धव को प्रेममय बनाने के लिए ही प्रेम क्षेत्र में भेजा था। उद्धव की योग में विशेष रुचि है और वे तर्क पटु हैं (पद सं० 4048)। उद्धव का शारीरिक सौंदर्य कृष्ण के समान ही है, इसलिए ब्रजवासी उद्धव को दूर से देखने पर कृष्ण ही समझ लेते हैं (पद सं० 4121)। उद्धव ने ब्रज पहुंचकर यशोदा से कृष्ण का संदेश जिस प्रकार दिया, उससे वे एक सहृदय और कुशल संदेशवाहक के रूप में सामने आते हैं, लेकिन गोपियों के समक्ष उनका ज्ञानी रूप ही प्रकट हुआ है। उद्धव ने पहले कृष्ण की कुशलता बताई और फिर ज्ञान-चर्चा छेड़ दी। गोपियों को हृदय में निर्गुण ब्रह्म धारण करने की सलाह दी। उद्धव ने गोपियों को उपदेश दिया कि कृष्ण अविगत, अविनासी, पूर्ण, अंतर्यामी हैं; तत्त्वज्ञान के बिना मुक्ति असंभव है; इसलिए समाधिस्थ होकर उनका ध्यान करो, सगुण रूप को त्यागकर निर्गुण का ध्यान करो (पद सं० 4773)। उद्धव का यह संदेश विरहिणियों को विचित्र लगा।

उद्धव-गोपी-संवाद के प्रारंभ में ऐसा प्रतीत होता है कि उद्धव को मानव प्रकृति का वास्तविक ज्ञान नहीं है अन्यथा वे प्रेम वियोगिनी गोपियों को तत्त्ववाद का उपदेश नहीं देते। कृष्ण के विरह में संतप्त गोपियां उद्धव की इस ज्ञान-चर्चा से ऊब गईं। गोपियां प्रेम के सीधे सरल मार्ग से ही सरूप की साधना में रत थीं, उन्हें ज्ञान और योग की चक्करदार घाटियों में जाने की आवश्यकता नहीं थी। गोपियों की प्रेममयी अटपटी वाणी से उद्धव की आंखें खुल गईं। ज्ञानी उद्धव, जो आंख मूंदकर अपने अंतरमन में ही कृष्ण का दर्शन करते थे, अब आंख खोलकर संपूर्ण सृष्टि में, जड़-चेतन में श्रीकृष्ण के विश्वात्म रूप को देखने लगे। उद्धव की दृष्टि व्यापक हुई, उनकी आत्मा का प्रसार हुआ। गोपियों की भक्तियुक्त वाणी से उद्धव के मन से ज्ञान की धूलि धुल गई और प्रेम का सरस स्रोत फूट पड़ा। उद्धव प्रेममय हो गए। उद्धव के इस हृदय-परिवर्तन में गोपियों की प्रेमभावना की शक्ति मुख्य कारण है, लेकिन उद्धव के अत्यंत संवेदनशील और ग्रहणशील मानस की तत्परता भी महत्त्वपूर्ण है। उद्धव शिक्षक बनकर आए थे, लेकिन ब्रज से शिष्य होकर लौटे; ज्ञान की दीक्षा देने आए थे, परंतु स्वयं भक्तिरस से पूर्णतः भीगी आत्मा लेकर लौटे। उद्धव को अपनी इस पराजय का कोई क्षोभ नहीं है। उद्धव-गोपी-संवाद में उद्धव ने हारकर जो पा लिया, वह है सहृदयता। यही सहृदयता मनुष्य की मनुष्यता का एक महत्त्वपूर्ण लक्षण है।

उद्धव की सहृदयता ब्रज से लौटने के बाद श्रीकृष्ण से ब्रज की दशा, गोपियों की दयनीय दशा और राधा की परम विरह-दशा के मार्मिक वर्णन में व्यक्त है।

ब्रज से लौटने के बाद उद्धव का हृदय प्रेममय हो गया है और उद्धव अत्यंत भावुक व्यक्ति के रूप में दिखाई पड़ते हैं। वे बार-बार ब्रज की भूमि और तरु-लता आदि की प्रशंसा करते हैं और गोपियों के प्रेम के वैशिष्ट्य का गुणगान करते हैं :

माधौ जू सुनौ ब्रज को प्रेम।
सोधि मैं षट मास देख्यौ, गोपिकनि कौ नेम।
हृदय तैं नहिं टरत टारे, स्याम राम समेत।
आंसु सलिल प्रवाह मानौ, अर्घ नैननि देत।
चंवर अंचल कुच कलस, वर पानि पद्म चढ़ाइ।
सुमिरि तुम्हरी प्रगट लीला, कर्म उठतीं गाइ।
देह गेह सनेह अर्पन, कमल लोचन ध्यान।
सूर उनकौ प्रेम देखें, फीकौ लागत ज्ञान। (4763)

राधा के स्वरूप का विकास

राधा किसी एक कवि की कल्पना से उत्पन्न नारी चरित्र नहीं हैं। राधा का व्यक्तित्व भारतीय संस्कृति की विकास-प्रक्रिया में अनेक चिन्मय धाराओं के संघात का परिणाम है। अनेक विद्वानों ने राधा को अत्यंत अर्वाचीन और आर्येतर सिद्ध करने का प्रयास किया है। संपूर्ण भारतीय वाङ्मय में किसी एक नारी व्यक्तित्व की विकास-रेखा इतनी वक्र नहीं है, उसे कवियों, कलाकारों भक्तों और दार्शनिकों के चिंतन से राधा की तरह गुजरना नहीं पड़ा है। एक दीर्घकाल तक सतत कला, साहित्य, धर्म तथा दर्शन के विषय के रूप में अनेकशः प्रयुक्त और गृहीत होने पर भी राधा का अंतर्बाह्य सौंदर्य चिर नवीन है। राधा के व्यक्तित्व के निर्माण में तथ्य और कल्पना, दार्शनिक चिंतन और भावना, शास्त्रचिंतन और लोकचेतना का योगदान है। राधा के व्यक्तित्व में लोकमानस के राग पक्ष की वास्तविकता और आकांक्षा की अभिव्यक्ति हुई है।

राधा का काव्यात्मक और धार्मिक स्वरूप भारतीय जनमानस में प्राचीन-काल से अत्यंत गहराई से स्थिर और स्थापित हो चुका है। राधा का रूप भारतीय मानस का संस्कार बन चुका है, इसलिए केवल ग्रंथ, शिलालेख या अन्य ऐतिहासिक प्रमाणों के अभाव के कारण ही उसके अस्तित्व की प्राचीनता को अस्वीकार करना उचित नहीं है। राधा का अभ्युदय निश्चय ही लोकजीवन में सर्वप्रथम हुआ होगा। लोकमेधा में सृजन, पोषण और संरक्षण की असीम शक्ति है। राधा लोकमेधा की ही निर्मिति हैं तथा लोकजीवन में ही दीर्घकाल तक उनका व्यक्तित्व पलता और विकसित होता रहा है। उस सहज नैसर्गिक सौंदर्य और प्रेम-प्रतिमा की ओर जब कवि-प्रतिभा आकृष्ट हुई तो उसका शब्दों से श्रृंगार

हुआ, भक्तों का ध्यान उधर उन्मुख हुआ तो भावलोक में प्रतिष्ठित हुई, दार्शनिक आचार्यों की आत्मानुशासित प्रज्ञा से उसके तात्त्विक पराशक्ति रूप का विवेचन हुआ, चित्रकारों ने अपनी आत्मा के रंगों से रंगकर ही उस सजीव रागरंजित रसमूर्ति का निर्माण किया और संगीतकारों ने अपनी आत्मा के संगीत से ही उसकी प्राण-प्रतिष्ठा की। राधा लोकमानस से उद्भूत होने के कारण ही अब भी लोकजीवन की ताजगी और सरलता से संपन्न हैं। राधा के व्यक्तित्व में लोकगीतों की सहजता, स्वाभाविकता, माधुर्य और निश्छलता है। शास्त्रों की तर्क-परंपरा से गुजरने के बाद भी राधा में लोकजीवन की नैसर्गिक रागात्मकता है। राधा मूर्तिमती लोकात्मा हैं और लोकमानस का सर्वस्व भी। वे मध्यकालीन काव्य की प्रेरक शक्ति, कला की विषयवस्तु तथा भक्ति की सिद्धि एवं साधन हैं। उनमें जीवन के श्रेय और प्रेय दोनों तत्त्वों का उदात्त संयोग है।

भारतीय साहित्य में राधा के उल्लेख के पूर्व उनके अस्तित्व का अनुमान करते हुए आचार्य हजारीप्रसाद द्विवेदी ने लिखा है कि (1) 'राधा आभीर जाति की प्रेमदेवी रही होगी जिसका संबंध बालकृष्ण से रहा होगा। (2) राधा इसी देश की किसी आर्यपूर्व जाति की प्रेमदेवी रही होगी, बाद में आर्यों में इनकी प्रधानता हो गई होगी और कृष्ण के साथ इनका संबंध जोड़ दिया गया होगा।'[5] आचार्य हजारीप्रसाद द्विवेदी के इस अनुमान से भी यह सिद्ध होता है कि राधा निश्चय ही प्रारंभ में लौकिक प्रेमदेवी रही होंगी। ऐतिहासिक दृष्टि से राधा की लोकजीवन में उपस्थिति का यह काल निश्चय ही ई० सन के बहुत पहले संभव है।

वैदिककाल में नारीरूप की जो भावना, अनुभूति और चिंता विभिन्न मूर्त या अमूर्त रूपों में हुई है, उसका क्रमशः विकास हुआ है। ऋग्वेद में श्री शब्द का अर्थ तेज, सौंदर्य, शोभा, कांति, विभूति अथवा संपदा, कीर्ति, तृप्तिकारक आदि है।[6] श्री तथा लक्ष्मी यजुर्वेद में परम पुरुष की पत्नियों के रूप में वर्णित हैं।[7] ऋग्वेद के श्रीसूक्त में श्री और लक्ष्मी शब्द पर्यायवाची रूप में प्रयुक्त हुए हैं। यहां श्री या लक्ष्मी का स्वर्णवर्णा पद्मालिनी, चंद्रमुखी, हरिणनयनी, स्वर्णाभूषणभूषिता एक देवी के रूप में वर्णन है। उनके सद्यःस्नाता होने के कारण उनके शरीर से जल टपकता हुआ प्रतीत होता है, आर्द्र मुख पर तृप्ति के भाव हैं और वे पद्मासना हैं, एक हाथ में पद्म और दूसरे हाथ में विल्वफल है। शतपथ ब्राह्मण में भी श्री परम सुंदरी देवी के रूप में वर्णित हैं। कालांतर में विष्णु भी परम पुरुष बन गए और श्री एवं लक्ष्मी एक होकर उनकी पत्नी के रूप में प्रतिष्ठित हुई। प्रारंभिक काल में श्री से लक्ष्मी की भिन्न स्थिति थी, जिसमें श्री का अर्थ ब्रह्मश्री और लक्ष्मी का अर्थ राज्यश्री था[8]। विष्णुपुराण में भी संकेत है कि 'जो संबंध अर्थ और वाणी में है, धर्म और क्रिया में है, बोध

और बुद्धि में है, काम और इच्छा में है, यज्ञ और दक्षिणा में है, चंद्र और ज्योत्स्ना में है, वही संबंध विष्णु और श्री में है।[9] इस बात की संभावना है कि विष्णु और कृष्ण में तादात्म्य स्थापित होने पर लक्ष्मी के राज्यश्रीत्व को राजरानी रुक्मिणी में और श्री के ब्रह्मश्रीत्व का कृष्ण की लीला-सहचरी आह्लादिनी शक्ति राधा में पर्यवसान हो गया होगा। ऋग्वेद में श्री शब्द का निराकार संज्ञा और अमूर्त विशेषणों के रूप में प्रयोग हुआ है। परवर्ती काल में उन विशेषणों से संयुक्त होकर राधा की साकार संज्ञा निर्मित हुई है। श्रीसूक्त की श्रीदेवी की सुषमा तथा शृंगार-सज्जा का प्रतिबिंब पौराणिक तथा मध्यकालीन राधा के रूप-लावण्य में आभासित होता है। पौराणिक काल में तथा मध्यकालीन भक्ति-साहित्य के राधा-कृष्ण में सांख्य की पुरुष-प्रकृति, वेदांत के माया-ब्रह्म, शैवागम के शिव-शक्ति, वैष्णवागम के विष्णु-लक्ष्मी या लक्ष्मीनारायण तथा वैष्णव सहजिया संप्रदाय के रस और रति के दार्शनिक स्वरूप-स्वभाव, संयोग-वियोग, एवं सर्जन-विसर्जन के गुण-धर्मों का समाहार हुआ है। शाक्त तंत्रों, विभिन्न स्तोत्रों और पुराणों में शक्ति के आत्मिक और शारीरिक सौंदर्य की ऊर्जस्वित शृंगारपरक व्यंजना है। डॉ. शशिभूषण दासगुप्त का अनुमान है कि राधावाद शक्तिवाद के विकास का परिणाम है।[10]

पौराणिक वाङ्मय में राधा का अनाम रूप कृष्ण की विशेष प्रेयसी एक गोपी के रूप में उपलब्ध होता है। इस गोपी विशेष के रूप और मानसिक वैशिष्ट्य का राधा से पूर्ण साम्य है, केवल राधा संज्ञा का अभाव है। भागवतपुराण में यद्यपि राधा का नाम नहीं है किंतु उसका मनोदैहिक रूप अपनी संपूर्ण भावी संभावनाओं के साथ विद्यमान है। भागवत के रासलीला-प्रकरण में श्रीकृष्ण एक विशेष गोपी के साथ एकांत में रमण और भ्रमण करते हैं। उस गोपी के बारे में भागवतकार का मत है :

अनयाऽऽराधितो नूनं भगवान् हरिरीश्वरः।
यन्नो विहाय गोविंदः प्रीतो यामनयद् रहः॥

(भा. द. स्क. अ. 30, श्लोक 28)

भागवतपुराण के इस श्लोक में 'अनयाऽऽराधितो नूनं' में ही अनेक विद्वानों ने राधा का अन्वेषण किया है। इसके अनुसार राधा कृष्ण की आराधिका हैं, कृष्ण की लीला सहचरी हैं, विशेष प्रिया हैं। विष्णुपुराण में कृष्णकथा है और उसमें भी कृष्ण की प्रेयसी के रूप में एक विशेष गोपी की चर्चा है। संभवतः विष्णुपुराण और भागवतपुराण की यह कृष्ण की लीला सहचरी गोपी राधा ही है। विष्णु-पुराण की इस विशिष्ट गोपी को राधा का पूर्व रूप मानते हुए पंडित बलदेव उपाध्याय ने राधा का समय विक्रम से दो या तीन शती पूर्व माना है।[11]

राधा का यह अनाम रूप अत्यंत प्राचीन है और इसकी परंपरा उसी रूप में

परवर्ती कृष्णभक्ति साहित्य में भी उपलब्ध होती है। तमिल के आलवार भक्ति साहित्य में, जिसका समय पांचवीं शती से नौवीं शती तक माना जाता है, कृष्ण की प्रिया एक रसमूर्ति गोपी की चर्चा है, जिसको श्री वैष्णवों के संस्कृत ग्रंथों में नीलादेवी तथा तमिल में 'नप्पिनैप्पिणाई' कहा गया है। यह गोपी अपने लीला-विग्रह में राधा से अभिन्न प्रतीत होती है। मध्यकालीन गुजराती कृष्ण साहित्य में भी राही नामक एक विशेष गोपी की चर्चा है और यह गोपी भी राधा का परिवर्तित रूप है। 18वीं शताब्दी में काश्मीर के दीनानाथ नामक भक्त कवि ने कश्मीरी भाषा में श्रीकृष्णावतार लीला की रचना की। इस कृष्णावतार लीला नामक ग्रंथ में भी रासलीला के समय कृष्ण की प्रिया एक गोपी का उल्लेख है और इस काव्य में भागवत की ही भांति राधा का नाम नहीं है। बल्लभाचार्य ने भी अपने दो ग्रंथों 'परिवृढाष्टक' और 'मधुराष्टक' में पशुपजा तथा एक विशेष गोपी के रूप में राधा की चर्चा की है। इस प्रकार यह ज्ञात होता है कि राधा पौराणिक साहित्य में प्रारंभ में अनाम ही रही, लेकिन कालांतर में इस अनाम रूप को राधा नाम प्राप्त हुआ।

वायुपुराण, पद्मपुराण तथा ब्रह्मवैवर्तपुराण में राधा का शक्तिरूप स्थापित हुआ है। इन पुराणों में राधा पराशक्ति या सच्चिदानंद की आह्लादिनी शक्ति और भक्तों के भावलोक की अधिष्ठात्री देवी है। वायुपुराण में राधा परम पुरुष कृष्ण की विलास सखी हैं। वायुपुराण ने गोलोकवासी कृष्ण को परम पुरुष, अक्षर ब्रह्म से भी परात्पर कहा है। उनकी लीला सखी राधा पराशक्ति हैं। पद्म-पुराण में श्रीकृष्ण के क्रीड़ा-रसस्थल गोकुल को गोलोक बताया गया है और गोलोक की आध्यात्मिक व्याख्या भी है। नित्य रासस्थल नित्य वृंदावन को गोलोक से भी श्रेष्ठ कहा गया है और वह राधापति का निवासस्थल है। यहां स्पष्ट कथन है कि राधा और कृष्ण ही आद्य पुरुष-प्रकृति हैं। राधा-कृष्ण के इस आद्य प्रकृति-पुरुष स्वरूप पर सांख्य के पुरुष-प्रकृति की धारणा का प्रभाव है। श्वेताश्वतर उपनिषद में माया (प्रकृति) और मायी या मायावी का युग्म है :

मायां तु प्रकृतिं विद्यान्मयिनं तु महेश्वरम्।
तस्यावयव भूतैस्तु व्याप्तं सर्वविद जगत्॥ 4 ॥ 10 ॥

पद्मपुराण में कृष्ण और राधा दोनों का नखशिख सौंदर्य वर्णन है। कृष्ण के सौंदर्य वर्णन में उनके अनुरागी चित्त, रसावेश और चपल नयनों का मनोहर वर्णन है। राधा-कृष्ण के इस नखशिख रूप-वर्णन के उपकरणों का प्रयोग मध्यकालीन कृष्ण-भक्त कवियों में मिलता है। इस पुराण में गोपियों को श्रुतिरूपा कहा गया है तथा राधा की अनेक सखियों का नामोल्लेख भी है।

ब्रह्मवैवर्त पुराण में राधा का दार्शनिक स्वरूप, पराशक्ति रूप, लीलासिद्ध ललित अनुराग मूर्ति रूप पूर्णतः प्रतिष्ठित है। इस पुराण में पूर्ववर्ती और तद्-

युगीन शक्तिवाद तथा भक्तिवाद के तत्त्वों का समावेश है। इस पुराण में नारी के शील, सौंदर्य और दूसरी अनेक विशेषताओं का समाहार राधा के रूप में हुआ है। कृष्ण राधा को अपना अर्द्धांश और मूल प्रकृति कहते हैं। इस पुराण में राधा सृष्टि का आधार है और कृष्ण अनश्वर बीज रूप हैं। ब्रह्मवैवर्त पुराण में राधा की विभिन्न लीलाओं का वर्णन है। ब्रह्मवैवर्तकार ने राधा को रसेश्वरी, रम्य रासोल्लास रसोत्सुक, रासमंडल मध्यस्थ, रसाधिष्ठातृ देवता, रसिकप्रिया, रमा, रमणोत्सुका और शरद्राजीवराजिप्रभा मोचन लोचना जैसे शृंगारी और साहित्यिक विशेषणों से अलंकृत किया है।[12] चैतन्य महाप्रभु और निंबार्काचार्य ने राधा के शक्तिरूप की विस्तृत व्याख्या की है। वल्लभाचार्य ने सच्चिदानंद की आह्लादिनी पराशक्ति के रूप में राधा की चर्चा की है।

राधा लोकजीवन और पौराणिक साहित्य से निकलकर ई. सन के प्रारंभ के कुछ पूर्व ही शिष्ट साहित्य में श्रीकृष्ण की परम प्रेयसी और अनुरागमयी लीला-सहचरी के रूप में प्रविष्ट हुई। प्रारंभिक संस्कृत और प्राकृत साहित्य में जहां राधा का अस्तित्व है, उसमें उनके लौकिक रूप की छटा विद्यमान है। राधा का प्रथम प्रकाश संभवतः हाल की प्राकृत रचना गाहासतसई या गाथा सप्तशती में हुआ, जो प्रथम शताब्दी की रचना है। यहां कृष्ण राधा के विशाल नेत्रों में पड़े गोरज को अपने मुख-मारुत से दूर कर रहे हैं :

मुखमारुतेन त्वं कृष्ण गोरजो राधिकाया अपनयन् ।
एताषां बल्लवीनामन्यासामपि गौरवं हरसि ॥

राधा-कृष्ण के संयोग-संबंध की व्यंजना विष्णु शर्मा के पंचतंत्र में भी हुई है। यहां गरुड़ारूढ़, सायुध, कौस्तुभधारी, चतुर्भुजी विष्णु ही गोपकुल प्रसूता राधा को अपनी भार्या घोषित करते हैं। पंचतंत्र के इस उल्लेख से स्पष्ट है कि पंचतंत्र के समय तक कृष्ण विष्णु मान लिए गए थे और राधा उनकी स्वकीया के रूप में स्वीकृत थीं। कुछ विद्वानों ने पंचतंत्र और गाथा सप्तशती को पांचवीं शताब्दी या उसके बाद की रचना इसलिए मानी है कि उसमें राधा का नाम है। पंचतंत्र का 570 ई. के पहले पहलवी में अनुवाद हो गया था।[13] इसलिए निश्चय ही यह पांचवीं शताब्दी के पूर्व की रचना होगी। पंचतंत्र राधा शब्द के कारण ही परवर्ती काल का सिद्ध नहीं हो सकता। पंचतंत्र और गाथा सप्तशती में राधा का जिस प्रकार उल्लेख है, उससे यह ज्ञात होता है कि राधा रचनाकार की कल्पना की उद्भावना न होकर लोकजीवन में प्रचलित कथा के पात्र-रूप में ही स्वीकृत हैं।

पंचतंत्र और गाथा सप्तशती के परवर्ती काव्य और काव्यशास्त्र के ग्रंथों में अनेकशः राधा के अनुरागवती रूप का वर्णन है। आठवीं शताब्दी के पूर्व के नाटककार भट्टनारायण की रचना 'बेणीसंहार' के नांदी श्लोक में केलिकुपिता राधा का कृष्ण द्वारा मनुहार वर्णित है। नौवीं शताब्दी के सुप्रसिद्ध काव्यशास्त्रकार

आनंदवर्धनाचार्य के ध्वन्यालोक में राधा-कृष्ण की लीलाविषयक दो श्लोक हैं, जिनमें यमुना-पुलिन पर लता-कुंजों में राधा-कृष्ण की विलासलीला का वर्णन है। नवीं शताब्दी के काव्य-मीमांसाकार राजशेखर ने राधा का उल्लेख किया है। दशवीं शती के प्रारंभ के कवि त्रिविक्रम की रचना 'नल चंपू' में राधा हैं और दशवीं शताब्दी के पूर्वार्ध के ही कवि सोमदेव की रचना 'यशतिलक चंपू' में राधा-नारायण (कृष्ण) की प्रेमलीला वर्णित है। अभिनवगुप्त ने 'ध्वन्यालोक लोचन' में राधारमण का स्मरण किया है। धारा के अमोध वर्ष के 980 ई. के शिलालेख में राधा कृष्ण की विशेष प्रिया के रूप में उल्लिखित हैं। मालवा के पृथ्वीवल्लभ मुंज के सन 974 ई. तथा 979 ई. के लेखों (ताम्रपत्र) के मंगला-चरण में राधा विरहसंतप्त कृष्ण के संबंध में दो श्लोक हैं। सन 719 ई. में रचे गए गउडवहो काव्य में राधाकृष्ण-लीला का वर्णन है। कुंतक के वक्रोक्तिकाव्य-जीवित में कालिंदी के जल में क्रीड़ारत राधा संबंधी एक श्लोक है। धनिक (1000 ई.) के 'दसरूपकावलोक' में मानवती राधा के संबंध में एक श्लोक है। ग्यारहवीं शताब्दी के भोज की रचना 'सरस्वतीकंठाभरण' में राधा-कृष्ण की विभिन्न रसमयी विलासलीलाओं से संबंधित सात श्लोक हैं, जिसमें कल्याणमयी, रूपराशि, विलासवती और मानवती राधा का अत्यंत मनोहर चित्रण है। एक में राधा की स्मृति में विह्वले कृष्ण का भी वर्णन है :

> कनककलशस्वच्छे राधापयोधर मण्डले।
> नवजलधर श्यामामात्मद्युतिं प्रतिबिम्बिनाम्
> असितसिचय प्रान्तभ्रान्त्या मुहुर्मुहुरुत्छिपज्
> जयति जनित व्रीडाहासः प्रियाहसितो हरिः॥

इसमें राधा-कृष्ण के प्रथम समागम का एक चित्र द्रष्टव्य है :

> लीलायीतो निवसते रक्षतु त्वां राधिकायाः स्तनपृष्टे।
> हरेः प्रथमसमागमसाध्वसप्रसरैर्वेपनशीलो हस्तः॥

रुद्रट के काव्यालंकार की टीका नमिसाधु ने 1068 में की, उसमें राधाविषयक एक श्लोक है। क्षेमेंद्र (1066) के 'दशावतारचरित' के चार श्लोकों में राधा-कृष्ण की ब्रज की विलासलीलाएं वर्णित हैं। इसमें राधा-माधव के वियोग और संयोग का वर्णन है। क्षेमेंद्र ने गोविंद (कृष्ण) के मथुरा जाने के बाद वियोग-विक्षिप्त गोपियों द्वारा गोदावरी-तीर पर गोविंद के गुणगान करने का उल्लेख किया है। गोपियों ने जो गीत गाया, उसे कवि ने मात्रिक छंद में लिखा है। इस गीत के आधार पर आचार्य हजारीप्रसाद द्विवेदी का अनुमान है कि इस प्रकार का गीत लोकगीत के रूप में क्षेमेंद्र ने अपने आसपास सुना होगा। गीत इस प्रकार है :

ललितविलासकलासुखखेलन
ललनालोभनशोभनयौवन
मानितनवमदने ;
अलिकुलकोकिलकुवलयकज्जल
कालकलिन्दसुताविगलज्जल
कालियकुलदमने ।
केशकिशोर महासुर मारण
दारुणगोकुलदुरितविदारण
गोवर्धनधरणे ।
कस्य न नयनयुगं रतिसंज्ञे
मज्जति मनसिजतरलतरंगे
वररमणीरमणे ।[14]

रामचंद्र गुणचंद्र ने अपने 'नाट्य दर्पण' में भेज्जल कवि कृत राधाविप्रलंभ नामक नाटक का उल्लेख किया है । श्री हर्ष के 'नैषधीयचरित' में नल ने विष्णु के दशावतारों की स्तुति में कृष्ण की प्राणप्रिया राधा का नामोल्लेख किया है । बारहवीं शताब्दी के कवि गोवर्धन ने आर्यासप्तशती में जयदेव के गीतगोविंद की राधा का पूर्वाभास दिया है । गोवर्धन जयदेव के समकालीन होते हुए भी उनसे कुछ पहले के कवि हैं । इन्होंने राधा की अनुरागलीला का विविध रूपों में वर्णन किया है, जिसकी पूर्ण विकसित अवस्था जयदेव के गीतगोविंद में दिखाई देती है ।

जयदेव ने गीतगोविंद के माध्यम से भारतीय प्रेम कविता में महत्त्वपूर्ण परिवर्तन और प्रभाव उत्पन्न किया । जयदेव ने भारतीय वैष्णव प्रेम कविता की संपूर्ण परंपरा को आत्मसात करते हुए राधा-कृष्ण से संबंधित प्रेमकाव्य में अनुभूति के नए रूप और अभिव्यक्ति के नए मार्ग का निर्माण किया, जिसका मध्यकाल के संपूर्ण कृष्णभक्ति साहित्य पर प्रभाव परिलक्षित होता है । जयदेव ने अपनी मधुर कोमलकांत पदावली में हरिस्मरण और विलास का, भक्ति और श्रृंगार का जो अद्भुत मणिकांचन योग उपस्थित किया उससे मध्यकाल में व्यक्ति की वासनाओं का परिष्कार और उदात्तीकरण हुआ, निवृत्तिमूलक ज्ञान की ओर से विमुख जनमानस प्रवृत्तिमूलक रागात्मिका भक्ति की ओर प्रेरित हुआ तथा जीवनधर्म और धार्मिक जीवन के नए संबंध से लोकचेतना प्रभावित हुई । जयदेव ने अपने इस गीत नाट्य में संगीत की शास्त्रीयता और काव्य के अनुभूतिप्रवण माधुर्य का सफल समन्वित रूप उपस्थित किया । जयदेव की वैष्णव कविता को सर्वाधिक महत्त्वपूर्ण देन है राधा-कृष्ण की लीला के गायन की परंपरा का उद्घाटन । जयदेव की लीलागान की परंपरा पुराणों की परंपरा से भिन्न ज्ञात होती है ।

जयदेव के गीतगोविंद में राधा नायिका और कृष्ण नायक के रूप में चित्रित

हैं। दोनों का मानवीय रूप ही अधिक प्रबल है। राधा-माधव की प्रमलीला में सहज मानवीय प्रेमलीला के सभी तत्त्व विद्यमान हैं। राधा के कामपीड़िता, सुरतिसुख रहिता, अत्यंत दु:खिता, हरिचरित्र स्मार्ता तथा कलहांतरिता आदि रूपों का चित्रण है। संयोगलीला में आलिंगन, चुंबन, कुचस्पर्श, नखक्षत, कामोद्दीप्ति तथा रतिकेलि का वर्णन है। रतिकेलि के सहायक तत्त्व स्पर्श, गंध, श्रवण और दर्शन आदि की व्यंजना है। राधा के शारीरिक सौंदर्य और मन की दशाओं का भी मनोहर चित्रण है। कृष्ण का रसिक विलासी रूप और राधा का विलासवती प्रगल्भा रूप मध्यकाल के संपूर्ण कृष्णकाव्य की शृंगारिकता का प्रेरणास्रोत है। जयदेव के वसंतोत्सव या कामोत्सव में अंगों का उत्सव ही अधिक है, शरीर तत्त्व ही प्रधान है, उसमें सूक्ष्म मनस्तत्त्व की गतिविधियों का अभाव ही है। इस शरीरयज्ञ में चंचल चित्त तो है, किंतु उल्लसित आत्मा का आलोक उपेक्षित है।

भारतीय साहित्य में काम-भावना की अभिव्यक्ति और काम-प्रतीकों का प्रयोग अत्यंत प्राचीनकाल से होता आया है। शक्तिसंपन्न और भोगसमर्थ स्त्री एवं पुरुष की मिथुन-मुद्राओं तथा मैथुनरत प्रतिमाओं का अंकन काव्य, चित्र, मूर्ति तथा वास्तुकला के माध्यम से अनेकशः हुआ है। मध्यकाल में दसवीं शताब्दी से तेरहवीं शताब्दी के बौद्ध तथा शाक्त तंत्रवाद के विकृत रूप में स्त्री तथा रति को आध्यात्मिक साधनों का साधन मानने के बदले साध्य ही मान लिया गया, जिससे तद्‌युगीन साधना सूक्ष्म आत्मिक साधना के बदले स्थूल देहाराधना और भोगवासना के रूप में परिणत हो गई। धीरे-धीरे धर्मसाधना की यह मनोवृत्ति सामाजिक मनोवृत्ति बन गई। इस सामाजिक मनोवृत्ति का जब विभिन्न कलाओं में उपयोग हुआ तो उसका उन्नयन हुआ और ये कलाकृतियां स्थूल से सूक्ष्म की ओर, रूप से भाव की ओर और ससीम से असीम की ओर संकेत करती हुई लोकमानस को उदात्त और आलोकित करने लगीं। उस समय के खजुराहो, कोणार्क, मल्लिकार्जुन, एलौरा तथा भुवनेश्वर के मंदिरों पर उत्कीर्ण मिथुनरत मूर्तियां तद्‌युगीन सामाजिक मनोवृत्ति और धार्मिक प्रवृत्ति की द्योतक हैं।[15]

जयदेव के गीतगोविंद पर तत्कालीन धार्मिक-सामाजिक सौंदर्योपासना और कला में प्रयुक्त कामयोग का प्रत्यक्ष प्रभाव पड़ा। जयदेव के गीतगोविंद के अतिरिक्त बारहवीं-तेरहवीं शताब्दी के अनेक अपभ्रंश काव्यों में भी राधा-कृष्ण की लीला का वर्णन है। बारहवीं शताब्दी के हेमचंद्र द्वारा संकलित अपभ्रंश के दोहों में राधा-कृष्ण के संयोग-वियोग की लीलाओं का चित्रात्मक वर्णन है। प्राकृत पैंगलम में भी कृष्ण के ऐश्वर्यशाली तथा राधा-मुखमधुपायी रसिक रूप का वर्णन है। इस प्रकार जयदेव के बहुत पहले से ही राधा-कृष्ण की प्रेमलीला लोकजीवन और काव्य का अभिन्न अंग बन चुकी थी और उसका स्वरूप लोकमानस में स्थिर हो चुका था। जयदेव ने उस संपूर्ण काव्यपरंपरा को आगे बढ़ाने में

महत्त्वपूर्ण योगदान दिया। जयदेव के गीतगोविंद का मध्ययुगीन कृष्णभक्ति साहित्य पर गहरा प्रभाव पड़ा।

लोकभाषाओं में राधा

बारहवीं शताब्दी के बाद राधा-कृष्ण की युगल मूर्ति लोकमानस में पूर्णतः स्थापित हो गई और लोकभाषाओं में राधा-कृष्ण की प्रेमलीलाओं की रसात्मक अभिव्यक्ति होने लगी। संपूर्ण उत्तर भारत का लोकजीवन कृष्ण की रससिक्त लीलाओं से सरस हो उठा और असम, बंगाल, महाराष्ट्र, गुजरात तथा राजस्थान की लोकभाषाओं में कृष्ण की विविध लीलाओं की मनोरम अभिव्यंजना होने लगी। कृष्णभक्ति-काव्य के विकास के साथ-साथ ब्रजभाषा भी विभिन्न जनपदीय भाषाओं के तत्त्वों से समन्वित और संयुक्त होकर संपूर्ण उत्तर भारत की काव्यभाषा बन गई। मैथिली के कवि उमापति और विद्यापति, बंगाल के चंडीदास और गुजरात के नरसी मेहता आदि कवियों ने राधा-कृष्ण की लीलाओं की मनोहर अभिव्यक्ति की। सूरदास के लीलागान पर मुख्य रूप से मैथिल-कोकिल विद्यापति के पदों का प्रभाव पड़ा है। भक्ति आंदोलन जनसंस्कृति और जनपदीय भाषाओं के उत्थान का अखिल भारतीय आंदोलन है। भक्ति आंदोलन और उसके साहित्य के माध्यम से जनपदीय भाषाओं का जो विकास हुआ वह आधुनिक भारतीय भाषाओं के निर्माण का आधार बना। विद्यापति हिंदी जाति की जातीय संस्कृति, उसकी भाषा और उसके साहित्य के आरंभिक निर्माताओं में से एक हैं। उनकी पदावली में हिंदीभाषी जनता की संस्कृति और जीवन के रागात्मक पक्ष के विभिन्न रूपों की अभिव्यक्ति हुई है। वे हिंदी के कृष्णभक्ति काव्य की परंपरा के निर्माता हैं।

विद्यापति की पदावली की राधाकृष्ण-लीला में जयदेव के गीतगोविंद की युगल मूर्ति की प्रति-छवि है, पदों में गीतों की स्वरसाधना की अनुगूंज है, किंतु गीतगोविंद और विद्यापति पदावली में विषयवस्तु और अभिव्यक्ति संबंधी अनेक अंतर हैं। गीतगोविंद में संपूर्ण प्रेमलीला का आयोजन श्रीकृष्ण की मनोकामना का परिणाम है, उसमें प्रेमी कृष्ण का ही पक्ष प्रबल है, प्रिया राधा का नहीं। जयदेव की चेतना का तादात्म्य कृष्ण की मन:स्थिति से हुआ प्रतीत होता है, राधा तो कृष्ण की विलासलीला के साधन के रूप में उपस्थित हैं। जयदेव राधा की रूपमाधुरी के प्रति सचेत हैं, किन्तु राधा का रूप-लावण्य कृष्ण की सौंदर्यानुभूति की अभिव्यक्ति है, उसका कोई स्वतंत्र अस्तित्व नहीं है। जयदेव की राधा भावमूर्ति हैं, अत्यंत प्रेमविह्वला हैं, उन्होंने कृष्ण के प्रेम की विह्वलता में अहं और इदम दोनों का विसर्जन कर दिया है, अत: आत्मचेतना की विस्मृति ही स्वाभाविक है। विद्यापति की पदावली में राधा-कृष्ण प्रेम के समान धरातल

पर स्थित हैं, दोनों के हृदय में प्रेम का प्रकाश समान है। इसमें नारी (राधा) का ही पक्ष प्रबल है। कवि विद्यापति संयोग और वियोग में सदा राधा के निकट हैं। पदावली की राधा विद्यापति की आत्मा ही है, जिसकी प्रत्येक गतिविधि से कवि का सहज संपर्क है। राधा की विभिन्न मनोदैहिक विशिष्टताओं की व्यंजना विद्यापति ने घनीभूत अनुभूति के आधार पर की है। राधा का मानसलोक ही विद्यापति की प्रतिभा का केंद्रबिंदु है; जबकि जयदेव कृष्णोन्मुख अधिक हैं। विद्यापति ने राधा के शारीरिक और मानसिक सौंदर्य के विकासक्रम की गति को मनोयोगपूर्वक अंकित किया है। विद्यापति की राधा में किशोरी का सरल भोलापन, युवती की कामना, अनुरागमयता, स्वात्मसौंदर्यबोध, प्रेम-उत्सुकता और आत्मदान की आकुलता है। उसमें वियोग-वेदना से उत्पीड़ित आत्मा की गतिविधि का स्वरूप भी परिलक्षित होता है। विद्यापति की राधा अपूर्व सुंदरी हैं, पृथ्वी के संपूर्ण लावण्य का सार। सौंदर्यमधु और प्रेमरस से भरी कनकवल्लरी के समान उसकी देहयष्टि है, जिसमें पूर्ण विकसित स्वर्णकमल-सा उसका मुख है, तरंगायित नयन हैं और भाव-भंगिमा से भरी कुटिल भौंहें हैं। उसके संपूर्ण स्वरूप के पूर्ण साक्षात्कार के बाद यही कहना पड़ता है कि 'ध्रुवं वपुःकांचन पद्मनिर्मितं मृदुः प्रकृत्या च संसारमेव च।' विद्यापति ने राधा की वयःसंधि का अत्यंत मनोहर वर्णन किया है। राधा जहां-जहां पैर रखती है वहां कमल झरते हैं, उसकी देहद्युति से तरंगें उठती हैं :

जहां जहां पग जुग धरई। तहिं तहिं सरोरुह झरई।
जहां जहां झलकत अंग। तहिं तहिं विजुरि तरंग।
... ...

जहां जहां नयन विकास। तहिं तहिं कमल प्रकास।
जहां लहु हास संचार। तहिं तहिं अमिय विकार।
जहां जहां कुटिल कटाख। ततहिं मदन सर लाख।[17]

राधा की वयःसंधि के रूपांकन में केवल शरीर का विकसित सौंदर्य ही नहीं है, मानस की भंगिमाएं भी हैं और भावतरंगें भी। द्वंद्व शैशव और यौवन में ही नहीं, भावनाओं में भी है। राधा के अर्ध अनावृत सौंदर्य का जो वर्णन विद्यापति ने किया है उसमें रूप के गोपन और उद्घाटन के द्वारा आकर्षण और उत्सुकता की वृद्धि हुई है :

सजनी, भल कए पेखलन मेल।
मेघ-माल सयं तड़ित लता जनि, हिरदय सेल दई गेल।
आध आंचर खसि, आध बदन हंसि, आधहिं नयन-तरंग।
आध उरज हेरि, आध आंचर भरि, तब धरि दगधे अनंग।[18]

विद्यापति ने राधा के सौंदर्य के वस्तुपरक रूप और आत्मपरक प्रभाव, दोनों का

चित्रण किया है। ऐसी रूपराशि राधा को कृष्ण ने पथ में देखा और देखा उसकी सुंदर छंद के समान निर्मित देहयष्टि को, ताल और लय के समान संतुलित गतिमान चरणों को, उसके अर्धअनावृत अंगों के तरल सौंदर्य को। आकर्षण तथा उत्सुकता के कारण कृष्ण के मानस में प्रेम का अंकुरण हुआ। विद्यापति के कृष्ण राधा के प्रथम दर्शन से ही उसके प्रेम में विकल दिखाई देते हैं। विद्यापति के राधा-कृष्ण का प्रेम विषम नहीं है, दोनों ही प्रेम में व्याकुल हैं, दोनों में संयोग की कामना है। विद्यापति ने राधा-कृष्ण के संयोग का जो आयोजन किया है वह हठात नहीं है, बल्कि उसमें पहले आकर्षण से प्रेम का अंकुरण हुआ है और सखियों की शिक्षा के माध्यम से अनुकूल वातावरण भी निर्मित हुआ है। कवि ने रति-क्रीड़ा का जो बिंबात्मक वर्णन किया है, उसे कुछ आलोचक अग्राह्य मानते हैं। विद्यापति ने तो जीवन और सामाजिक रूढ़ियों के विरोध को ध्वस्त करते हुए सामंती नैतिक नियमों के बंधनों से मुक्त होकर स्तिमित देहधर्म तथा आत्मा के मौन रहस्यात्मक उल्लास को एक करते हुए, एक जीवंत चित्र निर्मित करने के लिए इंद्रियग्राह्य बिंबों का सहारा लिया है।

विद्यापति के प्रेम का आदर्श वह प्रीति या अनुराग है जो प्रत्येक क्षण नूतन हो और रूपमाधुरी ऐसी जिसे आजन्म पान करने पर भी आंखें तृप्त न हों :

सखि, कि पुछसि अनुभव मोय।
से हो पिरित अनुराग बखानिए, तिल तिल नूतन होय।
जनम अवधि हम रूप निहारिल, नयन न तिरपति भेल।
कत मधु यामिनि रमस गमाओल, न बूझल कइसन केल।[19]

कृष्ण राधा की आस्था हैं और राधा कृष्ण की कामना। कृष्ण और राधा का संयोग-वियोग आस्था और कामना का ही संयोग-वियोग है। अपनी आस्था के अभाव की आशंका मात्र से राधा का मानस व्याकुल हो उठता है। कृष्ण के विदेश जाने की संभावना से ही वह विकल हो उठती हैं। पहले अपनी कुलीनता के कारण प्रिय से कुछ अन्यथा कहना अनुचित समझती हैं तो सभी से प्रिय को विदेश जाने से रोकने के लिए कहती हैं। अपने लोभनीय यौवन का स्मरण दिलाते हुए कहती हैं कि यह प्रिय के विदेशगमन का उचित अवसर नहीं है। माधव के विदेश जाने के स्थिर निश्चय को जानकर राधा अपनी कुलीनता का मोह त्यागकर स्वयं उन्हें विदेश जाने से रोकती हैं। जब राधा के अनुनय-विनय के पश्चात भी कृष्ण मथुरापुरी चले गए तो राधा का हृदय वेदना से विदीर्ण होने लगा। विरहिणी राधा कृष्ण की प्रतीक्षा कर रही हैं, आंखें पथ देखते-देखते थक गई हैं, जीवन केवल कृष्ण के आने की आशा से उलझकर कायम है। विरह में आशा ही जीवन का कारण है :

लोचन धाए फेधायल, हरि नहि आयल रे।
सिव सिव जिवओ न जाए, आस अरुझाएल रे।

मन करे तहां उड़ि जाइअ, जहां हरि पाइअ रे।
पेम परसमनि जानि, आनि उर लाइअ रे।[20]

कृष्ण की प्रतीक्षा में दीवार पर दिन लिखकर गिनते-गिनते उसके नख क्षीण हो गए हैं और रास्ता देखते-देखते आंखें अंधी हो गई हैं। वियोगिनी राधा के रूप और भावदशा का मनोहर वर्णन विद्यापति ने किया है।

विद्यापति ने कृष्ण की भ्रमरवृत्ति की भी व्यंजना की है। राधा के प्रथम दर्शन के पश्चात कृष्ण के अनुरागी चित्त की व्याकुलता सतत वृद्धिमान है और अंत में कृष्ण की दूती राधा के पास कृष्ण का प्रेम-संदेश लेकर पहुंचती है। कृष्ण की दूती भ्रमरमालती की प्रतीक-पद्धति से राधा से कृष्ण की विरह विकल मनोदशा बताती है। राधा रसवंती मालती है और कृष्ण मधुपायी भ्रमर, कंटकों के बीच मालती प्रस्फुटित हुई है और भ्रमर उसके सामीप्य और सहवास के लिए व्याकुल है। कृष्ण मधुजीवी हैं और राधा मधुराशि हैं। कृष्ण के जीवन के लिए राधा के अधरामृत का पान आवश्यक है :

कंटक माझ कुसुम परगास भमर विकल नहि पावए बास।
भमरा भेल घुरए सब ठाम तोहे बिनु मालति नहि बिसराम।
रसमति मालति पुनपुन देखि पिवए चाह मधु जीव उपेखि।
उ मधुजीवी तौंजे मधुरासि सांचि धरसि मधु मने न लजासि।
अपनेहु मने गुनि बुझ अवगाहि तसु बध दुखन लागत काहि।
भनहिं विद्यापति तौं पय जीब अधर सुधारस जौं पए पीब।[21]

मधुप ने राधा के पास संचित मधुराशि का उपभोग कर, राधा को नीरस और मधुहीन समझकर त्याग दिया। राधा सोचती हैं कि जलहीन तालाब को कोई नहीं पूछता, निर्धन व्यक्ति को कोई सम्मान नहीं देता। नारी का यौवन और सौंदर्य ही उसका मधु है, सुगंध है, और इसके समाप्त होते ही वह नीरस सुगंधहीन बन जाती है, जिस पर भ्रमरों का गुंजार नहीं होता।

राधा के हृदय में कृष्ण की सज्जनता और सहृदयता का विश्वास है, वह जानती है कि कृष्ण उसके प्रेम को झूठा नहीं बनाएंगे। लेकिन जब प्रतीक्षा की अवधि धैर्य की सीमा को पार कर जाती है तब राधा कृष्ण की प्रेमभावना पर अविश्वास करने लगती है। जब व्यक्ति को सत्कार्य करके भी पश्चाताप की मनोदशा से गुजरना पड़ता है तो सहज मानवीय साधुता की स्थिति ही शंकास्पद हो जाती है। प्रेम करके भी जब किसी को पछताना पड़ता है तो प्रेम और प्रिय दोनों की अवांछनीयता प्रकट होने लगती है। वियोग में राधा की यही मानसिक स्थिति है। राधा का विरह सागर बन चुका है। जीवन में विश्वास और कृष्ण के आगमन की आशा क्षीण है, तिल-तिलकर यौवन नष्ट हो रहा है और राधा यह सोचती है कि अगर यौवन विरह में समाप्त हो जाएगा तो संयोग की सार्थकता क्या है?

राधा कृष्ण के प्रेमयज्ञ की समिधा बन गई है और इस महायज्ञ में उसने अपना सर्वस्व अर्पित कर दिया है। विद्यापति ने वियोगिनी राधा की मन:स्थिति का अत्यंत मनोवैज्ञानिक चित्रण किया है। विरह में मन की सर्वोच्च अवस्था वह है जहां प्रिया और प्रिय में पूर्णत: अभेद स्थापित हो जाता है। विद्यापति की राधा भी वियोग में माधव बन गई है। वह राधा के रूप में माधव के वियोग की वेदना से पीड़ित होती है और माधव के रूप में राधा की वियोग-वेदना से। इस प्रकार विद्यापति ने राधा की रूपलीला और मनोभावों की विविध गतिविधियों की जो सफल अभिव्यंजना की है, उसका प्रभाव परवर्ती कृष्णभक्ति साहित्य पर पड़ा है। सूरदास विद्यापति के लीलागान की परंपरा के संरक्षक और पोषक के रूप में हमारे सामने आते हैं। विद्यापति के विरह-चित्रण में कालिदास की विरह-व्यंजना की प्रगीतात्मकता का प्रतिबिंब है और वह सूरदास की विरह-व्यंजना की कला का प्रेरणास्रोत भी है।

सूरदास की राधा

विश्व के महान साहित्यकारों ने अपने साहित्य में एक या अनेक ऐसे चरित्रों का सृजन किया है, जिनके प्रत्येक स्पंदन में स्रष्टा की आत्मा का संगीत सुनाई देता है और जिनके व्यक्तित्व में कर्ता एवं कृति का तादात्म्य दिखाई देता है। सूरदास की राधा का चरित्र ऐसा ही है। विश्व के कई कलाकारों ने कुछ ऐसे नारी चरित्रों की सुंदरतम कल्पना और सृष्टि की है जिनके जीवन में सत्य की शाश्वत प्राण-प्रतिष्ठा हुई है तथा जिनकी दृष्टि में सहज ही शिवत्व की झलक आ गई है, उनमें सूर की राधा का अन्यतम स्थान है। सूर की राधा की सहज अनुरक्ति, स्वच्छंद प्रकृति, अदम्य जीवनशक्ति तथा अनुपम सौंदर्य-मूर्ति में मनस्विनी प्रेयसी और असीम आत्मशक्ति संपन्न वियोगिनी का जो उदात्त संयोग हुआ है, उससे उनका चरित्र लौकिक होकर भी लोकोत्तर बन गया है। राधा में जीवन के प्रेयस और श्रेयस तत्त्वों का अद्‌भुत संयोग है। राधा के रूप में प्रेम के सुमधुर परिवेश में पली विकसी किशोरी, संयोग में सिद्ध कामनामूर्ति युवती, परिणय की ओर उन्मुख प्रेयसी तथा वियोग में तपी नारी के संपूर्ण जीवन का चित्रण हुआ है। सूरदास की राधा प्रेम-प्रतिमा और प्रेम-प्रतीक के रूप में भारतीय जनता के मन में बस गई है। ऐसे मानव चरित्रों का निर्माण महान मानववादी रचनाकार ही कर सकते हैं।

कृष्ण की बाल सखी

सूरदास ने राधा-कृष्ण के प्रथम दर्शन में ही राधा के मोहक लावण्य का आकर्षक रूपांकन किया है। कृष्ण ने विशालाक्षी राधा को देखा, जिसके ललाट पर रोली

बिंदु है, नीलांबर वेष्टित देहयष्टि, दीर्घ लहरदार वेणी, अल्प वय और गौरवर्ण है। वह अपनी सखियों के साथ हैं। इस मनोरम रूप को देखते ही कृष्ण रीझ गए, नेत्र मिले तो 'ठगोरी' पड़ गई (पद सं. 1290)। देखते ही देखते कृष्ण ने राधा का चित्त चुरा लिया, रसिक शिरोमणि ने बातों में ही भोली राधा को भरमाकर अपना बना लिया (पद सं. 1291)। यहां जो प्रेम का प्रथम प्रकाश हुआ है वह सम प्रेम है, दोनों के मन इस प्रेमयात्रा में सहयोगी हैं। राधा सखियों के साथ घर लौटी तो मार्ग में सखियों को भुलावे में डालने के लिए कहा—'अरे इनके यहां कौन जाता है, बड़ी देर हुई, घर चलो, मां क्रोधित होंगी।' राधा व्यक्त रूप में इस प्रथम दर्शन के बाद उदासीनता प्रकट करती है, लेकिन हृदय में प्रेम की भावना है (पद सं. 1295)। राधा बेचैन है, मन में कृष्ण उलझ गया है। घर काटने को दौड़ता है, चित्त चंचल है, खानपान की सुधि नहीं। कभी रोती है, कभी हंसती है, कभी लज्जित होकर संकुचित हो जाती है। माता-पिता का भय है, लेकिन गोदोहन के बहाने घर से निकल पड़ती है—'मनोरथानामगतिर्न विद्यते'। राधा क्रीड़ा में कृष्ण के साथ अपना प्रेम प्रकट करती है और इसी में इसका चंचल चतुर रूप भी प्रकट हुआ है। नंद ने कृष्ण को राधा के हाथों में सौंप दिया, साथ-साथ खेलने की आज्ञा दे दी, तो राधा का कृष्ण पर अधिकार हो गया। वह कृष्ण से कहती है, 'अब मैं तुम्हें कहीं नहीं जाने दूंगी' (पद सं. 1298)।

सूरदास ने राधा-कृष्ण के इस प्रेम के विकास में राधा के बालसुलभ चातुर्य और सूक्ष्म मनोवैज्ञानिक अवस्थाओं का चित्रण किया है। राधा का प्रेम अब परिपुष्ट हो गया है, वह रसकेलि के रहस्य से धीरे-धीरे परिचित हो रही है। कृष्ण से मिलकर लौटने के बाद मन विकल और चित्त चंचल है। राधा ने घर पहुंचकर मां से बहाना बनाया। इस बहाने में उसका वाक्-चातुर्य प्रकट हुआ है। जब मां ने राधा के उसकी विशेष मनोदशा और शरीरदशा का कारण पूछा तो चतुरा राधा ने बहाने में मां को भुला दिया (पद सं. 1315)। वृषभानु की यह कुमारी बड़ी तपस्या के बाद दो भाइयों के पश्चात एकमात्र पुत्री है, इसलिए मां का उस पर विशेष स्नेह है। राधा ममतामयी मां के स्नेहिल हृदय और भोलेपन का लाभ उठाती है, कभी-कभी उसे डांट भी देती है (पद सं. 3031)।

राधा के वाक्-चातुर्य की व्यंजना राधा-यशोदा-संवाद में हुई है। एक दिन राधा यशोदा के घर पहुंची। यशोदा ने राधा को देखा तो उसके अद्भुत सौंदर्य पर यशोदा का मन परम प्रसन्न हुआ—राधा के विशाल नेत्र, सुंदर वदन, अल्प वय और मोहक शरीर को देखते ही यशोदा ने कृष्ण के लिए इसे एक अच्छी जोड़ी मान लिया (पद सं. 1320)। यशोदा ने राधा का परिचय पूछा तो राधा ने अत्यंत चतुराई से अपना परिचय बताया, "मैं वृषभानु महर की बेटी हूं, मेरी मां

तुम्हें जानती है, यमुना के तट पर अनेक बार तुमसे मिलना हुआ है, लेकिन तुम्हीं नहीं पहचानती हो।' इसी बीच में राधा प्रेमभरी एक गाली भी यशोदा को अपनी मां की ओर से देती है। राधा के इस वाक्-चातुर्य पर यशोदा मोहित हो गई :

नाम कहा तेरौ री प्यारी।
बेटी कौन महर की है तू, को तेरी महतारी।
धन्य कोख जिहिं तोकौं राख्यो, धनि धरि जिहि अवतारी।
धन्य पिता माता तेरे, छवि निरखति हरि-महतारी।
मैं बेटी वृषभानु महर की, मैया तुमको जानति।
जमुना-तट बहु बार मिलन भयो, तुम नाहिन पहिचानति।
ऐसी कहि, वाकौं मैं जानति, वह तौ बड़ी छिनारि।
महर बड़ौ लंगर सब दिन कौ, हंसति देति मुख गारि।
राधा बोलि उठी, बाबा कछु, तुमसौ ढीठौ कीन्हौ। (1321)

यशोदा ने राधा का शृंगार किया और राधा-कृष्ण की जोड़ी को एक साथ खेलने के लिए आज्ञा दे दी। बालिका राधा का सौंदर्य अनुपम है, वह रमा, गौरी, उर्वशी आदि से भी श्रेष्ठ है :

विधि के आन विधि को सोच।
निरखि छवि वृषभानु तनया, सकल मम कृत पोच।
रमा, गौरी, उर्वसी, रति, इंद्र-बधू समेत।
तूल दिनमनि कहां सारंग, नाहि उपमा देत।
चरन निरखि, निहारि नख छवि, अजित देख्यों तोकि।
चित्त गुनि महिमा न जानत, धीर राखत रोकि। (1324)

राधा ने घर लौटकर अपनी मां से यशोदा के साथ अपने संवाद का चातुर्यपूर्ण वर्णन किया और अपने वाक्-चातुर्य के बीच में ही अपने प्रेम को छुपा लिया (पद सं. 1326)।

प्रेम की विवशता में राधा को तन-मन की सुधि नहीं है, राधा खाली बर्तन में रई चलाती है और उसे यह ज्ञात ही नहीं है कि उसका यह आचरण हास्यास्पद बन गया है। यशोदा ने राधा से कहा, 'तेरे ढंग विचित्र हैं, तुम जगतमोहिनी [illegible] त्यंत रूपवती हो, तुमने कृष्ण को ठग लिया है। और अभी बचपन में यह [illegible] तत है, तो आगे क्या होगा ? (पद सं. 1336) तुम बार-बार यहां मत आओ।' राधा ने तुरंत जवाब दिया, 'अपने श्याम को रोको, वही मुझे घर से बुला लेता है। वह कहता है कि तुम्हें देखे बिना मेरा जीवन कठिन है तो मुझे दया आती है।' यशोदा राधा की इस प्रेम-विवशता और वाक्-चातुर्य पर मुग्ध हैं (पद सं. 1341)। कोई भी व्यक्ति राधा की इस चतुराई की प्रशंसा करेगा।

अनुरागवती किशोरी

गोदोहन और गोचारण में राधा-कृष्ण का जो प्रेम विकसित हुआ है, उसमें राधा एक चंचल मुग्ध किशोरी के रूप में प्रकट हुई हैं। राधा ने कृष्ण से गोदोहन के लिए प्रार्थना की। राधा ने कहा कि मेरी सुंदर चूनरी भीग जाएगी, उसका रंग फीका पड़ जाएगा (पद सं. 1349)। कृष्ण ने गोदोहन में प्रेम की कलाबाजी प्रारंभ की तो राधा ने कृष्ण को डांटा :

तुम पै कौन दुहावै गैया।
लिए रहत हौ कनक-दोहनी, बैठत हौ अधपैया।
अति रस काम की प्रीति जानि कै, आवत खरिक दुहैया।
इत चितवत्, उत धार चलावत, यहै सिखायो मैया?
गुप्त प्रीति तासौं करि मोहन, जौ है तेरी दैया।
सूरदास प्रभु झगरौ सीख्यौ, ज्यों घर खसम गुसैंया॥ (1352)

प्रेम के इस झगड़े में ही राधा-कृष्ण का प्रेम क्रमशः पुष्ट होता हुआ दिखाई देता है। राधा ने रुष्ट होकर कृष्ण से कहा कि तुम अपनी गाय अलग कर लो, मैं तुम्हारे बस में नहीं हूं, तेरे बाबा के अधीन भी नहीं हूं और तुम हमारे स्वामी नहीं हो। हम तुम एक ही जाति के हैं, केवल तुम्हारे पास दो गायें अधिक हैं, तो इसीलिए तुम बड़े नहीं हो गए, तुम गोपियों से छेड़छाड़ करते हो (पद सं. 1353)। अंत में कृष्ण ने हार मानी। प्रेम का झगड़ा प्रीति की प्रगाढ़ता में बदल गया।

गोदोहन के पश्चात कृष्ण को छोड़कर राधा घर जाना चाहती है तो पैर आगे बढ़ रहे हैं, लेकिन मन पीछे छूट गया है। राधा बार-बार मुड़कर नंद की गली की ओर देखती है, अनेक बार प्यारे के पुनः दर्शन के लिए लौट आती है। राधा का मन बेचैन है, प्रेम विवश है (पद सं. 1358)।

गारुड़ी प्रसंग में राधा की प्रेम-विकलता व्यंजित हुई है। राधा को काम-भुजंग ने डस लिया है, काले (श्याम) भुजंग ने काट लिया है—'प्रेम प्रीति विष हिरदै लाग्यो, डारत है तनु जारे।' राधा की मां व्याकुल है, किसी गारुड़ी की खोज हो रही है। कृष्ण गारुड़ी बनकर आ गए। उन्होंने महामंत्र का प्रयोग किया—'बार बार लै कंठ लगायौ मुख चूम्यौ' तो राधा स्वस्थ हुई, प्रसन्न हुई।

प्रेममयी युवती

कृष्ण के प्रेम में विवश राधा अब घर पर, गली में, यमुना तट पर, और कुंजों में हर जगह कृष्ण की प्रतीक्षा करती है, संयोग का अवसर ढूंढ़ती है। कृष्ण गोपी-वल्लभ हैं, किंतु राधा उनकी विशेष प्रिया हैं। सूरदास ने राधा-कृष्ण की प्रेमलीला

को क्रमशः विकसित किया है और शेष गोपीकृष्ण लीला से उसको भिन्न रखा है। पनघट-लीला में राधा अपनी सखियों के साथ यमुना-तट पर पहुंचती है तो राधा-कृष्ण परस्पर नयनों की भाषा में मन की बातें करते हैं (पद सं. 2054)। राधा जल लेकर सखियों के साथ घर लौटने लगी है तो उसकी मोहिनी छवि पर कृष्ण मुग्ध होकर साथ-साथ चलने लगे हैं (पद सं. 2055)। राधा के सिर पर जलभरा घड़ा है, आंखों से इशारे हो रहे हैं। साथ चलने का यही प्रयोजन है (पद सं. 2056)।

दानलीला में अन्य गोपियों के गोरस के आस्वादन के पश्चात कृष्ण ने राधा से गोरस की कामना की तो राधा ने अपने कर-कमलों से ही कृष्ण को ताजा नवनीत खिलाया। कृष्ण राधा के गोरस के माधुर्य की सराहना कर रहे हैं और राधा मन ही मन परम प्रसन्न हो रही है (पद सं. 2217)। लगता है कि राधा और कृष्ण का प्रेम पुरातन है, युग-युग का है, शाश्वत है (पद सं. 2232)।

राधा की अभिलाषा पूर्ण हुई, कृष्ण मिले (पद सं. 2296-97)। राधा ने कृष्ण से अपनी मनोदशा और मनोव्यथा व्यक्त की, 'ब्रज में हमारे प्रेम की व्यापक चर्चा है, सब यही कहते हैं कि राधा-मोहन एक हैं। माता-पिता सभी मुझे डराते-धमकाते हैं। वे अनेक हैं, मैं अकेली हूं। मैं यह सब कुछ सुनकर लज्जित होती हूं। ब्रज के नर-नारियों को यह ज्ञात नहीं है कि यह शरीर नाशवान है, इसका जिस अंश तक कृष्णार्पण हो सके, वही सार्थक है' (पद सं. 2301)। राधा ने कृष्ण से प्रार्थना की कि तुम इस गली में न आओ और अगर आओ भी तो अपनी मोहिनी वंशी न बजाओ। राधा ने कृष्ण में अपनी एकांत निष्ठा व्यक्त की, 'तुम बिन श्याम और नहीं जानो।' राधा के लिए वह सब कुछ निरर्थक है जो उसके प्रेम में बाधक है। कृष्ण ने राधा से अपने पुरुष-प्रकृति रूप ('द्वैतन जीव एक हम दोऊ') को समझाकर भी उसे लोकलाज और कुलकानि मानने की सलाह दी (पद सं. 2308)। यहां सूरदास ने कृष्ण के मुख से वेदमत या शास्त्रमत के ऊपर लोक-मत या लोकधर्म की प्रतिष्ठा कराई है। किंतु प्रेममयी राधा के लिए तो उसका हृदय धर्म (प्रेम) ही सर्वस्व है।

असाधारण सुंदरी

सूरदास मूलतः रूप और प्रेम के कवि हैं। रूप के अंकन और प्रेम की साधना में ही उनकी चित्तवृत्ति विशेष रमी है। सूरदास की सौंदर्य चेतना की विकसित अवस्था राधा के सौंदर्य-चित्रण में दिखाई पड़ती है। राधा के अंग-प्रत्यंग की गति और स्थिति की रमणीयता का गतिशील और स्थितिशील चित्र सूरदास ने खींचा है। उन्होंने राधा की मानसिक और शारीरिक सौंदर्य-समृद्धि का अनेकशः पूर्ण चित्र चित्रित किया है।

सूरदास ने राधा का प्रवेश सूरसागर में एक परम सुंदरी बालिका के रूप में कराया है। रासलीला में रासेश्वरी के भव्य सौंदर्य का मार्मिक चित्रण कवि ने किया है। इसमें राधा के प्रत्येक अंग की प्राकृत शोभा और आभूषण-भूषित सौंदर्य का वर्णन है। कनक किंकिनी नूपुर आदि के स्वर से अनुगुंजित लयात्मक पदगति का गतिशील चित्र चित्रित है। राधिका शील और गुणों की राशि है :

नीलांबर पहिरैं तनु भामिनी, जनु घन दमकति दामिनी।
सेस, महेस, गनेस, सुकादिक, नारदादि की स्वामिनी।
ससि-मुख तिलक दियौ मृगमद कौ, खुभी जराइ जरी है।
नासा-तिल-प्रसून बेसरि-छवि, मोतिनि मांग भरी है।
अति सुदेस मृदु चिकुर हरत चित, गूंथे सुमन रसालहिं।
कबरी अति कमनीय सुभग सिर, राजति गोरी बालहिं।
सकरी-कनक, रतन-मुक्तामय लटकन, चितहिं चुरावैं।
मानौ कोटि कोटि सत मोहिनी, पाइंनि आनि लगावैं।
काम कमान-समान भौंह दोउ, चंचल नैन सरोज।
अलि-गंजन अंजन-रेखा दै, बरषत बान मनोज।
कंबु कंठ नाना मनि भूषन, उर मुक्ता की माल।
कनक किंकिनी-नूपुर-कलरव, कूजत बाल मराल।
चौकी हेम, चंद्र-मनि लागी, रतन जराइ खचाई।
भुवन चतुर्दस की सुंदरता, राधे मुखहिं रचाई। (1673)

गंधर्व विवाह में, रासलीला के प्रसंग में, सौभाग्यवती राधा का सौंदर्य अनुपम है। राधा राधा-सी ही हैं। लघु मानलीला में सूर ने राधा के सौंदर्य का चित्रण किया है। मानलीला में ही सूर ने रूपकातिशयोक्ति के माध्यम से राधा का नखशिख सौंदर्य वर्णन किया है :

अद्भुत एक अनूपम बाग।
जुगल कमल पर गज वर क्रीड़त, तापर सिंह करत अनुराग।
हरि पर सरबर, सर पर गिरिवर, गिरि पर फूले कंज पराग।
रुचिर कपोत बसत ता ऊपर, ता ऊपर अमृत फल लाग।
फल पर पुहुप, पुहुप पर पल्लव, ता पर सुक, पिक, मृगमद काग।
खंजन, धनुष, चंद्रमा ऊपर, ता ऊपर, इक मनिधर नाग।
अंग-अंग प्रति और और छबि, उपमा ताकौं करत न त्याग।
सूरदास प्रभु पियौ सुधारस, मानौ अधरनि के बड़ भाग॥ (2728)

संयोगलीला में राधा के सौंदर्य का मोहक नखशिख-वर्णन अनेक बार सूरदास ने किया है। राधा का सौंदर्य असाधारण, आकर्षक और विश्व-विमोहन है, जिस पर कृष्ण अनुरक्त हैं, गोपियां मोहित हैं तथा यशोदा को भी आश्चर्यमिश्रित सुखानु-

भूति ही होती है। संयोगलीला में मोहन की प्राणप्रिया का सौंदर्य असीम है। वह चंद्रमुखी हैं, ललाट पर चंदन तिलक है, नागिन-सी लहरीली वेणी, मछली-सी आंखें, स्वच्छ सरोवर-सा मुख, अनेक आभूषणों से भूषित अंग, सुंदर ठुड्डी, अरुण अधर, उन्नत पयोधर, गंभीर नाभि प्रदेश, क्षीण कटि, नूपुररवपूरित पदचाप और क्षण-क्षण नवीन होने वाला अंग-सौंदर्य है। वह कृशोदरी गुरु नितंबभार से शनैः-शनैः हंस की गति से चलती है और उस पद्मिनी की अंग-सुगंधि के लोभी भ्रमर उसके साथ-साथ चलते हैं (पद सं. 2338)। कृष्ण राधा के रूप के रसिक हैं, लुब्ध मधुप हैं। राधा का चारुत्व सफल है, क्योंकि उसमें कृष्ण की सच्ची अनुरक्ति है। कामिनी के कमनीय सौंदर्य की सफलता प्रिय को सुखद और प्रिय लगने में ही है—'प्रियेषु सौभाग्यफलां हि चारुता।' रतिकेलि प्रेमसाधना की सिद्धि है, चरम उत्कर्ष है, अतः सूर ने रतिकेलि के समय राधा के सौंदर्य का भव्य वर्णन किया है। यह रूप और रस की पूर्णावस्था है, इसलिए सूरदास ने संयोगलीला में राधा के सौंदर्य-वर्णन में अपनी सर्जनात्मक प्रतिभा का भरपूर उपयोग किया है।

सूरदास ने राधा का सर्वांग सौंदर्य वर्णन किया है, किंतु राधा के नयन सूरदास के मानस के केंद्रबिंदु हैं। राधा विशालाक्षी हैं, उनके नेत्र चंचल हैं, चतुर हैं, घातक हैं, तृषार्त हैं, अनुरक्त हैं, रूपलोभी हैं। ये आंखें अत्यंत व्यापक और गंभीर हैं, जिनमें शोभा सिंधु (कृष्ण) समाहित हो जाता है, आंखों में सागर का समावेश एक अद्भुत संयोग है। सुरतिगोपन में संलग्न राधा के रागरंजित नयन उनकी सखियों के सामने उनके सुरतिगोपन के प्रयास को विफल कर देते हैं और वह सुरतिलक्षिता दिखाई देती है :

खंजन नैन सुरंग रस माते।
अतिसय चारु बिमल, चंचल ये, पल पिंजरा न समाते।
बसे कहूं सोई बात सखी, कहि रहे इहां किहिं नातै।
सोई संज्ञा देखति औरासी, बिकल उदास कला तैं।
चलि चलि जात निकट स्रवननि के सकि ताटंक फंदाते।
सूरदास अंजन गुन अटकै, नतरु कबै उड़ि जातै।। (3285)

रासेश्वरी, रसेश्वरी, सर्वेश्वरी

प्रकृति के पावन परिवेश में शरतचंद्रिका के उज्ज्वल आलोक में मुरली-ध्वनि के रसमय संगीत के सहारे राधिकारमण ने रासलीला की आयोजना की और राधा तथा अन्य गोपियों के प्रेम की चरम परिणति, महामिलन की योजना पूर्ण हुई। सुंदरी राधा इस रासलीला की नायिका हैं (पद सं. 1655)। राधा रासलीला की मूल क्रियाशील शक्ति हैं, आनंद शक्ति हैं। रासलीला के समय यमुना के तट पर कृष्ण के साथ राधा और अन्य गोपियों ने श्रृंगार किया और तब रासलीला

प्रारंभ हुई। रासमंडल के मध्य में राधा स्थित हैं। रासलीला में राधा कृष्ण की विशेष प्रिया हैं, अन्य गोपियों को छोड़कर कृष्ण राधा के साथ एकांत में रास-लीला संपन्न करते हैं।

स्वकीया

सूरदास ने रासलीला में राधा-कृष्ण के गंधर्व विवाह के आयोजन के द्वारा राधा को कृष्ण की स्वकीया के रूप में प्रस्तुत किया है। राधा-कृष्ण के इस प्रेम-विवाह की भूमिका सूरदास ने दोनों के बचपन से ही तैयार की है। राधा-कृष्ण की जोड़ी यशोदा को पसंद है और वृषभानु-पत्नी भी राधा-कृष्ण के संयोग की कामना करती है। वर और कन्या दोनों पक्ष इस भावी विवाह की मौन स्वीकृति बहुत पहले ही दे चुके हैं। इस गंधर्व विवाह में राधा का अनन्य रूप-माधुर्य पूर्ण निखरा हुआ दिखाई देता है। राधा का दुलहिन के रूप में भव्य वर्णन सूरदास ने किया है—राधा निर्मल चांदनी है, काली अलकों के बीच मुक्त द्युति के समान मांग है, कानों में ताटंक हैं और गौर ललाट पर सौभाग्य का चिह्न सिंदूर की बिंदी है। आलस भरे नैन सुंदर हैं, कनकलता-सी देहयष्टि में पुष्प-से सुंदर पयोधर हैं। राधा राधा के ही समान हैं, वह अनन्य हैं, अनुपम हैं, श्याम की सदा प्रिया हैं (पद सं. 1694)। राधा और कृष्ण दोनों दो देह एक प्राण हैं, राधा कृष्ण की एकांत प्रिया हैं (पद सं. 1703)।

सूरदास ने रासनृत्य और जलक्रीड़ा में राधा-कृष्ण को पति-पत्नी के रूप में प्रस्तुत किया है :

> दुलहिनि दूलह स्यामा स्याम।
> कोक-कला-व्युतपन्न परस्पर, देखत लज्जित काम।
> जा फल कौ व्रजनारि कियौ व्रत, सौ फल सबहिनि दीन्हौ।
> मन कामना भई परिपूरन, सबहिनि मानि जु लीन्हों।
> ....
>
> सूर स्याम मोहनि मूरति कौ, बार बार उर लावति॥ (1761)

सूरदास के बहुत पहले से भक्ति और काव्य के क्षेत्र में राधा का परकीया रूप स्वीकृत था, लेकिन सूरदास ने उसे स्वीकार नहीं किया। सूर ने राधा को स्वकीया के रूप में ही उपस्थित किया है।

कामिनी

रासलीला से ही राधा का कामिनी रूप प्रकट हुआ है। रास के अनंतर श्याम और राधा विलासलीला में, रसकेलि में प्रवृत्त होते हैं, दोनों ही कामकला-पटु हैं (पद सं० 1762)। कृष्ण अपने पीतांबर से राधा के श्रमजल को सुखाते हैं,

स्वेदबिंदुओ को अपने मुख-मारुत से सुखाते हैं (पद सं० 1764)। संपूर्ण रास-लीला प्रेम रसपूर्ण लीला है। जलक्रीड़ा में कृष्ण राधा के सहज अनावृत सौंदर्य पर मुग्ध हैं। राधा की भीगी लटें वक्षदेश पर बिखरी हुई हैं और उनमें से जल की बूंदें चू रही हैं, लटों से स्रवित जल कुचों के मध्य से प्रवाहित हो रहा है (पद सं० 1784)। राधा-कृष्ण परस्पर एक दूसरे के सौंदर्य पर लुब्ध हैं और यौवन-रस का पान करते हैं। जलक्रीड़ा में ही राधा के मनोहर प्राकृत सौंदर्य का वर्णन सूरदास ने किया है :

राधे छिरकति छींट छबीली।
कुच कुंकुम कंचुकि बंद छूटे, लटकि रही लट गीली।
बंदन सिर ताटंक गंड पर, रतन जटित मनि नीली।
गति गयंद, मृगराज सुकटि पर, सोभित किंकिनि ढीली।
मच्यौ खेल जमुना-जल अंतर, प्रेम मुदित रस झीली। (1778)

राधा असाधारण सुंदरी हैं और उनका निर्माण विधि ने रूप-रत्नाकर को मथकर उसके सारतत्त्व से किया है, इसलिए कृष्ण इस सौंदर्य के वशीभूत हैं (पद सं० 1815)। सखियों के बीच में राधा गूढ़ प्रेमिका है। अपने प्रेम को गोपनीय रखना चाहती है, लेकिन चतुरा गोपियां राधा के अनुरागी चित्त की गति जान लेती हैं।

राधा कृष्ण के प्रेम से परिपूर्ण हैं (पद सं० 2463)। उनका मन कृष्ण के अनुराग से भरा है और देहदशा विस्मृत हो गई है। राधा ने लोक-संकोच त्याग दिया है (पद सं० 2518)। राधा और कृष्ण दोनों बारह वर्ष के हैं, एक रस-नागर हैं तो दूसरी रसनागरी। राधा यमुना-तट पर कृष्ण की प्रतीक्षा करती है, कृष्ण राधा से मिलते हैं और इस प्रकार दोनों की प्रेमलीला चलती है। दोनों तद्रूप और तद्भाव भावित हैं, राधा कृष्ण के अंतर में स्थित हैं और कृष्ण राधा की आत्मा में, राधा कृष्ण की आंखों में हैं और कृष्ण राधा की आंखों में बसते हैं (पद सं० 2581)। रतिरस निमग्न राधा और कृष्ण को बाहर की सुधि नहीं है (पद सं० 2601)। रतिसिद्धा राधा का मनोज्ञ चित्र सूर ने खींचा है। राधा की लटें खुली हुई और मुख पर बिखरी हुई हैं, शरीर पर वस्त्र मलिन हो गए हैं, कुचों पर नई चोली फटी हुई है। अलसाए नैन और अटपटी वाणी बोलती हुई राधा जंभाई लेती हुई चली आ रही है।

लटैं उघरारी कहीं छूटि-छूटि आनन पैं,
भीजी हैं फुलेलनि सों आली हरि संग केलि।
सौंधें अरगजा अरु मरगजी सारी अंग।
कहूं दरकी कुचनि पर अंगिया नवेलि।

नैन अरसात अरु बैनहू अपटात,
जाति ऐड़ाति गात गोरि बहियानि झेलि।
सूर प्रभु प्यारी प्यारे संग करि रंग रास,
अरस परस दोऊ अंकम् धर्यो है मेलि ॥ (2628)

राधा-कृष्ण की संयोगलीला में अनेक बार मान और मनुहार के बीच रतिकेलि का आयोजन है। सहज रति के साथ-साथ विपरीत रति का भी वर्णन सूरदास ने किया है। राधा का रसमयी रमणी-रूप अनेकशः वर्णित है। यमुना तट पर, हिंडोले पर, वसंतोत्सव लीला में, फाग में और होली में राधा कृष्ण की प्रिया के रूप में चित्रित हैं।

मानिनी

मानिनी राधा की गौरव-गरिमा स्वकीया की है। राधा कृष्ण के बहुनायकत्व पर क्रोधित होकर मान करती है। मानलीला में गर्वजनित, भ्रांतिजन्य और ईर्ष्या-जनित मान है। लघुमानलीला में कृष्ण की प्रेमगर्विता राधा ने मान किया। श्रीकृष्ण राधा के दरवाजे से लौट गए तो राधा का मन बेचैन हो उठा। राधा विरह व्याकुल हो गई, सखियों की सहायता से पुनः संयोग हुआ। राधा में अनुरक्ति का भाव इतना तीव्र है कि मान में मन स्थिर नहीं रह पाता, प्रिय का क्षणिक वियोग भी असह्य हो जाता है। बार-बार कृष्ण के बहुनायकत्व ज्ञात होने पर राधा दृढ़ मान करती हैं। सखियों के प्रयत्न से राधा का मान भंग नहीं होता है तो स्वयं श्रीकृष्ण दूती के वेश में प्रिया के पास मनुहार के लिए पहुंच जाते हैं। इस प्रकार मानलीला में राधा एक गौरवशालिनी स्वकीया के रूप में सामने आती हैं।

परम वियोगिनी

संयोग में सूरदास ने राधा के शारीरिक सौंदर्य, रूप की आकर्षण शक्ति और मन की क्रियाशीलता का मनोहर वर्णन किया है, लेकिन वियोग चित्रण में आत्मा की साधना, शक्ति, शील और सुषमा की अभिव्यंजना है। राधा की संयोग की यात्रा स्थूल से सूक्ष्म की ओर प्रयाण है, शरीर से मन और मन से आत्मा की ओर। संयोग में राधा का व्यक्तित्व बहिर्मुखी है, उनके रूप और प्रेम का प्रसार संपूर्ण लोक में है, लेकिन वियोग में राधा अंतर्मुखी हैं, कृष्ण के साथ ही सारा लोक उनके मानस में समाहित हो गया है। संयोग में वह मुखर, स्वछंच्द और कलावती हैं, लेकिन वियोग में शांत, गंभीर, संयमित और तपस्विनी हैं।

प्रिय के मथुरागमन की सूचना से राधा का अंतर व्याकुल है, चित्त उद्विग्न है, किंतु वे मौन हैं। राधा अन्य गोपियों की भांति अपनी विकलता प्रकट नहीं

कर रही हैं। वियोगिनी राधा को प्रायः सूरदास ने मुखर गोपियों से अलग ही रखा है। राधा की विरह-वेदना असीम है, अथाह है और अवर्णनीय है। कृष्ण का योग-संदेश लेकर उद्धव मथुरा से गोकुल की ओर आ रहे हैं। किसी गोपी ने राधा से उद्धव के आगमन की सूचना दी कि कृष्ण के समान रूप-रंग का कोई व्यक्ति उसी रथ पर चढ़कर इधर आ रहा है। (पद सं० 4077)। राधा ने समझा कि कृष्ण ही आ रहे हैं तो वह हर्षातिरेक से उत्फुल्ल हो उठी। लेकिन भ्रमरगीत में राधा को सूरदास ने मौन ही रखा है और वह उद्धव-गोपी-संवाद में भी भाग नहीं लेती। राधा कृष्ण के योग-संदेश को सुनकर सहज ही मृतप्राय हो गई, इसलिए राधा की शारीरिक और मानसिक स्थिति वाद-विवाद में सहयोग करने की नहीं है। राधा तो आशा के सहारे प्रिय-मिलन तक किसी प्रकार जीवन कायम रखने का प्रयास कर रही है। गोपियों ने उद्धव के समक्ष राधा की विरह विदग्ध मानसिक और शारीरिक दशा का जो चित्र उपस्थित किया है, वह अत्यंत कारुणिक है। राधा का रूप मुरझाया हुआ है, उन्होंने प्रेम की स्मृति को सुरक्षित रखा है। राधा दांव पर हारे जुआरी की भांति हतप्रभ और किंकर्तव्यविमूढ़ हैं। राधा ने प्रेम के दांव पर अपना सर्वस्व न्योछावर कर दिया और बदले में उन्हें वियोग की असह्य वेदना ही मिली। राधा नतमुखी हैं, उनकी अलकें बिखरी हुई हैं, मुखसरोज कुम्हलाया हुआ है :

> अति मलीन वृषभानु कुमारी।
> हरि श्रम-जल भींज्यौ उर अंचल, तिहिं लालच न धुवावति सारी।
> अध मुख रहति अनत नहिं चितवति, ज्यों गथ हारे थकित जुवारी।
> छूटे चिकुर बदन कुम्हिलाने, ज्यों नलिनी हिमकर की मारी।
> हरि संदेस सुनि सहज मृतक भइ, इक बिरहिनि, दूजे अलि जारी।
> सूरदास कैसे करि जीवैं, व्रज बनिता बिन स्याम दुखारी॥ (4692)

इस पद में जिस 'लालच' की चर्चा है वह वियोगकाल में प्रेमवल्लरी का जीवन रस है। वियोगकाल में प्रिय से संबद्ध प्रत्येक वस्तु से स्मृति की जो सुगंधि प्राप्त होती है वह प्रेमियों के लिए परमकाम्य है और प्रेम को जीवित रखने का एकमात्र सहारा है। वास्तव में घ्राणशक्ति अत्यंत कल्पनाशील होती है। सूरदास ने इस पद में 'ता लालच' के द्वारा प्रेम के स्थायित्व को स्मृति के सहारे कायम रखने की मनोवैज्ञानिक प्रक्रिया का उद्‌घाटन किया है।

उद्धव ने ब्रज से लौटने के बाद कृष्ण के सामने राधा का जो करुण चित्र उपस्थित किया है उससे विरहिणी राधा का अत्यंत प्रभावशाली रूप प्रकट हुआ है। उद्धव ने कृष्ण से कहा कि राधा मुझे देखते ही विरह-व्याकुल हो गई, वह विरह-विदग्धा जब मेरे स्वागत के लिए आगे बढ़ी तो उसके हृदय का स्पंदन अत्यंत क्षीण था, सारा शरीर स्वेदजल से भीगा हुआ और भुजाएं गतिहीन थीं।

उसके वलय खंडित, कंचुकी तार-तार और साड़ी मलिन थी। वह मणिहीन सर्प की भांति निस्तेज और निर्जीव थी (पद सं० 4722)। उद्धव ने कहा कि राधा की विरह-वेदना असीम है, वह राधा और कृष्ण दोनों रूपों में विरह-संतप्त है। वह शीतलता चाहती है (पद सं० 4724)। परम वियोगिनी राधा के रूप में तन्मयासक्ति और परमविरहासक्ति की अभिव्यंजना है। राधा की तन्मयता तद्रूपता, तद्गतप्राणता और तद्भावभाविता में अनुरक्ति और भक्ति की चरम परिणति है।

कुरुक्षेत्र में राधा-माधव और राधा-रुक्मिणी मिलन में राधा का भावात्मक रूप व्यंजित है। राधा कुरुक्षेत्र में कृष्ण से मिलने के लिए उत्सुक है, किंतु उपयुक्त अवसर ही नहीं आया। निकट होकर भी प्रिय दूर है, इसलिए राधा के नेत्र सजल हैं, मन व्याकुल है (पद सं० 4898)। राधा कृष्ण से मिलने के पूर्व रुक्मिणी से मिली। राधा और रुक्मिणी दोनों समवयस्का हैं, लगता है दोनों एक बाप की बेटी हैं और दोनों कृष्ण की प्राणप्रियाएं हैं। कुरुक्षेत्र में राधा और माधव का मिलन केवल प्रिय और प्रिया का ही मिलन है। राधा और माधव दोनों एक ही रंग में रंगे हुए हैं—प्रेम के रंग में, दोनों की गति एक-सी है।

पराशक्ति

सूरदास ने राधा के पराशक्ति रूप की ओर भी बार-बार संकेत किया है। राधा कृष्ण की शाश्वत प्रिया हैं, उनका प्रेम पुरातन और सनातन है। राधा जगत-जननी और जगदीशप्रिया हैं। वे 'सेस, महेस, गनेस, सुक नारद' आदि की स्वामिनी हैं, 'रमा, उमा, सची और अरुंधति' आदि से श्रेष्ठ हैं। कृष्ण की भक्ति की उपलब्धि के लिए राधा के चरणों में अनुरक्ति आवश्यक है, राधा का अनुग्रह अनिवार्य है। राधा भक्तों की स्वामिनी और मंगलदायिनी हैं:

सेस, महेस, गनेस, सुकादिक, नारदादि की स्वामिनि।
... ...
सहज माधुरी अंग अंग प्रति, सुबस किये ब्रज धनी।
अखिल लोक लोकेस विलोकत, सब लोकनि के गनी।
... ...
रमा, उमा, अरु सची, अरुंधति, दिन प्रति देखन आवै।
निरखि, कुसुमगन बरषत सुरगन, प्रेम मुदित जस गावै।
रूप-रासि, सुख रासि, राधिके, सील महा गुन रासी।
कृष्न चरन ते पावहिं स्यामा, जे तुव चरन उपासी।
जगनायक, जगदीस-पियारी, जगत्-जननि जगरानी।
नित विहार गोपाललाल संग, वृंदावन रजधानी।

अगतिनि की गति, भक्तनि की पति राधा मंगलदानी।
असरन-सरनी, भव भय हरनी, वेद, पुरान बखानी।
रसना एक नहीं सत कोटिक, सोभा अमित अपार।
कृष्ण भक्ति दीजै श्रीराधे सूरदास बलिहार। (1673)

लोकजीवन में प्रादुर्भूत, लोकगीतों के नैसर्गिक परिवेश में पली और संस्कृत तथा लोकभाषाओं के गीतकाव्य में विकसित राधा पहले से ही लोकप्रिय थीं, लेकिन सूरदास की सघन प्रेमानुभूति की स्वच्छंद अभिव्यक्ति से विनिर्मित और शास्त्रीय संगीत की कलात्मकता तथा लोकगीत की सहजता से सुसज्जित राधा का विशुद्ध गीतिकाव्यात्मक चरित्र विशेष रूप से जनजीवन और कला-जगत में लोकप्रिय हो गया। सूरदास की राधा में तंत्रों की शक्ति और सांख्य की प्रकृति के तत्त्व हैं। पुराणों की पराशक्ति, गीतगोविंद की विलासवती प्रगल्भा, गाथासप्तशती की विशालाक्षी आभीर कन्या, नरसी मेहता की रतिरसज्ञा राही, चंडीदास की प्रेम उन्मादिनी कानुराई, आलवारों की कृष्णलीला सहचरी नाप्पिन्नाई, तुकाराम की आत्मरूपिणी रखुमाई और विद्यापति की कृष्णकामना मूर्ति 'राधा के संयोग से ही सूर की राधा का स्वरूप निर्मित है; किंतु राधा का अनुरागमयी बालिका, प्रेममयी किशोरी, रसमयी कामिनी और परमवियोगिनी स्वकीया का मनोहर रूप सूरदास की काव्यसाधना और सर्जनात्मक प्रतिभा की मौलिक उपलब्धि है।

सूरदास की राधा का परवर्ती विकास रीतिकाल की कामनामयी राधा के रूप में हुआ। रीतिकाल में राधा के व्यक्तित्व के मनसतत्त्व या आत्मतत्त्व की ओर कवियों का ध्यान नहीं था। रीतिकाल में राधा के आत्मिक सौंदर्य के लोक-रंजनकारी स्वरूप की व्यंजना नहीं हुई, राधा की तनद्युति में ही कवियों का अनुराग स्थिर था, वही उनके काव्य का विषय और लक्ष्य था। भक्तिकाल का उदात्त आत्मवाद रीतिकाल के मोहक देहवाद में परिवर्तित हो गया। कवि तन-द्युति के तीव्र आलोक से ही चमत्कृत हो गया, कामिनी की कामकला पर ही लुब्ध और मुग्ध हुआ। रीतिकाल का कवि राधा के मन की गहराइयों का स्पर्श न कर सका, इसलिए वह जनता के मन को भी न छू सका। हिंदी के आधुनिक युग के रचनाकारों और पाठकों ने सूरदास की राधा को स्वीकार किया है, रीति-काल की राधा को नहीं।

गोपियां

गोपियों के चरित्र-निर्माण में सूरदास की वैष्णव भावना, प्रेमानुभूति और सृजन की नवीन दृष्टि का संतुलित स्वरूप अभिव्यक्त हुआ है। सूरदास ने गोपियों के चरित्र का विकास दो स्तरों पर किया है : (1) गोपियों का सामूहिक शील, और (2) व्यक्तिगत शील। सूरदास की सारी गोपियों का शील भाव के स्तर

पर एक-सा है, वे एक व्यक्ति के रूप में दिखाई पड़ती हैं। लेकिन उनमें अनेक प्रकृति की गोपियां हैं, जिनकी पृथक-पृथक सत्ता भी है। व्यक्तित्व और आचरण संबंधी गोपियों की अपनी-अपनी विशेषताएं हैं। अनेक गोपियां अपने पृथक नाम, रूप, अवस्था, परिस्थिति, भावप्रवणता और आचरण के कारण अपना स्वतंत्र व्यक्तित्व रखती हैं। कुछ अनाम होकर भी स्वतंत्र रूप, अंतःप्रकृति और आचरण की गोपियां हैं। भाव के स्तर पर सभी गोपियां राधा की तरह ही हैं, लेकिन व्यक्तित्व के स्तर पर उनकी पृथकता और निजत्व स्थापित है। यह ठीक है कि प्रत्येक गोपी का स्वतंत्र व्यक्तित्व विकसित नहीं हुआ है, लेकिन चंद्रावली, ललिता, प्रमुदा और शीला आदि अनेक गोपियां अपने रूप-माधुर्य, भाव स्निग्धता और शील वैचित्र्य के कारण सहृदय के मानस पर अपने स्वतंत्र व्यक्तित्व की एक तीव्र ज्योतिरेखा डालने में समर्थ हो जाती हैं। सहृदय पाठक के मानस पर उनके व्यक्तित्व का कोई पूर्ण चित्र नहीं बन पाता है, लेकिन एक ऐसा खंडचित्र अवश्य बन जाता है, जो शीघ्र मिट नहीं सकता।

गोपियां दो प्रकार की हैं—एक स्नेहशीला और दूसरी अनुरागवती। ब्रज की वयस्क गोपियां सब की सब स्नेहशीला हैं, श्रीकृष्ण के प्रति उनके हृदय में ममता है, वात्सल्य है। कृष्ण के जन्म से ही इन गोपियों का चित्त उल्लसित और आनंदमय है। ऐसी सभी गोपियां जन्मोत्सव में भाग लेती हैं, मंगलगीत गाती हैं, कृष्ण का दर्शन करती हैं और आशीर्वाद भी देती हैं। ऐसी गोपिकाएं कृष्ण की बाललीलाओं से हर्षित होती हैं। ये गोपियां यशोदा के साथ वात्सल्यानुभूति करती हैं।

अनुरागवती गोपियां भी दो प्रकार की हैं—(क) किशोरी कुमारियां और (ख) प्रौढ़ा ब्रजांगनाएं। कुमारियों में इंद्रियासक्ति और इंद्रिय संवेदनशीलता अधिक है, लेकिन प्रौढ़ाओं की अनुरक्ति स्थिर और अपेक्षाकृत शांत है। प्रौढ़ाएं प्रायः परकीया रूप में चित्रित हैं, इनका प्रेम गुप्त है। माखनचोरी में प्रौढ़ाओं का अनुराग विकसित हुआ है। गोपियां माखनचोरी के समय कृष्ण का आलिंगन करती हैं और अपना प्रेम प्रकट करती हैं। एक गोपी यह कामना करती है कि कृष्ण उसके घर पर माखनचोरी के लिए आएं तो कृष्ण उसके घर पहुंच जाते हैं, माखनचोरी करते हैं। गोपी का रोम-रोम पुलकित होता है और वह प्रेम आप्लावित हो जाती है (पद सं० 882)। एक दूसरी प्रौढ़ा गोपी ने कृष्ण को अपने घर में देखकर प्रगाढ़ आलिंगन किया (पद सं० 893)। दही-मंथन में रत एक गोपी का चित्रात्मक वर्णन सूरदास ने किया है—वह यौवन-मदमस्त है, उसकी वेणी कटि तक लहरा रही है, गौर शरीर, अल्प आयु और उसका स्वभाव भोला है। वह दोनों हाथों से जब मथानी की रस्सी खींचती है तो उसके अंग-प्रत्यंग गतिमान हो जाते हैं। कृष्ण उस गोपी के सौंदर्य पर मुग्ध हैं (पद सं० 918)। कृष्ण

उस ग्वालिनी के घर में घुस गए, गोपी ने कृष्ण का आलिंगन किया तो कृष्ण बारह वर्ष के बन गए (पद सं० 919)। इस प्रकार बाललीला में जो भावती-लीला की योजना सूर ने की है, उसमें प्राय: प्रौढ़ा ब्रजांगनाओं का प्रेम प्रकट हुआ है। ऐसी गोपियां यशोदा से कृष्ण की माखनचोरी की ऊपरी मन से शिकायत करती हैं, किंतु अंतर्मन में अनुराग दृढ़तर होता जाता है। किशोरी कुमारियों में प्रेम का वेग प्रबल है। चीरहरणलीला में कुमारियों का प्रेम पुष्ट हुआ है। कुमारी गोपियां कृष्ण के सौंदर्य पर आसक्त हैं और आकृष्ट भी। ऐसी गोपियां कृष्ण को पति के रूप में प्राप्त करने के लिए शिव की पूजा करती हैं और चीरहरणलीला में कृष्ण उनकी मनोकामना पूरी करते हैं।

पनघटलीला, दानलीला और रासलीला में दोनों प्रकार की गोपियां प्रेमलीला में साथ-साथ भाग लेती हैं और कृष्ण का प्रेम पाकर मस्त, उन्मत्त और प्रेममय हो जाती हैं। पुराणों में गोपियों के अनेक नामों की चर्चा है। पद्मपुराण की प्रमुख गोपियां हैं—राधा, ललिता, स्यामला, धन्या, हरिप्रिया, विशाखा, शैव्या, पच्चा, भद्रा, चंद्रावती, चंद्रावली, चित्ररेखा, चंद्रा, मदनसुंदरी, प्रिया, मधुमती आदि। ब्रह्मवैवर्त पुराण की गोपियां हैं—सुशीला, चंद्रमुखी, माधवी, कदंबमाला, कुंती, यमुना, सर्वमंगला, पद्ममुखी, सावित्री, पारिजाता, जाह्नवी, सुधामुखी, शुभा, पद्मा, गौरी, स्वयंप्रभा, कलिका, कमला, दुर्गा, सरस्वती, भारती, अपर्णा, रति, गंगा, अंबिका, कृष्णप्रिया, चंपा, चंदननंदिनी, शशिकला, मंगला, सती, नंदिनी, सुंदरी, कृष्णप्राण, मधुमती, चंद्रना[22]। भविष्येतर पुराण तथा भक्तिरसामृतसिंधु में भी गोपियों के नाम की लंबी सूचियां हैं। सूरदास ने भी राधा की सखियों के रूप में अनेक गोपियों का नामोल्लेख किया है :

> कहि राधा किन हार चुरायौ।
> ब्रज जुवतिनि सबहिन मैं जानति, लै लै नाम बतायौ।
> स्यामा, कामा, चतुरा, नवला, प्रमदा, सुमदा नारि।
> सुखमा, सीला, अवधा, नंदा, वृंदा, जमुना सारि।
> कमला, तारा, विमला, चंदा, चंद्रावलि सुकुमारि।
> अमला, अवला, कंजा, मुकुता, रीरा, नीला प्यारि।
> सुमना, बहुला, चंपा, जुहिला, ज्ञाना, भाना भाउ।
> प्रेमा, दामा, रूपा, हंसा, रंगा, हरषा जाउ।
> दुर्वा, रंभा, कृष्ना, ध्याना, मैंना, नैंना रूप।
> रत्ना, कुसुमा, मोहा, करुना, ललना, लोभाऽनूप। (2626)

सूरदास ने अनेक गोपियों के नाम पुराणों से ही लिए हैं, लेकिन कुछ नाम सूर-सागर के अपने हैं, जो पुराणों में नहीं हैं। सूरदास ने खंडिता प्रकरण में और बसंतलीला में ललिता, शीला, चंद्रावली, सुखमा, वृंदा, प्रमुदा तथा कुमुदा आदि

के प्रेम वैशिष्ट्य का वर्णन किया है। ये सभी गोपियां कृष्ण से प्रेम करती हैं और प्रेमभाव के स्तर पर समान दिखाई देती हैं, फिर भी इनके शील की स्वतंत्र रूप-रेखाएं निर्मित हैं।

गोपियां प्रेम-प्रतीक हैं। सभी गोपियां कृष्ण के प्रेमरंग में डूबी हुई हैं। उन्होंने लोक तथा वेद की मर्यादाओं का पूर्णतः तिरस्कार कर दिया है। सूर की गोपियों में ग्रामीण जीवन की सरलता, सहजता और अल्हड़ता है। प्रेम में उन्मत्त गोपियों का मन किसी प्रकार की मर्यादा और सीमा का कायल नहीं है। गोपियों ने अपना सर्वस्व कृष्ण को अर्पित कर दिया है। कृष्ण की सुखाकांक्षा ही उनके जीवन का लक्ष्य है, कृष्ण की तृप्ति में ही उनकी संतुष्टि है। गोपियों के प्रेम की यह विचित्रता है कि उनमें परस्पर ईर्ष्या का अभाव है, सभी गोपियां परस्पर संयुक्त रूप से कृष्ण की संयोगलीला में भाग लेती हैं और सभी राधा-कृष्ण की संयोग-लीला में सखी और दूती के रूप में सहायता भी करती हैं। कृष्ण और गोपियों का प्रेम लोकोत्तर है।

गोपियां प्रेम-प्रतिमाएं हैं। उनका प्रेम स्वच्छंद है, विधि-निषेध से परे और बाधाबंधन से मुक्त है। गोपियां स्वभावतः पक्षियों की भांति स्वच्छंद हैं। प्रकृति के उन्मुक्त परिवेश में उनकी प्रेमलीला चलती है इसलिए उनका प्रेम भी सहज, प्राकृत तथा बंधनमुक्त है। गोपियों के प्रेम के उद्दाम भाववेग में लोक और वेद की मर्यादा का बांध ध्वस्त होकर बह जाता है। गोपियां प्रेम में केवल अपने मन की गति और प्रिय की इच्छा को ही महत्त्व देती हैं, शेष प्रत्येक प्रकार के बाहरी प्रतिबंधों का तिरस्कार करती हैं। गोपियां जानती हैं कि उनके लिए कृष्ण का प्रेम ही विश्व में एकमात्र सत्य है। गोपीचरित्र सौंदर्य, प्रेम और आनंद की शाश्वत कथा है। सागर और सरिता की भांति कृष्ण और गोपियों का मिलन निर्बंध और निस्सीम है। गोपियों का मन कृष्ण में लगा है, तन की सुधि नहीं है; फिर लोक की चिंता कौन करे। गोपियां कृष्ण के प्रेम के कारण उत्पन्न होनेवाले यश-अपयश से भयभीत नहीं हैं। प्रेमपुलकित गोपियों की स्वच्छंद प्रेमलीला की अभिव्यंजना झूलन और वसंतलीला में हुई है। गोपियां फाग में सज-धजकर कृष्ण के साथ होली खेलती हैं। ब्रज की होली प्रसिद्ध है। आज भी ब्रजवासी स्त्री-पुरुष स्वच्छंद भाव से होली खेलते हैं। सूरदास ने अपने समय के जनजीवन में प्रचलित वसंतोत्सव को ही कृष्ण और गोपियों के वसंतोत्सव के रूप में उपस्थित किया है। यह लोकजीवन के यथार्थ की कलात्मक अभिव्यक्ति है। फाग खेलने में गोपियों का बाह्याभ्यंतर रागरंजित दिखाई पड़ता है। इस होली में मदमाती रंगराची, बावरी तथा यौवनगर्वीली गोपियों की स्वच्छंद प्रकृति का सूरदास ने वर्णन किया है।

गोपियों के शील और आचरण में रागानुरागा भक्ति का चरम उत्कर्ष

दिखाई पड़ता है। सभी गोपियों में कृष्ण के प्रति आसक्ति है। स्नेहशीला गोपियों में वात्सल्यासक्ति है, कुमारियों में कांतासक्ति, ब्रजांगनाओं में तन्मयासक्ति और कृष्ण के मथुरा-प्रवासकाल में सभी गोपियों में परम विरहासक्ति का उत्कर्ष दिखाई पड़ता है। गोपियों के चरित्र की आध्यात्मिक व्याख्याएं भी हुई हैं। कहा जाता है कि प्रतीकात्मक अर्थ में कृष्ण आत्मा हैं तथा गोपियां उनकी विभिन्न वृत्तियां हैं। सूरदास ने गोपियों को भागवत की भांति ही श्रुतिरूपा कहा है। श्रुतियां दो प्रकार की हैं—अनन्यपरा और अन्यपरा। अनन्यपरा श्रुतियां वे हैं जो साक्षात रूप से ब्रह्म से पर्यवसित होती हैं। अन्यपरा श्रुतियां वे हैं जिनका तात्पर्य तो प्रत्यक्षतः अन्य देवताओं से है, किंतु परंपरा से उनका तात्पर्य और अंतर्निहित तात्पर्य परब्रह्म से ही होता है। श्रुतियों की भांति ही गोपियां भी दो प्रकार की हैं—अनन्यपरा और अन्यपरा। अनन्यपरा गोपियां कुमारियां हैं, जो कृष्ण को पति के रूप में प्राप्त करने के लिए शिव आदि की प्रार्थना करती हैं और अन्यपरा गोपियां ब्रजांगनाएं हैं, उनका परकीया-रूप में वर्णन हुआ है। यद्यपि सूरदास ने गोपियों को श्रुतिरूपा कहा है किंतु उन्होंने गोपियों के चरित्र-निर्माण में भागवतादि पुराणों तथा वैष्णव आलंकारिकों से स्वतंत्र दृष्टिकोण से काम लिया है। भागवत की गोपियां व्यक्ति न होकर प्रतीक ही प्रतीत होती हैं, किंतु सूरसागर की गोपियों में वैयक्तिकता है और उनका मानवीय रूप अभिव्यक्त है। गोपियों के शील-निरूपण में मानवीयता और अलौकिकता का समन्वय सूर की प्रतिभा की देन है।

गोपियों के जीवन में प्रेम का सुख अल्पकालिक है, किंतु प्रेम की वेदना असीम है। कृष्ण से वियुक्त विरहिणी गोपियों की कथा को सूर ने अधिक मनोयोगपूर्वक गाया है। गोपियां कृष्ण के साथ गोकुल में संयोग के आनंद-सागर में अवगाहन कर रही थीं कि इसी बीच वियोग का दारुण समाचार मिला। जीवन के इस असंभावित परिवर्तन ने उन्हें असीम विरहाग्नि में झुलसने के लिए छोड़ दिया। गोपियां कृष्ण के मथुरा जाने की खबर से हतप्रभ और चित्रवत खड़ी हैं। वे कृष्ण के वियोग की आशंका से अत्यंत व्याकुल हैं। गोपियों को शंका है कि कृष्ण के चले जाने के बाद क्या वे जीवित रह सकेंगी (पद सं. 3583)। गोपियां सोचती हैं कि जिसके एक क्षण का वियोग असह्य था, क्या उसका दीर्घकालीन वियोग सहनशक्ति के बूते की बात है? कृष्ण अक्रूर के साथ मथुरा चले गए और गोपियां देखती ही रह गईं।

गोपियों को आशा थी कि कृष्ण उनके बचपन के प्रेम को इतना शीघ्र नहीं भूल जाएंगे और किसी न किसी दिन लौटकर आएंगे। लेकिन उद्धव के ब्रजागमन के बाद उनकी रही-सही आशा भी समाप्त हो गई। उद्धव ने ब्रज में गोपियों को योग का संदेश दिया। सीधे-सरल प्रेममार्ग पर चलने वाली गोपियां ज्ञान और

योग की दुर्गम घाटियों में प्रवेश करना नहीं चाहती हैं। गोपियों की वाक्पटुता, विनोदप्रियता और अनन्य प्रेमभक्ति का परिचय भ्रमरगीत में मिलता है। गोपियां उद्धव से बार-बार यही कहती हैं कि हमारा और कृष्ण का प्रेम चार दिन का नहीं है, वह तो बचपन का प्रेम है, वह भला कैसे टूट सकता है (पद सं. 4000)। गोपियों के हृदय में कृष्ण के बालसाहचर्यगत प्रेम की जड़ इतनी गहराई तक पहुंच गई है कि वे उसे उखाड़कर फेंक नहीं सकतीं। गोपियों का संपूर्ण व्यक्तित्व कृष्णमय हो गया है, इसलिए कृष्ण से उनका अलगाव असंभव है। उद्धव-गोपी-संवाद में उद्धव के तर्क शास्त्रीय हैं; जबकि गोपियों के तर्क में प्रेम का पुट और ग्रामीण भाषा की सहजता है। गोपियों ने उद्धव के सामने तर्कातीत तर्क रखा, जो ऊपर से सरल दिखाई पड़ता है किंतु भीतर से गूढ़ और शास्त्रसम्मत भी है। गोपियों के तर्क का आधार है उनका मन, मन की भावनाएं। गोपियां अपने मन के भावों को महत्त्व देती हैं, किसी बाहरी आदेश, उपदेश और साधना को नहीं। गोपियां बार-बार उद्धव से अपने मन की बात कहती हैं। उनका मन जिस बात को नहीं मानता, उसे वे मानने से इनकार करती हैं। गोपियों की ओर से उद्धव के योग तथा ज्ञान के उपदेश का एक ही उत्तर है—'ऊधो मन माने की बात।' यह मन माने की बात मनमानी बात भी है और मानसिक स्वीकृति की बात भी। साथ ही उद्धव को यह भी संकेत है कि आप जिस योग की बात कर रहे हैं, उसका मूल उपादान चित या मन ही है, जो हमारे पास नहीं है, वह कृष्ण के पास है; इसलिए आपका योग बहुमूल्य होकर भी हमारे लिए निरर्थक ही है। गोपियों का प्रेम निःस्वार्थ है। उनकी कामना है कि कृष्ण जहां रहें सुख से रहें, चिरंजीवी हों, लेकिन अपने हृदय में हम लोगों को स्थान दें, हमारे प्रेम को तोड़ें नहीं। मथुरा से कृष्ण जब द्वारिका चले गए तो कृष्ण से संयोग की आशा ही मर गई। कुरुक्षेत्र में कृष्ण ने गोपियों का शरीर छूकर प्रतिज्ञापूर्वक कहा, 'मैं चाहूं तब भी गोकुल की लीला, गोपियों का प्रेम मेरे हृदय से दूर नहीं हो सकता।' कुरुक्षेत्र में गोपियां कृष्ण के इस संयोग से संतुष्ट नहीं हैं क्योंकि गोपियां द्विभुजी मानव कृष्ण से प्रेम करती थीं और कुरुक्षेत्र में कृष्ण का चतुर्भुज रूप दिखाई पड़ता है।

गोपियों के व्यक्तित्व और व्यवहार के माध्यम से सूरदास ने योग, ज्ञान और निर्गुण साधना के ऊपर भावाश्रित भक्ति को प्रतिष्ठित किया है, मानवीय भावों और वृत्तियों के दमन के बदले सहज जीवन और जीवन की स्वाभाविक अनुभूतियों को महत्त्व दिया है। सूरदास मानवीय भावों के विकास को कुंठित करने वाली हर बात का विरोध करते हैं और मानवीय भावों की सहज अभिव्यक्ति को संभव बनाने वाली हर बात का समर्थन करते हैं। सूरदास मानव जीवन की सहजता, स्वतंत्रता, विविधता और पूर्णता के गायक हैं। गोपियों के व्यक्तित्व और व्यवहार

से मानवीय प्रेम की सहजता, स्वच्छंदता और उदात्तता सिद्ध होती है, इसलिए गोपियों से सूर की गहरी सहानुभूति है। गोपियों से सूर की जितनी सहानुभूति संयोग के सुख की अवस्था में है, उससे अधिक वियोग के दुःख की दशा में है। यह कवि की गहरी मानवीय संवेदनशीलता का प्रमाण है। सूर की गोपियों का मानवीय रूप ही सार्थक है, उन्हें आध्यात्मिक प्रतीक मानना उनकी मानवीय सार्थकता को कम करना है।

यशोदा

यशोदा के शील-निरूपण में सूरदास की सघन वात्सल्यासक्ति की अभिव्यक्ति हुई है। यशोदा ममता की मूर्ति हैं, उनमें मातृत्व का चरम उत्कर्ष है। यशोदा का मातृत्व दिक्काल निरपेक्ष है, विश्वजनीन है। यशोदा के व्यक्तित्व में अतीत, वर्तमान और भविष्य की माताओं का स्नेहशील हृदय समाहृत है, प्रतिबिंबित है। यशोदा का मातृ हृदय मां की आशा, आकांक्षा, प्रेम, करुणा, ममता, माया, आनंद एवं वेदना की समस्त संभावनाओं तथा उपलब्धियों का अक्षय कोष है। यशोदा के व्यक्तित्व में मातृत्व का सार्वभौम और शाश्वत स्वरूप सहज ही उद्भासित हो गया है।

यशोदा को जीवन के उत्तरार्ध में पुत्ररत्न की उपलब्धि हुई है। यह दीर्घकालीन तपस्या का फल है, इसलिए कृष्ण यशोदा के असीम आनंद और अनंत ममता के आलंबन हैं। यशोदा ने बालक कृष्ण के अभिराम मुख का प्रथम दर्शन किया तो आनंदातिरेक से हृदय आप्लावित हो गया, वाणी अवरुद्ध हो गई। यशोदा इस पुत्र-सुख को अपने तक सीमित नहीं रखतीं। उन्होंने नंद को बुलाकर कहा कि देवताओं की कृपा से पुत्र प्राप्ति हुई है, इसलिए तुम पुत्र का मुख-दर्शन कर आनंद-लाभ करो (पद सं. 631)। इसमें यशोदा की आस्तिक भावना तथा आदर्श पत्नीरूप की अभिव्यक्ति है। पति-पत्नी नंद-यशोदा इस आनंद-सागर में साथ-साथ अवगाहन कर रहे हैं, दोनों खुशी में सब कुछ लुटा देना चाहते हैं। वास्तव में उनको आज जो प्राप्त हुआ है, उसके आगे शेष सारी दुनिया मूल्यहीन है, तुच्छ है। यशोदा ब्रज की संपूर्ण नारियों को इस आनंदोत्सव में ससम्मान आमंत्रित करती हैं; इसमें यशोदा की उदारता और विनयशीलता प्रकट होती है। यशोदा कृष्ण के लिए पालना मंगाती हैं, उसमें कृष्ण को झुलाती हैं, गीत गाती हैं और आनंदमग्न हैं (पद सं. 661)। यशोदा अत्यंत सरल हृदय की हैं। उन्हें किसी के कपट की आशंका ही नहीं होती। यशोदा के सरल हृदय का ही यह परिणाम है कि वे कृष्ण के अलौकिक कार्यों पर क्षणिक आश्चर्य प्रकट कर पुनः कृष्ण की मानवीय क्रीड़ाओं में मग्न हो जाती हैं। यशोदा के चरित्र की यह विशेषता सूर की नवीन रचनादृष्टि का फल है, जिससे यशोदा के मातृत्व के साथ सामान्य

मातृत्व का भावात्मक स्तर पर तादात्म्य संभव हो पाता है।

पुत्र के विकास के साथ ही माता की कामनाओं का भी विकास होता है। यशोदा सोचती हैं कि कब कृष्ण घुटनों से चलेंगे, पैरों के बल खड़े होंगे, कब उनके दूध के दांत उगेंगे और कब मैं उनकी मधुर वाणी का रसास्वादन करूंगी (पद सं. 694)। यशोदा कृष्ण के प्रसन्न मुख को देखकर सारी चिंताओं को भूल जाती हैं। नामकरण, अन्नप्राशन, वर्षगांठ, कर्णछेदन आदि संस्कारों में यशोदा का गृहिणीरूप अभिव्यक्त है। यशोदा कृष्ण की बालछवि पर मुग्ध हैं। बच्चे माता-पिता के मनोहर खिलौने ही हैं। बालक्रीड़ा में कृष्ण यशोदा और नंद के खिलौने बन गए हैं (पद सं. 716)। यशोदा कृष्ण को चलना सिखाती हैं तो नंद भी कृष्ण की उंगली पकड़कर चलना सिखाते हैं। यशोदा और नंद दोनों साथ-साथ गार्हस्थ्य जीवन का आनंद-लाभ करते हैं। कृष्ण कुछ बड़े हो गए तो स्फुट वाणी बोलने लगे; यशोदा को मैया, नंद को बाबा और बलराम को भैया कहने लगे। यशोदा कृष्ण को बार-बार समझाती हैं कि तुम दूर खेलने मत जाओ अन्यथा किसी की गाय मार देगी (पद सं. 773)। अत्यंत स्नेह से अहित की आशंका उत्पन्न होती है। यशोदा कृष्ण के सोने, जागने, उठने, बैठने और खेलने का सदैव ध्यान रखती हैं। कृष्ण जिसकी गोद में हों, उसके चित्त से क्या वे कभी दूर हो सकते हैं ?

माखनचोरी में यशोदा का स्नेहस्निग्ध किंतु क्रोधी रूप व्यक्त है। कृष्ण सखाओं के साथ ब्रज में माखनचोरी करते हैं, गोपियों के साथ छेड़छाड़ करते हैं और गोपियां बार-बार यशोदा से कृष्ण की शिकायत करती हैं। माता का हृदय पुत्र को कभी दोषी मानने को तैयार ही नहीं है। यशोदा बार-बार यही कहती हैं कि गोपियां झूठ बोलती हैं, हमारा बालक जो घर पर माखनभरी कमोरी में उंगली तक नहीं डालता, वह दूसरों के घर चोरी करने क्यों जाता होगा ? यशोदा ने कृष्ण को भी डांटा। गोपियों की बार-बार की शिकायत से तंग आकर यशोदा ने एक दिन कृष्ण को ऊखल में बांध ही दिया और हाथ में 'सटिया' लेकर मारने दौड़ीं। लेकिन थोड़ी देर बाद कृष्ण के करुण रूप को देखकर उनका हृदय दयार्द्र हो गया। इस प्रकार यशोदा ममता की मूर्ति दिखाई पड़ती हैं।

गोचारण में पुत्र के अनिष्ट की आशंका से आकुल हृदय की दुर्बलता व्यक्त हुई है। कालीदमन लीला में मातृ हृदय की ममता प्रकट है। राधा-कृष्ण प्रसंग में यशोदा के उदार चित्त, संवेदनशील मानस एवं स्नेहिल हृदय की अभिव्यक्ति हुई है। यशोदा राधा-कृष्ण की प्रेमलीला को जानकर भी अनजान बन जाती हैं। कृष्ण के शरीर पर राधा की साड़ी देखकर आश्चर्य प्रकट करती हैं, किंतु शीघ्र ही कृष्ण के भुलावे में आ जाती हैं। यशोदा राधा का अपने घर पर श्रृंगार करती हैं और राधा-कृष्ण की भली जोड़ी को पसंद करती हैं। कृष्ण-गोपी प्रेमलीला में

यशोदा यह विश्वास ही नहीं करतीं कि उनका बालक कृष्ण गोपियों के साथ प्रेम-लीला करता होगा। यशोदा का हृदय विशाल और गंभीर है, उसमें राधा और सभी गोपियों के लिए स्नेह, सौहार्द्र और शुभकामना है। गोवर्धन-पूजा में यशोदा एक आदर्श गृहिणी के रूप में सामने आती हैं। वे नंद को इंद्र की पूजा के लिए प्रेरित करती हैं। इस प्रकार वात्सल्य के संयोग पक्ष में यशोदा के उदार चित्त और आनंदमग्न हृदय का चित्रण हुआ है।

कृष्ण के मथुरागमन के पश्चात यशोदा एक दुःखी जननी के रूप में दिखाई पड़ती हैं। यशोदा कृष्ण के मथुरा जाने की खबर सुनकर ही बेचैन हैं। वे बार-बार ब्रजवासियों से कृष्ण को रोकने की प्रार्थना करती हैं। यशोदा का विचार है कि मथुरा में अनेक राक्षस हैं, इसलिए वहां कृष्ण के जाने में अनिष्ट की आशंका है। अक्रूर यशोदा को क्रूर ही दिखाई देते हैं। यशोदा स्वयं कृष्ण से मथुरा न जाने के लिए बार-बार विनय करती हैं।

व्याकुल चित्त, निराश मन और व्यथित हृदय लेकर जब नंद कृष्ण को मथुरा में छोड़कर ब्रज लौटते हैं तो यशोदा का मातृ हृदय विह्वल हो उठता है। यशोदा बार-बार नंद को कोसती हैं कि तुम कृष्ण के बिना मथुरा से कैसे लौट आए? यशोदा नंद पर व्यंग्य करती हैं। कहती हैं : 'तुम्हारी वात्सल्यानुभूति दशरथ की भांति तीव्र नहीं है (पद सं. 3750)। तुमने दौड़कर कृष्ण का चरण क्यों नहीं पकड़ लिया।' वेदना के आधिक्य से यशोदा बार-बार मूर्च्छित हो जाती हैं। यशोदा और नंद कृष्ण की बाललीलाओं की स्मृति में ही अपना जीवन बिताते हैं। कृष्ण की बाललीलाओं की स्मृति से बार-बार यशोदा का मातृ हृदय विह्वल और विकल हो जाता है। कृष्ण के वियोग में यशोदा की वेदना दीनता में बदल गई है। यशोदा अब मां की अधिकारी स्थिति से धाय की दीन स्थिति को स्वीकार करती है। यशोदा को तो कृष्ण का संपर्क और सान्निध्य चाहिए, मां या धाय कुछ भी बनकर।

वियोगकाल में प्रिय के गुण और दोषों का बार-बार खयाल आता है। इस वियोगकाल में ही व्यक्ति को अपने दोष भी दिखाई पड़ते हैं। यशोदा कृष्ण की ब्रजलीलाओं के समय के अपने व्यवहारों पर पश्चाताप करती हैं। यशोदा के निस्सीम, निःस्वार्थ वात्सल्य और दीनता की पराकाष्ठा वहां दिखाई पड़ती है जब यशोदा देवकी के पास यह संदेश भेजती हैं कि मैं तुम्हारे पुत्र की धाय मात्र हूं। यशोदा अत्यंत विनय और दीनता के साथ देवकी को कृष्ण के खाने-नहाने की आदतों के विषय में बताती हैं। यशोदा को इस बात की सर्वाधिक चिंता है कि कृष्ण खाने-पीने में मथुरा में संकोच करते होंगे (पद सं. 3794)।

उद्धव के ब्रज आने पर यशोदा को भी अन्य गोपियों की तरह यह भ्रम हो गया कि कृष्ण ही आ रहे हैं। कितनी सुखद होगी वह भ्रम की मनोदशा? यशोदा

का हृदय कृष्ण के आगमन की सूचना से आनंद से भर जाता है। उद्धव के मथुरा लौटते समय यशोदा ने जो संदेश दिया उसमें मातृ हृदय की अथाह गहराई अभिव्यंजित हुई है। यशोदा का संदेश है कि आंखों से दूर होते ही कृष्ण ने अपने माता-पिता को हृदय से दूर कर दिया। 'मैं कृष्ण के ब्रज लौटने की आशा में जीवित हूं।' माता सदा पुत्र की मंगलकामना करती है, उसका प्रेम त्यागमय है। माता पुत्र से अपने कृत्यों का प्रतिदान नहीं मांगती। यशोदा ने उद्धव से कृष्ण के लिए आशीर्वाद भेजा और कहा कि कृष्ण जहां रहें, सुखी रहें और करोड़ों वर्ष जीएं।

यशोदा के शील-निरूपण के संबंध में आचार्य हजारीप्रसाद द्विवेदी का यह मत सत्य है कि 'सूरदास जहां पुत्रवती जननी के प्रेमपेलव हृदय को छूने में समर्थ हुए हैं, वहीं वियोगिनी माता के करुण विगलित हृदय को भी उसी सतर्कता से छू सके हैं।'[23] संयोग में ममतामयी स्नेहशीला मां के हृदय में आनंद का सागर तरंगायित होता हुआ दिखाई पड़ता है और वियोग में दुःखसागर में डूबती हुई दीन, उदास, दुःखी जननी का करुण चित्र। यशोदा सूरदास की सृजनशक्ति की एक महत्त्वपूर्ण उपलब्धि हैं।

सूरसागर में पुरुष और स्त्री दोनों के स्वभाव और शील का निरूपण है। पुरुष पात्रों में केवल कृष्ण का ही व्यक्तित्व मानवीय, अतिमानवीय और अलौकिक स्तरों पर अपनी संपूर्णता में उद्घाटित है। बलराम, नंद, वसुदेव, उद्धव, अक्रूर, तथा कंस आदि का चरित्र विशेष मुखर नहीं हो पाया है। सूरसागर में स्त्री पात्रों की प्रधानता है। इसमें नारी के अनेक रूपों का व्यापक चित्रण है। सूरसागर में आदर्श गृहिणी, माता, पुत्री, बालिका, किशोरी, प्रेमिका और पत्नी आदि के यथार्थ और संभावित रूपों की अभिव्यक्ति हुई है। नारी के विभिन्न रूप, स्वभाव और व्यवहार का जैसा विशद चित्रण सूरसागर में हुआ है वैसा हिंदी साहित्य में अन्यत्र बहुत कम दिखाई देता है। यही कारण है कि कुछ लोग सूरसागर को स्त्री-चरित्रप्रधान काव्य मानते हैं।

किसी रचनाकार की सृजनशीलता का एक महत्त्वपूर्ण पक्ष अविस्मरणीय मानव चरित्रों का निर्माण भी है। जिन रचनाओं के मानव चरित्र जातीय स्मृति और व्यापक मानवता की स्मृति के अविभाज्य अंग बन गए हैं, वे कृतियां कालजयी बन गई हैं। सूरदास की रचनाशीलता के कालजयीपन का एक कारण कृष्ण, राधा और यशोदा के अविस्मरणीय चरित्रों की रचना भी है। प्रत्येक रचना में निर्मित मानव चरित्र अपने समय और समाज के मनुष्य की वास्तविकता और संभावना के प्रतिनिधि होते हैं। सूरदास द्वारा निर्मित मानव चरित्र भी ऐसे ही हैं। मानव समाज और मानव चेतना के इतिहास में परिवर्तनों के बीच से विकसित होने वाली निरंतरता में इतिहास के सार्थक तत्त्वों की रक्षा होती है। जिन

मानव चरित्रों में अपने समय और समाज के व्यापक मानवसत्य की अभिव्यक्ति होती है, वे चरित्र मानव समाज और मानव चेतना के इतिहास की निरंतरता में जीवित रहते हैं। सूरदास के कृष्ण, राधा और यशोदा के चरित्रों में कालबद्ध मनुष्य और कालातीत मनुष्यता की जो एकता है, उसमें व्यक्त मानवसत्य आज के मनुष्य को भी प्रभावित करता है, उसकी मनुष्यता के विकास में सार्थक सिद्ध होता है।

सूरदास जिस सामंती समाज में रचना कर रहे थे, उसमें मनुष्य से अधिक व्यवस्था के बंधनों का महत्त्व था। उनकी रचना में सामंती व्यवस्था के बंधनों से मुक्त मनुष्य या सामंती व्यवस्था के बंधनों से मुक्ति के लिए बेचैन मनुष्य का चरित्र उभरता है। वे अपनी रचना में सामंती व्यवस्था के बंधनों को तोड़ते हुए स्त्री-पुरुष के प्रेमसंबंध के सत्य को अभिव्यक्त करते हैं। इसमें सूरदास का सामंतवाद विरोधी और मानववादी दृष्टिकोण प्रकट हुआ है। सूरदास की राधा और गोपियों का चरित्र मनुष्यविरोधी व्यवस्था के बीच मनुष्यता की रक्षा के प्रयत्न का साक्षी है। सार्थक मानव चरित्रों का निर्माण मानववादी दृष्टिकोण का रचनाकार ही कर सकता है। ऐसे रचनाकार की रचनादृष्टि का लक्ष्य मनुष्य होता है, मनुष्य का अंतर्जगत और बाह्यजगत होता है। ऐसा रचनाकार मानव चरित्रों के माध्यम से ही सामाजिक यथार्थ की अभिव्यंजना करता है। सूरदास का रचना संसार विभिन्न मानव चरित्रों के भावों और कर्मों से निर्मित संसार है, वे इन चरित्रों के माध्यम से ही अपने समाज की वास्तविकता, चेतना और आकांक्षा की अभिव्यक्ति करते हैं। पूंजीवादी व्यवस्था के अमानवीकरण के प्रभाव के कारण आजकल साहित्य में सार्थक मानव चरित्रों के निर्माण को पुरानेपन का लक्षण मानकर उसकी उपेक्षा हो रही है। सूरसाहित्य के मानव चरित्रों के प्रभावशाली चित्र आज की मानवविरोधी प्रवृत्तियों से मानवीयता की रक्षा का दायित्वबोध जगाने में समर्थ हैं। आज के जमाने में सूरसाहित्य की सार्थकता का एक आयाम यह भी है।

संदर्भ

1. राहुल सांकृत्यायन, 'दर्शन दिग्दर्शन', इलाहाबाद, 1961, पृ. 416
2. हजारीप्रसाद द्विवेदी, 'पोद्दार अभिनंदन ग्रंथ', (मथुरा, संवत 2010) पृ. 635
3. राहुल सांकृत्यायन, 'दर्शन दिग्दर्शन', पृ. 411

4. हजारीप्रसाद द्विवेदी, 'पोद्दार अभिनंदन ग्रंथ', पृ. 637
5. हजारीप्रसाद द्विवेदी, 'सूरसाहित्य', (बंबई, 1961), पृ. 15-16
6. राय गोविंद चंद, 'वैदिक युग में लक्ष्मी का स्वरूप', नागरी प्रचारिणी पत्रिका, वर्ष 63, अंक 3-4, पृ. 257
7. वही, पृ. 259
8. वही, पृ. 259
9. मुंशीराम शर्मा, 'भारतीय साधना और सूर साहित्य', पृ. 161
10. शशिभूषण दासगुप्त, 'श्री राधा का क्रमिक विकास', पृ. 116
11. पं. बलदेव उपाध्याय, 'भारतीय वाङ्मय में श्री राधा', पृ. 45
12. मुंशीराम शर्मा, 'भारतीय साधना और सूर साहित्य', पृ. 168
13. पी. के. गोडे, नागरी प्रचारिणी पत्रिका, वर्ष 63, अंक 3-4, पृ. 298
14. हजारीप्रसाद द्विवेदी, 'हिन्दी साहित्य का आदिकाल', (पटना, तृतीय संस्करण, 1961), पृ. 117
15. राधाकमल मुखर्जी, 'दि फ्लावरिंग आफ इंडियन आर्ट', (बंबई, 1964), पृ. 192
16. वही, पृ. 192
17. कृष्णदेव शर्मा (सं.) 'विद्यापति और उनकी पदावली', प्रथम संस्करण 1962, पृ. 85
18. वही, पृ. 73
19. वही, पृ. 356
20. वही, पृ. 306
21. वही, पृ. 102
22. हजारीप्रसाद द्विवेदी, 'मध्यकालीन धर्म-साधना', (इलाहाबाद, तृतीय संस्करण 1962), पृ. 134
23. हजारीप्रसाद द्विवेदी, 'सूर साहित्य', पृ. 162

प्रेम की काव्यानुभूति

सूरदास प्रेम के कवि हैं। जिस प्रेम के वे गायक हैं उसका प्रसार मानव-जीवन से लेकर प्रकृतिजगत और ईश्वर तक है। उनके काव्य में मानवीय प्रेम की अपार व्यापकता और विविधता है। यही मानवीय प्रेम ईश्वरीय प्रेम या भक्ति के रूप में भी व्यक्त हुआ है। सूर का भक्तिमार्ग प्रेममार्ग ही है। प्रेम सूर की काव्यानुभूति, जीवनानुभूति और भक्ति की अनुभूति का केंद्रीय तत्व है, इसलिए प्रेम की कुछ विस्तृत चर्चा जरूरी है।

मनुष्य का अंतर्जगत वासनाओं, भावनाओं और अनुभूतियों से संपन्न होता है। वह समाज और संस्कृति के विकास से क्रमशः समृद्धतर होता है। भावनाओं की तीन दशाएं होती हैं—प्रकृत, संस्कृत और विकृत। काव्य में भावनाओं की इन तीनों दशाओं की अभिव्यंजना होती है। रागात्मक स्तर पर मानव मात्र के मन में, आंशिक ही सही, परंतु एक मूलभूत एकता होती है। कला और साहित्य के माध्यम से अभिव्यक्त यही रागात्मक एकता कलाओं की सार्वभौमिकता और शाश्वतता का एक कारण है। संपूर्ण कलाएं मनुष्य के रागजगत के विकास, परिमार्जन और उसकी सामाजिक प्रकृति के उद्घाटन के सतत प्रयास का परिणाम हैं। व्यक्ति की अंतस्संज्ञा में स्थित शेष सजीव सृष्टि के साथ रागात्मक ऐक्य ही चेतना के स्तर पर व्यक्त होकर प्रेम का स्वरूप धारण करता है। आचार्य रामचंद्र शुक्ल के शब्दों में 'वासनात्मक अवस्था से भावात्मक अवस्था में आया हुआ राग ही वास्तव में अनुराग या प्रेम है।'[1] इससे यह स्पष्ट है कि प्रेम राग का ही विकसित रूप है। यद्यपि प्रेम राग का ही विकसित रूप है किंतु व्यक्ति का शेष जगत के साथ प्रकट भावात्मक संबंध प्रेम के कारण संभव होता है। इसलिए प्रेम को मूल मानवीय भाव कहा गया है। प्रेम को मौलिक मानवीय भाव कहने का तात्पर्य यह नहीं है कि क्रोध, घृणा, भय आदि भाव मौलिक भाव नहीं हैं, इसका केवल यही अर्थ है कि प्रेम ही वह मूल भाव है जिसके कारण मनुष्य में मनुष्यता सुरक्षित रहती है। प्रेम के कारण व्यक्ति का चित्त उदार होता है और करुणा, दया, सहानुभूति आदि की ओर प्रेरित और प्रवृत्त होता है। प्रेम जीवन-

दायिनी शक्ति है जो व्यक्ति और समाज के मानसिक और नैतिक विकास के लिए अनिवार्य है। व्यक्ति के मन में प्रेम का उदय होते ही द्वेष का शमन हो जाता है, हिंसा की प्रवृत्ति संयमित हो जाती है और आत्मशक्ति सर्जनोन्मुख हो जाती है।

प्रेम एक अत्यंत जटिल भाव है, जिसका विकास अनेक तत्त्वों के योग से होता है। हर्बर्ट स्पेंसर ने प्रेम के स्वरूप-निर्धारण में निम्नांकित तत्त्वों के योग का उल्लेख किया है[2] : (1) काम (सेक्स) की शारीरिक प्रवृत्ति, (2) सौंदर्यानुभूति, (3) अनुराग, (4) श्लाघा और सम्मान, (5) सुहृदयता, (6) आत्म-सम्मान, (7) स्वत्व-अनुभूति, (8) वैयक्तिक बंधनों से उन्मुक्त कार्य-स्वातंत्र्य और (9) सहानुभूति का उत्कर्ष। इन सभी तत्त्वों की एकता से प्रेम का स्वरूप निर्मित होता है। हर्बर्ट स्पेंसर द्वारा विवेचित प्रेम के ये तत्त्व व्यापक होते हुए भी प्रेम के संपूर्ण स्वरूप की व्याख्या में असमर्थ हैं। इनमें वात्सल्य का अभाव है, जो प्रेम का एक प्रबल रूप है और कभी-कभी दांपत्य प्रेम को भी सुदृढ़ करने में सहायक होता है। रसेल के अनुसार सभी मंगलकारी भावनाएं वात्सल्यानुभूति के प्रबल प्रवाह या उदात्तीकरण का परिणाम है।[3] भारतीय संस्कृति में लोक जीवन से लेकर आध्यात्मिक साधना तक वात्साल्यानुभूति का प्रसार है। प्रेम की धारणा में वात्सल्य का विशेष महत्त्व है।

प्रेम एक स्थायी, संगठित और जटिल भाव है। इसके भावात्मक स्वरूप में बौद्धिक तत्त्व की प्रधानता होती है। भाव के रूप में यह परिष्कृत सूक्ष्म अनुभूति है, किंतु मनोवेग के रूप में यह जटिल सक्रिय शक्ति है। मनोवेग भावों और कामनाओं की सुसंगठित पद्धति है। मनोवेग के रूप में प्रेम का स्वरूप स्थिर, व्यापक, सुव्यवस्थित, गंभीर और विवेकसंपन्न है। प्रेम अपनी जटिलताओं और सूक्ष्मताओं के कारण ही एक अर्थ में प्रधान भावावेग (मास्टर पैसन) बन जाता है।

प्रेम के कारण इच्छाओं और भावनाओं का द्वंद्वात्मक तनाव शमित हो जाता है तथा उनमें सामंजस्य स्थापित हो जाता है। प्रेम दो भावों के बीच गतिशील होता है —आनंद और मंगलकामना। प्रेमी को प्रेम से आनंद की अनुभूति होती है और प्रेमी प्रिय की मंगलकामना में प्रवृत्त होता है। आचार्य शुक्ल के अनुसार, प्रेम की गति रंजन और पालन की ओर होती है और करुणा की रक्षण की ओर।[4] रसेल के अनुसार, प्रेम के दो ध्रुव हैं—आंनद और मंगलविधान।[5] मंगलविधान में पालन के अतिरिक्त संरक्षण की भी प्रवृत्ति और शक्ति होती है; क्योंकि मंगलविधान केवल कामना तक ही सीमित न रहकर कर्म का भी प्रेरक होता है। प्रेमी प्रिय वस्तु के पालन और संरक्षण में भी प्रवृत्त होता है। प्रेम करुणा, सहानुभूति आदि मनोभावों का मूल स्रोत है, इसलिए उसमें स्वभावतः

रंजन, पालन और संरक्षण की प्रवृत्तियां संयुक्त रूप से विद्यमान होती हैं।

प्रेम के मंगलविधायक पक्ष का लोकजीवन में समाज के अस्तित्व के लिए विशेष महत्त्व है। मानवीय संबंधों में प्रेम के दो व्यक्त रूप हैं—वात्सल्य और दांपत्य। वात्सल्य में यद्यपि बालक के सौंदर्य की अनुभूति से उत्पन्न आनंद निहित होता है, किंतु सौंदर्यविहीन बालक के माता-पिता में भी वात्सल्य-स्नेह का अभाव नहीं होता। वात्सल्य में केवल मंगलकामना ही प्रधान नहीं होती है, किंतु उसका अत्यंत घनीभूत रूप अवश्य वर्तमान होता है। भारतीय भक्ति-दर्शन और काव्य में वात्सल्य के दो रूप हैं। एक में भक्त बालक बनकर भगवान से वात्सल्य-स्नेह की कामना करता है तथा दूसरे में वह बालक-रूप भगवान पर स्वयं वात्सल्य-स्नेह की वर्षा करता है। वास्तव में मंगलकामना के बिना प्रेम निष्ठुर और स्वार्थी होगा। आनंदविहीन मंगलभावना स्वयं बुझ जाती है तथा व्यक्ति में श्रेष्ठता की भावना आ जाती है। प्रेम में अपने अहं का विसर्जन और दूसरे के अस्तित्व की स्वीकृति आवश्यक है। इसमें मानसिक और आत्मिक स्तर पर समानता का बोध आवश्यक है, अन्यथा प्रेम दासता में बदल जाता है। दूसरे की अनुभूति, भावना और इच्छा का सम्मान प्रेम के लिए आवश्यक है। प्रेम में अपने व्यक्तित्व और अस्तित्व का प्रसार तथा दूसरे के व्यक्तित्व का समाहार अनिवार्य हो जाता है।

प्रेम व्यक्ति के सामाजिक संबंधों का आधारभूत तत्त्व है। समाज के ज्ञान और उसके बीच अपनी स्थिति का बोध प्रेम के कारण ही संभव होता है। प्रेम के कारण ही समाज का संगठित स्वरूप निर्मित होता है। फायरबाख के अनुसार, मनुष्य के अस्तित्व के आधार और उसके जीवन में मानवीयता के विकास के लिए बुद्धि, प्रेम और इच्छा—इन तीनों शक्तियों की सहज एकता आवश्यक है।[6] प्रेम एक सामाजिक भाव (सोशल इमोशन) है। प्रेम जोड़ने और मिलाने की शक्ति है, इसलिए सामाजिक संबंधों का वह आधार है। प्रेम में गतिशीलता है, वह सदा विकासशील है, वह दृढ़ से दृढ़तर होता है।

प्रेम शक्ति का स्रोत है, लेकिन प्रेम से उद्भूत शक्ति जब व्यक्ति को लोकसंग्रह के कार्य में प्रवृत्त करती है तभी उसका उज्ज्वल रूप प्रकट होता है। बर्ट ने प्रेम को सभी वृत्तियों से उद्भूत होने वाली सामान्य कार्य-प्रेरक शक्ति कहा है।[7] व्यक्ति में जीवन की कामना जितनी तीव्र होती है प्रेम की भावना भी उतनी ही प्रबल होती हैं। इसलिए प्रेम परिवार, जाति, समाज और राष्ट्र की एकता और स्थिरता का आधार तत्त्व है। इसका प्रसार व्यक्तिप्रेम से लेकर देशप्रेम तक है। हैवलाक एलिस का मत है कि दूसरे के बिना अपनी स्थिति नहीं है, हम अपने अस्तित्व की अस्वीकृति के बिना दूसरे के अस्तित्व तथा उसके संसर्ग से उत्पन्न भावनाओं को अस्वीकृत नहीं कर सकते।[8] अतः प्रेम जीवन के अस्तित्व

से जुड़ा हुआ है। अगर प्रेम भ्रम है, तो जीवन भी भ्रम ही है।

सौंदर्यबोध की दृष्टि से विचार करने पर भी प्रेम की सार्थकता असंदिग्ध है। प्रेम में भावनाओं तथा अनुभूतियों के पारस्परिक तनाव को दूर कर उनमें सामंजस्य-स्थापना की शक्ति है और अनुभूतियों के सामंजस्य से ही लालित्यबोध का उद्भव होता है। सौंदर्य एक अनुभव है और इस अनुभव में निहित रागात्मक अंश प्रेमजन्य ही होता है। प्रेम सर्जनात्मक भाव है। वह जीवन और काव्य में सृजन की प्रेरक शक्ति है। रवींद्रनाथ टैगोर ने ठीक ही लिखा है कि प्रेम चेतना की पूर्णता है। प्रेम केवल एक भाव ही नहीं है, वह एक सत्य है, वह स्थायी आनंद का स्रोत है, जो सभी प्रकार के सृजन के मूल में अंतर्निहित होता है। प्रेम चेतना का श्वेत प्रकाश (सात्विक विकास) है।[9] प्रेम अनुभवकर्ता की सौंदर्यानुभूति को शक्ति और गति प्रदान करता है। विश्वसाहित्य का अधिकांश प्रेम की प्रेरणा से निर्मित है। प्रेम मूल काव्यभाव है और वह करुणा आदि भावनाओं का स्रोत भी है।[10] कलाओं के सृजन में संवेदना के रूप में प्रेम का विशेष उपयोग हुआ है। विश्व-भर में काव्य, चित्र, संगीत, नृत्य, मूर्ति और वास्तुकला के सृजन की प्रेरणा और विषयवस्तु के रूप में प्रेम का महत्त्व है। यह कला के इतिहास से सिद्ध है। भारतवर्ष में प्रेम का उज्ज्वल स्वरूप अपने लौकिक और आध्यात्मिक दोनों रूपों के विविध पक्षों के साथ कला-रचना का केंद्रबिंदु रहा है। भारतीय कलाओं में प्रेम के यथार्थवादी, रोमांटिक और रहस्यवादी—सभी रूपों की सम्यक अभिव्यक्ति हुई है।

ईश्वरीय प्रेम के लिए मानवीय प्रेम की अनुभूति और उसके स्वरूप का बोध आवश्यक है। व्यक्ति, समाज और संपूर्ण सृष्टि के साथ व्यक्त लौकिक प्रेम ही ईश्वरोन्मुख होकर भक्ति का रूप धारण कर लेता है। प्रेम जोड़ने और मिलाने की शक्ति है और यही शक्ति भक्त और भगवान के बीच सक्रिय होती है। ईश्वरीय प्रेम में भक्त भगवान के साथ संयुक्त होकर पूर्ण हो जाता है। फिशर ने प्रेम की परिभाषा करते हुए लिखा है कि प्रेम एक अनुभूति है, जिसमें आकर्षण और समर्पण का भाव होता है जो उस वस्तु (या व्यक्ति) की आवश्यकता से उत्पन्न होती है और उसी की ओर उन्मुख होती है, जिसमें व्यक्ति के आनंद की आशा निहित रहती है।[11] ईश्वर असीम, अनंत और सर्वव्याप्त है, व्यक्ति ससीम और लोकबद्ध है। लेकिन असीम और ससीम, सर्वोच्च सत्ता और आत्मा का योग प्रेम से भी संभव है। प्रेम के लिए द्वैत आवश्यक है। प्रेमी प्रिय में अपनी आत्मा को ही खोजता और पाता है। प्रेमानंद में प्रेमी अपनी आत्मा का प्रिय की आत्मा से संयोग करता है। आत्मा प्रेम के सतत विकास-पथ पर परमात्मा के संयोग की कामना से गतिमान है। टैगोर ने लिखा है कि मानव-आत्मा नियम से प्रेम की ओर, अनुशासन से मुक्ति की ओर और नैतिक स्तर से आध्यात्मिक स्तर

की ओर सदा गतिमान है।[12] ईश्वरोन्मुख प्रेम वैयक्तिक प्रेम से निर्वैयक्तिक प्रेम होता है, इसमें आत्मबोध और आत्मविसर्जन दोनों का योग होता है। वैयक्तिक प्रेम भी ईश्वरोन्मुख होकर विश्वप्रेम बन जाता है, क्योंकि प्रेमी संपूर्ण विश्व में अपने प्रिय की सत्ता की अनुभूति करता है।

भक्तिकाव्य में धर्म का जो रूप है उसका आधार भय नहीं, प्रेम है। आशा तथा आस्था इस प्रेम के दो सहायक तत्त्व हैं। यहां प्रेम का रूप रहस्यवादी और लीलात्मक दो प्रकार का है। रहस्यवादी प्रेमभावना में प्रेम की अनुभूति विशुद्ध आत्मिक स्तर पर होती है क्योंकि इसमें एक पक्ष अव्यक्त होता है। प्रेम की यह अनुभूति सहज नहीं होती। रहस्यवादियों के माधुर्य भाव या कांतारति में कुछ आलोचकों ने दांपत्य वासना (सेक्स इंस्टिंक्ट) खोजने की कोशिश की है। ईश्वरीय प्रेम में मानवीय भावनाओं की आग नहीं होती और न व्यक्ति को ऐंद्रिक संवेदनाओं के तनाव की स्थिति में गुजरना पड़ता है, इसलिए रहस्यवादियों की प्रेमानुभूति काम-भावना नहीं है। माधुर्य भाव की ईश्वरोन्मुख प्रेमानुभूति का मानवीय प्रेमानुभूति से स्वरूपगत साम्य और आलंबनगत विभेद हैं। सीमन दी बुये (जानी-मानी फ्रांसीसी लेखिका) ने मानवीय प्रेमानुभूति और ईश्वरीय प्रेमानुभूति का अंतर और संबंध निरूपित करते हुए लिखा है कि मानवीय प्रेम और ईश्वरीय प्रेम के एकत्व का कारण यह नहीं है कि दूसरा पहले का उदात्तीकृत रूप है, बल्कि ईश्वरीय प्रेम मानवीय प्रेम का ज्ञानातीत निर्विशेष परम तत्त्व की ओर प्रयाण है।[13] मानवीय प्रेम और ईश्वरीय प्रेम में अंतर यह है कि ईश्वरीय प्रेम में प्रेम की गति इंद्रिय संवेदनाओं से आत्मिक स्पंदन की ओर, स्थूल से सूक्ष्म की ओर, भौतिक अनुभवों से आध्यात्मिक अनुभूतियों की ओर और मानवीय उल्लास से आध्यात्मिक आह्लाद की ओर होती है। रहस्यवादी प्रेम-पद्धति में पुरुष द्वारा अनुभूत और अभिव्यक्त कांतारति में बौद्धिक प्रक्षेपण या कल्पनात्मक अनुभूति का योग है, किंतु नारी की कांतारति में स्वाभाविकता और अनुभूति की सहजता होती है। आचार्य हजारीप्रसाद द्विवेदी ने लौकिक प्रेम और ईश्वरोन्मुख प्रेम में अंतर स्पष्ट करते हुए लिखा है कि 'पहला संसारविषयक होने के कारण जड़ोन्मुख है, दूसरा विशुद्ध भगवानविषयक होने के कारण चिन्मुख है।[14]

भक्तिदर्शन के अनुसार माधुर्यभाव और रति के काम और प्रेम में स्वरूपगत भेद नहीं है, केवल विषय मात्र का भेद है। चैतन्य के मतानुसार आत्मेंद्रिय सुखकामना काम है और कृष्ण सुखकामना प्रेम। ब्रज की गोपियों की प्राति प्रियानुकूल तात्पर्या या कृष्णसुख विषयक होने के कारण विशुद्ध प्रेम है। गोपियों की कांतारति में काम और प्रेम का अभेद है। प्रेम निःस्वार्थ होता है, उसमें समर्पण का भाव प्रधान है, काम में स्वार्थ प्रबल होता है। प्रेम सदा वृद्धिमान, स्थायी और

उत्कर्षित होता है, जबकि काम ह्रासोन्मुख और क्षणिक होता है। प्रेम का प्रतिफल आत्मानंद में होता है और काम का लक्ष्य इंद्रियसुख तक ही सीमित है। यही कारण है कि प्रेम को प्रकाश और काम को अंधकार कहा गया है।

सगुण भक्तिकाव्य में प्रेम का लीलात्मक स्वरूप होता है। इसके भाव और रूप को माधुर्य कहा जाता है और यही सांद्र माधुर्यभाव प्रेम में परिणत हो जाता है। प्रेम के लीलात्मक रूप की अंतःप्रकृति मानवीय प्रेमानुभूति के समान ही है। प्रेमाभक्ति का आधार मनुष्य की सहज रागात्मिका वृत्ति है। यहां सगुण स्वरूप कृष्ण भक्तों के दास्य, सख्य, वात्सल्य और माधुर्य आदि भावों के आलंबन हैं और यही उनकी लीला की अनुभूति का विषय है। आचार्य शुक्ल ने भक्ति मार्ग को 'शुद्धभावमार्ग' या प्रेममार्ग है तथा भक्त की भावदशा को काव्य की रसदशा के समान कहा है।[15] प्रेम संपूर्ण मध्यकालीन भक्ति-साहित्य का केंद्रीय तत्त्व है, प्रेम ही भगवान की संपूर्ण लीला का कारण तत्त्व है। मध्यकालीन भक्ति-साहित्य में प्रेम के मानवीय और ईश्वरीय दोनों रूपों की अत्यंत व्यापक, गंभीर और वैविध्यपूर्ण अभिव्यंजना है।

सूरसागर में प्रेमतत्त्व

सूरदास का काव्य प्रेम का काव्य है, उसमें सौंदर्य, माधुर्य, दीप्ति, उल्लास और आनंद का चरम उत्कर्ष अभिव्यंजित है। सूरसाहित्य में राग का विस्तार है और मानवीय राग की सीमा में ही ईश्वरीय राग भी समाहित है। अभिव्यक्त राग आंतरिक शांति और दमित राग आंतरिक अशांति का कारण बन जाता है। सूरसाहित्य में रागों का कृष्णार्पण है। उसमें प्रेम जीवन के धर्म और धर्म के जीवन के रूप में व्यक्त हुआ है। यहां प्रेम मानव मात्र की समता और लोक-जीवन तथा आध्यात्मिक चेतना की एकता का आधार है।

सूरसागर में कृष्ण की संपूर्ण लीलाओं का कारणतत्त्व प्रेम ही है (पद सं० 2635)। प्रेम के स्तर पर ऊंच-नीच, धनी-गरीब, स्त्री-पुरुष आदि में कोई भेद नहीं है। प्रेम ही भक्ति का आधार है (वही)। प्रेम में पूर्ण तादात्म्य काम्य है, प्राण, मन, बुद्धि और चित्त के स्तर पर ऐक्य ही प्रेम की सिद्धावस्था है (पद सं० 2460)। मन की प्रेमदशा की चरम अवस्था को सूरदास अनिर्वचनीय मानते हैं (पद सं० 2463)। प्रेमानुभूति की सिद्धावस्था में, संयोग में वियोग और वियोग में संयोग की मानसिक दशा का उद्‌घाटन कर सूरदास ने प्रेम की जटिल भावदशा की सफल व्यंजना की है। सूरसागर में प्रेम संबंधी अनेक रूपक हैं। प्रेम वृक्ष है, जिसका बीज हृदय में अंकुरित है और जड़ पाताल में है। उसकी छाया विश्वव्याप्त है, मधुर वचन ही उसकी सुन्दर पत्रावली है, नेत्र-संचार मुकुल हैं, विशिष्ट गुण ही आकर्षण के पुष्प हैं। अनुरागमय साहचर्य और सहयोग ही

प्रेम का जीवन है। कृष्ण से संयोग ही इसका फल है और आनंद इसका रस है (पद सं० 2380)। एक दूसरे पद में प्रेम प्रवाह है। कृष्ण सिंधु हैं। गोपियां आंदोलित, उमगी, उमड़ी नदियां हैं, वे संयोग के लोभ की विशाल लहरें हैं और बेकरार कटाक्षपात के तीव्र गतिशील धार से बाधक करार ध्वस्त हो जाता है। प्रेम के निबंध प्रवाह में किसी प्रकार का बंधन स्वीकार्य नहीं है। संयोग-काल में धैर्य की नाव अनावश्यक है, क्योंकि शीघ्रातिशीघ्र संयोग की आतुरता है। गोपियां कृष्ण से मिलीं, सरिताएं सिंधु में समाहित हो गईं और फिर वियोग की आशंका के लिए स्थान ही नहीं है; क्योंकि सागर अंकस्थ सरिताएं पुनः वियुक्त होकर प्रत्यावर्तित नहीं होती हैं (पद सं० 2381)। सूरदास ने अनेक रूपकों के माध्यम से प्रेम के स्वभाव और गोपी-कृष्ण लीला की विभिन्न स्थितियों को व्यक्त करने का प्रयास किया है। सूर और उनकी गोपियों को प्रेम की निबंध और स्वच्छंद प्रकृति का पूर्ण ज्ञान है (पद सं० 4535)। गोपियों से कृष्ण का प्रेम हठात आयोजित नहीं है, उसमें सौंदर्याकर्षण, साहचर्य और सहयोग है (पद सं० 4536)। गोपियों का कृष्ण से प्रेम सदा एक समान और निरंतर वृद्धिमान है। सच्चा प्रेम सदा वृद्धिमान और एक समान होता है, सच्ची प्रीति में कपट, दुराव या जटिलता के लिए स्थान नहीं है (पद सं० 4539)। प्रेम नित्य नूतन होता है। वह पुराना नहीं पड़ता (पद सं० 4469)। सच्चा प्रेम प्रतिदान नहीं आत्मदान पर आधारित होता है। प्रिय के हृदय में प्रेम की स्थिरता की कामना निरंतर बनी रहती है। गोपियों की यही कामना भ्रमरगीत में व्यक्त हुई है (पद सं० 4676)।

सूरदास का दृढ़ विश्वास है कि प्रेमविहीन जीवन निरर्थक है, प्रेम ही जीवन का साध्य है (पद सं० 4217)। गोपियां उद्धव की प्रेमविहीनता, हृदयहीनता, नीरसता पर व्यंग्य करती हैं। वे कहती हैं, 'तुम बड़े भाग्यशाली हो; क्योंकि प्रेम से तुम्हारा स्पर्श नहीं हुआ है। तुमने प्रेम-नदी में कभी पैर नहीं रखा और तुम्हारी आंखें रूपासक्ति में डूबी नहीं हैं। हम गोपियां ही भोली हैं इसलिए प्रेममय हैं, प्रेम में एकरस, एकरूप हैं' (पद सं० 4578)। प्रेम एक साधना है जिसमें आत्मसमर्पण और आत्मदान की भावना प्रबल होती है। प्रेम में आत्मबलिदान अनिवार्य है (पद सं० 3909)। जब प्रेम का उदय होता है तो उसमें बाधक भाव समाप्त हो जाते हैं (पद सं० 3908)। प्रेम में दो अस्तित्वों के पूर्ण ऐक्य, तादात्म्य और तद्रूपता के कारण व्यक्ति का पूर्णता की ओर प्रस्थान ही सूरदास के प्रेम का आदर्श है (पद सं० 3910)। वियोग प्रेम की साधना का काल है। प्रेमियों के लिए आत्मचेतना और आत्मप्रसार का काल है। वियोग में प्रेमियों के चित्त का लोकचित्त से तादात्म्य स्थापित होता है और इस प्रकार प्रेम का लोकहितकारी सर्जनात्मक रूप प्रकट होता है। वियोग-काल में जो प्रेम निष्क्रियता

और जड़ता की स्थिति में व्यक्ति को डालता है, वह समाज और व्यक्ति दोनों के लिए निरर्थक है (पद सं० 4628)। कर्म की ओर प्रेरित करने वाला प्रेम ही सूरदास को प्रिय है। प्रेम में विरह आवश्यक है, क्योंकि वियोग की वेदना में विदग्ध प्रेमी ही संयोग के सुख की समृद्धि का पूर्ण अनुभव कर सकता है (पद सं० 4032)। प्रेम पथ का पथिक कभी दुःख की परवाह नहीं करता। विरह में प्रेम पलता है, पुष्ट होता है (पद सं० 4605)। वियोग में संयोग की स्मृति और आशा ही जीवन-संबल है।

सूरदास के काव्य में प्रेम के तीन प्रकार हैं—मानवीय, ईश्वरीय और प्राकृतिक। मानवीय प्रेम में वात्सल्य, सख्य और दांपत्य के विविध पक्षों की संपूर्ण संभावनाओं का उद्घाटन सूरसागर में हुआ है। इस मानवीय प्रेम के आलंबन श्रीकृष्ण ही हैं, इसलिए यह प्रेम चिन्मुख और दिव्य है। प्रेम के लौकिक और परमार्थिक स्वरूप का जैसा सुंदर समन्वय सूरसागर में हुआ है वैसा अन्यत्र दुर्लभ है। संपूर्ण सूरसागर में प्रेम का मानवीय पक्ष व्यक्त है, किंतु कहीं भी उसका आध्यात्मिक पक्ष तिरोहित नहीं है। आचार्य हजारीप्रसाद द्विवेदी ने लिखा है—लीलागान में सूरदास का प्रिय विषय था प्रेम। माता का प्रेम, पुत्र का प्रेम, गोपियों का प्रेम, प्रिय और प्रिया का प्रेम, पति और पत्नी का प्रेम, इन बातों से ही सूरसागर भरा है।[16] सूरसागर में मानवीय प्रेम और उसके आध्यात्मिक रूप के अतिरिक्त प्रकृति प्रेम के भी दर्शन होते हैं। कृष्ण की संपूर्ण लीला प्रकृति की गोद में—जमुना के किनारे, कदंब तले, करील के कुंजों में और वृंदावन के वनों में संपन्न हुई है। सच तो यह है कि कृष्णलीला में प्रकृति सर्वत्र एक सजीव सहयोगी तत्त्व के रूप में कार्य करती हुई दिखाई देती है। इसके अतिरिक्त प्रकृति के कण-कण में उस ईश्वर की छाया विद्यमान है जिसके प्रेम में सूरदास की आत्मा निमग्न है। अतः सारी प्रकृति कृष्णमय होने के कारण प्रेम का आलंबन है। प्रकृति प्रेम में सौंदर्यानुभूति और साहचर्य के कारण प्रेम की प्रतिष्ठा हुई है। मानवीय प्रेम की प्रकृति, प्रकृति-प्रेम से कुछ भिन्न प्रकार की है, इसलिए उसमें रूपलोभ, साहचर्य और सहयोग के सहारे प्रेमलीला चलती है।

सूरदास की भक्ति प्रेमाभक्ति है जिसका आधार श्रीकृष्ण का सगुण, सरूप सौंदर्य हैं। यह अनुभूति का विषय है और प्रेमोद्भव का कारण। प्रेम के लिए गुण और रूप का आधार आवश्यक है। निर्गुण और अमूर्त से पूर्ण प्रेम संभव नहीं है। निर्गुणभक्ति में प्रेम की प्रगाढ़ता नहीं, आभास ही संभव है। यही कारण है कि गोपियां बार-बार निर्गुण निराकार अरूप को अस्वीकार करती हैं और उसे अपनी प्रेमभावना तथा साधना के लिए अनुपयोगी मानती हैं। सूर और उनकी गोपियों का मत है कि जिसका चित्त श्रीकृष्ण के रूप-माधुर्य की अनुभूति से आप्लावित है उसे ज्ञान की बौद्धिक प्रक्रिया से गुजरने की क्या आवश्यकता है

(पद सं० 4523) ? ज्ञान में चित्त की बोधवृत्ति प्रधान होती है और भक्ति में रागबृत्ति। एक शुष्क मानसिक ऊहापोह है, दूसरे में सरस चित्त का उल्लास। निर्गुण अंधकार है जिसमें कुछ भी दिखाई नहीं देता; किंतु सगुण तो साक्षात्कार का विषय है, प्रकाशमय है (पद सं० 4523)। प्रेम में शरीर और आत्मा दोनों का पूर्ण संयोग होता है। नैन, बैन और हृदय का मिलन होता है तब प्रेम की प्रतीति होती है, प्रेम विकसित होता है, आत्मा से आत्मा का संयोग होता है, मन मन को जीतता है। यह सगुण रूप से ही संभव है, निर्गुण निराकार से नहीं। प्रेम विशुद्ध अनुभूति या अनुभव की वस्तु है, उपदेश की नहीं, 'सोई जन जानै, गई जिन्हिं पै बीति।' प्रेम के मर्म को अनुभव करने वाला ही जानता है (पद सं० 4524)। प्रेम का मार्ग सहज, सरल और सीधा है, निर्गुण का पथ कंटकाकीर्ण, दुरूह, दुर्गम और चक्करदार है। संपूर्ण भ्रमरगीत में उद्धव और गोपियों के संवाद के माध्यम से ज्ञान और योग के ऊपर प्रेम के विजय की घोषणा हुई है। ज्ञानी उद्धव को भी गोपियों के सर्वातिशयी प्रेम के समक्ष ज्ञान फीका दिखाई देता है। सूरदास का प्रेम-दर्शन अत्यंत व्यापक है, जिसमें लौकिक और ईश्वरीय दोनों प्रकार के प्रेम समाहित हैं। सूर का मत है कि प्रेम से संसार की स्थिति है; क्योंकि सारा संसार प्रेम के सूत्र में आबद्ध है। प्रेम पुरुषार्थ है, धर्म साधना का साध्य और साधन दोनों हैं। सच्चे प्रेम का दृढ़ निश्चय ही सरस जीवनमुक्ति है और प्रेम के एकांतिक दृढ़ निश्चय से ही गोपाल से मिलन संभव है।

> प्रेम प्रेम तैं होइ, प्रेम तै पारहिं जइयै।
> प्रेम बंध्यौ संसार प्रेम परमारथ लहियै।
> सांचौ, निहचै प्रेम कौ, जीवनमुक्ति रसाल।
> एकै निहचै प्रेम कौ, जबै मिलै गोपाल।। (4714)

सूरदास ने मुरली और नेत्र के संबंध में शताधिक पदों की रचना की है और उन पदों में एकमात्र प्रेम की भावना ही अभिव्यंजित हुई है। मुरली और नेत्र संबंधी ये पद प्रेमरस से सराबोर हैं। सूरदास ने मुरली और नेत्र को वस्तु के रूप में और व्यक्ति के रूप में भी चित्रित किया है। व्यक्ति-रूप में इनको स्वतंत्र प्राणवंत व्यक्तित्व प्रदान किया है तथा इनके कार्यकलाप, स्वभाव, भावना, आचरण और भंगिमाओं का कलात्मक वर्णन किया है। सूर ने मुरली को 'सभागी, स्याम सुहागिनी सौति (गोपियों की), प्रिय-अधरसुधा विलासिनी, गीत समुद्रतरी, आपुस्वारथिनी नारि' कहा है तो नेत्र (गोपियों के) को कृष्ण के 'दास, चर, आप-स्वारथी, अनुरागी, नमकहरामी, ढीठ, बीर और रूपलोभी' कहा है। वस्तु रूप में मुरली और नेत्र गोपियों के चित्त में कृष्ण-प्रेम की प्रतिष्ठा के कारण तत्त्व हैं। मुरली की स्वरलहरी से गोपियों के मन को कृष्णमय करने में अमूर्त दूतत्व का कार्य पूरा होता है। कृष्ण की भावनाएं मुरली की स्वरलहरी के सहारे गोपियों

के मन का स्पर्श करती हैं और उनका (गोपियों का) मन कृष्णमय, प्रेममय हो जाता है। नेत्रों द्वारा गृहीत कृष्ण की रूपमाधुरी गोपियों की अनुभूति का विषय बनती है और इस सौंदर्यानुभूति से आह्लादित चित्त कृष्णोन्मुख होता है, उसमें प्रेम के अंकुर फूटते हैं। कृष्ण की मुरली का संगीत प्रेम का संचारक और पोषक है तथा सौंदर्यवाहक नेत्र (गोपी और कृष्ण) मन में प्रेम की तरंगें उत्पन्न करने वाले हैं।

सूरसागर का भाव-जगत प्रम-जगत ही है, इसलिए उसकी भावानुभूति को प्रेमानुभूति माना जा सकता है। सूरसाहित्य में यद्यपि व्यक्ति का बाह्य जगत नितांत उपेक्षित नहीं है, किंतु सूर ने व्यक्ति के अंतर्जगत की गहराई और विस्तार को अधिक उद्घाटित किया है। सूर की दृष्टि व्यक्ति के मानसलोक पर अधिक केंद्रित है, वस्तुलोक पर कम; वहां व्यक्ति चेतना का अंतर्दर्शन प्रधान है, बाह्य परिवेश गौण; आत्मा की शक्ति का विलास अधिक है, व्यावहारिक जीवन की क्रियाशीलता गौण। व्यक्ति के मानसलोक के सहारे सूरदास ने लोकमानस की भी अभिव्यक्ति की है, क्योंकि व्यक्ति की चेतना का निर्माण उसके सामाजिक परिवेश के अनुरूप ही होता है। सूरसागर में व्यक्ति का संपूर्ण जीवन अपने भावात्मक विकासक्रम में व्यंजित है। उसमें व्यक्ति के कोमल बालरूप, मनोहर किशोर रूप और आकर्षक यौवन की छवि है। सूरसागर में संयोग का अपार सुख है तो वियोग की अथाह वेदना भी है। सूरदास ने प्रेम की अनुभूति के सभी वास्तविक और संभावित रूपों का चित्रण किया है। प्रेम की व्यापकता और गहराई की अभिव्यक्ति करने वाला ऐसा दूसरा कवि हिंदी साहित्य में नहीं है। सूरसागर में मुख्यत: शांत, दास्य, वात्सल्य, सख्य और माधुर्य—इन पांच भावों की अभिव्यक्ति हुई है।

सूरदास भक्त कवि हैं, इसलिए उनके काव्य में प्रेम के लौकिक रूप और आध्यात्मिक रूप का सामंजस्य है, वह लोकअनुभव और शास्त्रचिंतन का समन्वित रूप है।

शांत और दास्य

सूरसागर में विनय के पदों में शांत और दास्य भाव की व्यंजना हुई है। शांत रस के निर्वेद और शम—दो भाव हैं, इसलिए शांत रस निर्देशमूलक और शममूलक होता है। शांत भाव भक्ति का आरंभ है। शांत भाव ही भक्त कवियों की रचना-प्रक्रिया में भक्ति में परिणत हो जाता है। शांत भाव मानस की स्थिर अवस्था का द्योतक है और भक्ति के लिए स्थितप्रज्ञता आवश्यक है। चंचल चित्त शांत भाव के बोध और भक्ति-साधना में बाधक है। सूरदास ने विनय के पदों में भक्त के चित्त की सुस्थिरता की ओर संकेत किया है और उसका विकासक्रम भी निर्देशित

किया है। प्रथमतः भक्त मन को संसार से विमुख कर भगवान की ओर उन्मुख करता है, भगवान में उसकी आसक्ति बढ़ती है और संसार से धीरे-धीरे अनासक्त होता है। इस प्रकार संसार से विमुखता निर्वेद का परिणाम है। दूसरी अवस्था में संसार से विमुख और भगवदोन्मुख भक्त का चित्त धीरे-धीरे शांत, स्थिर और संयमित होता है। मनोवेगों का ताप शमित हो जाता है और यही चित्त की शांतावस्था है। तीसरी अवस्था में शांत स्थिर चित्त ऐश्वर्यमय भगवान के चरणों में अपनी रति विकसित करता है, भगवान की कृपा की आकांक्षा से आत्मीयता-स्थापन हेतु दास्य संबंध जोड़ता है। सूरदास के विनय के पदों में जो शांत और दास्य भाव की व्यंजना है, वह कोरा उपदेश नहीं है, उसमें सरस चित्त की आत्माभिव्यक्ति है।

निर्वेद की मनःस्थिति

सूरदास ने सांसारिक प्रपंचों में लिप्त व्यक्ति की मनःस्थिति का उद्घाटन किया है। संसार में आसक्त व्यक्ति की इंद्रियासक्ति, विषयासक्ति, कर्मविवशता और लोभ की मनःस्थिति ही उसे ईश्वर से विमुख करती है (पद सं. 162)। झूठी माया के वशीभूत होने से व्यक्ति की दृष्टि संसार तक ही सीमित रहती है और ईश्वर का विस्मरण हो जाता है (पद सं. 291)।

मायाजन्य संसार व्यक्ति को मोह में डालता है और व्यक्ति इस मोह में पड़कर जीवन के उदात्त पक्ष को भूल जाता है। मायाजन्य संसार में व्यक्ति की आसक्ति एक धोखा है :

> धोखें ही धोखें डहकायौ।
> समुझि न परी, विषय-रस गीध्यौ, हरि-हीरा घर मांझ गंवायौ।
> ज्यों कुरंग जल देखि अवनि कौ, प्यास न गई चहूं दिस धायौ।
> जनम-जनम बहु करम किए है, तिनमें आपुन आपु बंधायौ।
> ज्यों सुक सेमर सेव आस लगि, निस-बासर हठि चित्त लगायौ।
> रीतौ पर्यौ जबै फल चाख्यौ, उड़ि गयौ तूल, तांवरौ आयौ।
> ज्यों कपि डोरि बांधि बाजीगर, कन-कन कौ चौहटैं नचायौ।
> सूरदास भगवंत-भजन बिनु काल-व्याल पै आपु डसायौ। (326)

इस पद में सांसारिक विषयों में आसक्त व्यक्ति की स्थिति का निर्देशन है जिसमें (1) अज्ञान, (2) विषयासक्ति, (3) ईश्वरतत्त्व की हानि, (4) तृष्णा, (5) कर्म-विवशता, (6) जीवनभ्रांति, (7) लोभ, और (8) मृत्युभय आदि प्रमुख हैं। इन तत्त्वों की ओर संकेत करते हुए संसार में लीन व्यक्ति की दयनीय दशा का वर्णन भक्त कवि ने किया है। यह संसार धोखा है, इस बोध से ही व्यक्ति में निर्वेद का उदय संभव है।

सूरदास ने एक दूसरे पद में इस संसार में लीन व्यक्ति की शारीरिक, मानसिक, सामाजिक और मनोवैज्ञानिक स्थिति का बोध जाग्रत करने का प्रयास किया है :

जा दिन मन पंछी उड़ि जैहैं।
ता दिन तेरे तन-तरुवर के सबै पात झरि जैहैं।
या देही कौ गरब न करियै, स्यार-काग-गिध खैहैं।
तीननि में तन कृमि, कै विष्टा, कै ह्वै खाक उड़ैहैं।
कहं वह नीर, कहां वह सोभा, कहं रंग रूप दिखैहैं।
जिन लोगनि सौं नेह करत है, तेई देखि घिनैहैं।
घर के कहत सबारे काढो, भूत होई धरि खैहैं।
जिन पुत्रनिहिं बहुत प्रतिपाल्यौ देवी-देव मनैहैं।
तेई ले खोपरी बांस दै सीस फोरि बिखरैहैं।
अजहूं मूढ़ करौ संतसंगति, संतनि मैं कछु पैहैं।
नर-बपु धारि नाहिं जन हरि कौ, जम की मार सो खैहैं।
सूरदास भगवंत-भजन बिनु वृथा सु जनम गंवैहैं। (86)

इस पद के मुख्य तत्त्व हैं—(1) मृत्यु की भयानकता का बोध, (2) शारीरिक मोह का विखंडित रूप, (3) मृत्योपरांत सांसारिक प्रेम की हानि, (4) संत्संग महिमा। मृत्योपरांत सांसारिक प्रेम की हानि एक मनोवैज्ञानिक तथ्य है जिसकी ओर कवि ने संकेत किया है : मृत्यु के उपरांत समाज अपने अत्यंत प्रिय को भी त्याग देता है, घृणा करता है। मृत्यु के बाद परिवार और समाज व्यक्ति के साथ जो व्यवहार करता है उसके पूर्वाभास से व्यक्ति पारिवारिक और सामाजिक संबंधों की असारता का अनुभव करता है। इस प्रकार एक मनोवैज्ञानिक सत्य के सहारे, मृत्यु की भयानकता की अनुभूति और संसार की निस्सारता के बोध से सूरदास ने व्यक्ति चित्त में निर्वेद जगाने का प्रयास किया है। विनय के पदों में संसार की निस्सारता, पाप की चेतना और मृत्यु की भयानकता का बोध ही व्यक्त हुआ है।

सूरदास व्यक्ति चेतना को उद्बुद्ध करते हैं, उसके मन में निर्वेद की भावना जगाते हैं, साथ ही भगवान की भक्तवत्सलता (पद सं. 3), करुणाशीलता प्रेममयता (पद सं. 4), उदारता (पद सं. 8), कृपालुता, सहृदयता, और सुहृदयता, की ओर भी संकेत करते हैं, जिससे संसारविमुख व्यक्ति ईश्वरोन्मुख हो सके। कवि ने अपनी दास्य भावना की मुखर व्यंजना की है। उसे हरिविमुख होने से असंतोष एवं विकलता है (पद सं. 27), उसे अपनी विषयासक्ति का पश्चाताप है (पद सं. 65), उसे अपने पाप का बोध है इसलिए ईश्वर के सम्मुख होने में लज्जा की अनुभूति होती है (पद सं. 96)। वह अपनी दयनीय दशा का निवेदन करता

है (पद सं. 97) और अपना दैन्य भी प्रकट करता है (पद सं. 23)। भक्त के हृदय में जब भगवतरति पूर्णतः स्थापित हो जाती है, भगवान में उसकी आस्था दृढ़ हो जाती है, तब भगवान के सामने वह न केवल अपना दैन्य ही निवेदित करता है, बल्कि वह भगवान की कृपा को अपना अधिकार समझता है। भक्त को अपनाना भगवान का कर्तव्य हो जाता है। भक्त अपनी पापचेतना के साथ भगवान की भक्तवत्सलता के सामने एक चैलेंज के रूप में उपस्थित होता है। पतित और पतितपावन, अधम और अधम-उद्धारक की होड़ है, प्रतिद्वंद्विता है। भक्त की दृढ़ता और धृष्टता विनोद से युक्त होकर भगवान के सम्मुख उपस्थित होती है।

भक्त की दास्य भावना में जब दृढ़ता आ जाती है तो वह भगवान से भक्ति की मांग करता है। सूर की इस दृढ़ता और धृष्टता में ओज और विनोद का संयोग है :

आजु हौं एक-एक करि टरिहौं।
के तुमहीं कै हमहीं, माधौ, अपन भरोसे लरिहौं।
हौं तौ पतित सात पीढ़िनि कौ, पतितै ह्वै निस्तरिहौ।
अब हौ उधरि नच्यौ चाहत हौं, तुम्हें विरद बिन करिहौ।
कत अपनी परतीति नसावत, मैं पायौ हरि हीरा।
सूर पतित तबहीं उठिहै, प्रभु जब हंसि दैहौ बीरा ॥ (134)

सूरदास में विनोदप्रियता एक विशेष तत्त्व है जो उनके काव्य में सर्वत्र व्याप्त है। वह शांत, दास्य, वात्सल्य, सख्य और दांपत्य प्रेम की सभी अवस्थाओं में विद्यमान है। विनोद व्यक्ति की आंतरिक वेदना को आवृत करने का एक साधन भी है।

सूरदास के विनय के पद भाव और विचार दोनों दृष्टियों से कबीर आदि निर्गुण संतों के पद-साहित्य से प्रभावित हैं, किंतु संतसाहित्य का स्पष्ट प्रभाव सूरदास की रहस्यानुभूति में है। रहस्यानुभूति में विस्मय मुख्य भाव है। सगुण भक्त कवियों में इस रहस्यानुभूति का अभाव ही है। आचार्य रामचंद्र शुक्ल के अनुसार, अज्ञात या परोक्ष तथ्य की व्यंजना की अन्योक्ति पद्धति निर्गुण संतों की बानी की विशेषता है जिसका एकाध झोंका व्यक्तिगत साधना में लीन रहने वाले सूरदास को भी लगा था। आचार्य शुक्ल ने अन्योक्ति द्वारा परोक्ष या अज्ञात तथ्य की व्यंजना को कृत्रिम और काव्य सत्य के विरुद्ध माना है।[17] वस्तुतः ज्ञानमय चिह्नों या प्रतीकों के माध्यम से ब्रह्म की उपासना और उसकी अभिव्यंजना कबीर आदि निर्गुण संतों की बानी की ही विशेषता नहीं है, बल्कि इसका मूल उपनिषदों में उपलब्ध है। रहस्यानुभूति से अनुप्रेरित काव्य को कृत्रिम और काव्यसत्य के विरुद्ध मानने पर विश्व के संत साहित्य के बहुलांश का अवमूल्यन हो जाएगा और

फिर मन को गुदगुदाने वाला काव्य ही काव्य रह जाएगा, आत्मशक्ति को जाग्रत करने वाला काव्य अकाव्य घोषित कर दिया जाएगा। यह काव्य के मूल्यांकन के इतिहास की एक बड़ी ट्रेजेडी होगी। आचार्य शुक्ल का यह मत सही है कि जीवन-यथार्थ से विच्छिन्न रहस्यानुभूति काव्य-रचना का स्वाभाविक क्षेत्र नहीं है, लेकिन जहां रहस्यानुभूति में सच्ची तन्मयता होती है, वहां कविता का उत्कर्ष दिखाई देता है। एक बात यह भी ध्यान देने की है कि रहस्यवादी कविता में केवल आलंबन अलौकिक होता है, अनुभूतियां नहीं; अनुभूतियां लौकिक जीवन की ही होती हैं। सूर की कविता में रहस्यानुभूति की भी व्यंजना है। लेकिन यह सूर की काव्य-रचना का स्वाभाविक क्षेत्र नहीं है।

सूरदास के विनय के पदों में वैराग्य-भावना की प्रधानता है, संसार की असारता और मिथ्यात्व की चर्चा है। यह सूर की भक्तिभावना का प्रस्थान बिंदु है। भक्ति आंदोलन की विचारधारा में वैराग्य और संसार की असारता की बातें धार्मिक चिंतन की जगत संबंधी मिथ्या चेतना की उपज हैं। धार्मिक विचारधारा की उलटी विश्वचेतना में वास्तविक जगत अवास्तविक बन जाता है और काल्पनिक ईश्वर वास्तविक बताया जाता है। सूर के विनय के पदों में दैन्य और वेदना के भाव हैं। ये भाव एक ओर जीवन की वास्तविकता की उपज हैं और दूसरी ओर जीवन की वास्तविकता से पलायन के परिणाम भी। सूर के विनय के पदों में बार-बार संसार की असारता की चर्चा के माध्यम से उस युग के विलासी सामंती समाज की वास्तविक जीवन-दशाओं का भी चित्रण हुआ है। फिर भी, विनय के पदों में सूरदास की कविता का उत्कर्ष नहीं है, उनमें भक्ति आंदोलन और भक्तिकाव्य की एक सामान्य प्रवृत्ति की अभिव्यक्ति हुई है।

वात्सल्य

प्रम में आत्मदान और आत्मीयता के सहारे जिस आत्मविभोरावस्था की उपलब्धि होती है, उसकी पराकाष्ठा वात्सल्य में प्रकट होती है। बालक माता-पिता की आत्मा का दृश्य रूप ही होता। बालक के रूप में माता-पिता अपनी आत्मा को संमूर्तित देखते हैं और वह दोनों के प्रेम का घनीभूत रूप होता है। पुत्र माता-पिता का आत्मांश होता है—'आत्मना जायते पुत्रः।' माता-पिता की आत्मा की पूर्णता के लिए, व्यक्तित्व की समृद्धि, भावनाओं की संपुष्टि, इच्छाओं की संतुष्टि और प्रेम की परिपुष्टि के लिए बालक का होना जरूरी है। माता-पिता का बालक के प्रति स्नेह दांपत्य जीवन का जीवनरस बन जाता है। महाकवि भवभूति ने लिखा है कि संतान निश्चय ही प्रेम की पराकाष्ठा है और संतान माता-पिता के परस्पर-प्रेम का प्रधान हेतु भी होता है।[18] माता-पिता के स्नेह का आलंबन होने के कारण पुत्र आनंद का एक ऐसा सूत्र बन जाता है जिसमें दंपति

का अंत:करण जुड़ा होता है। बालक की प्रत्येक क्रिया और चेष्टा से माता-पिता का हृदय आनंदमग्न होता है। महाकवि कालिदास ने लिखा है:

आलक्ष्यदन्तमुकुलाननिमित्तहासैरव्यक्तवर्णरमणीयवचः प्रवृतीन्।
अंकाश्रयप्रणयिनस्तन यान्वहन्ती धन्यास्तदंगरजसा मलिनीभवन्ति ।।[19]

(अभिज्ञान शाकुंतलम् 7/17)

अर्थात् वह भाग्यवान धन्य है जिसकी गोद में बैठकर यह स्वभाव से हंसमुख कली के समान कुछ-कुछ झलकते हुए दांतों वाला और तुतला-तुतलाकर बातें करने वाला बालक अपने अंग की धूल से उसके अंग को मलिन करता होगा। बालक के निश्छल, निर्विकार, पवित्र एवं भोले स्वभाव और मोहक स्वरूप से असीम उल्लास का जन्म होता है।

वात्सल्य में मंगलविधान, रक्षण और आनंदानुभूति का योग होता है। प्रेम के ये तीन विधायक तत्त्व वात्सल्य में अपनी उत्कर्षित अवस्था में होते हैं। वात्सल्य प्रेम की ऐसी अवस्था है जिसमें निःस्वार्थ, कामनारहित, स्नेह का प्रकाश होता है। वात्सल्य में सौंदर्यानुभव का तत्त्व होता है, किंतु उसमें पालन और रंजन की प्रवृत्ति ही प्रमुख होती है। वात्सल्य का क्षेत्र सेवा, त्याग और आत्मविसर्जन का क्षेत्र है। यहां प्रेम में प्रतिदिन की चिंता नहीं रहती। वात्सल्य का भाव प्राणी मात्र में होता है। जिसने अपने भाव जगत को इतना विस्तृत कर लिया है कि उसमें सारा विश्व समाहित हो जाए, उसकी विश्व के कण-कण से आत्मीयता स्थापित हो जाती है। प्राणी मात्र के लिए उसके हृदय में अक्षय स्नेह होता है।

भारतीय संस्कृति में संयुक्त परिवार समाज-व्यवस्था की एक अत्यंत आवश्यक आधारभूत इकाई है। बालक परिवार में सृष्टि के विकासक्रम की एक नई कड़ी है। भारत के प्राचीन सामाजिक दार्शनिकों ने धार्मिक, सामाजिक एवं सांस्कृतिक दृष्टियों से संतान की महत्ता प्रतिष्ठित की है। बालक माता-पिता के दांपत्य प्रेम का फल है। माता-पिता के पारस्परिक अस्तित्वबोध और अस्तित्व-विलयन के फलस्वरूप नवीन सत्ता का अभ्युदय संतान के रूप में होता है, इसलिए जीवन को समग्रता में ग्रहण करने वाले कवि या कलाकार के लिए वात्सल्य भाव की अनुभूति और अभिव्यक्ति आवश्यक है। भारतीय संस्कृति के गायक अनेक कवियों ने वात्सल्य की अभिव्यंजना की है। भारतीय संस्कृति के आधार काव्य रामायण में वाल्मीकि ने बालकांड के अठारहवें सर्ग में रामादि की बाल-लीलाओं का चित्रण किया है। अश्वघोष के 'बुद्धचरित' के प्रथम सर्ग में गौतम बुद्ध का बाल्यकाल वर्णित है, किंतु उसमें मानवीय भावाकुलता कम और आध्यात्मिक या दिव्य आभा का आलोक ही अधिक दिखाई पड़ता है। उसमें माता-पिता का चित्त आनंद और भय दोनों ही भावों से भरा है; पुत्रोपलब्धि का आनंद

और पुत्र में अमानुषी शक्तियों के लक्षण से भय। बालक गौतम के मनोहर रूप और अलौकिक शक्तिसंपन्नता से माता-पिता का हृदय राग और विराग के बीच स्थित है। गौतम बुद्ध की आंखों का मनोहर वर्णन अश्वघोष ने किया है।[20]

तस्याक्षिणी निर्निमिषे विशाले स्निग्धे च दीप्ते विमले तथैव।

निष्कम्पकृष्णायतशुद्धपक्ष्मे द्रष्टुं समर्थे खलु सर्वभावाम् ॥ 1/38 ॥

अर्थात उसकी आंखें निर्निमेष होकर देखती हैं, निर्मल और विशाल हैं, चमकीली और स्निग्ध भी, स्थिर और खूब लंबी काली पपनियों वाली। उसकी आंखें सब कुछ देख सकती हैं।

बुद्धचरित में अश्वघोष के वात्सल्य-वर्णन में गौतम बुद्ध के जन्म के कारण, स्वरूप की अलौकिकता, उनके स्मृतिजन्य ज्ञानी स्वभाव और बालक के दिव्य स्वरूप, कर्म, वातावरण, प्रभाव एवं लक्षण की कृष्ण के जन्म की स्थिति से सामानता दिखाई पड़ती है।

कालिदास ने रघुवंशम् के तृतीय सर्ग में रघु की बाललीलाओं और दिलीप के स्नेहस्निध वात्सल्य भाव का मोहक वर्णन किया है :

रथांगनाम्नोरिव भावबन्धनं बभूव यत्प्रेम परस्पराश्रयम्।

विभक्तमप्येकसुतेन तत्तयोः परस्परस्योपरि पर्यचीयत ॥ 3/24 ॥

राजा और रानी में चकवा और चकई के समान गाढ़ा प्रेम था। वह प्रेम यद्यपि एकमात्र पुत्र रघु में बंट गया था; फिर भी उनके परस्पर प्रेम में कमी नहीं हुई, उलटे वह बढ़ता गया।

उवाच घात्र्या प्रथमोदितं वचो ययो तदीयामवलम्व्य चांगुलिम्।

अभूच्च नम्रः प्रणिपातशिक्षया पितुर्मुदं तेन ततान सोऽर्भकः ॥3/25॥

जब बालक रघु कुछ बड़े हुए तब धाय ने उन्हें जो कुछ सिखाया, वे उसे अपनी तोतली बोली में बोलने लगे, उसकी उंगली पकड़कर चलने लगे और सिर झुका कर बड़ों को प्रणाम करना भी सीख गए। राजा दिलीप अपने पुत्र की ये बाल-लीलाएं देखकर फूले नहीं समाते थे।

तमंकमारोप्य शरीरयोगजैः सुखैर्निषिञ्चन्तमिवामृतं त्वचि।

उमान्तसंमीलितलोचनो नृपश्चिरात्सुतस्पर्शरसज्ञतां ययौ ॥3/26॥

जब राजा उसे गोद में उठाते तब उनका शरीर छूने से ऐसा जान पड़ता था मानो उनके शरीर पर अमृत की फुहारें बरस रही हों। उस समय आंखें बन्द करके वे बहुत देर तक यह आनंद लेते ही रह जाते थे।

कुमारसंभवम् के प्रथम सर्ग में कालिदास ने बालिका पार्वती की अंग-सुषमा, बाल-क्रीड़ाएं और सहज मेधा का मनोहर वर्णन किया है तथा ऐसी चंद्रकला-सी सतत वृद्धिमान कमनीय कन्या के सान्निध्य से पार्वती के माता-पिता के हृदय में उमड़ते हुए वात्सल्य की भावधारा का भी वर्णन किया है। कुमारसंभवम् के

एकादश सर्ग में लिखा है कि कुमार (कार्तिकेय) के संभवोपरांत पुत्र के प्रथम दर्शन से ही शिव और पार्वती के हृदय में वात्सल्य के अबाध प्रवाह से आनंदातिरेक में आंखें छलछला उठीं। स्नेहाकुल पार्वती वात्सल्य में बेसुध हो रही थीं, रोम-रोम स्नेह छलक रहा था और आकुल नेत्रों से कुमार के रूपरस का पान कर रही थीं। पुत्रवती जननी के वात्सल्य निमग्न हृदय का चित्रात्मक वर्णन कालिदास ने किया है :

निसर्गवात्सल्यरसौघसिक्ता सान्द्रप्रमोदामृतपूरपूर्णा।
तमेकपुत्रं जगदेकमाताभ्युत्सगिनं प्रस्नविणी बभूव ॥11/23॥

माता-पिता की वात्सल्यानुभूति और उसके मानसिक शारीरिक प्रभावों का कालिदास ने आकर्षक वर्णन किया है। बालक कुमार की ललित बाललीलाओं पर माता-पिता विमुग्ध हैं। कुमार की बाल चेष्टाओं का वर्णन कालिदास इस रूप में कर रहे हैं :

ततः कुमारः स मुदां निदानैः स बाललीलाचरितैर्विचित्रैः।
गिरीशगौर्योर्हृदयं जहार मुदे न हृद्या किमु बालकेलिः ॥11/40॥
क्वचित्स्खलद्भिः क्वचिदस्खलद्भिः क्वचित्प्रकम्पैः क्वचिदप्रकम्पैः।
बालः स लीला चलनप्रयोगैस्तयोर्मुदं वर्धयति स्म पित्रोः ॥ 11/42॥
अहेतुहासच्छुरिताननेन्दुर्गु हांगणक्रीडनधूलिधूम्रः।
मुहुर्वदन्किंचिदलक्षितार्थं मुदं तयोरंकगतस्ततान ॥ 11/43 ॥

कालिदास के इस बालस्वभाव, बालक की ललित क्रीड़ा और नैसर्गिक वात्सल्य के कलात्मक वर्णन का प्रभाव निश्चय ही परवर्ती भारतीय कवियों पर पड़ा होगा। इसमें बालक के स्वभाव, क्रीड़ा, चेष्टा और रूप-लावण्य के कलात्मक अंकन तथा माता और पिता के वात्सल्यपूर्ण स्नेहस्निग्ध आनंदातिरेक में डूबे हृदय की प्रत्येक गतिविधि का उद्घाटन करके कालिदास ने सूरदास जैसे वात्सल्य के रससिद्ध कवियों के लिए ऐसी परंपरा का सूत्रपात किया है, जिसका विकसित रूप सूरसागर में प्रकट हुआ है।

भास के बालचरित नाटक में कृष्ण की बाललीलाएं वर्णित हैं तथा भवभूति के उत्तररामचरित में भी वात्सल्य की सुगंधि व्याप्त है। विष्णु पुराण और भागवत पुराण में श्रीकृष्ण की बाललीला गाई गई है। अपभ्रंश के कवि पुष्पदंत के उत्तरपुराण में नारायण की बाललीला का मनोहर वर्णन है। इस प्रकार वाल्मीकि से प्रारंभ होने वाली भारतीय कविता में वात्सल्य की अनुभूति और अभिव्यक्ति की एक परंपरा का निर्माण हुआ और उस संपूर्ण परंपरा को आत्मसात कर सूरदास ने सूरसागर में वात्सल्य के संयोग और वियोग दोनों पक्षों की सम्यक व्यंजना करके उसके रसत्व को पूर्णतः प्रतिष्ठित कर दिया। संयोग काल के वात्सल्य का वर्णन पूर्ववर्ती अनेक कवियों ने किया है, किंतु वियोग

काल के वात्सल्य भाव की अभिव्यंजना सूरदास की देन है। इस प्रकार सूरदास ने वात्सल्य के दोनों पक्षों की सफल अभिव्यंजना करके भारतीय काव्य और काव्यशास्त्र की परंपरा को एक नवीन दिशा और एक नया आयाम दिया।

सूरदास भक्तकवि हैं और काव्य उनके लिए श्रीकृष्ण की लीलागान का एक साधन है। श्रीकृष्ण का प्रेममय स्वरूप ही सूर की भक्तिभावना का केंद्रबिंदु है। वल्लभ संप्रदाय में वासल्यासक्ति का विशेष महत्त्व है, क्योंकि इसमें 'जीव की शुद्धावस्था में पाप-पुण्य निर्लिप्त सच्चिदानंद कृष्णचंद्र की शिशु मूर्ति ही भक्तिभावना का विषय बनती है।'[21] वल्लभ संप्रदाय और सूरदास की प्रेमभक्ति के आराध्य गोपालकृष्ण हैं, उनकी बालमाधुरी तथा ब्रजलीला ही भक्त की अनुभूति के विषय हैं, क्योंकि यही कृष्ण का प्रेममय स्वरूप है। गोपालकृष्ण के बालस्वरूप की आराधना, सेवा तथा बाललीलाओं के गान का वल्लभ संप्रदाय में विशेष महत्त्व है, इसलिए भक्त सूरदास की भावना और कल्पना में बाल गोपाल की छवि बसी हुई है। श्रीकृष्ण की बालमाधुरी और ललित बालक्रीड़ाओं की सहज अनुभूति से सूरदास का मानसलोक आलोकित है, इसलिए सूरदास वात्सल्य रस के सिद्ध कवि बन सके हैं। दूसरी बात यह है कि सूरदास कोमल भावनाओं के कवि हैं, प्रेम के कवि हैं; अतः वात्सल्य और दांपत्य रति को ही उन्होंने अपने काव्य का मुख्य विषय बनाया है। वात्सल्य भावों में कोमलतम है, इसलिए सूर की मनोवृत्ति उसमें विशेष रमी है। इस प्रकार आराध्य के रूप में श्रीकृष्ण की शिशुमूर्ति का मानस में प्रत्यक्षीकरण तथा वात्सल्य की 'संकल्पात्मक मौलिक अनुभूति की तीव्रता' के कारण सूरदास वात्सल्य की सफल अभिव्यंजना में सक्षम हो सके हैं।[22] अनुभूति की सच्चाई के बिना अभिव्यक्ति में सौंदर्य नहीं आ सकता और इन दोनों के अभाव में कविता नहीं हो सकती।

सूरदास के वात्सल्य-वर्णन के दो पक्ष हैं—(क) संयोग वात्सल्य, और (ख) वियोग वात्सल्य। संयोग वात्सल्य के मुख्य अंग हैं—(1) रूप-वर्णन, (2) क्रीड़ा, चेष्टा और मुद्राओं का वर्णन, (3) बाल स्वभाव का वर्णन, (4) संस्कारों का वर्णन, और (5) मातृहृदय का प्रकाशन।

'संस्कृति सौंदर्यबोध के विकसित होने की मौलिक चेष्टा है।'[23] सौंदर्यबोध के विकास में सांस्कृतिक परंपरा और व्यक्ति-चेतना का योगदान होता है। सूरदास ने श्रीकृष्ण की जो बालछवि निर्मित की है, उसमें उनकी सांस्कृतिक चेतना और आत्मचेतना के दर्शन होते हैं। श्रीकृष्ण की रूप-माधुरी का बिंबात्मक वर्णन सूर की आत्मानुभूति का परिणाम है। श्रीकृष्ण का जन्म ही सौंदर्य-सिंधु का अनंत प्रवाह है, जिनमें संपूर्ण ब्रजमंडल निमग्न है (पद सं. 647)। श्रीकृष्ण का रूप-लावण्य सर्वत्र रूपपिपासु नेत्रों के लिए अमृत है; पालने में, यशोदा की गोद में, आंगन में और धूल-धूसरित धरा पर। वे सोते, जागते, खेलते, नाचते

हर समय सारे संसार के लोचनों के सर्वस्व हैं। प्रारंभ में सूरदास ने बाल श्रीकृष्ण के सहज सौंदर्य का वर्णन किया है, क्योंकि पहले तो माता-पिता के लिए बालक का अस्तित्व ही सुखद है। मां यशोदा और पिता नंद श्रीकृष्ण के नैसर्गिक सौंदर्य पर मुग्ध हैं। पालने में सोते समय या करबट बदलते समय सदा उनके रूप-रस का पान करते हुए नहीं थकते हैं। बालक श्रीकृष्ण का सूरदास प्रथम आलंकारिक वर्णन करते हैं :

ललन हौं या छबि ऊपर वारी।
बाल गोपाल लागौ इन नैननि, रोग-बलाई तुम्हारी।
लट लटकनि, मोहन, मसि बिंदुका तिलक भाल सुखकारी।
मनौ कमल-दल सावक पेखत, उड़त मधुप छवि न्यारी।
लोचन ललित, कपोलनि काजर, छवि उपजति अधिकारी।
सुख मैं सुख औरै रुचि बाढ़ति, हंसत देत किलकारी।
अलप दसन, कलबल करि बोलनि, बुधि नहि परत विचारी
विकसित ज्योति अधर बिच, मनौ बिधु मैं विज्जु उज्यारी।
सुन्दरता को पार न पावत रूप देखि महतारी॥
सूरसिंधु की बूंद भई मिलि मति गति दृष्टि हमारी॥ (709)

इस पद में मां के मन की अनेक भावनाओं, आकांक्षाओं और हलचलों का चित्रण है। लगता है सूरदास मां के हृदय-नेत्रों से बालक कृष्ण को देख रहे हैं। वे इस प्रथम आलंकारिक वर्णन में अलंकारों का प्रयोग सचेत होकर करते हैं; क्योंकि ऐसा न हो कि अलंकारों से श्रीकृष्ण का नैसर्गिक सौंदर्य ढक जाए। जब सूरदास श्रीकृष्ण के बालक रूप का बिंबात्मक चित्रण प्रारंभ करते हैं तो एक से एक मनोहर चित्र निर्मित होते जाते हैं (पद सं.716)। एक पद में कवि ने श्रीकृष्ण का गतिशील बिंबात्मक चित्र खींचा है :

सोभित कर नवनीत लिए।
घुटुरुनि चलत रेनु-तनु मंडित, मुख दधि लेप किये।
चारु कपोल, लोल लोचन, गोरोचन तिलक दिए।
लट लटकनि मनु मत्तमधुप-गन मादक मधुहिं पिए।
कठुला कंठ ब्रज केहरि नख, राजत रुचिर हिए।
धन्य सूर एको पल इहिं सुख, का सत कल्प जिए॥(717)

इस पद में बालक का रूप है और उसकी ललित चेष्टाएं भी हैं।

खीझे हुए श्रीकृष्ण का मनोहर वर्णन सूर ने किया है, जिसमें रूप-सौंदर्य और भाव-सौंदर्य दोनों का संयोग है। यहां सूरदास एक के बाद एक स्थिर और गतिशील बिंबों की रचना करते हुए श्रीकृष्ण के सौंदर्य का प्रत्यक्षीकरण संभव बनाते हैं :

खीझत जात माखन खात।
अरुन लोचन, भौंह टेढ़ी, बार बार जंभात।
कहुं रुनझुन चलत घुटुरुनि धूरि धूसर गात।
कबहुं झुकि कैं अलख खींचत, नैन जल भरि जात।
कबहु तोतर बोल बोलत, कबहुं बोलत तात।
सूर हरि की निरिखि सोभा, निमिष तजत न मात ।। (718)

इस प्रकार सूरदास ने श्रीकृष्ण की बाल-छवि के अनेक मनोहर चित्रों का निर्माण किया है। इन शब्दचित्रों को देखकर कहा जा सकता है कि कविता मुखरचित्र है।

बालक कृष्ण की क्रीड़ा और विविध मनमोहक चेष्टाओं का जो मर्मस्पर्शी वर्णन सूरदास ने किया है, उससे उनकी सूक्ष्म निरीक्षण शक्ति एवं बाल स्वभाव की सच्ची पहचान का प्रमाण मिलता है। बालक की सहज क्रीड़ाओं, चेष्टाओं और मुद्राओं से निर्मित मोहक रूप माता-पिता के आनंद को निस्सीम बना देता है। श्रीकृष्ण धीरे-धीरे बड़े हो रहे हैं, आंगन में घुटनों के बल चलना सीख रहे हैं, वे मणिमय आंगन में अपना प्रतिबिंब देखकर हंसते और किलकारी मारते हैं और पीछे देखकर बार-बार मां को पुकारते हैं। (पद सं. 719) कृष्ण अपने मुख-प्रतिबिंब को पकड़ने के लिए घुटनों के बल दौड़ रहे हैं, किसी प्रकार स्फुट वाणी में बोल रहे हैं और संकेत से मक्खन मांगते हैं। बाल कृष्ण की ये चेष्टाएं यशोदा के वात्सल्य-स्नेह को अत्यधिक प्रगाढ़ बनाती हैं :

बाल विनोद खरो जिय भावत।
मुख प्रतिबिंब पकरिबै कारन हुलसि घुटुरवन धावत।
अखिल ब्रह्मांड खंड की महिमा सिसुता मांहि दुरावत
सब्द जोरि बोल्यौ चाहत हैं, प्रकट बचन नहिं आवत।
कमल नैन माखन मांगत हैं करि करि सैन बतावत।
सूरदास स्वामी सुख सागर, जसुमति प्रीति बढ़ावत। (720)

श्रीकृष्ण कुछ अधिक बड़े हो गए हैं और अब स्वयं कुछ गाने का प्रयास करते हैं, स्वयं नाचते हैं, प्रसन्न होते हैं। कभी-कभी वे कजरी और धौरी गायों को पुकारते हैं, कभी नंद को बुलाते हैं और कभी मणिमय खंभों में अपना प्रतिबिंब देख उसे दूसरा बालक समझकर नवनीत खिलाते हैं। यशोदा छिपकर श्रीकृष्ण की इन बाललीलाओं को देखकर अत्यंत हर्षित होती है (पद सं. 795)।

सूरदास ने बालक कृष्ण की बाल चेष्टाओं का ही वर्णन नहीं किया है, उनके रूप लावण्य का ही चित्रण नहीं किया है; उन्होंने बालक श्रीकृष्ण के अंत:सौंदर्य या अंतर्भावनाओं की रमणीयता का भी उद्घाटन किया है, जिससे बालक के नैसर्गिक स्वभाव की व्यंजना हुई है। बालकों में ईर्ष्या, स्पर्धा, या प्रतिद्वंद्विता की

भावना प्रबल होती है। वह माता-पिता के स्नेह का अपने को एकाधिकारी समझता है, उस क्षेत्र में दूसरे का प्रवेश उसके लिए असह्य है। कृष्ण सहर्ष माखन खा रहे हैं, इसी बीच घड़े के स्वच्छ जल में अपना प्रतिबिंब देखकर और उसे दूसरा बालक समझकर बुरा मान जाते हैं। बालक को क्रोध आता है तो माता-पिता से ही वह अपने विरोधी की शिकायत करता है। कृष्ण ने रुष्ट होकर नंद के पास जाकर उनसे शिकायत की कि किसी दूसरे बालक ने मेरा माखन खा लिया। नंद ने कृष्ण को हृदय से लगाया और घड़े के पास कृष्ण को गोद में लिए पहुंचे तो कृष्ण ने देखा कि वह दूसरा बालक नंद की गोद में बैठा हुआ है। कृष्ण को नंद के स्नेह पर ही शंका हुई और वे मां यशोदा के पास पहुंचे और कहा, 'मैं तुम्हारा बेटा हूं, नंद बाबा का नहीं, उन्होंने दूसरे लड़के को अपनी गोद में ले लिया है और मेरा अनादर किया है।' यशोदा कृष्ण के साथ घड़े के पास पहुंची और घड़े को हिला दिया, प्रतिबिंब खंडित हो गया और कृष्ण प्रसन्न हो गए :

माखन खात हंसत किलकत हरि, पकरि स्वच्छ घट देख्यौ।
निज प्रतिबिंब निरखि रिस मानत, जानत आन परेख्यौ।
मन में माष करत, कछु बोलत, नंद बाबा पै आयौ।
वा घट में काहू कै लरिका, मेरौ माखन खायौ।
महर कंठ लावत, मुख पोंछत चूमत तिहि ठां आयौ।
हिरदै दिए लख्यो वासुत कौ, तातै अधिक रिसायौ।
कह्यों जाइ जसुमति सौ ततछन, मैं जननी सुत तेरौ।
आजु नंद सुत और कियौ, कछु कियौ न आदर मेरौ। (774)

बालहठ अत्यंत जटिल और कठिन होता है, उसके समक्ष तो राजहठ भी तुच्छ हो जाता है। मां ने रोते हुए कृष्ण को मनाने के लिए चंद्रमा दिखाया तो कृष्ण उसे खाने के लिए मांगने और रोने लगे। यशोदा को लेने के देने पड़े। कहां चली थीं कृष्ण को मनाने और बदले में कृष्ण का हठ उन्हें अधिक परेशान करने लगा। यशोदा ने कृष्ण को खाने के लिए घी, मक्खन, दही आदि दिया और यह भी कहा कि चंदा खेलने की चीज है, खाने की नहीं; लेकिन कृष्ण क्यों मानने लगे। उन्हें तो चंद्रमा ही चाहिए (पद सं. 806)। यशोदा ने कृष्ण को नई दुलहिन देने का प्रलोभन दिया, फिर भी कृष्ण न माने :

मैया, मैं तो चंद खिलौना लैहों।
जैहों लोटि धरनि पर अबहीं, तेरी गोद न ऐहौं।
सुरभी कौ पय पान न करिहौ, बेनी सिर न गुहैहों।
ह्वै हौं पूत नंद बाबा कौ, तेरौ सुत न कहैहौ।
... ...

हंसि समुझावति, कहति जसोमति, नई दुलहिया दैहौं। (811)

इस पद में बालहठ, बालस्वभाव, धृष्टता, कौतुकप्रियता और उत्सुकता की ललित व्यंजना है। बालहठ से उत्पन्न परेशानी में भी आनंदानुभूति करती हुई मां के ममता मिश्रित चातुर्य का भी वर्णन है।

अनुभूति के स्तर पर तन्मयता सूर की कविता की सबसे बड़ी विशेषता है। सूरदास वर्ण्यविषय के साथ तादात्म्य स्थापित करके उसकी अभिव्यक्ति करते हैं। वे जब बालक कृष्ण की लीलाओं, चेष्टाओं और मनोभावों की व्यंजना करते हैं तो स्वयं बालक बने प्रतीत होते हैं और जब मां यशोदा की अनुभूतियों की अभिव्यक्ति करते हैं तो मातृहृदय से युक्त जान पड़ते हैं। सूर की गहरी अनुभूति और तन्मयता के कारण उनकी कविता में 'तदाकार परिणति' की अद्भुत क्षमता है।

समवयस्क बालकों की मित्रमंडली में सहज भावों का प्राकृत रूप और सरल बुद्धि का भोला विकास दिखाई पड़ता है। बच्चे एक दूसरे को चिढ़ाते हैं और एक बच्चा खीझकर मां से उसकी शिकायत करता है। खेल में बलराम ने कृष्ण को भी खिझाया। कृष्ण यशोदा से शिकायत करते हैं कि वह कृष्ण को ही डांटती है, बलदेव पर कभी क्रोधित नहीं होती। यशोदा ने कृष्ण की मनोकामना पूरी की और कहा कि बलदेव जन्म का ही धूर्त है (पद सं. 833)। यशोदा कृष्ण के मुख से रसभरी बातें सुनकर और कृष्ण की मोहक मुद्रा देखकर प्रसन्न ही होती है। बालक की अंतर्भावनाओं का सौंदर्य और बालस्वभाव की विशेषताओं का वर्णन माखनचोरी के प्रसंग में हुआ है। कृष्ण माखनचोरी के लिए एक गोपी के घर में घुसे तो मणिमय खंभे में अपना प्रतिबिंब देखकर पहले डरे और फिर साहस करके उसे मित्र बना लिया। कृष्ण को डर है कि कहीं उस बालक द्वारा इनकी चोरी प्रकट न हो जाए। कृष्ण ने कहा कि हम लोगों की जोड़ी अच्छी है, आज से हम लोग चोरी का सामान आधा-आधा बांट लिया करेंगे। कृष्ण अपने उस मित्र को (प्रतिबिंब को) मक्खन खिलाते हैं तो प्रतिबिंब से टकराकर मक्खन जमीन पर गिर पड़ता है। कृष्ण सोचते हैं कि शायद इसे पूरा चाहिए, हिस्सा नहीं। लेकिन यह तो बुरी बात है। माखनचोरी के इस प्रसंग में कृष्ण के सहज आचरण, स्वभाव और भोले चातुर्य पर किस सहृदय का स्नेह नहीं उमड़ पड़गा :

आजु सखी मनि-खंभ निकट हरि, जहं गोरस कां गो री।
निज प्रतिबिंब सिखावत ज्यों सिसु, प्रगट करै जनि चोरी।
अरध विभाग आजु तैं हम तुम, भली बनी है जोरी।
माखन खाहु कतहिं डारत हौ, छांडि देहु मति भोरी।
बांट न लेहु, सबै चाहत हौ, यहै बात है थोरी। (885)

एक दिन कृष्ण माखनचोरी में पकड़े गए। जब मां यशोदा के सामने उपस्थित किए गए तो कृष्ण ने कहा, 'मैंने माखन नहीं खाया है।' 'लेकिन मुंह में जो लगा

है वह क्या है ?' 'हां याद आया इन सभी सखाओं ने मिलकर बलपूर्वक मेरे मुंह में माखन लगा दिया है। मां तू ही देख, माखन तो सीके पर बहुत ऊंचाई पर रखा है। मैं भला छोटा बालक अपने हाथों से उसे कैसे पा सकता हूं ?' 'लेकिन आपके मुंह में माखन लगा है, हाथ में माखन से भरा दोना है। यह कैसा है, कहां से आया है ?' कृष्ण बड़े चतुर हैं, उन्होंने तुरंत मुंह पोंछ लिया और दोने को पीठ पीछे छुपा लिया। अब कहां हैं माखनचोरी के चिह्न ? यशोदा कृष्ण की इस बालबुद्धि और भोले तर्कों पर मन ही मन अत्यंत प्रसन्न है (पद सं. 953)। माखनचोरी के प्रसंग में बालक के भोले स्वभाव, सरल वाक्चातुर्य और मनोमुग्धकारी आचरण से विनोद, हास्य और स्नेह का मोहक वातावरण प्रस्तुत हुआ है।

सूरदास लोक-संस्कृति के कवि हैं। लोक-संस्कृति विशेषतः लोक-संस्कारों में प्रकट होती है। लोक-संस्कारों में लोकजीवन के कलारूप—काव्य, संगीत, नृत्य और चित्र—पलते हैं। लोक-संस्कारों में ही लोकजीवन का सच्चा भावात्मक इतिहास व्यक्त होता है। सूरदास का काव्य भावनात्मक उल्लास और आत्मशक्ति के विकास के स्तर पर विश्वजनीन है, सांस्कृतिक स्तर पर संपूर्ण भारतीय संस्कृति के मौलिक उपादानों का उसमें उपयोग है, लेकिन क्षेत्रीय संस्कृति या ब्रज संस्कृति का तो वह विशाल कोश ही है। ब्रज के लोकजीवन के विभिन्न संस्कारों और उनमें व्यक्त कलाओं को अत्यंत परिष्कृत बनाकर सूरदास ने अपने काव्य का अविभाज्य अंग बना लिया है। ब्रज के लोकजीवन, लोकचेतना और लोकमेधा का कलात्मक उपयोग सूरसागर में है। भारतीय हिंदू का जीवन जन्म से मृत्यु पर्यंत संस्कारों में आबद्ध है। संस्कार दो प्रकार के होते हैं—(क) शास्त्र प्रतिपादित मुख्य संस्कार, और (ख) लोकगृहीत गृहकर्म या क्षेत्रीय संस्कार। सूरदास ने अपने आराध्य श्रीकृष्ण को प्रत्येक दृष्टिकोण से लोकजीवन के निकट लाने का प्रयास किया है, जनसामान्य के जीवन से सहज तादात्म्य स्थापन का प्रयास किया है। यही कारण है कि कृष्ण का जीवन भी संस्कारों में बंधा हुआ है। इन संस्कारों में आबद्ध श्रीकृष्ण से जनसामान्य का सहज आत्मीय संबंध स्थापित हो जाता है।

सूरदास ने वात्सल्य-वर्णन में शास्त्रीय संस्कारों और क्षेत्रीय प्रचलित संस्कारों का उपयोग किया है। शास्त्रीय संस्कारों में नामकरण (पद सं. 703), अन्नप्राशन (पद सं. 707), और कर्णबेध का वात्सल्य के अंतर्गत समावेश है। कृष्ण के जन्मोत्सव का कवि ने अत्यंत ऐश्वर्यमय और भव्य वर्णन किया है। सूरसागर में वर्णित कृष्ण-जन्मोत्सव का बाणभट्ट के हर्षचरित में वर्णित हर्ष के जन्मोत्सव से साम्य है।[24] संभवतः सूरसागर और हर्षचरित के जन्मोत्सव-वर्णन में साम्य का कारण मध्यकालीन संस्कृति की एकरूपता और परंपरागत शास्त्रीय

संस्कारों की समानता है। सूरदास के जन्मोत्सव के विशद वर्णन का एक कारण वल्लभ संप्रदाय की सेवाभावना भी है, जिसमें नित्यसेवा और वर्षोत्सव सेवा मुख्य है। वर्षोत्सव सेवा में कृष्ण के जन्मोत्सव का भी आयोजन होता है। ब्रज में कृष्ण के जन्म के बाद प्रत्येक क्षण उत्सव और आनंद से भरपूर है। ब्रज के क्षेत्रीय संस्कारों में नारच्छेदन का प्रेममय झगड़ा है (पद सं. 633), छठी का उत्सव है, ढाढ़ी और ढाढ़िनी के नृत्य, संगीत एवं बधाई गान का वर्णन है (पद सं. 649)। इसके साथ ही गृहकर्म का उत्सव भी वर्णित है (पद सं. 659)। कृष्ण ने प्रथम बार करवट बदली तो माता-पिता की अभिलाषाएं ही करवट बदलने लगीं। उस करवट बदलने का भी एक उत्सव सूरसागर में वर्णित है (पद सं. 686)। कृष्ण एक वर्ष के हुए तो वर्षगांठ का आनंदोत्सव संपन्न हुआ (पद सं. 712)। इस वर्ष-गांठ के उत्सव में लोकजीवन की सुगंधि है, स्नेह का मधुर वातावरण और हार्दिक उल्लास का परिवेश है, इसमें आधुनिक जन्मदिन के उत्सव की औपचारिकता नहीं है।

सूरदास ने संस्कारों के वर्णन में लोकगीतों का सहारा लिया है। लोकगीत में ही लोकजीवन का सच्चा चित्र व्यक्त होता है। विभिन्न संस्कारों के अवसरानुकूल क्षेत्रीय लोकगीत भारतवर्ष में सर्वत्र प्रचलित हैं। श्रीकृष्ण के जन्मोत्सव के समय मंगलगान, सोहिलौ या सोहर आदि लोकगीतों का प्रयोग है। इस जन्मोत्सव में ही सौभाग्यवती तथा कुमारी गोपिकाएं गारी गाती हैं (पद सं. 644)। सूरदास का वात्सल्य-वर्णन पूर्णतः गीतमय है। सूरदास के वात्सल्य-वर्णन का सबसे महत्त्व-पूर्ण अंग है मातृहृदय का प्रकाशन। मातृहृदय की इच्छाओं, आशाओं और कोमलतम भावनाओं की जैसी सूक्ष्म और सजीव व्यंजना सूरसागर में हुई है, वह अद्वितीय है। यशोदा कृष्ण की ललित लीलाओं में असीम आनंद की अनुभूति करती हैं। यशोदा कृष्ण को पालने में झुला रही हैं। बच्चे को सुलाने के लिए 'जोई सोई' कुछ गा रही हैं। माताएं लोरी में जैसे-तैसे कुछ जोड़कर ही गाती हैं, कोई शास्त्रीय संगीत नहीं गातीं। संभव है, यशोदा गा रही हों—'मेरे लाल को आउ निंदरिया, काहे न आनि सुवावै। तू काहे नहिं वेगिहिं आवै तोकों कान्ह बुलावै।' गीत सुनते-सुनते कृष्ण की नींद से बोझिल आंखें कभी मुंद जाती हैं और कभी अधर फड़क उठता है। यशोदा कृष्ण को सोया जानकर गाना बंद कर देती हैं तो कृष्ण अकुला उठते हैं और यशोदा फिर लोरी गाने लगती हैं :

> जसोदा हरि पालनैं झुलावै।
> लहरावै, दुलराइ मल्हावै, जोइ-सोइ कछु गावै।
> मेरे लाल कौ आउ निंदरिया, काहैं न आनि सुवावै।
> तू काहैं नहीं वेगिहिं आवै, तोकों कान्ह बुलावै।

कबहुं पलक हरि मूंदि लेत हैं, कबहु अधर फरकावै।
सोवत जानि मौन ह्वै कै रहि, करि करि सैन बतावै।
इहिं अंतर अकुलाइ उठे हरि, जसुमति मधुरै गावै।
जो सुख सूर अमर मुनि दुरलभ, सौ नंद भामिनि पावै॥ (661)

वात्सल्य का स्नेह ही उस सुख का कारण है जो देवताओं और मुनियों को भी दुर्लभ है। यह पद मातृहृदय का दर्पण और बालक की मनोदशा तथा मोहक मुद्राओं का मुखर चित्र है। इस पद में कवि की सूक्ष्म अवलोकन शक्ति, गहरी अनुभूति और भावात्मक तादात्म्य की व्यंजना है। यशोदा कृष्ण को चलना सिखा रही हैं। हर माता अपने बालक को चलना सिखाती है। कभी यशोदा कृष्ण को अपना हाथ पकड़ा देती है तो कृष्ण डगमगाते पैरों से चलने का प्रयास करते हैं। मां कृष्ण के मुख-सौंदर्य का अपलक रसपान कर आनंदमग्न होती हैं। कभी-कभी पुत्र की हिताकांक्षा से प्रेरित होकर कुल देवताओं से विनय करती हैं। इस प्रकार संयोग वात्सल्य में पुत्रवती जननी के स्नेह स्निग्ध हृदय के समग्र भाव-संसार की अभिव्यक्ति सूरदास ने की है।

वियोग वात्सल्य

संयोग वात्सल्य में बालक कृष्ण का मनोरंजनकारी रमणीय रूप है, उनकी सहज बाललीलाएं, चेष्टाएं एवं विभिन्न स्वाभाविक मुद्राएं हैं, बालक की मनोवृत्ति और मनोदशाओं का वर्णन है तथा आनंदमग्न ममतामयी मां का वात्सल्यपूरित पावनस्वरूप है। लेकिन वियोग वात्सल्य में करुणामयी त्यागमूर्ति माता का वात्सल्य-विह्वल हृदय अभिव्यक्त हुआ है। संयोग वात्सल्य का वर्णन कालिदास आदि में भी उपलब्ध है, लेकिन वियोग वात्सल्य की रसात्मक अभिव्यंजना सूर-दास की कवित्व शक्ति की निजी विशेषता है।

कृष्ण के मथुरागमन के पश्चात यशोदा के भावविह्वल मातृहृदय का सौंदर्य दिखाई पड़ता है। ब्रजवासियों के सर्वस्व कृष्ण के मथुरा जाने के समाचार से यशोदा का चित्त विह्वल हो उठा। यशोदा अपने प्राणों से भी अधिक प्रिय कृष्ण और बलराम को मथुरा में असुरों के बीच जाने देने के लिए तैयार नहीं हैं। कृष्ण यशोदा के एकमात्र धन हैं, उन्हें वह बार-बार देखकर प्रसन्न होती हैं। कृष्ण से एक पल का भी वियोग असह्य है। यशोदा ने कृष्ण, बलराम और नंद आदि से मथुरा न जाने के लिए प्रार्थना की। संपूर्ण ब्रज में कोई भी ऐसा हितैषी उन्हें नहीं दिखाई पड़ता जो कृष्ण को मथुरा जाने से रोक ले। यशोदा का दैन्य और दुःख अनिर्वचनीय है (पद सं. 3592)। यशोदा ने कृष्ण से मथुरा न जाने का आग्रह किया। मां की असह्य व्यथा से निकले एक-एक शब्द उसके हृदय की व्याकुलता का दर्शन करा रहे हैं :

मोहन इतौ मोह चित धरिये।
जननी दुखित जानि के कबहु, मथुरा गवन न करियै।
यह अक्रूर क्रूर कृत रचिकै, तुमहिं लैन है आयौ।
तिरछे भए करम कृत पहिले, विधि यह ठाट बनायौ।
बार-बार जननी कहि मौसौं, माखन मांगत जौन।
सूर तिनहिं लैबै को आए, करि हैं सूनौ भौन ।। (3594)

यशोदा की निरीहता और दुःख से सारा ब्रजमंडल दुःखी है। यशोदा ने बलराम से भी प्रार्थना की और फिर सभी ब्रजवासियों से कहा कि कृष्ण को मथुरा जाने से रोको, संकोच से काम नहीं चलेगा, इन्हें अक्रूर के साथ न जाने दो, कृष्ण के ब्रज से जाते ही ब्रज की शोभा विनष्ट हो जाएगी (पद सं. 3608)। जब कृष्ण मथुरा जाने को तत्पर हो गए तो यशोदा एक पल के लिए कृष्ण का मुख देखना चाहती हैं :

मोहन नैंकु बदन तन हेरौ।
राखौ मोहिं नात जननी कौ, मदनगुपाल लाल मुख फैरौ। (3609)

मथुरा से नंद के लौटने के बाद यशोदा का चित्त अत्यंत व्याकुल है। यशोदा ने नंद को धिक्कारा और तरह-तरह से व्यंग्य किया। नंद-यशोदा के दांपत्य जीवन का एकमात्र सहारा कृष्ण अब उनके पास नहीं है, इसलिए कृष्ण की स्मृति ही उनके जीवन का संबल है। यशोदा को अब कृष्ण का दर्शन दुर्लभ ही लगता है (पद सं. 3781)। यशोदा की अभिलाषा है कि नंद किसी प्रकार कृष्ण को एक बार ब्रज ले आएं (पद सं. 3783)। यशोदा ने नंद की हृदयहीनता पर व्यंग्य किया और कहा :

सराहौ तेरौ नंद हियौ।
मोहन सौं सुत छांड़ि मधुपुरी, गोकुल आनि जियौ।
कहां कह्यौ मेरे लाल लड़ेतै, जब तू बिदा कियौ।
जीवन प्रान हमारे ब्रज की, बसुद्यौ छीनि लियौ।
... ...

सूरदास प्रभु स्यामलाल धन, लै पर हाथ दियौ। (3784)

सूरदास ने स्मृति के सहारे वियोग वात्सल्य का वर्णन किया है। कृष्ण के उपयोग तथा उपभोग की वस्तुओं को देखकर यशोदा का चित्त बार-बार व्याकुल हो जाता है और कृष्ण की स्मृति उद्बुद्ध हो जाती है :

यद्यपि मन समुझावत लोग।
सूल होत नवनीत देखि मेरे, मोहन के मुख जोग।
निसि बासर छतियां लै लाऊं, बालक लीला गाऊं।
वैसे भाग बहुरि कब ह्वै है, मोहन मोद खवाऊं।

जा कारन मुनि ध्यान धरै, सिव अंग विभूति लगावै।
सो बालक लीला धरि गोकुल, ऊखल साथ बंधावै।
बिदरत नहीं बज्र को हिरदै, हरि वियोग क्यों सहिए। (3785)

प्रिय के वियोग के बाद बार-बार व्यक्ति को अपने दोष और प्रिय के गुणों का खयाल आता है। यशोदा ने कृष्ण को माखनचोरी और माटी-भक्षण के लिए डांटा था। उन बातों की स्मृति से बार-बार उनका मन विकल हो जाता है।

नंद कृष्ण को मथुरा छोड़ आए। इस बात के लिए यशोदा नंद को फटकारती हैं और उनकी हृदयहीनता पर व्यंग्य करती हैं। यशोदा खीझकर नंद से कहती हैं कि तुम अपने ब्रज के साथ सुख से रहो और मैं मथुरा जाकर कृष्ण से मिलूंगी :

नंद ब्रज लीजै ठोकि बजाइ।
देहु बिदा मिलि जाहिं मधुपुरी, जहं गोकुल के राइ।
नैननि पंथ कहौ क्यों सूझ्यौ, उलटि दियो जब पाइं। (3787)

आचार्य शुक्ल के शब्दों में इस पद में उद्विग्नता, व्यंग्य तथा 'गहरी उत्सुकता और अधीरता के बीच विरक्ति (निर्वेद) और तिरस्कार मिश्रित खिझलाहट का अनूठा मेल है।'[25] यशोदा की दीनता एक पथिक के द्वारा मथुरा संदेश भेजने में प्रकट है। यशोदा को कृष्ण का सान्निध्य चाहिए, चाहे मां के रूप में या धाय के रूप में। यशोदा मथुरा में वसुदेव की दासी बनकर भी कृष्ण के निकट रहना चाहती हैं :

हौं तो माई मथुरा ही पै जैहौं।
दासी ह्वै वसुदेव राइ की, दरसन देखत रैहौं।
राखि राखि एते, दिवसनि मोहिं, कहा कियौ तुम नीकौ।
सोऊ तो अक्रूर गए लै, तनक खिलौना जी कौ। (3789)

यशोदा की अंतिम अभिलाषा और लालसा केवल कृष्ण के दर्शन की है। यशोदा का मातृहृदय यह मानने को तैयार ही नहीं है कि कृष्ण की सेवा उनके अतिरिक्त कोई और कर सकता है। यशोदा ने अत्यंत विनय और दीनता के साथ देवकी के पास संदेश भिजवाया :

संदेसौं देवकी सौं कहियौ।
हौं तो धाइ तिहारे सुत की, मया करत ही रहियौ।
जदपि टेव तुम जानति उनकी, तऊ मोहिं कहि आवै।
प्रात होत मेरे लाल लड़ेते, माखन रोटी भावै।
तेल उबटनो अरु तातौ जल, ताहि देखि भजि जाते।
जोइ जोइ मांगत सोइ सोइ देती, क्रम क्रम करि कै न्हाते। (3794)

संयोग में यशोदा का हृदय स्नेह, आनंद, अभिलाषा, आक्रोश, विस्मय, खीझ और

गर्व से पूरित है; हर्षातिरेक तो उनके रोम-रोम से प्रकट होता दिखाई पड़ता है। वियोग में दैन्य, विवशता, विकलता, स्मृति, अधीरता, विरक्ति, उदासीनता और तीव्र लालसा आदि भावों से यशोदा का हृदय भरा हुआ है।

सूरदास निश्चय ही वात्सल्य रस के रससिद्ध कवि हैं। वात्सल्य भाव से जुड़ी अनेक प्रकार की अनुभूतियों और संवेदनाओं के चित्रण में सूर की सर्जनात्मक कल्पना का प्रमाण मिलता है। इस वात्सल्य के प्रसंग में कवि की व्यापक मानवीय संवेदनशीलता, मानव जीवन के मार्मिक रूपों तथा भावों से गहरी सहानुभूति और जीवन के रागपक्ष से उसके लगाव की अभिव्यक्ति हुई है। सूर की काव्यानुभूति में वात्सल्य भाव के जो रूप हैं, वे एक विशेष संदर्भ से जुड़े होने पर भी व्यापक जनजीवन में मौजूद वात्सल्य की अनुभूति के समान हैं, इसलिए सूरदास के वात्सल्य चित्रण में साधारणीकरण की असाधारण क्षमता है। सूर के बाल कृष्ण के रूप, व्यवहार, लीला, चेष्टा और विभिन्न भाव दशाओं में प्रत्येक सहृदय पाठक सामान्य बच्चे के जीवन और व्यवहार को प्रतिबिंबित पाता है। सूर के कृष्ण की विशिष्टता को भूलकर पाठक उसे सामान्य बच्चे के रूप में देखता है। यही नहीं, सूर की यशोदा के मातृहृदय से हर मां अपने हृदय का तादात्म्य कर सकती है। सूरदास के वात्सल्य वर्णन में मनुष्य के बचपन के सभी वास्तविक और संभावित पक्षों की अभिव्यक्ति हुई है। बाल मनोविज्ञान के अध्येताओं के लिए सूर का वात्सल्य वर्णन अक्षय भंडार है। मनुष्य के बचपन और बचपन की मनुष्यता का सूर से बड़ा दूसरा कवि विश्व साहित्य में अब तक पैदा नहीं हुआ है।

सख्य भाव की अभिव्यक्ति

मानव जीवन के विकास क्रम में वात्सल्य के बाद प्रेम का दूसरा रूप सख्य में प्रकट होता है। बंधुत्व, मित्रता और सुहृदयता आदि सख्य के ही विभिन्न पक्ष हैं। सूरदास ने मानव प्रेम के इस रूप पर भी ध्यान दिया है। सूर के काव्य में सख्य का एक पक्ष विशुद्ध मानवीय है और दूसरा भक्ति से जुड़ा हुआ है। सूरसागर के गोचारण-प्रसंग में सख्य भाव की अभिव्यंजना हुई है। कृष्ण बाल्यावस्था को पार कर किशोरावस्था प्राप्त करते हैं। अब वे अन्य समवयस्क किशोर ग्वालों के साथ वृंदावन में गोचारण के लिए जाते हैं। कृष्ण रैता, पैता, मना, मनसुखा और हलधर आदि के साथ गोचारण में जाना चाहते हैं और वंशीवट के नीचे ग्वालों के साथ खेलना चाहते हैं। यशोदा कृष्ण को गोचारण में जाने से मना करती हैं, किंतु बलराम के संरक्षण में कृष्ण गोचारण में जाते हैं। गोचारण में कृष्ण का गोपाल रूप अत्यंत आकर्षक है। कृष्ण के घर से छाछ आने पर कृष्ण गिरिश्रृंग पर चढ़कर सुबल, श्रीदामा आदि को बुलाते हैं और सभी गोप बालक

एक साथ प्रेम से भोजन करते हैं। यह है सख्य का उत्कर्ष जहां श्रीकृष्ण ग्वाल सखाओं से सहजीवन और समानता का व्यवहार करते हैं। सखाओं में क्रीड़ा के समय सख्य और समानता का भाव व्यक्त हुआ है। जब खेलने में कृष्ण एक बालक से हार जाते हैं तो उस पर अपने बड़प्पन का रोब जमाना चाहते हैं। इससे सखाओं में क्षोभ उत्पन्न होता है। क्रीड़ा में हार जाने के बाद कृष्ण जब बुरा मान जाते हैं तो श्रीदामा क्षुब्ध होकर कहते हैं :

> खेलत मैं को काको गुसैयां।
> हरि हारे जीते श्रीदामा, बरबस ही कत करत रिसैयां।
> जाति पांति हमतें बड़ नाहीं, नाहीं बसत तुम्हारी छैयां।
> अति अधिकार जनावत यातें जातें अधिक तुम्हारे गैयां।
> रुहठि करै तासौं को खेलै, रहे बैठि जहं तहं सब ग्वैयां।
> सूरदास प्रभु खेल्योइ चाहत, दाउं दियौ करि नंद दुहैयां। (863)

ग्वाल सखाओं के बीच गोचारण में समता का भाव है। कृष्ण मुरली बजाकर सखाओं का मनोरंजन करते हैं और दानलीला में उन्हें अपना सहयोगी बनाते हैं। वे गोचारण में बकासुर, अघासुर, धेनुक आदि का वध करते हैं, कालीदमन करते हैं, दावानल पान करते हैं और गोवर्धन धारण भी करते है। अपने इन सभी अलौकिक कर्मों और अद्भुत पराक्रम से कृष्ण ब्रजवासियों और ग्वाल सखाओं का रक्षण भी करते हैं। इसलिए गोचारण में जहां समता का भाव है वहां सखाओं में सख्य है, अटूट और प्रगाढ़। जहां उनका अलौकिक कर्म से संपन्न रक्षक रूप है वहां सखाओं में विनय की भावना दिखाई पड़ती है। सूरदास यह ध्यान रखते हैं कि उनके कृष्ण ब्रजवासी गोपाल होकर भी परम ब्रह्म हैं, इसलिए प्रत्येक प्रेममयी लीला में कृष्ण का दिव्य स्वरूप भी प्रकट होता है।

गोचारण में प्रकृति के उन्मुक्त परिवेश के बीच मनुष्य के सहज स्वच्छंद जीवन के आदिम रूप की झलक मिलती है। मानव समाज का आदिम जीवन सामूहिक था, जिसमें वह सामूहिक प्रयास से अपना पालन-पोषण और बाह्य आक्रमण से आत्मरक्षण करता था। यह सामूहिक जीवन प्रेम और समता पर आधारित था। वैदिक ऋषि जब कहता है—'समानी प्रपा सह अन्नभाग सामने योक्तरे वो युनज्मि' (अथर्ववेद), तब वह प्रेम और सहयोग के सूत्र में आबद्ध होकर साथ-साथ जल पीने, अन्न ग्रहण करने तथा सत्कर्म में प्रवृत्त होने का ही संदेश देता है। गोचारण में यही आदर्श चरितार्थ होता दिखाई देता है। उन्मुक्त प्राकृतिक परिवेश का प्रेममय सामूहिक जीवन काव्य और अन्य कलाओं के लिए सामंत काल में आकर्षण बिंदु रहा है। आदिम कविता में समूह की भावनुभूति और मनोदशाओं की व्यंजना ही प्रधान है और उसमें समूह का प्राकृतिक जीवन ही व्यक्त हुआ है। यूरोप में आज भी वर्जिल की पशुचारण कविताओं (पेस्टोरल

पोयम्स) के सहज भावलोक में वर्तमान बौद्धिक जीवन की जटिलता से ऊबा और आक्रांत व्यक्ति, क्षणिक ही सही, सुख और शांति का अनुभव करता है।

ब्रजभाषा का गोचारण काव्य अतीत को पूर्णतः आत्मभूत करने का रागात्मक प्रयास है। सूरदास ने गोचारण में गोप ग्वालों के सामूहिक प्राकृतिक जीवन को महत्त्व दिया है। इसमें गोचारण की भावना और जीवन-पद्धति दोनों की व्यंजना है। गोचारण में कृष्ण का सामान्य जीवन है। यहां वे सखाओं के बीच समान स्तर पर दिखाई पड़ते हैं। वे नंद के मणिमय आंगन से निकलकर प्रकृति की गोद में अन्य ग्वाल सखाओं के साथ समान आचरण करते हैं। गोचारण में ही गोपाल ने गोवर्धन पूजा की हैं। सूरदास के अतिरिक्त अष्टछाप के अन्य कवि परमानंददास, चतुर्भुजदास, छीतस्वामी, नंददास तथा कृष्णदास आदि ने भी गोचारण-संबंधी पदों की रचना की। गोचारण के पदों में भी वृंदावनलीला की महत्ता व्यक्त हुई है, जो वल्लभ संप्रदाय में विशेष महत्त्वपूर्ण और समादृत है। गोचारण के पदों में सूरदास का प्रकृतिप्रेम व्यक्त हुआ है। सूरदास के काव्य में प्रकृति मानव जीवन में सक्रिय सहयोगी है, केवल भावों को जगाने का साधन नहीं है। सूरसागर में प्रकृति के कोमल और रौद्र दोनों रूपों की अभिव्यक्ति हुई है। काव्य में प्रकृति चित्रण का लक्ष्य केवल सौंदर्यानुभूति या सौंदर्यबोध को जगाना नहीं है, उसमें प्रकृति और मनुष्य का आत्मीय संबंध भी व्यक्त होता है। सूरसागर के गोचारण-प्रसंग में प्रकृति का जहां आलंबन रूप में चित्रण है वहां कवि की निरीक्षण शक्ति का प्रमाण मिलता है। प्रातःकाल का वर्णन आलंकारिक होते हुए भी मनोरम है। सूरदास ने प्रकृति के कोमल स्वरूप का ही वर्णन नहीं किया है, उसके भयानक विस्मयकारी अद्भुत रूप की भी बिंबात्मक व्यंजना की है।

श्रृंगार का स्वरूप

काव्यशास्त्र में जिसे श्रृंगार रस कहा जाता है, वही भक्तिशास्त्र में मधुर रस या उज्ज्वल रस माना जाता है। माधुर्य भाव दांपत्य रति या प्रीति या प्रेम का ही दूसरा रूप है। दोनों में भेद आलंबन का ही होता है। मानवजीवन का रति-भाव ही अपने विशिष्ट रूप में माधुर्यभाव बन जाता है। भक्तकवि सूरदास के काव्य में रतिभाव और माधुर्यभाव का ऐसा समन्वित रूप है कि दोनों अभिन्न बन गए हैं। सूर की काव्यानुभूति में प्रीति का जो रूप है वह रति की सामान्य जीवनानुभूति और माधुर्य की विशिष्ट अनुभूति की एकता का परिणाम है। रति मानव के भावलोक का सर्वाधिक व्यापक एवं तीव्र भाव है। यह सृजन की शक्ति है, जीवन शक्ति है, प्राणवत्ता का लक्षण एवं परिणाम है। युग-युगांतर से रति काव्यसृजन का केंद्रीय विषय रहा है। लोक में जो कुछ उज्ज्वल और उदात्त है,

वह सब रति का विषय है। निश्चय ही लोकजीवन की उदात्तता रति के सुसंस्कृत स्वरूप पर निर्भर है। रति सभी मानवीय संबंधों का आधार है और इसकी गति लोकजीवन से लेकर दिव्य साधना तक है। पुरुष और प्रकृति, नर और नारी के पूर्ण एकात्म, रागात्मक संयोग की अभिव्यक्ति रति में होती है। नर-नारी का मनोदैहिक प्रेमयोग मानव समाज का अति प्राचीन, किंतु नित्य नवीन सत्य है। वह प्रेमयोग मानव-मन की सौंदर्य भावना, अनुभूति एवं बोध का केंद्रबिंदु रहा है। इस प्रेमयोग में नर-नारी के मानस की निर्वैयक्तिकता एवं हृदय की गहन भावात्मकता के संयोग से अर्धनारीश्वर रूप विकसित होता है। नारी के आत्म-समर्पण तथा पुरुष में आत्मप्रसार से रति की चरम अवस्था सिद्ध होती है।

भारतीय काव्यसर्जना का प्रस्थान बिंदु ही काममोहित क्रौंच युगल के बलात अलगाव से संवेदनशील कवि की पीड़ित आत्मा की मुखरता है। प्रेम कविता भारतीय काव्य-परंपरा में दो धाराओं में प्रवाहित हुई है। महाकाव्य और नाटकों में संपूर्ण जीवन के बीच जीवन की गति की प्रधान प्रेरक शक्ति के रूप में रति की व्यंजना हुई है। खंडकाव्य, मुक्तक और गीतिकाव्य में मानव मन को शीघ्रता, तीव्रता और गहनता से प्रभावित करने वाली भावना के रूप में रति की व्यंजना हुई है। प्रेम कविता की इस मूल परंपरा का भक्ति से संयोग होने पर दिव्य प्रेम-भावना से अनुप्राणित काव्यरचना की एक नवीन परंपरा का विकास हुआ है। सूरसागर में प्रेम-व्यंजना की ये तीनों परंपराएं अविभाज्य रूप से समन्वित हैं।

सूर की कविता में प्रेमकाव्य की भारतीय परंपरा का नया रूप विकसित हुआ है। सूर की भक्तिभावना, संकल्पनात्मक अनुभूति और चरम तन्मयता के समन्वित प्रभाव के कारण उनकी प्रेमानुभूति में महाकाव्यों की उदात्त समग्रता, मुक्तकों की तीव्र प्रभावशीलता और लोकगीतों की सहजता का संगम है।

सूरसागर का गोपीकृष्ण-प्रेम स्वच्छंद प्रेम है। इस प्रेम की दूसरी विशेषता है उसका सहज क्रमिक विकास। गोपीकृष्ण-प्रेम के स्वाभाविक विकास क्रम को सूर ने अत्यंत सतर्कता से चित्रित किया है। गोपीकृष्ण-प्रेम की एक अन्य विशेषता है इसका व्यापक प्रसार, जिसमें प्रेम के लौकिक और दिव्य—दोनों रूपों का समावेश हो जाता है। आचार्य रामचंद्र शुक्ल के अनुसार प्रेम की प्रतिष्ठा दो प्रकार से होती है—(1) सुंदर रूप के अनुभव और (2) साहचर्य।[26] सुंदर रूप के अनुभव से मन में आकर्षण उत्पन्न होता है और साहचर्य के कारण मन रमता है, मनोवृत्तियां उस ओर प्रवृत्त होती हैं। लेकिन प्रेम के पोषण और विकास में एक सहायक तत्त्व सहयोग भी है। इससे प्रेम के स्वाभाविक विकास का अवसर मिलता है। प्राकृतिक वस्तुओं के प्रति प्रेम की प्रतिष्ठा के लिए रूप-लोभ और साहचर्य या केवल साहचर्य ही पर्याप्त है, किंतु मानव-मानव के बीच प्रेम की प्रतिष्ठा में सहयोग का तत्त्व आवश्यक है, अन्यथा सहयोग या सहयोग

की आशा के अभाव में प्रेम दासता में बदल जाता है या वह केवल एक मनो-कामना बनकर रह जाता है। प्रेम में मिलन की उत्सुकता और आतुरता दोनों में हो, तभी अनुराग का सम्यक विकास संभव है। महाकवि कालिदास ने लिखा है :

अनातुरोत्कण्ठितयोः प्रसिद्ध्यता समागमेनापि रतिर्न मां प्रति ।
परस्परप्राप्तिनिराशयोर्बरं शरीरनाशोऽपि समानुरागयोः ॥

'मालविकाग्निमित्रम्' ॥3।15॥

अर्थात जहां एक मिलन के लिए व्याकुल हो और दूसरा मिलना ही न चाहता हो, वहां उनका मिलना न मिलना बराबर है। पर जहां दोनों मिलने के लिए अधीर हों और दोनों एक-दूसरे के मिलने से हाथ धो बैठे हों वहां प्राण भी दे देना पड़े तो बुरा नहीं है।

सूरसागर का प्रेमलोक दीप्ति, माधुर्य और कोमलता की स्निग्ध भूमि है। आचार्य रामचंद्र शुक्ल के शब्दों में, यहां बाहर नैनाभिराम रूपरेखा-विकसित वर्ण-वैचित्र्य, दीप्ति, विभूति-प्रभूत, चमक-दमक, शीतल स्निग्ध छाया, कलकंठ स्वर, स्पंदित सौरभ-समन्वित समीर, स्मित आनन, चपल भ्रूविलास, हास-परिहास, संगीत सज्जा, वीणा की झंकार इत्यादि है तो भीतर सौंदर्य के मादक अनुभूति प्रेमोल्लास, स्वप्न, स्मृति, विस्मृति, व्रीड़ा-क्रीड़ा, दर्शन-पिपासा, उत्कंठा, मुग्धता इत्यादि है।[27] सूरसागर में प्रेम अपनी संपूर्ण संभावनाओं और विशिष्टताओं के साथ अभिव्यक्त है।

श्रीकृष्ण की संपूर्ण प्रेमलीला का प्रेरक तत्त्व है उनका अलौकिक सौंदर्य। कृष्ण का विमोहक सौंदर्य गोपियों के आकर्षण का मूल प्रेरक तत्त्व है और इस आकर्षण से ही कृष्ण में गोपियों की आसक्ति बढ़ी है। कृष्ण के सौंदर्य में प्रबल आकर्षण है, कृष्ण लोकमानस को अपनी ओर आकर्षित करते हैं और गोपियां स्वतः कृष्ण की ओर आकृष्ट हो जाती हैं। सौंदर्य ही गोपीकृष्ण की प्रेमलीला की मूल शक्ति है। कृष्ण का सौंदर्य सुंदरता के मंदिर में रूप-रत्न की ज्योति है (पद सं० 754)।

श्रीकृष्ण के सौंदर्य के आलोक से गोपियों का मानस आलोकित है। गोपियां कृष्ण के रूप-लावण्य पर मुग्ध हैं, प्रेम विवश हैं। कृष्ण माखनचोरी के साथ-साथ गोपियों का चित्त भी चुराते हैं और गोपियों के हृदय में क्रमशः प्रेम विकसित होता है (पद सं 893)। कृष्ण का गोपी विमोहन स्वरूप क्रमशः विकासशील है। श्रीकृष्ण के एक-एक अंग के सौंदर्य में आकर्षण की अद्भुत शक्ति है और उनके अंग-अंग का रमणीय रूप प्रत्येक क्षण नवीन होता जाता है। गोपियां उस असीम सौंदर्य को अपने चित्त में सीमित करना चाहती हैं।

ब्रज की संपूर्ण गोपी-कृष्ण-प्रेमलीला का आधार श्रीकृष्ण की रूप-माधुरी और वेणु-माधुरी में स्थित है। इस लीला में मुरली सक्रिय सहयोग देती है। रूप

और नाद के सहारेही उल्लास और आह्लाद से भरपूर प्रेमसंगीत की धारा प्रवाहित हुई है। रूपदर्शन में मन की बोध वृत्ति और रागात्मिका वृत्ति की तृप्ति की असीम शक्ति है और नाद स्वर-झंकृति के सहारे आत्मा से आत्मा के संयोग का कारण बनता है। नाद चंचल चित्त को स्थिर कर एकनिष्ठ बनाता है। ब्रज की प्रेमलीला में रूप और नाद दोनों का सहयोग है। मुरलीधर ने जो रूप और स्वर की साधना की, उसका गोपियों पर अमिट प्रभाव पड़ा :

बंसी री बन कान्ह बजावत।
आनि सुनौ स्रवननि मधुरे सुर, राग मध्य लै नाम बुलावत।
सर स्रुति तान बंधान अमित अति सप्त अतीत अनागत-आवत।
जुरि जुग भुज सिर, सैष सैल, मथि बदन पयोधि, अमृत उपजावत।
मनौ मोहिनी बेष धारि कै, मन मोहन मधु पान करावत।
महा मनोहर नाद, सूर, थिर चर मोहै, कोउ भरम न पावत। (1266)

प्रेम के पथ में बुद्धि बाधक ही है। भावात्मक संबंधों में बुद्धि के प्रवेश से विकृति उत्पन्न होती है। प्रेम में पूर्ण आत्मसमर्पण वांछित है, आत्मविभोरावस्था काम्य है। गोपियों के मन को इस आत्मविभोरावस्था में लाने का कार्य मुरली द्वारा होता है (पद सं० 1264)। मुरली के मुखरित होते ही बुद्धि, मर्यादा, चिंता और लोकलाज आदि प्रेम के बाधक तत्त्व तिरोहित हो जाते हैं।

गोकुल में कृष्ण की प्रेमलीला अनेक धाराओं में प्रवाहित हुई है, किंतु उसमें मुख्य धारा राधा-कृष्ण-प्रेम की है, जिसमें प्रेम की सभी धाराएं समाहित हो जाती हैं। राधा-कृष्ण रूपराशि है, दोनों का अनुरागी चित्त एक-दूसरे की ओर उन्मुख है। यमुना के पुलिन पर दोनों की भेंट हुई, आंखें मिलीं, मन मिले और देखते ही देखते दोनों एक हो गए, दोनों एक-दूसरे पर रीझ गए :

खेलत हरि निकसे ब्रज खोरी।
कटि कछनी पीतांबर बांधे, हाथ लए भौरां, चक डोरी।
मोर-मुकुट, कुंडल स्रवननि बर दसन-दमक दामिनि छवि छोरी।
गए स्याम रवि तनया के तट, अंग लसति चंदन की खोरी।
औचक ही देखी तहं राधा, नैन बिसाल भाल दिए रोरी।
नील वसन फारिया कटि पहिरे, बेनी पीठि रुलति झकझोरी।
... ...
सूर स्याम देखत ही रीझें नैन-नैन मिलि परी ठरोरी। (1290)

राधा और कृष्ण के मन में प्रेम अंकुरित हुआ, दोनों के मन में प्रेम का प्रथम प्रकाश हुआ, दोनों ने इस प्रथम स्नेह को जान लिया। यह पहला प्रेम राधा-कृष्ण के बीच की पुरातन प्रीति है, पुरातन नेह (पद सं० 2306)। यह प्रकृति पुरुष का शाश्वत अनुराग है। यहां गुप्त प्रीति का प्राकट्य है, गूढ़ प्रेम ही अनुकूल

परिस्थितियों में प्रकट हुआ है। यह कोई नितांत नवीन घटना घटित नहीं हुई है। यह सम प्रेम है, तुल्यानुराग है, जहां दोनों एक-दूसरे की भावनाओं की गहराई एवं तीव्रता का अनुभव करते हैं और दोनों में मिलन की उत्कंठा तथा आतुरता है (पद सं० 1292)।

राधा-कृष्ण के अंतर में जो प्रेम अंकुरित हुआ वह निरंतर मेल-मिलाप और साहचर्य से विकसित हो रहा है। राधा प्रेम-विवश हैं, चित्त विह्वल हैं, मन कृष्ण में अनुरक्त है। राधा का मन लोकलाज और प्रेम की आतुरता के द्वंद्व से व्याकुल है (पद सं० 1296)। मौन मुखर होकर अब नोक-झोंक में बदल गया है (पद सं० 1299)। वृंदावन के कुंजों में संयोगलीला चलती है (पद सं० 1308)। इस कामकेलि में भावना की उष्मा है और आत्मिक उल्लास भी (पद सं० 1309)। राधा कृष्णमयी और कृष्ण राधामय हैं, दोनों की प्रेम-दशा लोकोत्तर है। गोकुलवासी गोपाल और वृषभानुजा का प्रेम गोदोहन में भी व्यक्त हुआ है। राधा गोदोहन के बहाने कृष्ण से अनेक बार मिलती हैं और हरि-रसवश हो जाती हैं (पद सं० 1347)। सूरदास ने प्रेम नामक मनोभाव की स्वाभाविक गति की जितनी भंगिमाओं का अंकन किया है, वे काव्यशास्त्र या कामशास्त्र में अनुपलब्ध होनें पर भी जीवन में सहज संभाव्य हैं। काम मोहित राधा की मनोव्यथा का दर्शन गारुड़ी प्रसंग में होता है।

कृष्ण और गोपियों की प्रेमलीला मनोभूमि से निकलकर संपूर्ण ब्रजभूमि में व्याप्त हो गई है। वृंदावन में, जमुना तट पर, गोकुल की गलियों में, कभी पनघट पर, कभी दही बेचने के बीच, कृष्ण और गोपियों के बीच नोक-झोंक, रीझ-खीझ, व्यंग्य-विनोद, हास-परिहास और लीला-विलास नित्य चल रहा है। गोपियों में कृष्ण के दर्शन की उत्सुकता, प्रेमातुर चित की चंचलता, प्रेममग्न हृदय की आनंदमयता, आत्मविभोर अवस्था की जड़ता और प्रेमोन्माद की पग-पग पर प्रत्येक पद में व्यंजना हुई है। पनघटलीला और दानलीला में गोपीकृष्ण की प्रेम-लीला क्रमशः विकसित हुई है। दानलीला में गोपियां श्यामरस-मतवाली हैं। श्यामरस प्रेमरस ही है और श्रृंगाररस भी। श्रृंगाररस का रंग श्याम ही माना गया है। सूरदास ने इस श्रृंगाररस को ही महारस कहा है (पद सं० 2242)। गोपियां प्रेमरस स्निग्ध हैं, हरिरस निमग्न हैं। गोपियों का शरीर, इंद्रियां, मन, बुद्धि, चित्त तथा आत्मा सब प्रेममय है, कृष्णमय है। उन्हें अपनी सुधि नहीं है इसलिए वे दानलीला में गोरस के बदले हरिरस ही बेच रही हैं। संपूर्ण आत्म-समर्पण और पूर्ण तन्मयता का ऐसा उदाहरण अन्यत्र दुर्लभ है। गोपियों का यह सर्वस्व कृष्णार्पण ही प्रेम की सिद्धावस्था है। गोपियों की आत्मा प्रेमज्योति से आलोकित है, उनकी वास्तविक प्रेमलीला चेतना के स्तर पर चलती है, शरीर तो उसकी अभिव्यक्ति का एक साधन मात्र है (पद सं० 2258)। गोपियों के लिए

संपूर्ण जगत कृष्णमय है और जो कुछ कृष्णमय नहीं है या कृष्ण-प्रेम में बाधक है, वह व्यर्थ है।

गोपियां कृष्ण को पति के रूप नें प्राप्त करने की अभिलाषा रखती हैं, इसलिए वे शिव का पूजन करती हैं, सूर्य की अर्चना करती हैं। ग्वालिनें प्रेम-विवश हैं, लेकिन अभी उनके मन में झिझक है, संकोच है। वे प्रयास करने पर भी लोक-लाज के भय से मुक्त नहीं हैं। उनके मन पर अनेक अनावश्यक लौकिक आवरण हैं। चीरहरण द्वारा कृष्ण ने उनके संकोच, लोकलाज और मानसिक आवरणों को हटाने का प्रयास किया है। गोपियां अनावृत निर्द्वंद्व मन से कृष्णासक्त हों, इसीलिए चीरहरण-लीला की योजना है। रासलीला कृष्ण का रासेश्वरी राधा तथा अन्य गोपियों से सामूहिक संयोग है, महामिलन है। यह सच्चिदानंद से गोपियों के भावदेह का संयोग है, जहां नरदेह की सार्थकता समाप्त हो जाती है। प्रेम की यह सामूहिक परिणति सूर की भावानुभूति, कला और भक्ति की चरम उत्कर्षित अवस्था है। रासलीला के लिए उत्सुक, कृष्ण के संयोग के लिए अधीर गोपियों का अटपटा शृंगार उनकी प्रेम-विकलता के आवेग का ही सूचक है। रासलीला के लिए उत्सुक गोपियों के शृंगार में विभ्रम हाव दर्शनीय है :

करत शृंगार जुवती भूलाही।
अंग-सुधि नहीं, उलटे बसन धारहि, एक एकहिं कछू सुरति नाहीं।
नैन अंजन अधर आजहीं हरष सौं, स्रवन ताटंक उलटे संवारैं।
सूर-प्रभु सुखद ललित बेनधुनि, बन सुनत, जलीं बेहाल अंचल न धारैं
(1616)।

रासलीला में कृष्ण के अंतर्ध्यान होने पर गोपियों की विकलता और दैन्य का भी वर्णन है। जलक्रीड़ा में ललित और विलासमय हाव-भावों का चित्रण है (पद सं० 1778)। इसमें मन के साथ-साथ शरीर की भी ललित मुद्राओं का चित्रण है।

प्रेम के संयोग पक्ष में 'युगल समागम', 'दंपतिविहार' तथा 'खंडिता प्रकरण' आदि में सूरदास जयदेव और विद्यापति से प्रभावित प्रतीत होते हैं। राधा में कृष्ण के प्रेमजनित हर्ष और गर्व की व्यंजना है। कृष्ण के बहुनायकत्व और गोपियों के परकीयत्व पर भी जयदेव और विद्यापति की छाया परिलक्षित होती है। सूरदास ने कृष्ण के बहुनायकत्व को विस्तार दिया है, पर परकीयत्व का संकेत है (पद सं० 2538)। विद्यापति में परकीया-प्रेम का विस्तार अधिक दिखाई पड़ता है। सूरदास ने संयोग में 'आलिगन, चुंबन, परिरंभन, कुचयुग चारु परस्पर हांसी' का भरपूर वर्णन किया है, किंतु यह विरह में सिद्ध होने वाली प्रेम साधना का एक सोपान ही है। मान, अनुहार और मिलन का आयोजन भी सूरसागर में परंपराबद्ध ही है। सूरदास के रतिचित्रण में जयदेव के गीतगोविंद

की प्रतिध्वनि है। सहज रति और विपरीत रति के शब्दचित्रों पर जयदेव और विद्यापति की परंपरा का प्रभाव है।

सूरदास के संयोग-वर्णन में विद्यापति की भांति कामशास्त्र की शास्त्रीयता नहीं है, उसमें स्वाभाविकता अधिक है; किंतु संयोग-वर्णन की पद्धति एवं शारीरिक मुद्राओं के अंकन की समानता दिखाई पड़ती है। जयदेव और विद्यापति के संयोग-वर्णन में शरीर का विलास अधिक है, किंतु सूरदास के संयोग-वर्णन में मन की सूक्ष्म गतियां अधिक प्रकट हैं। रतिकेलि के अनंतर रतिचिह्नों से विभूषित राधा के दो शब्दचित्रों की तुलना से यह बात स्पष्ट होगी। संयोग के बाद की राधा का एक शब्दचित्र सूर ने इस रूप में निर्मित किया है :

लटैं उघरारी कहीं छूटि-छूटि आनन पै,
भींजी हैं फुलेलनि सौं आली हरि संग केलि।
सौंधें अरगजा अरु मरगजी सारी अंग,
कहूं दरकी कुचनि पर अंगिया नवेलि।
नैन अरसात अरु बैनहूं अटपटात,
जाति ऐंड़ाति गात गोरि बहियानि झेलि।
सूर प्रभु प्यारी प्यारे संग करि रंग रास,
अरस परस दोऊ अंकम धरयौ है मेलि। (2628)

दूसरा चित्र जयदेव का इस प्रकार है :

व्यालोलः केशपाशस्तरलित मलकैः स्वेदलोलौ कपोलौ
स्पष्टा-दष्टाधर श्रीः कुचकलशरुचा हारिता हारयष्टिः॥
कांची कांचिद्गताशां स्तनजघनपदं पाणिनाच्छाद्य सद्यः।
पश्यन्ती चात्मरूपं तदीप विलुलितं स्रग्धरेयं धुनोति॥
(गीतगोविंदम्, 1216)

इन दोनों शब्दचित्रों को देखने से यह स्पष्ट प्रतीत होता है कि सूरदास का शब्दचित्र गतिशील है, उसमें आंगिक मुद्राओं और मन की गति एवं दशा की व्यंजना हो रही है, लेकिन जयदेव का शब्दचित्र स्थूल उपकरणों से सुसज्जित है। कुछ नग्नता का सहारा लिया गया है। जयदेव और विद्यापति का संयोग-वर्णन प्रायः अभिधात्मक ही अधिक है, लेकिन सूर ने संयोग-वर्णन में व्यंजना का विशेष उपयोग किया है। संयोगलीला में जयदेव की राधा रागमयी (वासना), विद्यापति की राधा अनुरागमयी (भाव) और सूरदास की राधा प्रेममयी (वासना+भाव+मनोवेग+मनोवृत्ति+बुद्धि) हैं। सूर के संयोग-चित्रों में राधा-कृष्ण के शरीर, प्राण, मन और आत्मा की एकता का वर्णन हैं। सूरदास में संयोग श्रृंगार के अंतर्गत सभी गोपियो में और विशेषतः राधा में उत्सुकता, अभिलाषा, संकोच लज्जा, भय, व्याकुलता, आवेग, और गर्व आदि भावों की व्यंजना हुई

है। श्रीकृष्ण के प्रेमाधिक्य से उत्पन्न गर्व से गंभीर राधा की मनोदशा की व्यंजना उसकी शारीरिक दशा और चाल-ढाल से प्रकट हुई है। आचार्य रामचंद्र शुक्ल के शब्दों में 'सूर का संयोग-वर्णन एक क्षणिक घटना नहीं है, प्रेम-संगीतमय जीवन की एक गहरी चलती धारा है, जिसमें अवगाहन करने वालों को दिव्य माधुर्य के अतिरिक्त और कुछ नहीं दिखाई पड़ता (रामचंद्र शुक्ल, सूरदास, 163)।

वियोग-वेदना की अनुभूति

संस्कृत-काव्य-परंपरा में पुरुष और नारी दोनों के विरहाकुल हृदय की अभिव्यक्ति है। कालिदास के काव्य में विरह का संतुलित रूप वर्तमान है। उनका मेघदूत तो पुरुष की विरह-व्याकुल मनोदशा एवं भावोच्छ्वास का ललित निदर्शन हैं। मध्यकालीन काव्य में पुरुष-विरह विरल है और नारी की विरहानुभूति तथा विरह-निवेदन की प्रधानता है। मध्यकालीन काव्य में नारी-विरह निवेदन की प्रधानता का एक कारण है वह विचार-परंपरा जिसमें ब्रह्म पुरुष है और नारी माया। ब्रह्म-माया, शिव-शक्ति, पुरुष-प्रकृति में निहित धारणा यह है कि नारी पुरुष की मूर्तिमती कामना है, पुरुष के भोग एवं सृजन का साधन है, समर्पण उसका धर्म है और पुरुष से संयोग उसके जीवन का लक्ष्य। सांख्य का पुरुष स्वतंत्र, निर्बंध, तटस्थ द्रष्टा और भोक्ता है। पुरुष मूलतः अनासक्त है, निष्क्रिय है; किंतु प्रकृति के सामीप्य से उसमें भाव-संचरण होता है। प्रकृति नारी है, सुकुमार है, उसमें प्रवृत्ति है, आसक्ति है। अतः उसमें वियोग की वेदना की अनुभूति स्वाभाविक है। दूसरा कारण मध्यकाल के भक्ति-दर्शन की वह धारणा है जिसके अनुसार सभी भक्त स्त्री-रूप हैं और कृष्ण ही एकमात्र पुरुष हैं। यह माधुर्य भाव की उपासना का आधार है। सभी भक्त गोपी-भाव से अपना सर्वस्व कृष्ण को अर्पित करते हैं, इसलिए वियोग की वेदना भक्तों में, आत्माओं में, गोपियों में, अर्थात् नारी में अनिवार्यतः स्थित है।

नारी-विरह की प्रधानता का तीसरा कारण है नारी की मनोदैहिक रचना तथा जीवन के विकास की परिस्थिति। मनोदैहिक रचना की दृष्टि से पुरुष में परुषता, पौरुष, शक्ति तथा सरलता है और श्रेष्ठता की भावना भी। नारी में कोमलता, सौंदर्य, दुर्बलता, पराश्रयिता, भावनाओं की वक्रता तथा व्यवहार में आकर्षण के लिए विशेष अंदाज का होना अनिवार्य है। पुरुष में सृजन की शक्ति है और नारी में पोषण की। पुरुष में मनस्तत्व की निर्वैयक्तिकता प्रधान है और नारी में भावनाओं की गहनता। एक बुद्धिप्रधान आचरण की ओर उन्मुख है और दूसरी अनुभूति प्रवणता की ओर। एक में मस्तिष्क की बौद्धिकता प्रबल है और दूसरी में हृदय का भावात्मक एकात्म्य। एक संकल्प विकल्पात्मक मनु है

और दूसरी संपूर्ण आत्मसमर्पण में सक्षम श्रद्धा। नारी में तीव्र संवेदनशीलता है, जिससे उसकी विरहानुभूति बुद्धि के संयम के बांध को तोड़कर प्रकट हो जाती है।

मध्यकाल में नारी-विरह की प्रधानता का चौथा कारण नारी की सामाजिक स्थिति है। पुरुष जीवन का प्रधान कारक है और नारी पूरक। नारी आर्थिक दृष्टि से पुरुष पर आश्रित है और सामाजिक दृष्टि से पराधीन। वह पुरुष की सहधर्मिणी होकर भी दासी ही है। ममतामयी मां, समर्पणमयी पत्नी, स्नेहमयी भगिनी आदि अनेक रूपों में उसका एकमात्र धर्म है पुरुष की सेवा। मध्यकाल के सामंती समाज में नारी की परतंत्रता एक निर्विवाद सच्चाई है। सामंती व्यवस्था में उसकी स्वतंत्रता बंधनों में जकड़ी हुई है। उसके व्यक्तित्व की कोई स्वतंत्र सत्ता नहीं है। सभ्यता के नाम पर उसका कभी दान किया जाता है और कभी असभ्यतावश उसका अपहरण होता है। वह पुरुष के लिए उपभोग की वस्तु मात्र है। मध्यकाल में नारी की कोई स्वतंत्र स्थिति नहीं है, इसलिए उसमें प्रार्थना, विनय, दयनीयता आदि का होना अनिवार्य है। मध्यकाल के सामंती समाज में नारी की यह विशेष सामाजिक स्थिति उसके विरह-निवेदन में प्रकट हुई है।

वैभव एवं विलास में डूबी सामंतवादी मनोवृत्ति की भी अभिव्यक्ति नारी-विरह में दिखाई पड़ती है। सामंतवादी प्रेम की धारणा शौर्यपरक होती है जिसमें नारी का कमनीय कामनी रूप सामंतों के अहंकार की तुष्टि का साधन बनता है। सामंती व्यवस्था में नारी की दासता अत्यंत कठोर होती है, जहां उसका अस्तित्व केवल पुरुष की भावनाओं को जगाना और सुलाना है। यहां नारी की भावनाओं और कामनाओं की चिंता नहीं होती है। सामंतों के अंतःपुर में कामिनियों की जो विशाल सेना खड़ी की जाती है उसमें भावात्मक अभाव की जिंदगी जीने वाली नारियों के लिए केवल विरह-निवेदन ही एकमात्र विकल्प है।

सूरदास को विप्रलंभ शृंगार की जो काव्य-परंपरा परवर्ती संस्कृत काव्य, श्रीमद्भागवत और ब्रह्मवैवर्त आदि पुराणों से प्राप्त थी, उसमें नारी की विरह-दशा की ही प्रधानता थी। विद्यापति के काव्य, हिंदी के वीरगाथाकाल के सामंती शौर्यपरक प्रेमगाथा काव्य और भक्तों की आत्मविरहानुभूति के काव्य से जो परंपरा सूर को मिली, उसमें भी नारी-विरह की ही प्रधानता थी, इसलिए सूरदास पर उसका प्रभाव पड़ना स्वाभाविक था। दूसरी बात यह है कि गोपियों की श्रीकृष्ण में तन्मयासक्ति एवं परमविरहासक्ति का चरम उत्कर्ष अभिव्यंजित करना सूरदास का लक्ष्य था, इसलिए सूरसागर में नारी-विरह की प्रधानता है। किंतु सूरदास ने श्रीकृष्ण को गोपियों के प्रेम का देवता ही नहीं माना है, बल्कि

एक सच्चा प्रेमी सिद्ध किया है। वियोग की अवस्था में श्रीकृष्ण का हृदय विकल, चेतना चंचल तथा आत्मा पीड़ित दिखाई पड़ती है। यह सूरदास की प्रतिभा की विशेषता ही कही जाएगी कि उन्होंने सांप्रदायिक सिद्धांतों, तद्युगीन सामाजिक स्थितियों तथा काव्य-परंपरा के दबावों के बावजूद गोपियों के साथ-साथ श्रीकृष्ण की विरहाकुल मनोदशा का भी चित्रण किया है। यद्यपि सूरसागर में गोपियों के विरहव्याकुल हृदय की गतिविधियां ही मुख्य हैं, किंतु श्रीकृष्ण का विरहविकल मन भी उपेक्षित नहीं है।

वियोग प्रेम का साधना काल है, जिसमें चेतना का प्रसार होता है। व्यक्ति की चेतना लोक में फैलकर कण-कण से आत्मीय संबंध स्थापित करती हुई दिखाई पड़ती है। विरह में प्रेम राशीभूत होकर प्रगाढ़ हो जाता है, प्रेमानुभूति का घनत्व और उसकी पीड़ा बढ़ जाती है :

स्नेहानाहुः किमपि विरहे ध्वंसिनस्ते त्वभोगा-
दिष्टे वस्तुन्युपचितरसाः प्रेमराशीभवन्ति ॥
—उत्तरमेघ। 55 ॥

विरह प्रेम की वह सात्विक अवस्था है जहां प्रेम की गति स्थूल से सूक्ष्म की ओर होती है, प्रेम शरीर से मन, मन से चित्त, चित्त से चेतना और चेतना से आत्मा की ओर गतिशील होता है। यहां प्रेमी शरीर से वियुक्त होकर भी भावना के स्तर पर सदा संयुक्त रहते हैं। संयोग में प्रेम का क्षेत्र संकुचित होता है, उसमें दो के अतिरिक्त तीसरे के लिए कोई जगह नहीं होती। वियोग में विरही और विरहिणी दोनों सारे संसार से सहानुभूति पाने की कोशिश करते हैं। संयोग का काल आत्मबद्धता का होता है, वियोग में आत्मविस्तार होता है।

सूरदास ने संयोग-श्रृंगार की विशद व्यंजना की है लेकिन विरह में तो उनकी आत्मा स्वयं द्रवित होकर रसमय काव्य बन गई है। राधा और गोपियों के विरह के गीतों में सूर की आत्मा का संगीत सुनाई पड़ता है। सूरदास ने विप्रलंभ श्रृंगार के अंतर्गत मानव मन की गहराइयों, जटिलताओं एवं विभिन्न दशाओं का जैसा कलात्मक चित्रण किया है, वह अद्वितीय है। सूरदास मानव की अंतःप्रकृति के सच्चे कलाकार कवि हैं। जिस प्रकार सूरदास को मानव का सहज नैसर्गिक जीवन प्रिय है, उसी प्रकार संयोग और वियोग में प्रेम नामक मनोभाव की क्रियाशीलता की सहज गति विशेष प्रिय है। यही सूरसागर के प्रेम की विशेषता है। राधा और गोपियों की विरह-व्यंजना में सूरदास की काव्यकला और भक्ति-भावना दोनों का उत्कर्ष दिखाई पड़ता है। यहां सूर का ध्यान प्रेम के शास्त्रीय स्वरूप पर उतना नहीं है, जितना लोकजीवन में प्राप्त उसके सहज, स्वाभाविक रूप पर।

काव्यशास्त्र में विप्रलंभ श्रृंगार के चार भेद हैं : (1) पूर्वानुराग, (2) मान,

(3) प्रवास और (4) करुण। इन भेदों में पूर्वानुराग, मान और प्रवास विरह के कारण का संकेत करते हैं जबकि करुण विरही या विरहिणी की मानसिक दशा का द्योतक है। प्रेम की संयोगावस्था में वियोग की आशंका भी असह्य होती है, फिर प्रिय का दीर्घकालीन प्रवास या उससे उत्पन्न विरह की दशा निश्चय ही कारुणिक होगी। करुण विप्रलंभ की अवस्था उसे कहा जा सकता है जब प्रिय के दीर्घकालीन प्रवास के कारण पुनर्मिलन की आशा अत्यंत क्षीण या समाप्तप्राय हो गई हो। कठिन विरह भी मिलन की आशा से ही सह्य होता है, लेकिन इस आशा के क्षीण होते ही हृदयद्रावक चिर विरह की वेदना से विरही की दशा कारुणिक हो जाती है।

प्रिय के रमणीय रूप के दर्शन, चित्र-दर्शन या किसी सुहृद से प्रिय के रूप-गुण का वर्णन सुनकर प्रेयसी के चित्त में जो प्रेमोद्भव होता है, उससे संयोग की प्रबल कामना जाग्रत होती है और संयोग में विलंब से जो मानसिक बेचैनी होती है, वही पूर्वानुराग से उत्पन्न विरह की अवस्था है। इस प्रकार का विरह अचानक उठ खड़े हुए तूफान की तरह होता है, उसमें स्वाभाविकता का अभाव होता है। यह बिना परिचय का प्रेम है। सूरदास के काव्य में अचानक पैदा हुआ प्रेम नहीं है। यहां बचपन से एक साथ रहने वाले कृष्ण और गोपियों के बीच सौंदर्य के आकर्षण और जीवन में साहचर्य से उत्पन्न प्रेम क्रमशः विकसित और पुष्ट होता है।

कृष्ण और गोपियों का प्रेम सौंदर्यानुभूति, साहचर्य और सहयोग में पला और विकसित हुआ है। गोपियां प्रतिदिन कृष्ण के लुभावने रूप-रस का पान करती हैं, उनका मन कृष्ण में अनुरक्त है। गोपियां कृष्ण से मिलन की कामना ही नहीं करतीं, उसके लिए प्रयास भी करती हैं। वे प्रेम-विवश हैं, उनका मन कृष्णमय है; हृदय में हर्ष, अंगों में पुलक और उत्फुल्लता है। गोपियों में श्रेष्ठ राधा के मोहक सौंदर्य की ओर कृष्ण भी आकृष्ट हैं और राधा-कृष्ण दोनों में मिलन की आतुरता है। राधा का मन विशेष व्याकुल है, उनका हृदय भावनाओं के अंतःसंघर्ष से बेचैन है। एक ओर संयोग की प्रबल आकांक्षा और दूसरी ओर संकोच, लज्जा तथा माता-पिता का भय है। राधा की ऐसी मनःस्थिति का चित्रण सूर ने किया है :

> नागर मन गई अरुझाइ।
> अति बिरह तनु भई व्याकुल, घर न नैकु सुहाइ।
> स्याम सुंदर मदन मोहन, मोहिनी सी लाइ।
> चित चंचल कुंवरि राधा, खान पान भुलाइ।
> कबहु बिहंसति, कबहुं बिलपति, सकुचि रहति लजाइ।
> मातु पितु को त्रास मानति, मन बिना भइ बाइ। (1296)

सूरसागर के गारुड़ी-प्रसंग में पूर्वानुराग की विरह-दशा की व्यंजना है। गोदोहन के मधुर प्रेम-प्रसंगों के पश्चात राधा का मन कृष्ण में अनुरक्त है, वियोग का एक क्षण भी विकलता का कारण है। मोहक सौंदर्य, बतरस, और मधुर मुस्कान से कृष्ण ने राधा का मन मोह लिया। चित्त को क्षण-भर भी चैन नहीं है। राधा को श्याम भुजंग ने काट लिया है। यह श्याम भुजंग काम है और कृष्ण भी। इस कामभुजंग के डसने के बाद राधा की मानसिक और शारीरिक दशा अत्यंत कारुणिक है। कृष्ण-दर्शन से श्याम भुजंग का विष उतरता है। रासलीला के संयोग में वियोग की जिस स्थिति की व्यंजना सूरदास ने की है उसमें रहस्योन्मुखता है। संयोग में वियोग की यह अवस्था काव्यशास्त्रनिरपेक्ष होकर भी भक्तिशास्त्र के अनुरूप है। श्रीकृष्ण का अकाम, निर्विकार रूप इसमें व्यक्त हुआ है। जब तक गोपियां कृष्णमय हैं, उनमें पूर्ण आत्मसमर्पण की भावना है तब तक कृष्ण से उनका संयोग है, लेकिन अहंकार के जाग्रत होते ही कृष्ण से उनका वियोग अपरिहार्य है। गोपियों में गर्व के अंकुरित होते ही कृष्ण राधा के साथ रासलीला के बीच से अंतर्ध्यान हो जाते हैं (पद सं. 1703)। गोपियां व्याकुल हैं, विरह-विकल हैं। राधा के चित्त में भी गर्व का उदय देखकर कृष्ण उनसे भी विलग हो गए। कृष्ण तो अविगत, अज, अकल, अकाम हैं, वे भाव के वशीभूत हैं, इसलिए भावदेह से वे संयुक्त होकर भी राधा से भी नरदेह वियुक्त हो गए। निकट होकर भी दूर हैं। बहिर्यामी अब अंतर्यामी हो गया है। राधा कृष्ण के वियोग में अत्यंत विकल हैं; वेदनाविह्वल हृदय, सजल लोचन, अस्फुट वाणी, दीर्घ निःश्वास से राधा की विरह-दशा व्यंजित है :

> बाएं कर द्रुम टेके ठाढ़ी।
> बिछुरे मदन गोपाल रसिक मोहि, विरह व्यथा तनु बाढ़ी।
> लोचन सजल, बचन नहिं आवै, स्वास लेति अति गाढ़ी।
> नंद लाल हमसौं ऐसी करी, जल तै मीन धरि काढ़ी। (1721)

मान प्रेम की उत्कटता की वृद्धि का एक उपाय है। मान के विषय में सूरदास का मत है···'स्याम मान है प्रेम कसौटी, प्रेमहि मान सहायौ।' मान प्रेम की कसौटी है, उसके खरेपन और खोटेपन की पहचान होती है तथा वह प्रेम को प्रगाढ़ करता है। राधा का प्रथम मान गर्वजनित मान है। सभी सखियों ने राधा-कृष्ण के सच्चे प्रेम की बार-बार प्रशंसा की। गोपियों ने कहा कि कृष्ण राधा के वशीभूत हैं, राधा के दर्शन के लिए सदा बेचैन हैं, दोनों में पूर्ण एकात्म्य और तादात्म्य है (पद सं. 2460)। राधा निर्मल नारी हैं, कृष्ण की सच्ची प्रेयसी हैं, उन्होंने ही श्याम को ठीक तरह से पहचाना है, कृष्ण उनकी प्रेम-तपस्या से उनके क्रीत दास हैं, राधा का सौंदर्य सफल है; क्योंकि वह प्रिय को प्रिय हैं (पद सं. 2461)। कृष्ण राधा के ही हैं (पद सं. 2463)। वे दोनों एक प्राण दो तन हैं, उनका प्रेम नया नहीं,

अत्यंत प्राचीन है। वे दोनों सहज प्रेमी हैं। जब ललिता ने कहा कि 'राधा नंद-नंदन तेरे ही वश में हैं, तू परम भाग्यशालिनी है' तो राधा के हृदय में हर्ष और गर्व का उदय हुआ। कृष्ण मिलने आए तो राधा ने मुंह फेर लिया (पद सं. 2690)। गर्व और प्रेम में बैर है। जहां गर्व है वहां गोविंद नहीं रह सकते और न प्रेम ही टिक सकता है। कृष्ण ने राधा में गर्व देखा तो वहां से दूर हो गए। लेकिन राधा का मन तो सदा कृष्ण के अभाव में बेचैन रहता है, कृष्ण के वशीभूत है, कृष्ण के रूपरस में निमग्न है, कृष्ण में अनुरक्त है। ऐसा मन क्या मान में स्थिर रह सकता है? जब मन ही अपने हाथों में नहीं है तो ऐसा मन मान में स्थिर कैसे रह सकता है। राधा का मन कृष्ण के लिए व्याकुल हो उठा। विरह की वेदना से उनका मन विकल है, चित्त की सभी वृत्तियां कृष्ण में लगी हैं, इसलिए वहां मान का अवसर ही नहीं है। राधा केवल स्मृति के सहारे जी रही है। राधा की जड़ता की अवस्था अद्भुत है और संयोग की कामना अत्यंत प्रबल।

सूरसागर में राधा के मान, विरह और सखी को दूती बनाने की पद्धति पर जयदेव के गीतगोविंद और विद्यापति का प्रभाव ज्ञात होता है। सूरसागर में राधा और माधव के बीच ललिता ने दूतत्व किया है। ललिता ने कृष्ण के सामने राधा के असामान्य सौंदर्य का जो आलंकारिक वर्णन किया है, उसका विद्यापति के रूप से वर्णन साम्य है। राधा के मानजनित विरह की अवस्था की व्यंजना में सूरदास जयदेव और विद्यापति की परंपरा में ही दिखाई देते हैं। राधा की विरह-दशा का वर्णन सूरदास ने शिव के रूप में किया है :

सिव न, अबध सुंदरी, बधौ जिन।
मुक्ता मांग अनंग, गंग नहिं, नवसत साजै अर्थ स्याम घन।
भाल तिलक उड़पतिन होइ यह, कबरिग्रथित अहिपति न सहस फन।
नहिं विभूति दधिसुत न कंठ जड़, यह मृगमद चंदन चर्चित तन।
नहिं गज चर्म सु असित कंचुकी, देखि विचारि कहां नंदी गन।
सूर सुहरि अब मिलहु कृपा करि बरबस समर करत हठ हम सन।

(2736)

जयदेव ने भी विरहिणी राधा का शिव के रूप में वर्णन किया है :

हृदि विलसते हारो नाय भुजंगमनायक:
कुवलयदलश्रेणी कण्ठे न सा गरलद्युतिः।
मलयजरजो नदं भस्म प्रियारहिते मयि
प्रहर न हरभ्रान्त्यानंग क्रुधा किमु धावसि॥

—गीतगोविंद, 3।2

विद्यापति ने भी पूर्वानुराग में विरहिणी राधा का चित्रण इस तरह किया है :

कत न बेदन मोहि देसि मदना, हर नहिं बला मोहिं जुवति जना।

विभुति भूषन नहिं चानननक रेनू, बघछल नहिं मोरा नेतक वसनू।
नहिं मोरा जटा भार चिकुरक बेनी, सुरसरि नहिं मोरा कुसुमक स्रेनी।
चांदक बिन्दु मोरा नहिं इन्दु छोटा, ललाट पावक नहिं सिन्दुरक फोटा।
नहिं मोरा कालकूट मृगमद चारु, फनपति नहिं मोरा मुकुता हारु।
भनहिं विद्यापति सुन देव कामा, एक पए दूखन मोरावामा[28] ।।

संभव है विरहिणी का शिव के रूप में वर्णन की परंपरा जयदेव से भी प्राचीन हो, लेकिन जयदेव और विद्यापति के वर्णन से सूर के वर्णन में पर्याप्त साम्य है। राधा का दूसरा मान भ्रांतिजन्य मान है। राधा ने कृष्ण के हृदय में अपने प्रतिबिंब को ही दूसरी नारी समझकर मान कर लिया (पद सं. 3030)। कृष्ण राधा के इस मान पर चकित हैं और धीरे-धीरे मुस्करा रहे हैं, जिससे राधा का क्रोध प्रति क्षण बढ़ रहा है (पद सं. 3032)। कृष्ण ने बार-बार अपनी सच्चाई की सफाई दी, किंतु राधा को कृष्ण की बेवफाई का विश्वास है, उनकी सच्चाई का नहीं (पद सं. 3037)। राधा के इस मान के साथ-साथ कृष्ण की कामदशा का भी सूर ने वर्णन किया है। कृष्ण व्याकुल हैं, लोचन सजल हैं। कृष्ण की विरह-दशा असह्य है, कभी वे कुंजों में बैठते हैं और कभी व्याकुल होकर खड़े हो जाते हैं (बेचैनी)। कभी शरीर की सुधि भूल जाते हैं और कभी शरीर की सुधि आ जाती है (व्याकुलता)। कभी राधा के गुणों का स्मरण करते हैं (स्मृति) और कभी पीतांबर और मुरली इधर-उधर बिखरे दिखाई देते हैं (जड़ता) (पद सं. 3057)।

राधा का तीसरा मान भी भ्रांतिजन्य मान है। कृष्ण के बहुनायकत्व का राधा को ज्ञान हो गया है। कृष्ण किसी गोपी का मन चुराते हैं और कभी दूसरी गोपी के साथ रसकेलि करते हैं। राधा ने प्रातःकाल ही रतिचिह्नों से युक्त कृष्ण को देखा तो उसे कृष्ण की रसिकता ज्ञात हुई। यही राधा के मान का कारण बना (पद सं. 3159)। चौथी बार राधा ने कृष्ण के बहुनायकत्व से रुष्ट होकर महामान किया (पद सं. 3354)। एक दूती ने राधा के रूप की प्रशंसा की, कृष्ण की व्याकुलता का वर्णन किया और राधा का मान भंग न हुआ तो उसने प्रकृति की संयोगात्मक अवस्था की ओर संकेत किया। सारी प्रकृति मिलनोत्सुक है, संयोग ही प्रकृति का स्वभाव है और इस संयोग की ऋतु में वियोग उचित नहीं है। यौवन और सौंदर्य अस्थायी है, इसकी सार्थकता प्रिय से संयोग में ही है :

यह ऋतु रूसिबे की नाहीं।
बरषत मेघ मेदिनी के हित, प्रीतम हरषि मिलाहीं।
जेती बेलि ग्रीष्म ऋतु डाहीं, ते तरवर लपटाहीं।
जे जल बिनु सरिता ते पूरन, मिलन समुद्रहि जाहीं।
जोबन धन है दिवस चारि की, ज्यों बदरी की छाहीं। (3363)

सूरदास के इस पद का शेली की 'प्रेम दर्शन' नामक कविता से अद्भुत साम्य है। दोनों में 'प्रकृति' मानवीय प्रेम के प्रेरक और मार्गदर्शक के रूप में प्रस्तुत है। सूर के काव्य में वर्णित प्रेम स्वच्छंदतावादी प्रेम है। सूर का प्रेमदर्शन शेली के प्रेम-दर्शन के समान स्वच्छंदतावादी है।०

प्रवास का चित्रण

प्रिय के प्रवास से प्रिया के प्रेमातुर हृदय में वेदना का उद्भव स्वाभाविक है। ब्रज में गोपियां प्रेम की संयोगावस्था में पूर्णतया निमग्न थीं। उन्हें वियोग की आशंका तक नहीं थीं। किंतु अचानक अप्रत्याशित वियोग बेला उपस्थित हो गई। कृष्ण का प्रवास गोपियों के लिए असह्य था। गोपियों ने सुना कि कृष्ण मथुरा जा रहे हैं तो वे व्याकुल हो उठीं। मन में उद्वेग है, शरीर जड़ता की अवस्था में है। वे हतप्रभ हैं। प्रेमपूर्ण मन की गति अवरुद्ध है (पद सं. 3378)। वेदना विकल मन की दैन्यावस्था अत्यंत कारुणिक है। गोपियां कृष्ण के दर्शन के लिए उत्सुक हैं क्योंकि पुनर्मिलन की आशा क्षीण ही है (पद सं. 3520)। गोपियों की व्याकुलता अपार है। जो कृष्ण के प्रेम में गर्वीली और मदमाती थीं, अब वे ही गोपियां अत्यंत दीन-हीन दिखाई दे रही हैं (पद सं. 3581-82)। गोपियों ने कृष्ण को मथुरा जाने से न रोका और न उनका हृदय ही विदीर्ण हुआ, इसलिए ग्लानि और पश्चाताप से वे पीड़ित हैं (पद सं. 2620-24)।

वेदना में विनोद की व्यंजना सूर की अपनी विशेषता है। कृष्ण मथुरा में जाकर कुब्जा में अनुरक्त हो गए, यह समाचार गोपियों के लिए अत्यंत दुखदाई था। सूरदास ने वियोग में कुब्जा के प्रसंग के सहारे व्यंग्य, विनोद, वाक्चातुर्य तथा, असूया आदि की अभिव्यक्ति की है। कृष्ण के रूप और कृष्ण के प्रेम की प्रकृति पर गोपियां व्यंग्य करती हैं (पद सं. 3766)। गोपियों ने कृष्ण की रसिकता पर भी व्यंग्य किया है। गोपियां सोचती हैं कि कृष्ण-कुब्जा की जोड़ी अच्छी है,

---

०The fountains mingle with the river
And the rivers with the ocean,
The winds of heaven mix for ever
With a sweet emotion;
Nothing in the world is single,
All things by a law divine
In one another's being mingle—
Why not I with thine ?

—P. B. Shelley (Love's Philosophy)

क्योंकि एक अहीर है तो दूसरी दासी (पद सं. 377।)। गोपियां कृष्ण की निष्ठुरता के कारण विशेष दुखी हैं।

वियोग में मानव-मन की अनेक अंतर्दशाएं होती हैं। संवेदनशील मन अतीत की स्मृति, वर्तमान की वेदना और भविष्य की आशा-अभिलाषा की सूक्ष्म संवेदनाओं के बीच गतिशील होता है। इससे दूसरी अनुकूल मनोवृत्तियां भी सक्रिय होती हैं। विरही मन की गति एवं भावदशाओं की सूक्ष्मता की कल्पनात्मक अनुभूति और सफल अभिव्यंजना एक प्रतिभासंपन्न कलाकार ही कर सकता है। आचार्य रामचंद्र शुक्ल के शब्दों में वियोग की जितनी अंतर्दशाएं हो सकती हैं, जितने ढंगों से उन दशाओं का साहित्य में वर्णन हुआ है और सामान्यत: हो सकता है वे सभी उसके (सूरसागर) भीतर मौजूद हैं।[29] विरहसंतप्त गोपियों की चित्त-वृत्तियों की गतिविधि, भावनाओं की गहराई, मनोवेगों का आवेग और आत्मा की बेचैनी का सूरदास ने जो वर्णन किया है, वह सब काव्यशास्त्र में भले ही न हो, किंतु जीवन में उनकी संभावना सदा बनी हुई है।

काव्यशास्त्र में विरह की दस दशाओं का उल्लेख है—(1) अभिलाषा, (2) चिंता, (3) स्मरण, (4) गुण कथन, (5) उद्वेग, (6) प्रलाप, (7) उन्माद, (8) व्याधि, (9) जड़ता और (10) मूर्च्छा। कुछ आचार्यों ने मरण को ग्यारहवीं दशा माना है। मूर्च्छा और मरण—इन दो दशाओं के कारण ही विप्रलंभ का एक भेद करुण विप्रलंभ भी मान लिया गया है, क्योंकि मूर्च्छा और मरण की दशाएं निश्चय ही कारुणिक हैं। सूरसागर में वियोग की एक-एक अंतर्दशा का अनेक पदों में और अनेक ढंगों से वर्णन हुआ है। इसके अतिरिक्त गोपियों की विकलता, प्रेमाधिक्यजन्य पश्चाताप, कृष्ण की निष्ठुरता का दु:ख, दीनता, आत्मग्लानि, अंतर्द्वंद्व, अधैर्य और प्रतीक्षा आदि का वर्णन सूरदास ने किया है।

सूरदास ने गोपियों की विरहानुभूति को अधिक तीव्रता एवं गंभीरता प्रदान करने के लिए विरह-वर्णन में अनेक प्रसंगों का निर्माण किया है। नेत्रों की गति-विधि और अनुरागी स्वभाव के माध्यम से गोपियों का विरह व्यक्त हुआ है। विरह में सूरदास ने नेत्रों को सजीव व्यक्तित्व प्रदान किया है और गोपियों के नेत्र ही उनके मन के आचरण के प्रतीक बन गए हैं। गोपियों के नेत्र रसलंपट हैं, कृष्ण के रूपरस-पान से अतृप्त हैं, सौंदर्यलोलुप हैं, लालची हैं और कृष्ण के अभाव में व्याकुल और दीन हैं। गोपियों के नेत्र कृष्ण के वियोग में दु:खी, बेचैन और व्यथित हैं। गोपियों के मन की सारी विकलता, विह्वलता, उद्विग्नता, चिंता, आशा-निराशा इन नेत्रों के माध्यम से ही व्यक्त हुई है।

स्वप्नदर्शन के सहारे भी सूरदास ने गोपियों के विरह की व्यंजना की है। जिन गोपियों के शरीर और चेतना का प्रत्येक कण और क्षण कृष्ण के विरह से परिव्याप्त हो, उन्हें क्या सुख की नींद आ सकती है? गोपियों के अंतर्मन में कृष्ण

की जो प्रेममूर्ति स्थित है, वह उनके वियोग में कभी-कभी स्वप्न में अचेतन से चेतन मानस में आ जाती है। गोपी जब संयोग की कामना से पुलकित होती है तब तक नींद के टूट जाने से वह स्वप्न की प्रेममूर्ति विखंडित हो जाती है और फिर विरह की व्यथा दुगुनी बढ़ जाती है। मिलते-मिलते बिछुड़ जाने का यह दुःख असह्य है (पद सं० 3880)। वियोग में स्वप्नावस्था का क्षणिक संयोग और वियोग जाग्रत अवस्था के दीर्घकालीन संयोग-वियोग से अधिक दुखद होता है।

गोपियों के प्रेम की संयोगावस्था प्रकृति के उन्मुक्त परिवेश में व्यतीत हुई थी, प्रकृति ने संयोग-सुख को बढ़ाया और प्रगाढ़ता दी। वियोग में अब वही प्रकृति गोपियों की विरहानुभूति को तीव्र करती है। सूरदास ने संयोग और वियोग में प्रकृति को गोपियों की सहचरी के रूप में उपस्थित किया है। वियोग में प्रकृति गोपियों को कभी सुखद और कभी दुःखद जान पड़ती है। वियोग में उद्दीपन-विभाव के अंतर्गत प्रकृति-वर्णन की परंपरा प्राचीन है। प्रकृति का प्रत्येक रूप वियोग में विरहिणियों की विरह-भावना को उद्दीप्त करता है। ऋतुवर्णन और चंद्रोपालंभ विरह-वर्णन की परंपराभुक्त पद्धति है। इसका निर्वाह सूरदास ने भी किया है। पावस ऋतु में विरहिणियों का मन अधिक रागमय हो उठता है। आकाश में मेघखंड और बिजली के विलास से, शीतल बूंदों की मादक फुहार से मुरझाया मन हरा हो जाता है, संयोग की कामना प्रबल हो जाती है। विरहिणियों की वेदना पावस ऋतु में तीव्र हो जाती है। प्रकृति और मानव के संबंध के अद्वितीय पारखी महाकवि कालिदास ने ठीक ही लिखा है :

मेघालोके भवति सुखिनोऽप्यन्यथावृत्ति चेतः ।
कण्ठाश्लेषप्रणयिनि जने किं पुनर्दूरसंस्थे ।
पूर्वमेघ । 3 ।

सूरसागर का पावस-प्रसंग केवल विरह में ऋतु वर्णन की परंपरा का निर्वाह ही नहीं है। पावस ऋतु ब्रज के लिए विपत्ति का प्रतीक और गोपियों की अविरल अश्रुवर्षा का सूचक भी है। साथ ही आकाश में छाए श्यामघन घनश्याम की स्मृति जगाते हैं। पावस के मेघ कभी गोपियों को काम की सेना जान पड़ते हैं (पद सं० 3920) और कभी अभिमानी पराजित इंद्र के प्रलयकारी मेघ बंदले की भावना से ब्रजमंडल पर छाए हुए प्रतीत होते हैं (पद सं० 3924)। आकाश में मेघों का उचित समय पर आगमन मेघों की उदारता और परोपकारिता का प्रमाण है। ग्रीष्म के ताप से संतप्त धरती, लता, वृक्ष, पशु-पक्षी को जीवनदान देने के लिए ही मेघ आ जाते हैं। गोपियों को आश्चर्य है कि जड़ कहे जाने वाले मेघ भी अपने आश्रितों के दुःख से द्रवित होकर उनकी सहायता के लिए स्वर्ग से धरती के निकट आ जाते हैं, लेकिन कृष्ण निकट मथुरा में ही रहकर गोपियों

को भूल गए हैं (पद सं० 3927)। इसमें कृष्ण की निष्ठुरता और हृदय-हीनता पर व्यंग्य भी है। वर्षाऋतु संयोग की ऋतु है, बादलों का आगमन परदेश से प्रिय के आगमन का सूचक है। गोपियों को लगता है कि मथुरा की ओर पावसऋतु होतीं ही नहीं है, अन्यथा क्या कृष्ण का मन संयोग के लिए उत्सुक और आकुल नहीं होता (पद सं० 3929)? श्यामघन कभी-कभी गोपियों के लिए घनश्याम ही बन जाते हैं तो वे गोपियों को अत्यंत प्रिय लगते हैं। पपीहे की पी-पी की रट गोपियों को सुखद लगती है, उससे गोपियों को सहानुभूति है (पद सं० 3954)। जब गोपियों का प्रेमोन्माद बढ़ जाता है तो पपीहे का स्वर अत्यंत दुखदायी प्रतीत होता है।[30] कोयल की कूक गोपियों की हूक, पपीहे का पी उनका दर्द और चातक की चाह उनकी चेतना बन जाती है।

सूरसागर के गोपी-विरह की एक विशेषता यह है कि गोपियों को बचपन से विकसित साहचर्यगत गहरे प्रेम के बाद का वियोग विशेष दुःखद प्रतीत होता है। गोपियां बार-बार कहती हैं कि 'लरिकाई को प्रेम कहौ अलि कैसे छूटत।' प्रेम जितना गहरा होगा, संयोग का सुख जितना अधिक होगा; प्रेम के खंडित होने का दर्द और वियोग की वेदना भी उतनी ही अधिक होगी। गोपियों का प्रेम ऊपरी नहीं है, वह चार दिन का भी नहीं है, इसलिए अलगाव का दर्द अधिक गहरा है। गोपियों की विरह-व्यंजना में उनकी आत्मा की चीख प्रकट हुई है। गोपियों के विरह की दूसरी विशेषता यह है कि उन्हें श्रीकृष्ण की विहंगम प्रीति अन्यायपूर्ण लगती है। गोपियों ने श्रीकृष्ण को सर्वस्व समर्पित कर दिया, लेकिन कृष्ण बदले में वेदना देकर चलते बने। फिर भी गोपियों को प्रेम के स्थायित्व में विश्वास है। वे खुद विरह की वेदना में झुलसने के बावजूद प्रिय का हित ही चाहती हैं। यह गोपियों के प्रेम का त्यागमय रूप है, जिसके सामने कृष्ण छोटे पड़ते दिखाई देते हैं।

सूरदास श्रृंगार के रससिद्ध कवि हैं। प्रेम के संयोग और वियोग दोनों पक्षों की जैसी सर्वाश्लेषी और मार्मिक अभिव्यक्ति सूर ने की है, वह अन्यत्र दुर्लभ है। यही कारण है कि आचार्य रामचंद्र शुक्ल ने सूरदस को 'भावाधिपति' और सूरसामर को 'रससागर' कहा है।

भ्रमरगीत

भ्रमरगीत नारी की आकुल अंतरात्मा और तीव्र संवेदशीलता की शाश्वत कहानी है। मानव समाज के उद्भव काल से ही नारी की सृष्टि पुरुष की इच्छा का परिणाम है। पुरुषप्रधान समाज में नारी का निर्माण पुरुष की कामना की संतुष्टि के लिए है, उसका कोई स्वतंत्र अस्तित्व नहीं है। पुरुष ब्रह्म हो या आदम, उसके अकेलेपन को दूर करने के लिए ही नारी निर्मित हुई है। पुरुष की वासना और

भावात्मक रिक्तता की पूर्ति ही नारी जीवन का लक्ष्य रहा है। वह पुरुष की सहचरी नहीं बन सकी है। पुरुषप्रधान समाज में प्रारंभ से ही नारी में समर्पण का भाव और पुरुष में ग्रहण का भाव माना गया है। सृष्टि में पुरुष पहला है और नारी दूसरी। नारी जीवन का लक्ष्य, यथार्थ और स्वप्न पुरुष ही है। पुरुष द्वारा निर्मित ईश्वर भी पुरुष ही है और नारी माया, बंधन, अंधकार आदि है। नारी का अस्तित्व पुरुषसापेक्ष है। उसका प्रत्येक रूप पुरुष से उसके संबंध का ही द्योतक है। नारी आत्मबलिदान में अपने जीवन की सफलता मानती है। पुरुष के समक्ष अपनी पराजय को ही वह विजय समझती है। पुरुष नारी को वस्तु मानता है और वह अपने को वस्तु रूप में प्रस्तुत करती है।

सामंती समाज में पुरुष और नारी के लिए प्रेम का भिन्न-भिन्न अर्थ है। इस समाज में नारी के लिए प्रेम का अर्थ है बिना किसी दुराव-छिपाव या झिझक के पुरुष को आत्मा और शरीर का पूर्ण समर्पण। समर्पण का यह भाव ही उसकी आस्था है, उसका धर्म है। पुरुष के लिए प्रेम का अर्थ है प्रेम की कामना और नारी के समर्पण का ग्रहण। प्रेम में पुरुष केवल लेना चाहता है और नारी देना चाहती है। प्रेम में नारी का लक्ष्य है सर्वस्व समर्पण और पुरुष का लक्ष्य है सर्वस्व ग्रहण। नारी पुरुष को अपनी भावना, आचरण और अस्तित्व के लिए सर्वोच्च मूल्य और परम सत्ता मान लेती है। नारी के लिए प्रेम धर्म बन जाता है। प्रेम में नारी पुरुष के संसार में, उसके अत्यंत समीप रहना चाहती है। वह अपने को पुरुष की छाया मानती है और सदा पूर्ण संयोग की कामना में लीन रहती है। नारी अपने जगत को पूर्णतः पुरुष जगत में विसर्जित कर लेती है। नारी पुरुष को अपना ईश्वर, आराध्य और स्वामी मानती है। नारी अपनी मनोवृत्तियों को पुरुष की ओर उन्मुख करती है और वह आत्मदान, प्रतीक्षा, आस्था, साधना और आशा निराशाजन्य सुख-दुखात्मक अनुभूति की प्रक्रिया में ही अपने प्रेम की सफलता मानती है। नारी पुरुष की बेवफाई की शिकायत करके भी उसके अत्यधिक निकट आने का प्रयास करती है।

पुरुष द्वारा निर्मित प्रेम की आचार-संहिता का प्रतिफलन पुरुष की रस-लोलुप मधुप वृत्ति में हुई है। पुरुषों ने अपने लोभ को प्रेम का नाम दिया, अपनी स्वार्थी मनोवृत्ति के सहारे नारी की समर्पण भावना और भावुकता का शोषण किया है। नारी की सुकुमारता, सौंदर्य और यौवनरस का उपभोग कर अंत में उसे निरस समझकर त्याग देना पुरुष के लिए आम बात है। नित्य नवीन रस के आस्वादन में प्रवृत्त रसिक पुरुष नई मुग्धाओं को अपने सामान्योन्मुख लोभ का साधन बनाता है। पुरुष द्वारा भुक्त, परित्यक्त, रसरिक्त नारी के सामने रुदन और शिकायत के अतिरिक्त और कोई उपाय नहीं है। मानव की अंतःप्रकृति के सच्चे पारखी कवियों ने नारी के अंतःकरण से सहानुभूति स्थापित कर नारी की

मनोव्यथा की व्यंजना अपने काव्य में की है। मानव की अंतःप्रकृति के सच्चे कलाकार शेक्सपियर ने नारी की अंतरात्मा की पीड़ा और पुरुष की रसिया मनोवृत्ति का यथार्थ चित्रण किया है।*

मानव और प्रकृति का साहचर्य अत्यंत प्राचीन है, इसलिए भावाकुल मानव सदा प्रकृति में अपनी मानसिक दशा का प्रतिबिंब खोजता है। मानवजगत के प्रमदावन में स्वच्छंद विचरण करने वाले रूपरस-लोभी पुरुष का समानधर्मा प्रकृति जगत में खिली और अधखिली अनेक कलियों का रसपान करते हुए उन्मुक्त विचरण करने वाला मधुलोलुप भ्रमर ही दिखाई पड़ा और नारी ने भ्रमर को ही अनेक मुग्धाओं में आसक्त पुरुष का प्रतीक मानकर अपनी मनोव्यथा प्रकट की। संवेदनशील कवियों ने भ्रमर को एक विशेष मानवीय प्रवृत्ति का प्रतीक मानकर उसके सहारे पुरुष के प्रति नारी की मानसिक वेदना, खीझ, व्यंग्य और उपालंभ की व्यंजना की है। भाषा की अभिव्यंजना शक्ति तथा संप्रेषणीयता की अभिवृद्धि के लिए ही अमूर्तन और प्रतीक की प्रक्रिया का सहारा कवि लेता है। कई बार भाव की व्यंजना 'दार्शनिक भाषा' में प्रतीक के माध्यम से होती है। इसी तरह भ्रमर के प्रतीक के माध्यम से पुरुष के रसिया स्वभाव के समक्ष नारी की विवशता, प्रेम-विकलता, विरह-वेदना और उपालंभ की अभिव्यंजना हुई है।

भारतीय काव्य में भ्रमर के माध्यम से उपालंभ-व्यंजना की एक नवीन परंपरा का सूत्रपात प्रेम और सौंदर्य के अमर कलाकार कवि कालिदास ने अभिज्ञान-शाकुंतलम् नाटक में किया है। राजा दुष्यंत अपने अंतःपुर में कभी एक नारी से प्रेम का अभिनय करते हैं तो कभी दूसरी सुंदरी से। दुष्यंत ने महारानी हंसपदिका से केवल एक बार प्रेम किया था। उसके बाद वे रानी वसुमती में अनुरक्त हो गए। हंसपदिका भ्रमर के माध्यम से दुष्यंत को उपालंभ देती है :

अहिणवमहुलोलुवो भवं तह परिचुम्बिअ चूअमंजरिं।
कमलवसइ मेत्तणिव्वुदो महुअर विह्मरिओ सिणं कहं ॥ 5। 1 ॥
नये नये मधुके लोभी ओ मधुकर।
एक बार ही रसालकी मधुर मंजरी चूम गए तुम।
क्यों निवास कर कमल-कोश में मुझे भूल कर घूम गए तुम ॥
नये नये मधुके लोभी ओ मधुकर।

---

*Sigh no more, ladies, sigh no more.
Men were deceivers ever,
One foot in sea and one on shore,
To one thing constant never.
—William Shakespeare, Much Ado About Nothing, Act 2, Scene 3.

पुरुष की मधुलोभी भ्रमर-वृत्ति पर व्यंग्य करने की प्रवृत्ति संस्कृत, प्राकृत और अपभ्रंश साहित्य में कहीं-कही प्रकट होती रही है, किंतु इसका सम्यक विकास मध्यकालीन लोकभाषाओं के साहित्य में ही हुआ। कृष्णभक्ति-काव्य में इस परंपरा को नया रूप मिला। हिंदी के भ्रमरगीत-काव्य का एक आधार श्रीमद्-भागवत का भ्रमरगीत है। श्रीमद्भागवत के अनुसार उद्धव श्रीकृष्ण के संदेश-वाहक बनकर मथुरा से ब्रज आए तो गोपियों ने उद्धव से भ्रमर के सहारे अपने मन की व्यथा प्रकट की। गोपियों ने उद्धव से कहा :

हो अन्य से तो प्रीत, अपने स्वार्थ का ही स्वांग भर।
ज्यों, नारि को चाहा करें नर और पुष्पों को भ्रमर ॥
हरि के समागम ध्यान में रत, एक सखि ने लख भ्रमर।
माने उसे ही दूत प्रियतम का, चली फिर यों उचर ॥
हे धूर्त—बंधु मधुप ! कहीं लेना हमारे छू न पग।
है सौत कुच गत मात्य का कुंकुम रहा तब मुच्छ लग।
तुझ तुल्य चर धर कृष्ण, ले मानिनि-प्रसाद समोद भर।
पर, यादवों के वृन्द में तो कृत्य यह उपहासकर ॥
बस, एक बार पिला हमें निज दिव्य अधरामृत मदिर।
तुझ तुल्य ही, बैठे सुमन वत, कृष्ण हमको त्याग फिर ॥[31]

गोपियों ने इस प्रकार भ्रमर के माध्यम से कृष्ण के स्वार्थी प्रेम की शिकायत की, उन पर व्यंग्य किया। भागवत में भ्रभरगीत का मुख्य स्वर दार्शनिक है, उसका लक्ष्य ज्ञान और योग का सम्यक प्रतिपादन है। किंतु भागवत के इस भ्रमरगीत में कृष्ण, उद्धव, भ्रमर, गोपियों की वेदना और उपालंभ आदि तत्त्व मौजूद हैं। ये तत्त्व ब्रजभाषा के भ्रमरगीत संबंधी काव्यों में भी हैं।

हिंदी के भ्रमरगीत-काव्य पर संस्कृत की दूत-काव्य परंपरा का भी प्रभाव पड़ा है। वाल्मीकि रामायण में राम का विरह-संदेश लेकर हनुमान सीता के पास जाते हैं। कालिदास के मेघदूत पर इसका प्रभाव पड़ा है, जो दूत-काव्य परंपरा का आधार काव्य है। महाभारत में भी दूत-काव्य की परंपरा जीवित है। कालिदास के पश्चात संस्कृत साहित्य में दूत-काव्यों की एक सुदीर्घ परंपरा है। इस परंपरा की मुख्य कृतियां हैं : (1) पार्श्वाभ्युदय (जिनसेनाचार्य कृत), (2) नेमिदूत (विक्रम), (3) हंस संदेश (वेंकहनाथाचार्य), (4) कोकिल संदेश (उदंड शास्त्री), (5) शुकसंदेश (लक्ष्मीदास), (6) पवनदूत (धोइक), (7) पवनदूत (वादिचंद्र), (8) इंद्रदूत (विनय विजय), (9) मनोदूत (तेलंग व्रजनाथ), (10) वंदाकदूत (कृष्ण सार्वभौम), (11) उद्धवदूत (माधव कवींद्र), (12) उद्धव संदेश, (13) हंसदूत (रूप गोस्वामी), (14) मनोदूत (भगवादत्त) और (15) रथांगदूत (लक्ष्मी नारायण)। इन दूत-काव्यों में यद्यपि कथा और शैली

की भिन्नता है किंतु इनमें दूत के माध्यम से विरह-निवेदन का मूल तत्त्व वर्तमान है, जिसका प्रभाव भ्रमरगीत-काव्य परंपरा पर भी पड़ा है। डॉ० सत्येंद्र ने सूरदास के भ्रमरगीत को दूत-काव्य नहीं माना है, क्योंकि नायक-नायिका-संबंध की दृष्टि से उद्धव में दौत्य नहीं है।[32] वास्तविकता यह है कि उद्धव गोपियों का प्रेम-संदेश, विरह-दशा का संदेश कृष्ण तक पहुंचाते हैं; जिसको सुनकर कृष्ण भावविभोर और व्याकुल हो जाते हैं इसलिए गोपियों की ओर से उद्धव का दूतत्व सफल है। नायक-नायिका-संबंध की दृष्टि से भी भ्रमरगीत में दूतत्व उपस्थित है। दूसरे कृष्ण का जो संदेश उद्धव यशोदा आदि को देते हैं उनमें कृष्ण का मातृ-प्रेम व्यंजित है और जो संदेश यशोदा ने कृष्ण के पास उद्धव से भेजा है उनमें यशोदा का वात्सल्य व्यक्त है। अतः वात्सल्य में उद्धव का दूतत्व सफल है। इस प्रकार सूरदास के भ्रमरगीत में दूतकाव्य के तत्त्व विद्यमान हैं।

राधा-कृष्ण-लीला के गायक मैथिल-कोकिल विद्यापति के गीतों में भ्रमरगीत काव्य-परंपरा के सूत्र उपलब्ध हैं। विद्यापति ने संयोग-लीला में ही राधा को मधुराशि रसवंती मालती और कृष्ण को मधुजीवी मधुकर कहा है। विद्यापति ने एक पद में कृष्ण के मथुरा गमन, गोपी विरह, कृष्ण की कुब्जा में अनुरक्ति आदि का संकेत दिया है :

मधुपुर मोहन गेल रे, मोरा बिहरत छाती।
गोपी सकल बिसरलनि रे, जत छत अहिबाती।
सुतलि छलहुं अपन गृह रे, निन्दइ गेलहुं सपनाई।
करसौ छूटल परस मनि रे, कौन गेल अपनाई।
कत कहबो कत सुमिरब रे, हम मरिए गरानि।
आनक धन सों धनवंति रे, कुब्जा भेल रानि।
गोकुल चान चकोरल रे, चोरी गेल चंदा।
बिछुड़ि चललि दुहु जोड़ी रे, जीव दइ गेल धंदा।
काक भाख निज भाखह रे, पहु आओत मोरा।
खीर खांड भोजन देव रे, भरि कनक कटोरा॥
भनहि विद्यापति गाओल रे, धिरज धर नारि।
गोकुल होयत सोहाओन रे, फेरि मिलत मुरारि।[33]

कृष्ण की भ्रमरवृत्ति की ओर संकेत एक दूसरे पद में हुआ है :

जीवन रूप अचछल दिन चारि, से देखि आदर कएल मुरारि।
अव भेल झाल कुसुस रस छूछ, वारि विहून सर केओ नहि पूछ।
हमरिए बिनती कहब सखि रोय, सुपुरुष वचन अफल नहि होय।
जावे रहइ घन अपना हाथ, तावे से आदर कर संग हाथ।[34]

विद्यापति के पदों में भ्रमरगीत-काव्य के ये तत्त्व हैं : (1) पुरुष की भ्रमरवृत्ति,

(2) नारी-विरह, (3) कृष्ण का मथुरा प्रवास, (4) गोपियों की व्याकुलता, और (5) कृष्ण की कुब्जा में अनुरक्ति। विद्यापति के पदों में भ्रमरगीत के जिन तत्त्वों का विन्यास हुआ है उनका पूर्ण विकास ब्रजभाषा के कृष्णकाव्य में दिखाई पड़ता है। सूरदास के पूर्व ब्रजभाषा में भ्रमरगीत-काव्य परंपरा का कोई प्रमाण उपलब्ध नहीं है। कुछ विद्वानों ने 'सनेहलीला' को विष्णुदास की रचना मानकर उसको भ्रमरगीत का पूर्व रूप कहा है। लेकिन कुछ दूसरे विद्वान 'सनेहलीला' को सूरदास के बाद की रचना मानते हैं। सनेहलीला के रचनाकार के रूप में पांच नाम चर्चित हैं—हरिराय, रसिकराय, जगमोहन, मोहनदास और विष्णुदास। डॉ० सियाराम तिवारी ने सनेहलीला के रचयिता और रचनाकाल पर विस्तार से विचार करते हुए उसे मुकुंददास की रचना माना है और उसका रचनाकाल 1743 ई० के आसपास स्वीकार किया है।[35] इसलिए सनेहलीला को भ्रमरगीत का पूर्व रूप नहीं माना जा सकता है। भ्रमरगीत-काव्य की परंपरा के सर्जक और पोषक सूरदास ही ज्ञात होते हैं। सूरदास ने भ्रमरगीत-काव्य की परंपरा के अतीत में बिखरे सूत्रों को संचित कर और उन्हें अपनी कला तथा भावना से सुसज्जित कर एक अभिनव काव्य रूप का विकास किया है।

सूरसागर का भ्रमरगीत सूरसागर का अंश होकर भी एक स्वतःपूर्ण काव्य है। कृष्ण उद्धव को मथुरा से ब्रज भेजते हैं। प्रत्यक्षतः कृष्ण उद्धव को ज्ञान की शिक्षा देने के लिए ब्रज भेजते हैं, लेकिन यथार्थतः वे गोपियों से उद्धव को प्रेम में दीक्षित करवाना चाहते हैं। उद्धव में प्रेमभावना जगाना उद्धव को ब्रज भेजने का एक लक्ष्य है। उद्धव से कृष्ण मां यशोदा के लिए और गोपिकाओं के लिए लिखित और मौखिक संदेश भेजते हैं। बलराम भी उद्धव से यशोदा के प्रति अपना सहज प्रेम प्रकट करते हैं। वसुदेव और देवकी भी नंद-यशोदा की कृतज्ञता स्वीकार करते हैं। अंत में कुब्जा गोपियों और राधा के लिए व्यंग्यात्मक चिट्ठी लिखकर उद्धव को देती है। उद्धव संपूर्ण मथुरा का संदेश ब्रज के लिए लेकर वृंदावन जाते हैं। मथुरा का ब्रज को यह संदेश नागर संस्कृति का लोक संस्कृति को, बुद्धि का हृदय को, ऐश्वर्य का प्रेम को दिया गया संदेश है।

उद्धव के ब्रज आगमन से ब्रजवासियों का मन हरा हो गया, क्योंकि ब्रज-वासियों ने उद्धव को कृष्ण समझ लिया। जब उद्धव ब्रज में पहुंचे तो कृष्ण को न पाकर ब्रजवासियों का मन छोटा हो गया, लेकिन फिर भी आशा थी। वे कृष्ण के सखा के आगमग को सुखद ही मानते रहे। लेकिन जब उद्धव ने ज्ञान का संदेश सुनाया तो ब्रजवासी हतप्रभ हो गए। निश्चय ही वाक्य ज्ञान जब मुखर होता है तब भावना मर जाती है। भावविभोर हृदय को ज्ञान की बकवास सुनने का अवसर कहां है? उद्धव के ब्रज प्रवेश के साथ ही एक भ्रमर भी ब्रज में आ गया।

भ्रमरगीत में भ्रमर के तीन रूप दिखाई पड़ते हैं : (1) कृष्ण का प्रतीक, (2) उद्धव का प्रतीक, (3) स्वतंत्र अस्तित्व। गोपियां भ्रमर के सहारे कभी कृष्ण पर व्यंग्य करती हैं और कभी उद्धव पर। इसके पश्चात गोपियों से उद्धव का जो संवाद और विवाद चला है उसमें लोकमानस, ऋषिमानस, भक्तमानस और जनमानस का समन्वय व्यंजित हुआ है। इसलिए सूरदास के भ्रमरगीत में अनायास ही साहित्यिक, सामाजिक, सांस्कृतिक, आध्यात्मिक, दार्शनिक और मनोवैज्ञानिक पक्षों का समन्वय हुआ है। भ्रमरगीत में लोकसंस्कृति के तत्त्वों का कलात्मक नियोजन है, उसमें सांप्रदायिक धर्म और दर्शन के विशेष मुखर न होने पर भी अनेक धार्मिक संप्रदायों के मतवाद का द्वंद्व अभिव्यक्त है। भ्रमरगीत में मध्यकालीन जनसंस्कृति प्रतिबिंबित हैं। भ्रमरगीत का आध्यात्मिक दार्शनिक पक्ष विशेष कलात्मक ढंग से नियोजित है, जहां दर्शन कोरा उपदेश नहीं है, बल्कि वह कवि की अनुभूति का विषय बनकर कलात्मक रूप में उपस्थित है। यहां आध्यात्म का सत्य काव्यसत्य के रूप में सौंदर्य से मंडित होकर सरल, सुबोध तथा ललित हो गया है। ब्रह्म के सगुण-निर्गुण रूप, उसकी अनुभूति और उपलब्धि के साधन के रूप में भक्ति और ज्ञान का द्वंद्व तथा जीवन के अनुकूल सहज प्रेमयोग और जीवन के प्रतिकूल दुःसाध्य आरोपित हठयोग के पारस्परिक द्वंद्व की सूरदास ने जैसी रसमयी व्यंजना भ्रमरगीत में की है वह अन्यत्र दुर्लभ है। भक्तियोग, कर्म-योग और ज्ञानयोग के साथ ही जीवन में सृजन, रूपांतरण और संकल्प-शक्ति के रूप में प्रेम की व्यंजना इसमें उपलब्ध है। राधा की विरहावस्था प्रेम की सायुज्य अवस्था है, जहां मन और वाणी की गति नहीं है। यहां बुद्धि और भावना का ऐक्य है। यहां बुद्धि की निस्संगता और भावनाओं की आसक्ति है। यही राधा-माधव का अद्वैत है और यही सूर की सर्वोच्च आध्यात्मिक दार्शनिक साधना की उपलब्धि है।

भ्रमरगीत का मनोवैज्ञानिक पक्ष मानव-मानस के अंतस्तल की गतिविधि का द्योतक है। मन और बुद्धि का द्वंद्व शाश्वत है। मन और बुद्धि, अनुभूति और बोध का द्वंद्व व्यक्ति की चेतना को तनाव की स्थिति में डाल देता है। सूरदास ने मन और बुद्धि के द्वंद्व में मन को, भावना को या अनुभूति को ही विशेष महत्त्व दिया है, जिससे जीवन सृजनशील बनता है। कोरा बुद्धिवाद मानव के लिए घातक है। भ्रमरगीत की दूसरी विशेषता है सहज नैसर्गिक प्रवृत्तिमूलक जीवन की स्वीकृति और निषेधों से संचालित निवृत्तिमूलक जीवन की अस्वीकृति। तीसरी विशेषता है नारी के मन में पुरुष के लिए सर्वात्म समर्पण का भाव। चौथी विशेषता है प्रेम का सहज चरम विकास। भ्रमरगीत की पांचवीं विशेषता है, मानवीय मनोरागों का उदात्तीकरण और कृष्णार्पण।

सूरदास के भ्रमरगीत का महत्त्वपूर्ण पक्ष उसका साहित्यिक पक्ष है, जिसमें

गोपियों का विरह-निवेदन प्रधान है। उद्धव से कृष्ण की चिट्ठी पाकर गोपियों को कृष्ण से मिलन का सुख मिला। गोपियों के नयनों से प्रेमाश्रु प्रवाहित हुए, उससे कृष्ण की पाती और कृष्ण एक हो गए, सारी रसमयी संयोगलीला की स्मृति मानस पटल पर उभर आई :

निरखति अंक स्याम सुंदर के बार बार लावति लै छाती।
लोचन जल कागद मसि मिलि कै, ह्वै गइ स्याम स्याम की पाती।
(4106)

गोपियों ने मधुकर के सहारे कृष्ण के प्रेम की प्रकृति पर व्यंग्य किया, उनकी रसलोलुप मनोवृत्ति की शिकायत की :

मधुकर काके मीत भए।
त्यागे फिरत सकल कुसुमावलि, मालति भुरे लए।
छिनु के बिछुरे कमल रति मानी, केतिक कत बिंधए। (4125)

गोपियों ने मथुरा के लोगों के स्वभाव को पहचाना है। मथुरा के जिन लोगों से गोपियों का संपर्क हुआ, सभी स्वार्थी, छली और रसलोभी निकले। वे मृदुभाषी क्रूरकर्मा और कृतघ्न हैं तथा धर्मात्मा बनने का ढोंग करते हैं :

मधुबन सब कृतज्ञ धरमीले।
अति उदार परहित डोलत हैं, बोलत बचन सुसीले। (4213)

गोपियों का प्रेम अटल है, अटूट है; वे प्रेम में आत्मबलिदान कर सकती हैं, लेकिन प्रेम को छोड़ नहीं सकतीं :

(ऊधौ) प्रेम गए प्रान रहै, कौन काज आवै।
जैसे ससि निसा गऐं, सोभा नहि पावै।
... ...
जिन नैननि मोहन मुख, कमल नैन हेरो।
मूंदौ ते नैन कहत, कौन, ज्ञान तेरो। (4217)

विरह में अतीत की सुखद स्मृति और भविष्य की आशा के सहारे ही विरहियों का जीवन कायम रहता है। महाकवि कालिदास का भी यही मत है :

आशावन्धः कुसुमसदृशं प्रायशो ह्यंगनानां।
सद्यः पाति प्रणयि हृदयं विप्रयोगे रुणद्धि ।।
पूर्वमेघ। 9।

गोपियों का जीवन भी संयोगलीला की स्मृति और कृष्ण के आगमन की आशा के सहारे ही कायम है :

बिसरति क्यों गिरिधर की बातें।
अवधि आस लगि रह्यौ, मधुप, मन, तजि न गयौ घट तातैं।

हरि के विरह छीन भई ऊधो, दोऊ दुख परे संघाते।
तन रिपु काम, चित्त रिपु लीला, ज्ञान गम्य नहिं तातैं। (4298)

गोपियों का कृष्ण पर क्रोध प्रेममय क्रोध है। गोपियों की उदासीनता, क्षोभ, विरक्ति और व्याकुलता में प्रेम ही अंतर्निहित है। गोपियों का मन सदा प्रिय की हिताकांक्षा में लीन है :

सूर सु प्रभु मुख फेरि देखिहैं चिर जिवौ कान्ह हमारी।

यह है गोपियों का औदार्य और त्यागमय प्रेम का स्वरूप। कृष्ण और गोपियों का प्रेम चातक और स्वाति बूंद, मीन और जल, मृग और नाद, चकोर और शशि, पतंग और दीपक की भांति एकांतिक एकोन्मुख और दृढ़ है। कृष्ण गोपियों के लिए हारिल की लकड़ी है।

हमारे हरि हारिल की लकरी।
मनक्रम वचन नंद नंदन उर, यह दृढ़ करि पकरी।
जागत सोवत स्वप्न दिवस निसि, कान्ह कान्ह जकरी। (4607)

गोपियों के बहुत अनुनय-विनय और समझाने पर भी उद्धव जब प्रेम की महिमा न समझ सके तो गोपियां खीझ उठीं। उनकी खीझ, झुंझलाहट और झल्लाहट आदि का सहज चित्रण सूर ने किया है (पद सं. 4494-96)। गोपियों का मन पुनः एक क्षण में ही शांत हो जाता है। गोपियां बहुत ही सरल ढंग से उद्धव की ज्ञानचर्चा को हास्यास्पद सिद्ध कर देती हैं :

मधुकर भली करी तुम आए।
वै बातें कहि-कहि या दुख में, ब्रज के लोग हंसाए।
मोर मुकुट मुरली पीतांबर, पठवहु सौंज हमारी।
आपनु जटा जूट, मुद्रा धरि, लीजै भस्म अधारी।
... ...
वे प्रभु बड़े सखा तुम उनके जिनकै सुगम अनीति।
या जमुना जल कौ सभाव यह, सूर बिरह की प्रीति। (4505)

उद्धव प्रिय के पास से आए थे इसलिए गोपियां यह जानना चाहती हैं कि क्या कृष्ण ब्रजलीला की याद करते हैं? क्या उनको ब्रज की रसमयी लीलाओं की स्मृति व्याकुल करती हैं? गोपियों का विश्वास है, और यह सभी प्रेमियों का विश्वास है कि अगर प्रिय उनकी स्मृति में व्याकुल होता है तो प्रेम सफल है, स्थायी है। उद्धव ज्ञान की निरर्थक चर्चा और उपदेश में ही व्यस्त हैं, उनमें प्रेम विकल मन की गति पहचानने की प्रवृत्ति ही नहीं है। गोपियों का भाव-विह्वल मन कभी-कभी उद्धव की संपूर्ण ज्ञान-चर्चा को अनसुनी करके प्रिय की स्मृति डूब जाता है, आत्मविभोर हो जाता है। गोपियां तो अब विरह से ही प्रेम करने लगी हैं और चिर विरह में मन की यही दशा होती है :

ऊधो बिरहौ प्रेम करै ।
ज्यों बिनु पुट पट गहत न रंग को रंग न नसै परै ।
... ...
सूर गुपाल प्रेम पथ चलि करि, क्यों दुख सुखनि डरै । (4605)

प्रेमविभोर मन कभी किसी बाहरी मर्यादा या अनुशासन का कायल नहीं होता । प्रेम तो मन मानने की बात है, उसमें तर्क की कोई गुंजाइश नहीं होती । जिसका मन जहां लगे वहीं उसको अच्छा लगता है । गोपियों का मन कृष्ण में आसक्त है, इसलिए गोपियों के मन पर किसी ज्ञान-चर्चा का प्रभाव नहीं पड़ सकता । सूर की गोपियां अपने प्रेम की दृढ़ता और मन की सहज गति को महत्त्वपूर्ण मानती हैं ।

ऊधौ मन माने की बात ।
दाख छुहारा छाड़ि अमृत फल, विषकीरा विष खात ।
ज्यों चकोर कौ देई कपूर कोऊ, तजि अंगार न अघात ।
सूरदास जाकौ मन जासौं, सोई ताहि सुहात । (4640)

यही मनःस्थिति पार्वती की भी है :

ममात्र भावैकरसं मनः स्थितं न कामवृत्तिर्वचनीयमीक्षते ।
—कुमारसंभवम्, 5 । 82

कृष्ण और गोपियों के प्रेम का सबसे महत्त्वपूर्ण तत्त्व है 'लरिकाई का प्रेम', बचपन की प्रीति; जो साहचर्य, सहयोग और सहजीवन से क्रमशः विकसित और सुदृढ़ है । गोपियों के मानसपटल पर कृष्ण की संपूर्ण लीला गहरे रंगों में चित्रित है, इसलिए इस प्रेम के धूमिल पड़ने की कोई संभावना नहीं है । गोपियों को कृष्ण की उदासीनता से अधिक दुःख है । भ्रमरगीत में विरह की सभी रीति-शास्त्रोक्त दशाओं का वर्णन है । उसमें गोपियों के मानसिक द्वंद्व, वेदना, उद्वेग और दैन्य की विवृति है ।

भ्रमरगीत का सर्वाधिक महत्त्वपूर्ण तत्त्व है राधा की कमनीय प्रेममूर्ति । उद्धव के ब्रज आने की सूचना पर एक बार राधा का प्रेमविभोर मन और विरह संतप्त तन दिखाई पड़ता है, किंतु उद्धव-गोपी-संवाद में राधा पूर्णतः मौन हैं । कृष्ण के ब्रज में रहने पर जो राधा प्रेम में, हर्ष-उल्लास आदि में अत्यंत मुखर और चंचल थीं, वही अब वियोग में शांत, गंभीर और अचंचल हैं । उद्धव-गोपी-संवाद में राधा के मौन का यह अर्थ नहीं है कि राधा उसमें अनुपस्थित हैं । सच्चाई यह है कि गोपियों का संपूर्ण पक्ष राधा का पक्ष है । गोपियों का विरह राधा के विरह का विस्तार ही है । राधा और गोपियों के संबंध के बारे में सूरदास का मत है कि 'सोरह सहस पीर तनु एकै, राधा जीव सब देह' । गोपियों की वाणी में राधा की आत्मा बोलती है । गोपियों ने उद्धव को विरहिणी राधा

का जो चित्र दिया, वह उद्धव की आत्मा में बैठ गया (पद सं० 4692)। उद्धव ने वही चित्र मथुरा लौटकर कृष्ण के सम्मुख प्रस्तुत किया, जिसके मानस प्रत्यक्ष से कृष्ण का हृदय व्याकुल हो गया। राधा की विरह में जो मानसिक दशा है वह प्रेम, भक्ति और आध्यात्मिक अनुभूति की सर्वोच्च अवस्था कही जा सकती है :

सुनहु स्याम यह बात और कोउ क्यों समुझाई कहै।
दुहुं दिसि कौ अति विरह विरहिनी, कैसे कै जु सहै।
जब राधा तबहीं मुख माधौ, माधौ रटत रहे।
जब माधौ ह्वै, जात सकल तन राधा बिरह दहै।
उभे अग्र दव दारु कीट ज्यों सीतलताहि चहै।
सूरदास अति विकल विरहिनी, कैसेहूं सुख न लहै। (4724)

कृष्ण के विरह में राधा कृष्ण ही बन गई हैं। राधा का अस्तित्व, उनकी आत्मा कृष्णमय है। उनकी तन्मयता, तद्रूपता प्रेमानुभूति की सिद्धावस्था है। ब्रज में संयोगलीला में राधा-कृष्ण का सालोक्य और सामीप्य था और अब विरह में सारुप्य और सायुज्य की अवस्था है। यह प्रेम का भक्ति में पर्यवसान है। यह चिरंतन नारीत्व और चिरंतन पुरुषत्व का पूर्ण एकात्म्य है; मन, बुद्धि और आत्मा का पूर्ण एकीकरण है। विद्यापति की राधा भी कृष्ण के विरह में तादात्म्य और एकात्म्य की इसी अवस्था में दिखाई पड़ती हैं :

अनुखन माधव माधव सुमरइत, सुन्दरि मेल मधाई।
ओ निज भाव सुभावहि विसरल, अपने गुन लुबुधाई।
अपने विरह अपन तनु जरजर, जिवइत भेलि संदेह।
भोरहिं सहचरि कातर दिठि हेरि, छल छल लोचन पानि।
अनुखन राधा राधा रटइत, आधा आधा बानि।
राधा सयँ जब पुनतहि माधव, माधव सैं जब राधा।
दारुन प्रेम तबहि नहिं टूटत, बाढ़त विरहक बाधा।
दुहुदिस दारु दहन जैसे दगधई, आकुल कीट परान।[36]

यह ज्ञान की सर्वोच्च अवस्था है जिसमें ज्ञाता और ज्ञेय एक हो जाते हैं। यह भक्ति की चरम दशा है जहां भक्त और भगवान का भेद मिट जाता है। यही प्रेम की अनुभूति की उच्चतम दशा है जहां प्रेमी और प्रेमिका के व्यक्तित्व और अस्तित्व का पार्थक्य समाप्त हो जाता है। दुनिया के महान साहित्यकारों की रचनाओं में प्रेम की अनुभूति की इस दशा की बार-बार व्यंजना हुई है। 'वूदरिंग

हाइट्स' उपन्यास की कैथरिन की भी यही मनोदशा है ।०

यह प्रेम में प्रिय और प्रिया की आत्माओं का एकात्म्य है । यह सहअस्तित्व एवं संयोग शाश्वत है, जहां वियोग असंभव है । राधा की यह विरह दशा आत्मा की पूर्ण चैतन्यावस्था है, जो सूर की काव्यानुभूति बनकर और विशिष्ट अभिव्यक्ति के सौंदर्य से समन्वित होकर सहृदय पाठकों की आत्मा की निधि बन गई है ।

सूरदास की भावानुभूति की सबसे बड़ी विशेषता है संपूर्ण काव्य में भाव ऐक्य । सूरसागर में संवेदना के उपादानों को इस कौशल से सुसज्जित और नियोजित किया गया है कि इसमें प्रत्येक पद की प्रत्येक पंक्ति से एक ही भाव प्रकट होता है और वह भाव है प्रेम । सूर के काव्य में प्रेम और भक्ति में कोई भेद नहीं है । शेष सभी भाव इसी का अनुगमन करते हुए काव्य में एकता का निर्माण करते हैं । मानवमन के सभी भावों को प्रेम का अनुगामी बनाने में सूरदास की प्रतिभा सफल है। भावसागर सूरसागर का अमृततत्त्व प्रेम है। सूरदास के मानवतावादी दृष्टिकोण का नियामक भी प्रेम ही है। मानवजीवन में प्रेम की सत्ता और महत्ता का ऐसा गायक हिन्दी साहित्य में दूसरा कोई नहीं है ।

०My love for Heathcliff resembles the eternal rocks beneath : a source of little visible delight, but necessary. Nelly, 'I am Heathcliff" ? He's always, always in my mind : not as a pleasure, any more than I am alwasys a pleasure to myself, but as my own being. So don't talk of our separation again : it is impracticable.

Emily Bronte, Wuthering Heights(New York, 1964), pp. 97-98.

संदर्भ

1. रामचंद्र शुक्ल, 'सूरदास', (वाराणसी, 1961) पृ. 137-38
2. हैवलाक एलिस, 'साइकॉलोजी ऑफ सेक्स', (लंदन', 1936), पृ. 278
3. बर्ट्रेंड रसेल, 'व्हाई आई ऐम नाट ए क्रिश्चियन', (लंदन, 1967), पृ. 52
4. रामचंद्र शुक्ल, पूर्वोद्धृत, पृ. 130
5. बर्ट्रेंड रसेल, पूर्वोद्धृत, पृ. 51
6. महापंडित राहुल सांकृत्यायन, 'दर्शन दिग्दर्शन', (इलाहाबाद, 1961), पृ. 348
7. हैवलाक एलिस, पूर्वोद्धृत, पृ. 281
8. वही, पृ. 279
9. रवींद्रनाथ टैगोर, 'साधना', (लंदन, 1917), पृ. 107
10. रामचंद्र शुक्ल, पूर्वोद्धृत, पृ. 219
11. हैवलाक एसिल, पूर्वोद्धृत, पृ. 275
12. रवींद्रनाथ टैगोर, पूर्वोद्धृत, पृ. 106
13. सीमन दी बुये, 'दि सेकेंड सेक्स', (बेंटम बुक्स, 1964), पृ. 630
14. हजारीप्रसाद द्विवेदी, 'सूर साहित्य', पृ. 36
15. रामचंद्र शुक्ल, पूर्वोद्धृत, पृ. 31
16. हजारीप्रसाद द्विवेदी, 'हिंदी साहित्य की भूमिका', (बंबई, 1963), पृ. 81
17. रामचंद्र शुक्ल, 'चिंतामणी', भाग 2, (वाराणसी, संवत 2019), पृ. 63
18. भवभूति, 'उत्तरामचरित्म,' (बनारस, 1963) पृ. 255
19. सीताराम चतुर्वेदी, 'कालिदास ग्रंथावली', पृ. 136
20. सूर्यनारायण चौधरी (सं.), 'अश्वघोष कृत बूद्धचरित्', (संस्कृत भवन, कठोतिया, 1955), पृ. 8
21. जयशंकर प्रसाद, 'काव्य और कला तथा अन्य निबंध', (इलाहाबाद, संवत् 2015), पृ. 44
22. वही, पृ. 44
23. वही, पृ. 18
24. निर्मला सक्सेना, 'सूरसागर शब्दावली' (इलाहाबाद, 1962), पृ. 209
25. रामचंद्र शुक्ल, 'सूरदास', पृ. 169
26. रामचंद्र शुक्ल, 'चिंतामणि', भाग 2, पृ. 5
27. रामचंद्र शुक्ल, 'सूरदास', पृ. 136
28. कृष्णदेव शर्मा (सं.) 'विद्यापति और उनकी पदावली', पृ. 95
29. रामचंद्र शुक्ल, 'सूरदास', पृ. 168
30. सूरसागर, पद संख्या 3957

31. रघुनंदनप्रसाद (अनुवादक), 'श्रीमद्भागवत : हिंदी पद्यात्मक', पृ. 391-92
32. सत्येंद्र, 'सूर की झांकी', (आगरा, 1956), पृ. 228
33. विद्यापति और उनकी पदावली, पृ. 302
34. वही, पृ. 313
35. सियाराम तिवारी, 'सनेहलीला के रचयिता', परिषद पत्रिका, वर्ष 3, अंक 3, पृ. 84-85
36. विद्यापति और उनकी पदावली, पृ. 242-43

सूरदास की भक्तिभावना

भक्ति का विकास

मनुष्य का जीवन ज्ञान, इच्छा और क्रिया इन तीन शक्तियों का समुच्चय है ! भावना ही ज्ञान और कर्म के बीच संधि एवं सामंजस्य की शक्ति है। जीवन के धर्म और धार्मिक जीवन में सहज समन्विति काम्य है। भारतीय धर्मसाधना के तीन अंग हैं : ज्ञान, कर्म और उपासना। ज्ञान, कर्म और उपासना में ज्ञान, क्रिया और भावना की स्वीकृति है। उपासना में भावना ही मूल तत्त्व है और भावना की उदात्त अवस्था भक्ति है। विवेकानंद ने मानव के अंतर्जगत को तीन भागों में बांटा है : (क) प्रवृत्ति, (ख) विवेक और (ग) प्रेरणा[1]। विवेकानंद ने प्रकारांतर से इच्छा, ज्ञान और भावना की महत्ता को ही स्वीकार किया है। उनकी प्रेरणा भावना का उत्कर्षित रूप है। मनुष्य के अंतर्जगत के विधायक तत्त्व प्राण, मन, बुद्धि, चेतना और आत्मा सतत विकासशील हैं। संपूर्ण मानवचेतना क्रमशः विकसित होती हुई वर्तमान अवस्था में पहुंची है। यह संभव है कि किसी विशेष युग में प्राण, मन, बुद्धि, चेतना और आत्मा में से कोई एक तत्त्व प्रबल होकर शेष को आवृत कर ले, लेकिन समग्रतः मानवचेतना का सतत विकास ही होता है। बुद्धि और भावना, देह और आत्मा का द्वैत और द्वंद्व शाश्वत है। विवेकवादी या बुद्धिवादी युग के अंतराल से ही आनंदवादी या आत्मवादी युग का प्रादुर्भाव होता है और अतिशय आनंदवादी या आत्मवादी युग ही विवेकवादी या देहवादी युग का जनक बन जाता है।

प्रत्येक प्राचीन सभ्यता में धर्मभावना का उदय भय, लोभ और कृतज्ञता से हुआ है और हिंसा, कर्म तथा बाह्याचरण की प्रधानता रही है। मानवचेतना के विकास के साथ ही धर्म का स्थूल रूप, उसका बाह्याचरण का पक्ष घटता है और धर्मभावना लोक की वस्तु बन जाती है। धर्म जब मनुष्य के शील का अनिवार्य अंग बन जाता है तभी उसका वास्तविक रूप प्रकट होता है। आदिमकालीन मनुष्य प्रकृति के साक्षात संपर्क में रहकर प्रकृति के रौद्र एवं कोमल रूपों का अनुभव करता था जिससे विस्मय, भय और आनंद की अनुभूति होती थी।

उसकी इन्हीं भावनाओं की अभिव्यक्ति उसके प्रारंभिक साहित्य में हुई है। मानव की धर्मभावना और साधना में भक्ति का विशेष महत्त्व इसलिए है कि इसने धर्म को बुद्धि से अधिक अनुभूति का, शास्त्र से अधिक जीवन का धर्म बनाकर उसे लोकाभिमुख किया और भय, लोभ और कृतज्ञता के बदले प्रेम को धर्म का आधार बनाया। भक्ति में आस्था और आशा प्रेम के दो सहयोगी तत्त्व हैं। भक्ति मनुष्य की सहज रागात्मिका वृत्ति पर आधारित है इसलिए वह हृदय का धर्म है और धर्म का हृदय भी। मानवीय मूल मनोरागों पर आधारित इस भक्ति के विकास के इतिहास में मूलबिंदु या प्रस्थानबिंदु का अन्वेषण असंभव है क्योंकि यह मनुष्य की सहज नैसर्गिक प्रवृत्ति का अंग है। इसलिए भक्तिभावना का मानवजीवन में अस्तित्व मानव के अस्तित्व के समान ही प्राचीन है, उसका शास्त्रीय स्वरूप बाद में निर्मित हुआ है। भक्ति का आंदोलन और बाद में चला। लगभग बारहवीं सदी से सोलहवीं सदी तक व्याप्त भक्ति आंदोलन जनसंस्कृति के उत्थान का अखिल भारतीय आंदोलन था।

भारतीय धर्मसाधना में भक्ति का प्रस्थानबिंदु वेदों में ढूंढ़ निकालने का प्रयास अनेक विद्वानों ने किया है। आचार्य रामचंद्र शुक्ल[2], नंददुलारे वाजपेयी[3] आदि ने भक्ति का मूल वेदों में माना है। मुंशीराम शर्मा ने वैदिक साहित्य में भक्ति के स्वरूप का अन्वेषण किया है। उन्होंने वेदों में गुणकीर्तन, नामस्मरण, दास्य, सख्य, आत्मनिवेदन आदि भक्ति के अंगों को खोज निकाला है और भक्त तथा भगवान के स्वरूप और संबंध का भी निरूपण किया है[4]। अनेक विद्वानों ने वेद को भक्ति का आदि स्रोत मानने से इनकार किया है। वेद वास्तव में सहज नैसर्गिक जीवन के काव्य हैं, उसमें आए देवता व्यक्ति न होकर गुणवाचक संज्ञा या विशेषण ही हैं, इसलिए वेदों में नवधा भक्ति का अन्वेषण केवल आरोपण ही है। वेदों में जहां सहज जीवन की अव्याहत अभिव्यक्ति है उसमें भक्ति के मूल तत्त्वों की स्थिति संभव है, लेकिन वहां भक्ति का शास्त्रीय स्वरूप उपलब्ध नहीं है। वेदों में ज्ञान, कर्म और उपासना के मूल रूप की स्थिति संभव है, परंतु उनका विस्तृत और विशिष्ट स्वरूप बाद में विकसित हुआ। ब्राह्मण ग्रंथों में कर्मकांड की प्रधानता है और उपनिषदों में ज्ञान की।

उपनिषदों में ज्ञान का तत्त्व प्रधान है। उनमें ब्रह्म की मूर्त और अमूर्त रूपों की धारणाएं विद्यमान हैं। उपनिषदों में ब्रह्म कवि भी है और मनीषी भी, उसमें अनुभूति है और चिंतन भी, हृदय की रागात्मिका वृत्ति भी है और बुद्धि की बोध वृत्ति भी। अनुभूतिपरक चिंतन ही भक्ति का प्रारंभिक रूप है। तैत्तिरीय उपनिषद में ब्रह्म को अन्नमय, प्राणमय, मनोमय, विज्ञानमय और आनंदमय कहा गया है। श्वेताश्वतर उपनिषद में ब्रह्म का चक्र और नदी के रूप में वर्णन किया गया है। वृहदारण्यक में ब्रह्म के दो रूप हैं—मूर्त (साकार) और अमूर्त (निराकार)।

अनेक उपनिषदों में रहस्यमयी भाषा में प्रतीकों के सहारे ब्रह्म का स्वरूप निरूपित है। श्वेताश्वर उपनिषद में ब्रह्म की सर्वव्यापकता को स्वीकार करते हुए जीव, ईश्वर और प्रकृति का त्रैतवाद स्थापित हुआ है। इस उपनिषद में भक्ति तत्त्व विद्यमान हैं। इसमें परमेश्वर में पराभक्ति और गुरु में भी परमभक्ति का निर्देश है :

> यस्य देवे पराभक्तिर्यथा देवे तथा गुरौ।
> तस्यैते कथिता ह्यर्थाः प्रकाशन्ते महात्मनः। 6 । 23 ।

मध्यकाल में प्रचलित 'भक्तिभक्त भगवन्त गुरु' का मूल रूप इसमें व्यक्त हुआ है। ज्ञान के लिए श्रद्धा की अनिवार्यता भी उपनिषदों में वर्णित है। परम चैतन्य को केवल बुद्धि के सहारे उपलब्ध करना असंभव है। परम चैतन्य केवल श्रद्धा के सहारे ही प्राप्य, और ज्ञातव्य है। इस प्रकार उपनिषदों में ज्ञानमार्ग ही प्रधान है। उसके दो रूप हैं : निवृत्तिपरक ज्ञानमार्ग और कर्मपरक ज्ञानमार्ग[5]। उपनिषदों के श्रद्धासमन्वित ज्ञान को ही भक्ति का प्रस्थानबिंदु माना जा सकता है।

बहुत से विद्वानों का ऐसा मानना है कि गीता भारतीय दर्शन का विश्वकोश है, उसमें पूर्ववर्ती संपूर्ण चिंतन का सार विद्यमान है। वैदिक साहित्य में ज्ञान, कर्म और उपासना का जो स्वरूपनिरूपण और तात्त्विक व्याख्यान है, उसकी सूक्ष्म मीमांसा गीता में हुई है। ब्रह्म के मूर्त-अमूर्त, साकार-निराकार, सगुण-निर्गुण रूपों का भेदाभेद निरूपित हुआ है। उपनिषदों के श्रद्धासमन्वित ज्ञान का भक्ति में पर्यवसान गीता में दिखाई पड़ता है। भक्ति के भावात्मक और विचारधारात्मक स्वरूप का विवेचन गीता में है। ज्ञान और कर्म को गीता में भक्ति का पूरक तत्त्व माना गया है। ज्ञान में एकाग्रता से समग्रताबोध की मनःस्थिति की उपलब्धि के माध्यम से ज्ञान का भक्ति में पर्यवसान दिखाया गया है। भक्ति का मूलतत्त्व समर्पण गीता की भक्ति का केंद्रीय तत्त्व है और श्रद्धा भक्ति का साधन है। संपूर्ण भावनाओं और कर्मों का श्रद्धापूर्वक भगवत समर्पण ही भक्ति है। मनुष्य की कर्मों में आसक्ति और ज्ञान का अहंकार ही उसके दुःख का कारण है। अनासक्त कर्म तथा परम चैतन्य के प्रति श्रद्धासमन्वित ज्ञान ही परमानंद की उपलब्धि का साधन है। व्यक्ति के सत् और चित् अर्थात ज्ञान और कर्म के सच्चिदानंद में विसर्जन से ही केवल आनंद तत्त्व व्यापक होकर भक्त की संपूर्ण चेतना को आच्छादित कर लेता है और यही भक्ति का स्वरूप है। गीता के सप्तम अध्याय में दो प्रकार की भक्ति की चर्चा है[6] : (1) सकाम भक्ति और (2) निष्काम भक्ति। निष्काम भक्ति के दो रूप हैं : अंश भक्ति और पूर्ण भक्ति। अंश निष्काम भक्त के तीन भेद हैं : आर्त, जिज्ञासु और अर्थार्थी। विनोबा भावे के अनुसार आर्त याने रोगपीड़ित और रोगमुक्ति चाहने वाला नहीं, आर्त

याने भावप्रधान भक्त। जिज्ञासु याने केवल स्थूल उत्सुकता (क्यूरियासिटी) रखने वाला नहीं बल्कि बुद्धि से ईश्वरतत्त्व को जानने की कोशिश करने वाला। अर्थार्थी अर्थात पैसा चाहने वाला नहीं बल्कि सर्वभूत हितार्थी कर्मप्रधान।[7] भावप्रधान भक्त प्रेमी भक्त है, जिज्ञासु भक्त अन्वेषक और अर्थार्थी भक्त लोकोपकारी है। ज्ञानी भक्त ही पूर्ण भक्त है, क्योंकि ज्ञानी भक्त निरंतर भगवान के सर्वात्म्य स्वरूप के बोध और अनुभूति में एकांत भाव से लीन रहता है।

गीता के छठे अध्याय से ग्यारहवें अध्याय तक मुख्यतः भक्ति दर्शन का प्रतिपादन है। छठे अध्याय में चित्त की एकाग्रता, सातवें में ईश्वरोन्मुख चित्त की एकाग्रता, जो प्रपत्ति है, आठवें अध्याय में प्रपत्ति का सातत्य, नवें अध्याय में समर्पण, दसवें अध्याय में ईश्वर के सर्वात्म स्वरूप के बोध, अनुभव तथा आत्म-साक्षात्कार और ग्यारहवें अध्याय में समग्रता या सार्वभौम चेतना की चिंता है। इसके बीच में ही ब्रह्म के सगुण और निर्गुण स्वरूप के पारस्परिक पार्थक्य और पूरकता का विवेचन है। निर्गुण सगुण का अंतर्निहित सिद्धांतरूप है और सगुण निर्गुण का अभिव्यक्त सत्तात्मक रूप। गीता में ज्ञानसमन्वित भक्ति का प्रतिपादन है। गीता में भक्ति के सभी अनिवार्य उपादान उपलब्ध हैं—ब्रह्म का निर्गुण-सगुण स्वरूप, मन की श्रद्धावृत्ति, प्रपत्ति, संपूर्ण भावों और कर्मों का कृष्णार्पण, आत्मनिवेदन, कीर्तन, नामस्मरण और पूजा। इस प्रकार गीता को भक्ति का आधारग्रंथ माना जा सकता है।

महाभारत के नारायणीय उपाख्यान, नारदपांचरात्र साहित्य, संहिताओं आदि के सहारे विकसित होने वाले भागवत धर्म, पांचरात्र धर्म, ऐकांतिक, नारायण, वासुदेव वैष्णव धर्म का आधारभूत तत्त्व प्रेम है। यह लोकाभिमुख धर्म है। अवतारवाद, व्यूहवाद तथा शिवशक्तिवाद का इसमें समावेश है। इस लोका-भिमुख प्रेममूलक रसमय धर्म के कारण ही सूत्रों तथा पुराणों में व्याख्यायित भक्ति का स्वरूप लोकसामान्य, प्रेममूलक तथा रसमय दिखाई पड़ता है। यह भागवत धर्म, शास्त्र से अधिक जीवन को महत्त्व देता है तथा लोकसंग्रह और लोककल्याण परक प्रवृत्ति-मार्ग का पोषक है। भागवत धर्म से विकसित होने वाली कृष्णभक्ति प्रेममूलक है और इसमें जीवन की पूर्णता को स्वीकार किया गया है। इसमें बुद्धि के निर्द्वंद्व बोध और हृदय के भावात्मक एकात्म्य के सहारे ही भगवान की रसमय प्रतीति की जाती है। भक्तिमार्ग प्रेममार्ग है। शांडिल्य भक्तिसूत्र के अनुसार ईश्वर के प्रति परम अनुरक्ति ही भक्ति है : सा परानुरक्तिरीश्वरे।[8] नारद-भक्तिसूत्र के अनुसार भक्ति परमप्रेमरूपा है : सा त्वस्मिन् परमप्रेमरूपा।[9] भगवान में अहैतुकी एकनिष्ठ सतत सुदृढ़ परम अनुरक्ति ही भक्ति है। यह प्रेम-रूपा भक्ति ही परा भक्ति है। शांडिल्य भक्तिसूत्र के अनुसार भक्ति ईश्वर में

परा अनुरक्ति है, वह अमृतरूपा, ज्ञानस्वरूपा और रसरूपा है। ज्ञान भक्ति का साधन है। भक्ति अनुभूति है। योग ज्ञान का साधन है और ज्ञान भक्ति का। चूंकि ईश्वरविषयक राग ही भक्ति है और वह संसारविषयक राग से पूर्णतः भिन्न है, इसलिए भक्ति में राग का चिन्मुख रूप ग्राह्य है। शांडिल्य भक्तिसूत्र में भक्ति-साधना के लिए विधि और निषेधों का उपदेश है। विधिमूलक कार्य हैं: (1) ईश्वर के प्रति सम्मान का भाव, (2) भगवत्सदृश नाम एवं रूप के प्रति समादर, (3) संत और भक्तदर्शन में प्रीति, (4) परम विरहानुभूति, (5) भगवतस्मरण, गुण-कीर्तन, (6) पूर्ण आत्मसमर्पण और (7) भगवान के सर्वात्मस्वरूप का बोध। भक्ति में भगवान से भिन्न वस्तुओं से सहज अरुचि ही निषेध पक्ष हैं। शांडिल्य भक्तिसूत्र के अनुसार अवतार का मुख्य कारण भक्तों के प्रति भगवतकृपा है, भगवत्कारुण्य है; और यही मध्यकाल के भक्तों का सामान्य विश्वास है। इस भक्तिसूत्र के अनुसार भजन, कीर्तन आदि गौणीभक्ति के साधन हैं। इसके अनुसार ज्ञानभक्ति एकांत भाव की भक्ति या प्रेमभक्ति ही पराभक्ति है। भक्ति में मानव मात्र को बिना किसी भेदभाव के ग्रहण किया जाता है, इसलिए भक्ति को मानवतावादी धर्म भी कहा जा सकता है।

नारदभक्तिसूत्र के अनुसार भक्ति प्रेमरूपा और अमृतस्वरूपा है। उस भक्ति को पाकर भक्त मत्त, स्तब्ध और आत्माराम हो जाता है। भक्ति के लिए वैदिक और लौकिक सभी कर्मों का त्याग आवश्यक है, क्योंकि भक्ति में भगवान के प्रति अनन्यता और वैदिक तथा लौकिक कर्मों के प्रति उदासीनता प्रधान है। नारद ने भक्ति संबंधी अनेक प्राचीन मतों का उल्लेख किया है और उन सभी मतों के अनुसार भक्ति के मूल में अनुराग तत्त्व विद्यमान है। नारद के अनुसार सब कर्मों को भगवान को अर्पित करना तथा भगवान के विस्मरण से परम व्याकुल होना ही भक्ति है। नारद के अनुसार संपूर्ण आत्मसमर्पण और परमव्याकुलता भक्ति के लक्षण हैं। गोपियों की कृष्ण में परम अनुरक्ति ही भक्ति का श्रेष्ठ आदर्श है। नारद ने शांडिल्य की भांति भक्ति को कर्म ज्ञान और योग से श्रेष्ठ माना है। नारद की भक्ति-व्याख्या के अनुसार भक्ति के साधक तत्त्वों में प्रमुख हैं: (1) विषय त्याग, (2) सत्संग या भगवद्‌विमुख का संग त्याग, (3) अखंड भजन, (4) गुण श्रवण, (5) कीर्तन और (6) भक्तों की कृपा और भगवत्कृपा। इसके अतिरिक्त नारदभक्तिसूत्र में अनेक प्रकार के विधि-निषेधों का वर्णन है। नारद ने प्रेम के स्वरूप की व्याख्या करते हुए लिखा है कि प्रेम गुणरहित, कामनारहित, प्रतिक्षण वर्धमान, अविच्छिन्न, सूक्ष्म से सूक्ष्मतर और अनुभव-रूप है। इस प्रेम की अनुभूति से भक्त प्रेममय हो जाता है। यह प्रेम भगवत्प्रेम है। शांडिल्य और नारद दोनों आचार्यों ने आर्त, जिज्ञासु और अर्थार्थी को गौणीभक्ति माना है और ज्ञान भक्ति को पराभक्ति। नारद के अनुसार भक्ति प्रमाणनिरपेक्ष, शांतिरूपा

और परम आनंदमयी है। नारद ने दास्य भाव और कांता भाव को ही प्रधान भक्तिभाव माना है। इन दोनों भक्ति-भावों में तन्मयता आवश्यक है। नारद ने भक्ति में ग्यारह प्रकार की भगवदीय आसक्तियों की चर्चा की है। ये ग्यारह आसक्तियां है : (1) गुणमहात्म्यासक्ति, (2) रूपासक्ति, (3) पूजासक्ति, (4) स्मरणासक्ति, (5) दास्यासक्ति, (6) सख्यासक्ति, (7) कांतासक्ति (8) वात्सल्यासक्ति, (9) आत्मनिवेदनासक्ति, (10) तन्मयासक्ति, और (11) परम-विरहासक्ति।[10] इन आसक्तियों के माध्यम से नारद ने शांत, दास्य, सख्य, वात्सल्य, और माधुर्य भावों को भक्ति के आधारभूत भावों के रूप में स्वीकार किया है।

श्रीमद्भागवत पुराण में भक्ति के सैद्धांतिक और व्यावहारिक स्वरूप का निरूपण है। भागवत के अनुसार परमेश्वर के तीन रूप हैं : ब्रह्म, परमात्मा और भगवान। ब्रह्म ज्ञान का विषय है, परमात्मा योग का विषय है और कर्म इसका साधन है। भगवान भक्ति के विषय हैं, अनुभूति के विषय हैं, भक्तों के प्रेम के आलंबन हैं। ज्ञानी और योगी ब्रह्म एवं परमात्मा के रूप में उस परम चैतन्य तत्त्व के अंश का अनुभव तथा बोध प्राप्त करते हैं, परंतु भक्त सर्वशक्ति विशिष्ट परिपूर्ण भगवान के पूर्ण स्वरूप की अनुभूति करता है। इस प्रकार भागवतकार ने ज्ञान और योग को भक्ति का पूरक और साधन ही माना है।

श्रीमद्भागवत में जीवों की प्रकृति के अनुसार सात्विकी, राजसी, तामसी और निर्गुण—चार प्रकार की भक्ति बताई गई है। उसमें नवधा भक्ति की चर्चा है :

> श्रवणं कीर्तनं विष्णोः स्मरणं पादसेवनम्।
> अर्चनं वन्दनं दास्यं सख्यात्मनिवेदनम्॥

यह नवधा भक्ति साधना भक्ति है। मध्यकाल में रूप गोस्वामी ने 'हरिभक्ति रसामृत सिंधु' और 'उज्ज्वल नीलमणि' नामक दो ग्रंथों में भक्ति के शास्त्रीय और रस-रूप का विशद विवेचन किया है, जिसमें भक्ति संबंधी संपूर्ण पूर्ववर्ती चिंतन-परंपराओं का समावेश है। भक्तिचिंतन का सारांश है कि भक्ति के दो भेद हैं—निर्गुण भक्ति और सगुण भक्ति। सगुण और निर्गुण में अनेक समान तत्त्व हैं। आचार्य हजारीप्रसाद द्विवेदी के अनुसार दोनों में ये समान तत्त्व हैं : (1) भक्त का भगवान के साथ व्यक्तिगत संबंध है। (2) प्रेम ही परम पुरुषार्थ है, प्रेमा पुमर्थो महान्। (3) भक्त की परम साधना है भगवान के साथ लीला। (4) गुरु को भगवान का रूप बताया गया है। (5) नाम महिमा का महत्त्व। (6) दीनता और आत्मसमर्पण। (7) भगवत्कृपा।[11] 'हरिभक्ति रसामृतसिंधु' के अनुसार भक्ति दो प्रकार की है : गौणीभक्ति और पराभक्ति। इसी को दूसरे शब्दों में साधना भक्ति और साध्य भक्ति भी कहा गया है। गौणीभक्ति

के दो भेद हैं : वैधीभक्ति और रागानुगाभक्ति। वैधीभक्ति विधि निषेधों की मर्यादा में बंधकर गतिशील होती है इसलिए इसे मर्यादा भक्ति भी कहा जाता है। भागवत की नवधा भक्ति साधन के अंतर्गत ही मानी गई है। मध्यकाल में भक्तों ने नवधा भक्ति में प्रेम-लक्षणा भक्ति को जोड़कर उसे दसधा कर दिया। नवधा भक्ति के तीन रूप हैं : (1) बुद्धि योगात्मक (श्रवण, स्मरण, कीर्तन), (2) क्रियात्मक (पादसेवन, वंदन और अर्चन), (3) भावात्मक (दास्य, सख्य, आत्मनिवेदन)।

मनुष्य की सहज रागात्मिका वृत्ति की गति के अनुरूप गतिशील, विधि-निषेधों से स्वतंत्र भक्ति ही रागानुगाभक्ति है। यह रागों का अनुगमन करती है। वैधीभक्ति रागानुगाभक्ति की उपलब्धि का प्रथम सोपान है। रागानुगाभक्ति के दो भेद हैं : (क) कामरूपा और (ख) संबंधरूपा। गोपियों की भक्ति कामरूपा थी किंतु वह काम भगवद्विषयक होने के कारण प्रेम के नाम से जाना जाता है। काम में निज सुख काम्य होता है जबकि गोपियों के काम में कृष्ण सुख ही साध्य था, इसलिए उसे प्रेम कहा जाता है। प्रभु के साथ दास, सखा, पिता-पुत्र और दांपत्य संबंध पर आधारित रागानुगाभक्ति ही संबंधरूपाभक्ति कही गई है। भगवान में निष्काम, अहेतुक, सुदृढ़, निरंतर परम अनुराग ही पराभक्ति है। रूप गोस्वामी ने भक्तिरसामृतसिंधु में भक्ति की रसवत्ता की व्याख्या की है। भक्तिरस का स्थायी भाव भगवद्विषयक रति, प्रीति या स्नेह ही है। इसके पांच प्रकार हैं : (1) शांतिरति (शांतरस), (2) दास्य या प्रीतिरति (दास्यरस), (3) सख्य या प्रेयसरति(सख्यरस), (4) वात्सल्य या अनुकंपारति (वात्सल्यरस) और (5) कांता या मधुरारति (मधुर या उज्ज्वल रस)। इन सभी भावों के आलंबन भगवान श्रीकृष्ण ही हैं। भक्ति के इन पांच भावों में नारदभक्तिसूत्र की ग्यारह आसक्तियों का समावेश है। आसक्ति के मूल में भाव की स्थिति है।

सूर की भक्तिभावना का स्वरूप

सूरदास भक्त कवि हैं। भक्ति इनके काव्य का साध्य है। भगवान की रसमयी लीलाओं की आत्मानुभूति की सहज अभिव्यक्ति ही सूरदास के काव्य की अंतः-प्रकृति की विशेषता है। सूर का काव्य भक्तिकाव्य है, वह सहज मानवीय मनो-रागों की उदात्तावस्था का काव्य है। वह प्राण, मन एवं आत्मा की सहज गति का काव्य है। वह अनुभूतियों की उत्कर्षित, ललित दशा का काव्य है। वह जीवन का काव्य है। उसमें न तो अध्यात्म विद्या का व्याख्यान है और न केवल धर्म-वाद का उपदेश। सूरदास ने अपनी कविता में सहज संवेद्य सामंजस्य-ज्ञान के सहारे अध्यात्म, धर्म और दर्शन के जीवंत सत्यों और मूल्यों को मानवीय कल्पना

एवं चेतना का अभिन्न अंग बना दिया है। सूरदास ने अपने काव्य के माध्यम से मानवीय प्रेम तथा सौंदर्य की ऐंद्रियता और दिव्य सौंदर्य तथा प्रेम की अतींद्रियता का जो तादात्म्य उपस्थित किया है वह किसी दर्शन और धर्म के सिद्धांत-विवेचन से संभव नहीं है।

श्रीअरविंद के अनुसार काव्य में अभिव्यक्त आर्य सभ्यता के विकासके चार सोपान हैं: (1) नैतिकताप्रधान, (2) विवेकप्रधान, (3) भौतिकताप्रधान और (4) आत्मशक्तिप्रधान।[12] श्रीअरविंद के अनुसार वाल्मीकि का काव्य नैतिकताप्रधान है, व्यास का महाभारत विवेकप्रधान और बुद्धिवादी है तथा कालिदास का काव्य भौतिक सुख-समृद्धि और सौंदर्य का काव्य है। मध्यकाल का भक्ति-काव्य आत्मशक्ति के विकास का काव्य है। मध्यकाल के भक्तिकाव्य में नैतिकता, विवेक और भौतिक सौंदर्य का विसर्जन ऊर्जस्वित आत्मशक्ति में हुआ है। सूरदास इस आत्मशक्ति प्रधान काव्य के सिद्ध कवि हैं। सूरदास का संपूर्ण काव्य चेतना की आंतरिक यात्रा एवं विकास का काव्य है, जहां चेतना अन्नमय कोश, प्राणमय कोश, मनोमय कोश, तथा विज्ञानमय कोश से गुजरती हुई अंत में आनंदमय कोश में पहुंचती है। यही आत्मा के विकास की चरम स्थिति है।

सूरदास का आविर्भाव काल भारतीय संस्कृति का संक्रांतिकाल है। यह धर्म-भावना और साधना के वैविध्य एवं वैचित्र्य का काल है। वैष्णव आचार्यों रामानुज, मध्याचार्य, निंबार्काचार्य, विष्णु स्वामी और वल्लभाचार्य ने अपने संकल्पित विवेक के सहारे प्राचीन दर्शन की नवीन व्याख्या प्रस्तुत की। शंकराचार्य के शुष्क निवृत्तिमूलक अद्वैतवाद का खंडन इन आचार्यों ने किया, जिससे भक्ति के विकास का पथ प्रशस्त हुआ और भक्ति आंदोलन को गति एवं शक्ति मिली। दूसरी ओर भावप्रवण भक्तों ने लोकभाषाओं में अपनी भक्तिभावना की अभिव्यक्ति की, जिससे भक्ति आंदोलन का सामाजिक चेतना से साक्षात संपर्क हुआ। दक्षिण के रामानुज, मध्व, निंबार्क और वल्लभ के दार्शनिक ज्ञान के साथ उनके मन में आलवारों की भक्ति-भावपूरित सरस पदावली का रस भी वर्तमान था, इसलिए ये केवल आचार्य ही नहीं, भावुक भक्त भी थे। उनके दर्शन का लक्ष्य भक्तिभावना को शास्त्रीय स्वरूप देना था। उत्तर भारत में बंगाल के चैतन्य महाप्रभु आचार्य कम और भावुक भक्त ही अधिक थे। उत्तर भारत में, और विशेषत: ब्रज प्रदेश में, कृष्णभक्ति के प्रचार-प्रसार में सर्वाधिक योगदान वल्लभाचार्य और चैतन्य महाप्रभु का है। ब्रज प्रदेश में सूर के समकालीन कृष्ण-भक्त संप्रदायों में हरिदासी संप्रदाय और राधावल्लभ संप्रदाय प्रमुख थे और सूरदास का उनसे निकट का संपर्क था। भक्ति आंदोलन और भक्ति काव्य के माध्यम से लोक संस्कृति का उत्थान हुआ। भक्ति आंदोलन पर पुराणों के चिंतन

का भी प्रभाव पड़ा है। सूरदास भक्ति आंदोलन में व्यक्त लोक संस्कृति के कवि हैं।

सूरदास के काल में अनेक प्रकार की धर्म-साधनाएं प्रचलित थीं। एक ओर शैवों के तंत्राश्रित पाशुपत मत एवं कापालिक मत थे और दूसरी ओर जैन संतों की एक अपनी साधना पद्धति थी। योगसाधना की प्राचीन पद्धति प्रचलित थी और उसके साथ ही नवीन शक्ति के साथ नाथ योगियों की साधना-विधि भी प्रचलित हुई। परवर्ती बौद्ध धर्म की महायान शाखा की मंत्रयान शाखा से वज्रयान का प्रादुर्भाव हुआ और इन वज्रयानियों ने हठयोग एवं अनेक गुह्य साधनाओं से युक्त सहजयान और सिद्ध मत की स्थापना की। इसी बीच में निरंजन मत भी यत्र-तत्र प्रचलित था। उस काल में सूफियों का प्रेममार्ग भी अपनी भावप्रवणता और सहज रागमयता के कारण लोगों को आकृष्ट कर रहा था। सूफी मत का अधिकांश साहित्य लोकजीवन में प्रचलित प्रेमकथाओं पर आधारित था। उसने परवर्ती भक्त कवियों को प्रभावित किया। सूफियों के प्रेम की पीर की प्रतिध्वनि कबीर आदि में भी है। मध्यकाल की संपूर्ण धर्म-साधना को आचार्य हजारीप्रसाद द्विवेदी ने दो भागों में बांटा है : (क) योगमूलक साधनाएं और (ख) भक्तिमूलक साधनाएं।[13] संतों की साधना भक्तिमूलक थी। इन संतों की ज्ञानमूलक श्रद्धा-समन्वित भक्तिभावना का मूल स्वर प्रेमपरक था। मध्यकाल की संपूर्ण साधना की एक विशेषता यह है कि इसका संपूर्ण साहित्य लोकभाषाओं में रचा गया। सूरदास ऐसे ही युग में अवतरित हुए थे जिसमें अनेक प्रकार की धार्मिक साधनाओं के बीच में युगचेतना भ्रमित थी और अनेक विकृत साधनाओं से युग-मानस विक्षुब्ध था। ऐसी दशा में सूरदास ने भगवान की रसमयी लीलाओं के गान द्वारा सगुण भक्ति की पीयूष धारा बहाई, जो निवृत्तिमूलक निर्गुण साधना से मुरझाए लोकमानस को सिंचित और सरस करने लगी। सारतः सूरदास के भक्तिकाव्य में वेदमत (ऊंचा दार्शनिक ज्ञान), पुराणमत (अवतारवाद एवं कथातत्त्व), संतमत (अनुभूत ज्ञान) और लोकमत (युगचेतना) का सामंजस्य है। सूरदास लोकभाषा में लोक-भावना की अभिव्यक्ति करने वाले कवि हैं।

सूरदास का भक्तिदर्शन

सूरदास ने भक्ति के स्वरूप का कोई सुव्यवस्थित चिंतन काव्य में प्रस्तुत नहीं किया है, लेकिन सूरसागर के पदों में यत्र-तत्र भक्ति के शास्त्रीय स्वरूप के प्रति उसके स्फुट विचार अभिव्यक्त हैं, जिनमें उनके भक्तिदर्शन का रूप प्रकट है। सूर को शास्त्र की चिंता नहीं थी, उन्हें तो श्रीकृष्ण की मधुर लीलाओं की रसमयी प्रतीति और गान की लगन लगी थी। सूरदास ने निर्गुण और सगुण में से सगुण भक्ति को ही सरस सहज और सुगम समझकर अपनाया है। सूरदास

रूप-रेखा-गुन जाति-जुगुतिविहीन ब्रह्म की उपलब्धि को महत्त्वपूर्ण मानते हैं, उसकी सहजानुभूति के आनंद की शक्ति को भी स्वीकार करते हैं, लेकिन उसे मन-वाणी से अगम-अगोचर समझकर छोड़ देते हैं। रूप मन का अवलंब है, लेकिन अरूप की साधना में मन निरावलंब कहां दौड़े ? सूर का पक्ष सगुण भक्ति का पक्ष है, वे रूपोपासक हैं :

अविगत गति कछु कहत न आवै ।
ज्यौं गूंगे मीठे फल को रस अंतरगत ही भावै ।
परम स्वाद सबही सु निरंतर अमित तोष उपजावै ।
मन बानी कौ अगम अगोचर, सो जानै जो पावै ।
रूप रेख गुन जाति जुगति विनु निरालंब कित धावै ।
सब विधि अगम विचारहिं तातैं सूर सगुन लीला पद गावै ॥ (2)

सूर के इष्टदेव श्रीकृष्ण हैं और विनय के पदों में सूर ने इन्हें वासुदेव, यदुनाथ, जगदीश, हरि आदि अनेक नामों से पुकारा है। कृष्ण स्वयं भगवान हैं और भक्ति के आलंबन हैं। सूरदास का मत है कि कृष्ण के रूप में निर्गुण ही सगुण हो गया है। वैदिक साहित्य में जिस परम चैतन्य निर्गुण तत्त्व का वर्णन है वही सगुण साकार स्वरूप में उपस्थित है। निर्गुण और सगुण ब्रह्म के ही दो रूप हैं। निर्गुण ज्ञान का विषय है और सगुण भक्ति का (पद सं. 4)। सूरदास के अनुसार भगवान के अवतार का मुख्य हेतु उनकी भक्तवत्सलता है। असाधु अहेर उनके अवतार का एक और कारण है और यही गीता तथा पुराणों में भगवान के अवतार का कारण माना गया है। गीता में धर्म की संस्थापना ही अवतार का मुख्य कारण है, लेकिन मध्यकाल के भक्तों के अनुसार अवतारलीला का प्रधान हेतु साधुहित या भक्त पर भगवान की कृपा है। सूरदास के प्रभु के स्वभाव की जो अनेक विशेषताएं हैं, उनमें उदारता, करुणामयता और भक्तवत्सलता मुख्य है। भगवान के अवतार का मुख्य कारण उनका कारुण्य है, भक्त पर कृपा है, यही शांडिल्य भक्तिसूत्र का मत है और सूरदास का भी। भक्ति में जाति-पांति कुल-कानि का विचार नहीं है। वहां अभेद बुद्धि से सभी स्वीकार्य हैं। यह भक्ति का सामाजिक समानता का पक्ष है (पद सं० 15)। सूर के अनुसार भगवत्प्राप्ति का एकमात्र उपाय भक्ति है (पद सं० 329)। कृष्ण की अनन्य भक्ति ही साध्य है। भक्ति-पक्ष का अनुसरण करने वाले के लिए अष्टांग योग की जो शिक्षा सूरसागर में दी गई है (पद सं० 364), वह भागवत के प्रभाव से रचित प्रक्षिप्त पद ज्ञात होता है, क्योंकि योगमूलक साधना का उपदेश सूर के लिए अस्वाभाविक है। देवहूति-कपिल-संवाद में सूरदास ने चार प्रकार की भक्ति की चर्चा की है—सात्विकी, रजोगुणी, तमोगुणी और शुद्धाभक्ति। सूरदास के इस भक्तिविवेचन पर भागवत का स्पष्ट प्रभाव है। गीता के आर्त, जिज्ञासु, अर्थार्थी तथा ज्ञानी भक्त की भी प्रति-

ध्वनि है। सूर ने इस चतुर्विधा भक्ति को सकाम और निष्काम दो भागों में बांटा है। उन्होंने ज्ञानयोग, कर्मयोग और भक्तियोग का संक्षिप्त परिचय दिया है। सूर के अनुसार भक्तियोग का आधार है हरिपद-पंकज-प्रीति (पद सं० 394)।

सूर के भक्तिदर्शन का सार तत्त्व है उनकी प्रेमभक्ति। सूरदास ने भ्रमरगीत में ज्ञान, योग और निर्गुण भक्ति का प्रत्याख्यान कर इस प्रेमभक्ति की स्थापना की है। सूर और उनकी गोपियों को प्रेम-भक्ति रहित नीरस योग काम्य नहीं है, वे निर्गुण की धारणा का खंडन करती हैं। रूप के उपासक को अरूप से क्या मतलब (पद सं० 4216)? सूरदास प्रेमविहीन जीवन को निरर्थक मानते हैं। सूर सगुण सरूप की लीलारस के रसिक हैं। भक्ति में मन प्रेमपूर्ण है, कृष्ण के रूप में चित्त आसक्त है, इसलिए वहां किसी निर्गुण के लिए स्थान नहीं है। सूरदास की गोपियां ज्ञानयोग के फलस्वरूप उपलब्ध कोटि मुक्ति को कृष्ण की एक मधुर मुस्कान पर न्यौछावर कर देने के लिए आतुर हैं। उनके लिए सगुण निर्गुण से श्रेष्ठ है। सूर की गोपियों ने गोपाल की उपासना में, कृष्ण की लीला एवं रूप की आसक्ति में ही सालोक्य, सामीप्य, सारूप्य और सायुज्य—चारों मुक्तियों को प्राप्त कर लिया है। यही प्रेमभक्ति का स्वभाव है, जहां मुक्ति सहज-सुलभ होकर भी अनावश्यक हो जाती है। प्रेम-भक्ति में प्रेम ही परम पुरुषार्थ हैं। सूर का मत है कि प्रेम-भक्ति अवैदिक नहीं है और इस प्रेम-भक्ति के समक्ष ज्ञान फीका लगता है (पद सं० 4763)।

भक्ति की काव्यानुभूति

सूरदास की भक्तिभावना की एक बहुत बड़ी विशेषता है, उसका सहज-सतत विकासशील रूप। सूर की भक्तिभावना दास्य, सख्य और आत्मनिवेदन की वैधी भक्ति से दास्य, सख्य, वात्सल्य और माधुर्य भाव की रागानुगाभक्ति के विविध सोपानों को पार करती हुई प्रेमाभक्ति की सिद्धावस्था में पहुंची है। उसमें भक्तिभावना के सभी रूप हैं, नारदभक्तिसूत्र की ग्यारहों प्रकार की आसक्तियों का क्रमिक विकास है। सूरसागर केवल रससागर और रागसागर ही नहीं, भक्तिसागर भी है। उसमें भक्ति की सभी भावधाराएं और अनुभूति की लहरियों का विलास है।

कुछ विद्वानों ने सूरदास के काव्य को विनय के पद और हरिलीला के पद, इन दो भागों में बांटकर उनकी भक्तिभावना का विवेचन किया है। लीला रस के आस्वादन के लिए विनय आवश्यक है। श्रद्धा और विनय भक्ति के दो प्रारंभिक अनिवार्य तत्त्व हैं। विनय में विशेष नम्रता, आत्मसमर्पण की भावना, श्रद्धा तथा पूज्य भाव का अंतर्भाव है, इसलिए विनय भक्ति का प्रथम सोपान है। सूरदास के विनय के पदों में सामान्य भक्तिभावना या सामान्य वैष्णवभावना का प्रकाशन

है। उस पर तत्कालीन भक्तिमूलक विभिन्न साधनाओं का प्रभाव है। लेकिन विनय के पदों में सूर ने योगमूलक साधनाओं की चर्चा भक्ति के बाधक तत्त्व के रूप में ही की है। विनय के पदों में सूरदास की लोकचेतना विशेष रूप में मुखर है, इसलिए किसी न किसी प्रकार तद्‌युगीन अनेक साधना-पद्धतियों के स्वरूप तथा गुण-दोष का परिचय उनमें मिल जाता है।

विनय के पदों में तत्कालीन धर्म-साधना की विभिन्न पद्धतियों के जंजाल के बीच से ही सूरदास की दृढ़ अनन्य भक्ति-भावना निरंतर पुष्ट होती हुई विकसित हुई है। श्रीअरविंद ने धर्म की रसात्मक अनुभूति या आध्यात्मिक साधना के तीन सोपान माने हैं : (1) आकांक्षा (एस्पिरेसन), (2) अस्वीकृति (रिजेक्शन), और (3) आत्मसमर्पण (सरेंडर) ।[14] सच्चिदानंदस्वरूप भगवान के चरणारविंद में अनन्य प्रीति की तीव्र लालसा ही आकांक्षा है। इसमें भक्त की मनोवृत्ति मधु-संचय में प्रवृत्त मधुमक्खी की होती है। लौकिक प्रेयस प्रलोभनों का पूर्ण परित्याग ही अस्वीकृति है। इसमें साधना में बाधक लौकिक प्रलोभनों, भोगों तथा विभिन्न कामनाओं की अनासक्त अस्वीकृति आवश्यक है। इसमें भोगायतन को साधनायतन के रूप में ग्रहण करना पड़ता है। भगवान के विश्वात्म रूप के समक्ष निर्द्वंद्व भाव से अपने संपूर्ण अस्तित्व का समर्पण ही आत्मसमर्पण है और यही आध्यात्मिक साधना की अंतिम सीढ़ी है। इसमें भक्त की मनोवृत्ति चातक की-सी होती है। सूरसागर के विनय के पदों में आकांक्षा, अस्वीकृति और आत्मसमर्पण का क्रमशः विकास दिखाई पड़ता है। विनय के संपूर्ण पदों को उपर्युक्त तीन भावनाओं के अनुसार विभाजित किया जा सकता है।

सूरसागर के विनय के पदों में अभिव्यक्त भक्ति वैधीभक्ति है। आचार्य हज़ारीप्रसाद द्विवेदी के अनुसार 'वैधीभक्ति' की तीन अवस्थाएं होती हैं—श्रद्धा-वान, नैष्ठिक और रुचियुक्त। वैधीभाव के भक्त दो तत्त्वों को स्वीकार करते हैं। ये दो तत्त्व हैं : (1) भगवान ही एकमात्र जीवों के स्मर्तव्य हैं। जो उनके सुमिरन में सहायक हैं, वे ही कर्म भक्त के कर्तव्य हैं। (2) भगवान को भूल जाना ही अमंगल है और अमंगल के सभी सहायक कार्य त्याज्य हैं।[15] सूरदास के विनय के पदों में वैधीभक्ति का यही स्वरूप व्यक्त हुआ है। सूरदास ने भगवान के प्रति विनय और श्रद्धा का निवेदन किया है। भगवान के भक्तवत्सल स्वभाव में सूर की अटूट निष्ठा है, आस्था है। सूर को भगवान की कृपा का भरोसा है। सूरदास बार-बार अपनी विनती भगवान तक पहुंचाने का प्रयास करते हैं (पद सं. 4)। भगवान के रूप और लीला में भक्त की रुचि ही वैधीभक्ति की पृष्ठभूमि है और भक्त की मनोभूमि का स्वरूप भी (पद सं. 30)। सूरदास ने एक पद में भगवान के प्रति अपनी विशुद्ध श्रद्धा, भगवान की भक्तवत्सलता में अपनी आस्था

तथा उनके रूप और लीला में अपनी अभिरुचि की व्यंजना की है। इस पद में अरूप के रूप का बोध है :

यह मन आनंद अवधि सब।
निरखि सरूप विवेक नयन भरि, या सुख तैं नहिं और कछू अब।
चित चकोर गति करि अतिसय रति, तजि स्रम सघन विषय लोभा।
चिति चरन मृदु चारु चंद नख, चलत चिह्न चहुं दिस सोभा।
जानु सुजघन करभ कर आकृति, कटि प्रदेश किंकिनि राजै।
हृद विध नाभि, उदर त्रिबली बर, अवलोकत भव भय भाजै।
... ...
सत्य सील संपन्न सुमूरति, सुर नर मुनि भक्तनि भावै।
अंग अंग प्रति छवि तरंग गति सूरदास क्यों कहि आवै। (69)

एक दूसरे पद में सूरदास ने वैधीभक्ति के संपूर्ण स्वरूप की मार्मिक व्यंजना की है। इसमें भक्त में भगवान के प्रति दृढ़ अनुराग, दैन्य, संतमहिमा, लीला तथा गुण माहात्म्यासक्ति, रूपासक्ति की मनोदशा की उपलब्धि और भगवान के गुण माहात्म्य का कीर्तन आदि सभी तत्त्व आ गए हैं :

नर देही पाइ चित चरन कमल दीजै।
दीन वचन, संतनि संग दरस परस कीजै।
लीला गुन अमृत रस स्रवननि पुट पीजै।
सुंदर मुख निरखि, ध्यान नैंन माहिं लीजै।
गद् गद् सुर, पुलक रोम अंग प्रेम भीजै।
सूरदास गिरिधर जस गाइ गाई जीजै॥ (72)

भगवान ही जीवों के एकमात्र स्मर्तव्य हैं और उनके सुमिरन में सहायक कर्म ही भक्त के कर्तव्य हैं। इस भावना के अनेक पद सूरदास के विनय के पदों में उपलब्ध हैं (पद सं. 68)। इस संसार में व्यक्ति का मन ठगा गया है, वह धनमद, कुलमद, तरुणीमद तथा भवमद में भगवान को भूल गया है। केवल भगवान ही जीवन के लिए सच्चे कल्याणकारी हैं, व्यक्ति अपने कर्म-धर्म को उन्हें सौंप दे, वह भगवान की लीला, कीर्तन और रूपरस में पूर्णतः डूब जाए, तभी उसका कल्याण संभव है। भगवान के भजन के बिना जीव का उद्धार और आनंद की उपलब्धि संभव नहीं है (पद सं. 58)। भगवान का विस्मरण ही जीव के दुःख का कारण है, इसलिए सांसारिक विषयों की आसक्ति से मुक्त होकर भगवान में एकांत अनुराग की आवश्यकता है (पद सं. 59)। नारदभक्तिसूत्र के अनुसार विषय त्याग, हरिविमुख व्यक्तियों का संग त्याग भगवद्भक्ति के लिए आवश्यक है। सूरदास ने काम, तृष्णा, रसवेग का त्याग (पद सं. 49), विषयासक्ति त्याग (पद सं. 59), मायामोह त्याग (पद सं. 291), लौकिक कर्मों में आसक्ति का

त्याग (पद सं. 293), मिथ्यावाद विवाद का त्याग, काम-क्रोध-मद-लोभ आदि षट्विकारों का त्याग और हरिविमुख व्यक्तियों के संग-त्याग का विस्तृत वर्णन किया है।

विनय के पदों की भक्ति श्रीमद्भागवत की नवधाभक्ति है। भागवत के अनुसार नवधाभक्ति में श्रवण, कीर्तन, स्मरण, पादसेवन, अर्चन, वंदन, दास्य, सख्य और आत्मनिवेदन की महत्ता है। इस नवधाभक्ति के तीन सोपान हैं :

1. बोधात्मक सोपान (श्रवण, स्मरण और कीर्तन)। दूसरे शब्दों में इसे नाम महिमा भी कहा जा सकता है। नारदभक्तिसूत्र के अनुसार यही गुण माहात्म्यासक्ति और स्मरणासक्ति है।
2. क्रियात्मक सोपान (पादसेवन, वंदन और अर्चन)। यह रूपोपासना है। रूप साधना का मार्ग है। इसमें नारदभक्तिसूत्र की दो आसक्तियां आ जाती हैं—रूपासक्ति और पूजासक्ति।
3. भावात्मक सोपान (दास्य, सख्य और आत्मनिवेदन)। यही अनुभूति का स्तर है जहां भक्त दास्य या सख्य भाव से भगवान के सम्मुख आत्मनिवेदन करता है तथा इन भावों की अनुभूति करता है। नवधाभक्ति का बोधात्मक एवं क्रियात्मक रूप इसी भावात्मक अनुभूति की उपलब्धि के साधन हैं। इस भावात्मक अवस्था की रसमयी प्रतीति ही भक्ति है और नवधाभक्ति की भावात्मक अवस्था का पर्यवसान प्रेमाभक्ति में होता है।

विनय के पदों में सूरदास ने भक्ति के प्रेरक तत्त्वों की ओर संकेत किया है। ये प्रेरक तत्त्व दार्शनिक, मूल्याश्रित और दैहिक—तीन प्रकार के हैं। सांसारिक जीवन की दार्शनिक, मूल्याश्रित और दैहिक स्तरों पर असारता सिद्ध होने पर ही व्यक्ति संसार से विमुख और भगवान की ओर उन्मुख होगा। जीवन के सामान्य स्वीकृत मूल्यों की निरर्थकता और दैहिक सुखों की निस्सारता के बोध से व्यक्ति में भक्ति भावना जाग्रत होती है। सूरदास ने विनय के पदों में भक्ति के प्रेरक इन तत्त्वों की ओर इंगित किया है। सूरदास ने एक पद में दार्शनिक प्रेरक तत्त्वों की व्यंजना की है :

धोखैं ही धोखैं डहकायौ।
समुझि न परी, विषय-रस गीध्यौ, हरि हीरा धर मांझ गंवायौ।
ज्यौं कुरंग जल देखि अवनि कौ, प्यास न गई चहूं दिसि धायौ।
जनम जनम बहु करम किए हैं तिनमैं आपुन आपु बंधायौ।
सूरदास भगवंत भजन बिनु, काल व्याल पै आपु डसायौ। (326)

इस पद में सूरदास ने छः तत्त्वों की ओर संकेत किया है : (1) इंद्रियासक्ति, (2) लोभ, (3) अहंकार या निस्सारता में आसक्ति, (4) मायावाद, (5) ईश्वरतत्त्व की हानि, और (6) मृत्युबोध। सूरदास ने लोकसामान्य उदाहरणों

के माध्यम से इन सूक्ष्म दार्शनिक तत्त्वों की व्यंजना की है। सूरदास ने अनेक पदों में सांसारिक कर्मों की निस्सारता के ज्ञान की व्यंजना की है जिसमें उनके पाप-बोध और पश्चाताप की मनोदशा की अभिव्यंजना हुई है। व्यक्ति ज्यों ही अपने सांसारिक कर्मों की निरर्थकता समझ लेता है, वह उसमें आसक्त नहीं रह सकता। पाप की चेतना और अत्यंत दीनता भक्ति के प्रेरक तत्त्व हैं, जिनको सूरदास ने विनय के पदों में अत्यंत विस्तार दिया है (पद सं. 173, 178, 183 आदि)। व्यक्ति अपने कर्मों के फल से बंधा है और यही कर्मवाद की विवशता है। भक्त दीन भाव से भगवान के चरणों में अपने सभी अच्छे-बुरे कर्मों को सौंप कर उनके फल से मुक्त हो जाता है और यही भगवदोन्मुखता का प्रथम सोपान है। सूरदास ने दैहिक प्रेरक तत्त्वों की विशद व्याख्या की है :

जा दिन मन पंछी उड़ि जैहैं।
ता दिन तेरे तन-तरुवर के सबै पात झरि जैहैं।
या देही कौ गरब न करियै, स्यार काग गिध खैहैं।
... ...
जिन लोगनि सौं नेह करत है, तेई देखि घिनैहैं।
घर के कहत सबारे काढ़ौ, भूत होई धरि खैहैं।
... ...
अजहूं मूढ़ करौ सतसंगति, संतनि मैं कछु पैहैं।
नर बपु धारि नाहिं जन हरि कौ, जम की मार सो खैहैं।
सूरदास भगवंत भजन बिनु वृथा सु जनम गंवैहैं। (86)

इसमें कवि ने वृद्धत्व और मृत्युबोध का अत्यंत प्रभावकारी चित्र उपस्थित किया है। वृद्धत्व और मृत्युबोध शरीर की निस्सारता एवं अनित्यता के द्योतक हैं। इसके अतिरिक्त मृत्यु के उपरांत अपने प्रियजनों से त्याग दिए जाने की चर्चा कर भक्त सूर ने व्यक्ति को एक मनोवैज्ञानिक आघात भी दिया है। इस पद में दैहिक और मनोवैज्ञानिक दो प्रकार के प्रेरक तत्त्व हैं, जो व्यक्ति को भक्ति की ओर उन्मुख करते हैं। व्यक्ति का मानस जब लोक से अनासक्त होकर भगवान की ओर मुड़ता है तब भक्तिभावना की सतत पुष्टि के लिए नवधाभक्ति के बोधात्मक, क्रियात्मक और भावात्मक सोपानों की आवश्यकता पड़ती है।

बोधात्मक स्तर : श्रवण, स्मरण और कीर्तन को समाहार-रूप में नाममहिमा कहा जा सकता है। भगवान के गुण और माहात्म्य का श्रवण, स्मरण और कीर्तन ही नामचिंता है। नाम द्वारा अरूप के स्वरूप का बोध प्राप्त करने का भक्त प्रयास करता है। रूप सत्ता है और नाम उसमें अंतर्निहित सिद्धांत है। इसलिए भक्ति में नाम का बड़ा महत्त्व है। परमेश्वर के नाम का मनन आवश्यक है। 'सर्वे वेदा यत् पदं आमनन्ति' द्वारा उपनिषदों ने यही घोषणा की है कि सारे

वेद ईश्वर के नाम का ही मनन करते हैं। नामस्मरण में सर्वप्रथम और सर्वाधिक अपेक्षा नम्रता की है। नामानुभूति विनय की पहली सीढ़ी है। मध्यकाल के निर्गुण और सगुण भक्तों ने नाममहिमा का प्रतिपादन और कीर्तन एक स्वर से किया है। सूरदास ने नाममहिमा का विशद वर्णन किया है। सूरसागर के एक पद में नाममहिमा का अत्यंत काव्यात्मक निदर्शन है :

अद्‌भुत राम नाम के अंक।
धर्म अंकुर के पावन द्वै दल, मुक्ति-बधू-ताटंक।
मुनि-मन-हंस-पच्छ जुग, जाकैं बल उड़ि ऊरध जात।
जनम-मरन-काटन कौ कर्तरि तीछन बहु विख्यात।
अंधकार-अज्ञान हरन कौ रवि-ससि जुगल-प्रकास।
बासर-निसि दोउ करैं प्रकासित महा कुमग अनयास।
दुहूं लोक सुखकरन, हरनदुख, वेद-पुराननि साखि।
भक्ति ज्ञान के पंथ सूर ये, प्रेमनिरंतर भाखि। (90)

नाम भक्ति का प्रेरक और प्रेम के नैरंतर्य का कारण है। नामस्मरण एक मानसिक प्रक्रिया है। सूर ने एक पद में यह मत व्यक्त किया है :

अब तुम नाम गहौ मन नागर।
जातैं काल अगिनि तैं बांचौ, सदा रहौ सुखसागर।

... ...

क्रिया कर्म करतहु निसि बासर भक्ति कौ पंथ उजागर।
सोचि विचारि सकल स्रुति सम्मति, हरि तैं और न आगर।
(91)

इस नाममहिमा में सूरदास ने सामान्य वैभव भावना की अभिव्यक्ति की है जिसमें राम-कृष्ण आदि का अभेद ही दिखाई पड़ता है। इसमें भगवान के सभी रूपों और अवतारों के प्रति भक्त के मन में श्रद्धा की अटूट भावना प्रकट हुई है।

कीर्तन भक्ति को सामाजिक अनुभूति का विषय बनाने वाला साधन है। कीर्तन के दो रूप हैं—वैयक्तिक और सामाजिक। वैयक्तिक रूप में कीर्तन भगवान के नाम, रूप, गुण तथा विभिन्न लीलाओं की अनुभूति की संगीतमय अभिव्यक्ति है। नंददास के शब्दों में कीर्तन उपासना का नाद-मार्ग है, जहां संगीत के सहारे व्यक्तिचेतना और लोकचेतना की भगवदोन्मुखता व्यक्त होती है।[16]

हिंदी के भक्तिकाव्य में काव्य और संगीत का जैसा समन्वित स्वरूप प्रकट हुआ है, वैसा अन्यत्र अनुपलब्ध है। भक्तिकाल में संपूर्ण कलाओं का लक्ष्य भगवान की लीला और रूप की अभिव्यंजना ही थी। ब्रजभाषा का भक्तिकाव्य तो भक्तों की आत्मा का संगीत है, उसकी अभिव्यक्ति भी शास्त्रीय संगीत की राग-रागिनी

पद्धति में हुई है। अष्टछाप के सभी कवि गायक और कीर्तनकार थे। सूरसागर तो रागसागर ही है। सूरसागर ने भगवान की सगुण लीलाओं के गान का ही व्रत लिया है (पद सं. 1)।

सूरदास ने हरिनाम को भक्ति का आधार माना है और हरि-कीर्तन को सांसारिक बंधनों से मुक्ति का उपाय (पद सं. 347)। गोपाल के लीलागान में जो सुख है वह जप, तप और तीर्थाटन में नहीं है (पद सं. 349)। हरि के गुण के कीर्तन, गायन, श्रवण और हरि के रूप के दर्शन में ही व्यक्ति के जीवन की सार्थकता है। नारद भक्तिसूत्र के अनुसार लोक में भगवद्‌गुण-श्रवण और कीर्तन से भक्ति पुष्टि होती है।

क्रियात्मक स्तर : पादसेवन, वंदन और अर्चन—भक्ति के ये तीनों साधन सेवाविधि के अंतर्गत हैं। ये भक्त के हृदय में स्थित भावना के बाह्य प्रकाशन के साधन हैं। इनसे भक्त का आचरण पक्ष प्रकट होता है। पादसेवन की आरंभिक अवस्था मूर्तिपूजा, गुरुपूजा और भगवद्‌पूजा की होती है। सूरदास भगवान के चरण कमलों की वंदना करते हैं। सूरसागर का प्रथम पद ही प्रभु के चरणों की वंदना का पद है। हरि-चरणों की कृपा के दिव्य प्रभावों का इस पद में वर्णन है। हरिचरणारविंद के अतिरिक्त अगर कहीं मन अनुरक्त हो तो सूर के अनुसार, उस व्यक्ति की बुद्धि कच्ची है (पद सं. 18)। हरि-चरणों को छोड़कर मन कहीं संतुष्ट नहीं हो सकता। सूरदास हरि के उन चरणों की वंदना करते हैं जिनमें शिव, लक्ष्मी, प्रह्लाद, गंगा आदि का अनुराग है, जिसके अनुराग में ब्रजलीला संपन्न हुई है और ये चरण त्रिविध ताप का निवारण करते हैं (पद सं. 307)। सूरदास ने बार-बार अपने मन को श्रीकृष्ण के चरणों की सेवा में अर्पित किया है। सूरदास ने गुरु के चरणों की भी वंदना की है। गुरु-महिमा का गान मध्यकाल के सभी संत और भक्त कवियों ने किया है। गुरु की कृपा से ही भक्त का मानसलोक आलोकित होता है। सूरदास का मत है कि गुरु भक्तिपथ में भक्त का मार्गदर्शक है, वही भक्त को ज्ञान ज्योति से उद्दीप्त करता है :

> गुरु बिनु ऐसी कौन करै ?
> माला तिलक मनोहर बाना, लै सिर छत्र धरै।
> भवसागर तै बूड़त राखे, दीपक हाथ धरै।
> सूर स्याम गुरु ऐसो समरथ, छिन मैं लै उधरै। (417)

हरि और गुरु के अतिरिक्त हरिभक्तों के चरणों की वंदना और महिमा का गायन भक्तिसाधना में सहायक है। भगवान और उसके भक्तों में अभेद ही है, इसलिए भक्तों की सेवा भक्तिभावना को परिपुष्ट करती है। नारदभक्तिसूत्र के अनुसार, भगवत्कृपा से ही भक्तों का सत्संग उपलब्ध होता है, इसलिए उस सत्संग की साधना आवश्यक है। सूरदास ने भी संत सत्संग महिमा का

गान किया है। संतों की संगति से भगवान की स्मृति जाग्रत होती है और भक्ति भी दृढ़ होती है :

जा दिन संत पाहुने आवत।
तीरथ कोटि सनान करैं फल जैसो दरसन पावत।
नयौ नेह दिन-दिन प्रति उनकै चरन कमल चित लावत।
मन-बच-कर्म और नहिं जानत, सुमिरत औ सुमिरावत।
मिथ्यावाद-उपाधि-रहित ह्वै, विमल-विमल जस गावत।
बंधन कर्म कठिन जे पहिले, सोऊ काटि बहावत।
संगति रहै साधु की अनुदिन, भव-दुख दूरि नसावत।
सूरदास संगति करि तिनकी, जे हरि सुरति करावत ।। (360)

श्रद्धा और आदर के साथ भगवान के स्वरूप की पूजा और अर्चना भी भक्ति कही जाती है। वंदन तो अर्चना का अनिवार्य अंग है। सूरदास के एक पद में ईश्वर के विराट सर्वात्म स्वरूप के बोध की व्यंजना है :

नैननि निरखि स्याम स्वरूप
रह्यौ घट घट व्यापि सोई, जोति रूप अनूप।
चरन सप्त पताल जाके, सीस है आकास।
सूर चंद्र नछत्र पावक, सर्व तासु प्रकास ।। (370)

इसमें 'ईशा वास्यमिदं सर्वं यत्किंच्जगत्यां जगत्' अर्थात जगत में जड़-चेतन जो कुछ है सब ईश्वरमय है, इस सर्वात्म्य बोध की अभिव्यक्ति है। इस सृष्टि का प्रत्येक कण अपने रूप के साथ परम चैतन्य की अर्चना में रत है। संपूर्ण सृष्टि ही हरि की आरती के लिए निर्मित है और सृष्टि के विभिन्न उपादान आरती के विभिन्न उपकरण ही हैं (पद सं. 371)।

भावात्मक स्तर : भक्ति के बोधात्मक और क्रियात्मक साधनाओं के सहयोग से उसका भावात्मक रूप स्थिर होता है। विनय के पदों में दास्य भाव की भक्ति ही प्रधान है और शांत उसका सहायक भाव है। दास्य भाव की स्थिरता के कारण भक्त का चित्त शांत हो जाता है, उसमें भावनाओं और कामनाओं का द्वंद्व समाप्त हो जाता है। राग, द्वेष, दुख, सुख तथा चिंता-इच्छा के द्वंद्व से विमुक्त शममूलक शांत चित्त ही दास्य भाव का आधार है। विनय के पदों में दास्य भक्ति व्यंजित है और उसमें श्रवण, कीर्तन, नामस्मरण, पूजा तथा भगवत्कृपा और गुरुपूजा आदि सहायक तत्त्व हैं। दास्यभक्ति का मूल भाव है दैन्य। उसके सहायक तत्त्व तीन प्रकार के हैं : (1) स्थितिबोधात्मक, (2) विधायक, और (3) निषेधात्मक तत्त्व। भक्त अपने लौकिक जीवन में सांसारिक विषयों में आसक्ति, कर्मों में लिप्तता तथा ईश्वर के विस्मरण की वास्तविक दुखद स्थिति का बोध सर्वप्रथम प्राप्त करता है। उसका मानस जब सांसारिक विषय-

वासनाओं की प्रकृति को पहचान लेता है तब उसमें सांसारिक कर्मों के प्रति निर्लिप्तता और उदासीनता ज़ाग्रत होती है। सूरदास ने अनेक पदों में विषयासक्ति का वर्णन किया है। कर्म बंधन के कारण हैं, यह ज्ञात होते ही व्यक्ति सांसारिक कर्मों के प्रति उदासीन हो जाता है। सूरदास ने अनेक पदों में सांसारिक कर्मों का भव्य वर्णन करते हुए उसकी निस्सारता की घोषणा की है। "विमुख भयौ हरि चरन कमल तजि मन संतोष न आयौ" के बोध के जाग्रत होते ही भक्त भगवदोन्मुख होने लगता है। सूर के एक पद में ये सभी तत्त्व विद्यमान हैं :

जनम साहिबी करत गयौ।
काया-नगर बड़ी गुंजाइस, नाहिन कछु बढ़यौ।
हरि कौ नाम, दाम खोटे लौं, झकि-झकि डारि दयौ।
विषया-गांव अमल कौ टोटौ, हंसि-हंसि कै उमयौ। (64)

दास्यभक्ति के दूसरे तत्त्व विधिपरक हैं, जिसमें नाममहिमा, गुरुमहिमा, भगवत्कृपा, कामनाओं का त्याग, विनय और सत्संग आदि हैं। सूरदास ने इनका भरपूर वर्णन किया है। दास्यभक्ति के बाधक तत्त्वों का त्याग ही उसका निषेध पक्ष है जिसमें हरिविमुख संग त्याग ओर संसारासक्ति त्याग हैं। विनय के पदों में कुछ विद्वानों ने सख्य भाव खोजने का प्रयास किया है। सूरदास ने कुछ पदों में अपनी अधमता, दैन्य और भगवान की कृपालुता की चर्चा की है (पद सं. 130)। पतित और पतितपावन की इस होड़ में सूरदास का विनय ही प्रकट हुआ है। भगवान में उनकी दृढ़ दास्यभक्ति की व्यंजना को सख्य नहीं कहा जा सकता।

आत्मनिवेदन भक्ति का सहज धर्म है। शांत, दास्य, वात्सल्य, सख्य और माधुर्य—सभी प्रकार की भक्ति में आत्मनिवेदन का भाव प्रमुख होता है। इस आत्मनिवेदन में ही भक्ति की अनन्यता अभिव्यक्त होती है। सूरदास के विनय के पदों से यह ज्ञात होता है कि वे जागतिक जीवन के कटु-तिक्त रसों के आस्वादन के पश्चात ही भक्तिरस की ओर उन्मुख हुए थे। सूर का आत्मनिवेदन इस पद में प्रकट है :

अब मैं नाच्यौ बहुत गुपाल।
काम क्रोध कौ पहिरि चलना, कंठ विषय की माल।
महामोह के नूपुर बाजत, निंदा-सबद-रसाल।
भ्रम-भोयौ मन भयौ पखावज, चलत असंगत चाल।
तृष्ना नाद करति घट भीतर, नाना विधि दै ताल।
माया को कटि फेंटा बांध्यो, लोभ-तिलक दियौ भाल।
कोटिक कला काछि दिखराई जल थल सुधि नहिं काल।
सूरदास की सबै अविद्या दूरि करौ नंदलाल॥ (153)

इस पद में नृत्य की कत्थक शैली का रूपक है। कत्थक नृत्य शृंगारप्रधान होता है। यह सूर की प्रतिभा का ही प्रभाव है कि उन्होंने इसको भक्तिरस से सराबोर कर दिया है। वास्तव में सूरसागर का सारतत्त्व है मानवीय प्रेम को चिन्मुख करना। प्रेम के इस उदात्त रूप की भावना, कल्पना और व्यंजना ही सूरसागर की महान उपलब्धि है। इसी से सूरसागर जीवन का काव्य बन सका है। दास्य-भक्ति में आत्मनिवेदन और आत्मसमर्पण की परम अवस्था वह है जहां भगवद्-भक्ति भक्त की आत्मा का धर्म बन जाए (पद सं० 169)।

सूरदास ने श्रीकृष्ण की रसमयी ब्रजलीलाओं के गान के सहारे रागानुगा संबंधरूपा भक्ति की व्यंजना की है। संबंधरूपा भक्ति पांच भावों की होती है—शांत, दास्य, सख्य, वात्सल्य और माधुर्य। सूरदास की शांत और दास्य भाव की भक्ति का विवेचन विनय के पदों के संदर्भ में हो चुका है। शांत और दास्य भाव की भक्ति में सामान्य वैष्णव भावना का प्रकाशन है, उसमें कृष्ण, राम, विष्णु, हरि आदि को समान भाव से स्वीकार किया गया है। सूर की कृष्ण-भक्ति में ही विशेष अनुरक्ति है। कृष्ण की ब्रजलीलाओं के माध्यम से सख्य, वात्सल्य और माधुर्य भाव की गंभीर व्यंजना है। ब्रजलीला में वात्सल्य और माधुर्य ही मुख्य भाव हैं क्योंकि बाललीला और भावतीलीला सूरसागर में आदि से अंत तक व्याप्त है। बाललीला के बीच-बीच में माधुर्य भाव की व्यंजना है।

सूरदास के कृष्ण बचपन से ही वात्सल्य, सख्य और माधुर्य—तीनों भावों के आलंबन बन गए हैं। कृष्ण के प्रति ब्रजवासी अपने-अपने हृदय में अपने वय और संबंध के अनुसार तीनों भाव पालते हैं और संपूर्ण ब्रजलीला में इन तीनों भावों का क्रमशः विकास दिखाई पड़ता है। भक्तिशास्त्रों में शांत, दास्य, सख्य, वात्सल्य और माधुर्य भावों के क्रम में सख्य वात्सल्य के पूर्व आता है, परंतु सूरसागर में श्रीकृष्ण की लीला के विकासक्रम के अनुसार, वात्सल्य सख्य का पूर्ववर्ती है। सख्य को वात्सल्य का पूर्ववर्ती मानने का कोई विशेष कारण नहीं ज्ञात होता, क्योंकि अनुभूति की तीव्रता, प्रभाव की व्यापकता और भाव-स्थिरता की दृष्टि से सख्य और वात्सल्य में कोई भी भाव एक-दूसरे से हीन कोटि का नहीं है। लीला और भावों के विकास की स्वाभाविक गति की दृष्टि से वात्सल्य के बाद ही सख्य है और सख्य के उपरांत माधुर्य। सख्य और माधुर्य में भावना के स्तर पर मनोवैज्ञानिक समानता है क्योंकि माधुर्य सख्य का ही विकसित रूप है, माधुर्य के मूल में भी सख्य है। सूर की भक्तिभावना और भक्तिसाधना के विवेचन में वात्सल्य को सख्य के पहले रखना उचित प्रतीत होता है।

वात्सल्य भक्ति

वात्सल्य स्नेह प्रेम का अत्यंत कोमल रूप है और इसकी व्याप्ति प्राणी मात्र में

पाई जाती है । बालक के निष्कपट, सहज भोले नैसर्गिक सौंदर्य पर मानवमन का अनुराग स्वतः उमड़ पड़ता है । निःस्वार्थ निष्कलुष वात्सल्य स्नेह से पूरित मातृ हृदय की भावदशा की अनुभूति ही वात्सल्य भक्ति है । वात्सल्य का जैसा वैविध्य-पूर्ण विशद वर्णन सूरदास ने किया है, वैसा अन्यत्र दुर्लभ है। बालक के भोले स्वभाव, नैसर्गिक सौंदर्य, भावदशा तथा बालक्रीड़ाओं और वात्सल्य भाव में निमग्न मातृ हृदय की विशालता, शुचिता एवं अनुभूति प्रवणता का अत्यंत चित्रात्मक अंकन सूरदास ने किया है । सूरदास ने वात्सल्य के संयोग और वियोग दोनों पक्षों का उद्घाटन किया है। संयोग में आनंदमग्न हृदय और वियोग में वेदना-विदग्ध चित्त की सूक्ष्म भावदशाओं की अभिव्यक्ति सूरसागर में हुई है। यशोदा के मातृ हृदय की अनुभूति के साथ संपूर्ण लोक का शाश्वत मातृ हृदय उद्घाटित हुआ है । ब्रज में श्रीकृष्ण की बाललीलाएं तीन प्रकार की हैं : (1) मानवीय, (2) अतिमानवीय और (3) अलौकिक या दिव्य । सूरदास ने संपूर्ण ब्रजलीला में कृष्ण का मानवीय और दिव्य रूप समानांतर कायम रखा है । कृष्ण की लीला की रहस्यात्मकता से सूर ने कृष्ण के भगवतस्वरूप की ओर संकेत किया है । बाललीला में जहां कृष्ण का अलौकिक रूप प्रकट है, वहां वात्सल्य के साथ संभ्रमगत दास्य भी व्यंजित हुआ है ।

वात्सल्य भक्ति का आधार है श्रीकृष्ण का बालक रूप, श्रीकृष्ण की रूप माधुरी और क्रीड़ा माधुरी । सूरदास ने श्रीकृष्ण की रूप माधुरी और ललित क्रीड़ाओं का मनोहर वर्णन किया है। श्रीकृष्ण का बालरूप संपूर्ण लोक के रूपरसिक लोचनों के अनुराग का केंद्र है। यशोदा का हृदय आनंद का विशाल सागर है । वह कृष्ण को पालने में झुलाती हैं, लोरी गाकर सुनाती हैं और जब कृष्ण करवट बदलते हैं तो उस शोभा की लहरें यशोदा के मानस-तट को छू लेती हैं । यशोदा तरह-तरह की अभिलाषाएं हृदय में पालती हैं, जो कृष्ण के साथ-साथ विकसित होती हुई दिखाई देती हैं । कृष्ण के अनिष्ट की आशंका से यशोदा का मातृ हृदय व्याकुल हो जाता है और दूसरे क्षण कृष्ण के दूध के दांतों को देखकर प्रेममग्न यशोदा तनमन की सुधि भूल जाती हैं। सूरदास ने श्रीकृष्ण की बाललीलाओं का अत्यंत मनोहर चित्रण सूरसागर में किया है और सूर के पदों के आधार पर अनेक कुशल चित्रकारों ने चित्र निर्मित किए हैं । अब भी अनेक शब्दचित्र कुशल संवेदनशील चित्रकारों की प्रतीक्षा कर रहे हैं। इस प्रकार बालक कृष्ण की रूप-माधुरी और क्रीड़ामाधुरी के संयोग से वात्सल्य की भावधारा प्रवाहित हुई है। सूरदास ने बाललीला में ही एक स्थल पर राम और कृष्ण का अद्वैत स्थापित किया है (पद सं. 816) । यह सूर की उदार भक्तिभावना का प्रमाण है । सूर पर सांप्रदायिकता के आग्रह का आरोप अनुचित है। संयोग वात्सल्य में यशोदा की तन्मयता में वात्सल्य भक्ति का पर्यवसान दिखाई पड़ता है ।

संयोग के साथ-साथ वात्सल्य का वियोगपक्ष भी सूरसागर में अभिव्यक्त है। संयोगपक्ष में बालक का रूप और उसकी क्रीड़ाओं का लालित्य है किंतु वियोग में मातृ हृदय की गहन अनुभूतियों का मर्मस्पर्शी रूप व्यक्त है। श्रीकृष्ण के वियोग से सारा ब्रजमंडल व्याकुल है किंतु माता का हृदय उस वियोग-वेदना को हजार गुना अधिक तीव्रता से अनुभव करता है। यशोदा का दैन्य और विनय इस वियोग-वात्सल्य में ही प्रकट हुआ है। आशा और निराशा के बीच स्थित यशोदा का मातृ हृदय दीनता, अधैर्य, विरक्ति और वेदना का सागर बन गया है। इस प्रकार यशोदा की वात्सल्यानुभूति में वात्सल्य भक्ति की व्यंजना है।

सख्य भक्ति

श्रीकृष्ण की गोकुललीला में वात्सल्य भक्ति की व्यंजना है और वृंदावनलीला में सख्य भक्ति की। भगवान से सख्य भाव की स्थापना ही सख्य भक्ति है। लौकिक व्यवहार में सख्य के चार रूप होते हैं: (1) बंधु, (2) सखा, (3) मित्र और (4) सुहृद। बंधुत्व में वियोग असह्य होता है और सखा वे हैं जो सम प्राण हों। एक प्रकार के कार्य-व्यापार में रत व्यक्ति मित्र होते हैं और सुहृदय वे हैं जो सदा सहमत हों। माखनचोरी, गोचारण और दूसरी वृंदावनलीलाओं में गोप बालक कृष्ण के सखा हैं। ब्रज के गोप बालक श्रीकृष्ण के बंधु, सखा, नित्र, और सुहृद हैं। सभी गोप बालक श्रीकृष्ण के बंधु हैं, क्योंकि कृष्ण का वियोग उनके लिए असह्य है। वे सखा हैं क्योंकि कृष्ण में ही उनके प्राण बसते हैं। वे सभी कृष्ण के साथ कृष्ण के कार्यों में सहयोग करते हैं, इसलिए मित्र हैं। गोप बालक सदा कृष्ण के मत का अनुसरण करते हुए दिखाई पड़ते हैं, अतः वे सुहृद हुए। वल्लभ संप्रदाय में सख्य भक्ति की बड़ी महत्ता है। अष्टछाप के आठों कीर्तनकार कवियों को अष्टसखा माना जाता है और इसलिए कभी-कभी सूरदास की भक्ति को कुछ लोग सख्य भाव की भक्ति मान लेते हैं। सख्य का प्रयोग अष्टछाप के अष्टसखा की परंपरा के अर्थ में ही होता है, वह सूर की भक्तिभावना का कोई विशेष स्वरूप नहीं है।[17]

सूरसागर में कृष्ण के सखा चार प्रकार के हैं: अर्जुन, उद्धव, सुदामा और ब्रज के गोप बालक। श्रीकृष्ण ने स्वयं इन चारों के साथ अपने सख्य को स्वीकार किया है। इनके सख्य की प्रकृति की भिन्नता के कारण सख्य भक्ति भी चार प्रकार की हो जाती है। श्रेष्ठ सख्य भक्ति ब्रज गोपों की ही है, इसलिए ब्रज गोपों के सख्य भाव को ही सख्य भक्ति का आदर्श माना जाता है। सूरदास ने भी ब्रज के गोपों के सख्य भाव को अधिक विस्तार और गहराई के साथ अभिव्यंजित किया है। ब्रज के गोप सखाओं की भावतन्मयता, आत्मीयता और घनिष्टता में सख्य भक्ति का प्रकाशन हुआ है। गोकुललीला में श्रीकृष्ण सखाओं के साथ अनेक

प्रकार के खेलों में भाग लेते हैं। गोप सखा प्रातःकाल ही कृष्ण के घर पहुंचकर उन्हें खेलने के लिए बुलाते हैं। कृष्ण, बलराम, सुबल, श्रीदामा और सुदामा आदि के साथ क्रीड़ामग्न दिखाई पड़ते हैं। आंखमुदाई के खेल में श्रीदामा से कृष्ण हार गए तो रिस करने लगे। श्रीकृष्ण को कुछ रुष्ट और कुछ रूठा जान-कर श्रीदामा ने कहा कि खेल में रुष्ट होने और रूठने का कोई अर्थ नहीं है। खेल की हार-जीत में बड़े और छोटे का कोई भेद नहीं है :

खेलत मैं को काको गुसैयां।
हरि हारे जीते श्रीदामा, बरबस हीं कत करत रिसैयां।
जाति पांति हमतें बड़ नाहीं, नाहीं बसत तुम्हारी छैयां।
अति अधिकार जनावत-यातैं जातैं अधिक तुम्हारे गैयां।
रुहठि करै तासौं को खेलै, रहे बैठि जहं तहं सब ग्वैयां।
सूरदास प्रभु खेल्यौइ चाहत, दाउं दियो करि नंद दुहैयां। (863)

सख्य भाव में समानता आवश्यक है। इस समता के भाव की ही व्यंजना उपर्युक्त पद में हुई है।

माखनचोरी में भी कृष्ण के साथ उनके गोप सखा हैं। कृष्ण माखन खाते हैं और दूसरे सखाओं को भी देते हैं। कृष्ण के साथ गोपों का सख्य वृंदावन के गोचारण में विशेष विकसित हुआ है। कृष्ण सखाओं के साथ गोचारण में परम प्रसन्न हैं। कृष्ण वृंदावन में गाय चराते हैं और अनेक राक्षसों से सखाओं की सुरक्षा भी करते हैं। राक्षसवध की अलौकिक लीलाओं के कारण गोपों में विस्मय का भाव उत्पन्न होता है, किंतु कवि ने उनमें सख्य का आत्मविश्वास सदा कायम रखा है, इसलिए सख्य दास्य नहीं हो पाता है। कृष्ण भी बराबर सखाओं के साथ समानता का व्यवहार करते हैं। कृष्ण के घर से छाक आई तो कृष्ण ने सभी सखाओं को बुलाया। वे सभी सखाओं के आगे छाक बांटते हैं और उनके बीच में बैठकर भोजन करते हैं। कृष्ण अपना हिस्सा न खाकर सखाओं के हाथ से ले-लेकर खाते हैं :

आई छाक, बुलाए स्याम।
यह सुनि सखा सबै जुरि आए, सुबल, सुदामा अरु श्रीदामा।
कमल-पत्र दोना पलास के, सब आगैं धरि परुसत जात।
सूर स्याम अपनौ नहिं जेंवत, ग्वालनि कर तैं लै लै खात। (1083)

सहज समानता और सद्भावना पर आधारित यह सख्य का स्वाभाविक स्वरूप है। सूरदास ने सखाओं में परस्पर आरोप-प्रत्यारोप एवं शिकायत आदि से युक्त व्यंग्य विनोदमय सख्य का विकास दिखाया है। वन में बलराम कृष्ण को कभी हाऊ के नाम से डराते हैं और कभी उनको खरीदा हुआ कहकर चिढ़ाते हैं। काली दमन लीला के प्रारंभ में ही खेल में गोप कृष्ण के साथ निर्द्वंद्व भाव से

समानता का व्यवहार करते हैं। जब श्रीदामा की गेंद कृष्ण से कालीदह में गिर गई तो श्रीदामा ने दौड़कर कृष्ण का फेंटा पकड़ लिया और अपनी गेंद मांगने लगे। कृष्ण के कालीदह में कूदते ही उनके अनिष्ट की आशंका से ग्वाल बालक अत्यंत व्याकुल दिखाई पड़ते हैं।

कृष्ण अपनी मुरली की मधुर ध्वनि से सखाओं का मनोरंजन करते हैं और सखागण मुरली के संगीत में अपनी आत्मा की झंकार पाते हैं। वे बार-बार कृष्ण से मुरली बजाने का आग्रह करते हैं। गोप सखा कृष्ण से जन्म-जन्मांतर के सख्य की प्रार्थना करते हैं, उनके चरणों के समीप रहने की कामना व्यक्त करते हैं। यही सख्य का भक्ति रूप है :

ग्वाल सखा कर जोरि कहत हैं, हमहिं स्याम तुम जनि बिसरावहु।
जहां जहां तुम देह धरत हौं, तहां तहां जनि चरन छुड़ावहु॥ (1068)

मधुर भक्ति

माधुर्य भाव की मधुर भक्ति रागात्मिका भक्ति का श्रेष्ठ रूप है। इस मधुर भक्ति का स्थायी भाव माधुर्य, कांता रति या मधुरा रति है। लोकपक्ष में जो काव्यरस श्रृंगार है, वही भक्तिरसशास्त्र में मधुर रस या उज्ज्वल रस है। काव्यरस और भक्तिरस में यह अंतर है कि काव्यरस जीवनोन्मुख होता है और भक्तिरस आत्मोन्मुख। मधुर रस में श्रृंगार रस के उपादानों एवं अवस्थाओं का समावेश हो जाता है। श्रृंगार रस का औचित्य और अनौचित्य विचार मधुर रस के लिए उपयोगी नहीं हैं, क्योंकि माधुर्य भाव के आलंबन सच्चिदानंद भगवान श्रीकृष्ण हैं। मधुर रस में प्रेम के दो रूप हैं : स्वकीया प्रेम और परकीया प्रम। ब्रज की गोपियों को मधुर भक्ति का आधार माना जाता है और उनमें कुछ स्वकीया हैं और कुछ परकीया।

मानवीय भावों में अनुभूति की तीव्रता, गहनता, सघनता तथा प्रभाव की व्यापकता की दृष्टि से प्रेम श्रेष्ठ भाव है। उसका अत्यंत घनीभूत रूप स्त्री-पुरुष के पारस्परिक रति-भाव में प्रकट होता है। रति-भाव से उत्पन्न आनंद की तीव्रता और गहराई की दृष्टि से स्वकीया प्रेम से परकीया प्रेम श्रेष्ठ ज्ञात होता है, इसलिए चैतन्य महाप्रभु ने परकीया प्रेम को ही मधुर भक्ति का आदर्श माना है। भक्तिशास्त्रियों ने मधुर भक्ति को सर्वोच्च भक्ति भाव इसलिए माना है कि इसके स्थायी भाव कांतारति में तल्लीनता, घनिष्ठता, आत्मोत्सर्ग एवं आत्मविस्मृति की जैसी सिद्धावस्था होती है, वैसी भावदशा की उपलब्धि अन्य भावों में संभव नहीं है। प्रेम में आत्मसमर्पण की मनोदशा का प्रतिनिधित्व भावना और कामना-मूर्ति नारी के व्यक्तित्व में जिस सहजता एवं स्वाभाविकता से संभव है वैसा पुरुष के व्यक्तित्व में संभव नहीं है। इसलिए ब्रज की गोपियों को

प्रेम का प्रतीक माना जाता है और गोपी-भाव की चरम उत्कर्षित अवस्था को ही राधा-भाव कहा गया है। राधा और गोपियों के आत्मसमर्पण तथा आत्म-निवेदन की भावदशा ही मधुर भक्ति की सिद्ध भावदशा है। यही नारदभक्ति-सूत्र की प्रेमभक्ति है, सूरदास की प्रेमलक्षणाभक्ति है और यही पराभक्ति भी है।

मानव की मूल प्रवृत्तियों में काम सर्वाधिक प्रबल और सर्वातिशायी प्रवृत्ति है और रति उसका भावरूप है। इंद्रियों के धर्मों में बंधा मनुष्य सहज ही काम-निबद्ध हो जाता है, क्योंकि सभी इंद्रियां काम की साधना में सहायक हैं। काम की अभिव्यक्ति विभिन्न कामनाओं के रूप में होती है और व्यक्ति का संपूर्ण जीवन इन कामनाओं की संतुष्टि में ही समाप्त हो जाता है, उसका ध्यान आत्मा के सहज धर्म ज्ञान की ओर उन्मुख नहीं हो पाता। गीता के अनुसार, स्थितप्रज्ञता के लिए मन की सभी कामनाओं का परित्याग आवश्यक है। सबल इंद्रियां मनुष्य के मन को कामनाओं की ओर आकर्षित करती हैं। इंद्रियासक्ति से विषयासक्ति बढ़ती है और आसक्ति से काम उत्पन्न होता है तथा काम से ही क्रोध, क्रोध से मोह और मोह से स्मृतविभ्रम, विभ्रम से बुद्धि विनाश और बुद्धि विनाश से सर्वात्म विनाश की अवस्था आती है। इस प्रकार काम मनुष्य के विनाश का कारण बन जाता है। काम मनुष्य की सबसे बड़ी कमजोरी है और शक्ति भी। काम के संयमित उपयोग से सृजनशक्ति का उद्भव होता है और काम का शिवत्व प्रकट होता है।

सूरदास ने काम के विनाशकारी और कल्याणकारी—दोनों रूपों को पूर्णतया पहचाना था। 'आलिंगन चुंबन परिरंभन, नखछत चारु परस्पर हांसी' के माध्यम से व्यक्त होने वाले काम की शक्ति और गति की पहचान के कारण ही सूरदास ने मध्यकाल के अन्य संतों एवं भक्तों की भांति अस्वीकार-तिरस्कार के द्वारा उसके दमन का मार्ग न अपनाकर उसकी सहज गति को भगवदोन्मुख कर दिया तथा उसे सच्चिदानंद में विसर्जित कर परम उदात्त बना दिया। लोकबद्ध मानव-विषयक काम ही ईश्वरविषयक होने पर अलौकिक प्रेम बन जाता है। लौकिक ऐंद्रिक काम के अलौकिक अतींद्रिय भाव को भागवत्स्वरूप में नियोजित करने में ही सूरदास के भक्तिकाव्य की सफलता है। संपूर्ण लौकिक बाधा-बंधनों, आसक्ति-प्रलोभनों एवं विधि-निषेध से उन्मुक्त होकर गोपी भाव से सर्वात्म-समर्पण ही मधुर भक्ति की चरम अवस्था है, जिसकी सूरसागर में सफल व्यंजना हुई है।

सूरसागर में स्वकीया और परकीया दोनों प्रकार की गोपियां हैं, परंतु सूरदास ने स्वकीयत्व को ही विशेष प्रधानता दी है और इसलिए रासलीला में राधा-कृष्ण विवाह का आयोजन करके राधा को स्वकीया बनाया है। ब्रज की गोपियां कुमारियां हैं जो अनन्यपूर्वा हैं और कृष्ण को अपना पति मानती और

जानती हैं। उन्होंने कृष्ण को पति के रूप में प्राप्त करने के लिए शिव और सूर्य की आराधना की है तथा कृष्ण उनकी मनोकामना को पूर्ण करते हैं। कुछ ऐसी भी गोपियां हैं जो अन्यपूर्वा हैं, फिर भी लोकलाज और लौकिक मर्यादा को तोड़कर कृष्ण से प्रेम करती हैं। उनका चित्त कृष्ण में अनुरक्त है, वे कृष्ण के सौंदर्य पर लुब्ध और मुग्ध हैं; कृष्ण उनकी आंखों में, प्राण में, हृदय में, तन और मन में बस गए हैं। एक ओर कृष्ण का प्रेम और दूसरी ओर लोकलाज का भय है। इसके बीच में अन्यपूर्वा गोपियों की विकल मनोदशा है। चैतन्य मत में परकीया-प्रेम की स्वीकृति है, किंतु वल्लभ संप्रदाय में स्वकीया-प्रेम को ही विशेष महत्त्व देने के कारण सूरसागर में गोपियों का स्वकीया रूप ही प्रधान है।

सूरदास ने स्वकीया के क्रमशः विकासशील स्वरूप को उपस्थित किया है। कृष्ण बचपन से ही गोपियों के आकर्षण के कारण हैं और गोपियों के मन में कृष्ण के लिए अनुराग है। माखनचोरी में भावतीलीला का आयोजन है। कृष्ण का नयनाभिराम मोहक सौंदर्य और उनकी वंशी का आकर्षण संगीत गोपी-कृष्ण लीला के साधन हैं। कृष्ण सौंदर्य के सागर हैं और गोपियों का मन इस सौंदर्य-सिंधु में निमग्न है। कृष्ण प्रेमघन हैं और गोपियों का चित्त चातक है। कृष्ण के एक-एक अंग के असीम सौंदर्य पर गोपियां मुग्ध हैं, विमोहित हैं। गोपियां काम-मोहित हैं और कृष्ण को पति के रूप में प्राप्त करने की अभिलाषा व्यक्त करती हैं। चीरहरणलीला में गोपियों के निर्द्वंद्व अंनुराग की प्रथम अभिव्यक्ति हुई है और चीरहरणलीला के सहारे कृष्ण गोपियों के मन के संकोच, द्वंद्व, झिझक आदि को मिटाने का प्रयास करते हैं। पनघटलीला में नोक-झोंक और छेड़छाड़ चलती है, जिसमें गोपियों का आंतरिक अनुराग प्रकट हुआ है। दानलीला में कृष्ण गोपियों से गोरस का दान (इंद्रियरस का दान) मांगते हैं और गोपियां सहर्ष सर्वस्व दान करती हैं। गोपियां आत्मदान कर परम प्रसन्न हैं, हरिरस निमग्न हैं और उनकी इस तल्लीनता और तन्मयता में ही गोपी भाव की पराकाष्ठा है। सूरदास के शब्दों में गोपियां प्रेम की प्रतिमाएं हैं, उन्होंने कृष्ण को अपना सर्वस्व अर्पित कर दिया है :

ग्वालिनी प्रगट्यौ पूरन नेहु।
दधि भाजक सिर पर धरे कहति गोपालहिं लेहु।
वन-बीथिनि अरु पुर-गलिनि, जहां-तहां हरि-नाउं।
समुझाई समुझति नहीं, सिख दै बिथक्यौ गाउं।
पिये प्रेम बर बारुनी, बलकति मुख न सम्हार।
पग डगमग जित तित धरति, बिथुरी अलक लिलार।
चित्त आकर्ष्यौ नंद-सुत मुरली मधुर बजाइ।
जिहिं लज्जा जग लज्जियै (सो) लज्जा गई लजाइ। (2258)

रासलीला सामूहिक संयोग की अवस्था है। वह महामिलन है। रासलीला रसलीला है, मधुर रसलीला है (पद सं. 1798)।

माधुर्य भाव का सर्वोत्कृष्ट रूप राधा-कृष्ण की प्रेमलीला में व्यक्त हुआ है। राधा-कृष्ण का प्रेम बचपन से ही क्रमशः विकसित हुआ है। दोनों एक-दूसरे के सौंदर्य पर आकृष्ट हैं। दोनों के मन में अनुराग की अविच्छिन्न धारा प्रवाहित होती दिखाई पड़ती है। सौंदर्य, साहचर्य और सहयोग के सहारे विकसित यह प्रेम, प्रेम का आदर्श रूप है। गारुड़ी-प्रसंग में राधा की पूर्वानुरागजनित विकलता का वर्णन है। सूरदास के अनुसार राधा और कृष्ण दो शरीर एक प्राण हैं, उनमें कोई भेद नहीं है। वे प्रकृति और पुरुष हैं, उनका ब्रज में यह भेद लौकिक है, वास्तविक नहीं। राधा और कृष्ण परम चैतन्य के ही दो रूप हैं। उनका प्रेम पुरातन है। वे सनातन हैं और उनका यह लौकिक रूप लीलारूप है। उनकी गुप्तलीला शाश्वत है, प्रेम शाश्वत है, लेकिन इस प्रकटलीला में लोकलाज एवं कुलकानि की चिंता है। रासलीला में राधा नायिका हैं। वे रास के मध्य में विराजमान हैं। कृष्ण जगनायक हैं और राधा जगदीशप्रिया, जगतजननी और जगतरानी हैं। वृंदावन में राधा-कृष्ण का विहार नित्य है। रासलीला में राधा स्वकीया है। वे दोनों मूर्तिमान राग-रागिनी हैं। रासलीला में राधा जीव है और सभी गोपियां देह। राधा गोपियों की आत्मा हैं। रासलीला के पश्चात ग्रीष्मलीला, युगल समागम, मानलीला, दंपत्ति विहार, खंडिता प्रकरण, झूलन और वसंतोत्सव के सहारे राधा-कृष्ण की प्रेमलीला चलती है।

मधुर भक्ति में विरह दशा या परम विरहासक्ति की विशेष महत्ता है। इस विरह दशा में ही तन्मयासक्ति और परम विरहासक्ति का उत्कर्ष दिखाई पड़ता है। विरह में प्रेम का विशुद्ध निष्कलुष रूप वहां प्रकट है जहां प्रिय और प्रिया, राधा और कृष्ण शरीर से वियुक्त होकर भी मन और आत्मा से सदा संयुक्त हैं। वियोग में प्रेम की अद्वैतावस्था होती है। वियोग में प्रिय प्रिया की आत्मा का अंश बन जाता है। सूरदास ने सिद्धांत-रूप में भी प्रेम में विरह की दशा की आवश्यकता पर बल दिया है। वियोग प्रेम की सिद्धावस्था है। वह चित्त की समाधि अवस्था है जहां तन्मयता, तद्रूपता और तल्लीनता का चरमोत्कर्ष दिखाई पड़ता है। सूरसागर में कृष्ण के मथुरागमन के पश्चात विरह का ऐसा ही वर्णन है।

भ्रमरगीत में गोपियों की विरह दशा के वर्णन में भी प्रेमाभक्ति की श्रेष्ठता प्रतिपादित है। वियोग में कृष्ण का साक्षात रूप अनुपस्थित है, इसलिए वह प्रेमानुभूति का विषय नहीं है। वियोग में प्रेम आत्मानुभूति का विषय बन गया है, प्रिय का अतींद्रिय स्वरूप अब आत्मानुभव से ही ग्राह्य है। प्रेम की परम विरहासक्ति की दशा तथा चेतना का शाश्वत आनंदमय रूप वहां दिखाई पड़ता है, जहां कृष्ण के वियोग में राधा ही हरि बन गई हैं। प्रेम में तादात्म्य तथा

एकात्म्य की यह भावदशा ही मधुर भक्ति की परम उत्कर्षित अवस्था है। प्रिय और प्रिया का, भक्त और भगवान का, ज्ञाता और ज्ञेय का यह पूर्ण एकात्म्य ही प्रेम, भक्ति और ज्ञान की सिद्धावस्था है।

वल्लभ संप्रदाय और सूर का काव्य

दार्शनिक पृष्ठभूमि : वल्लभाचार्य द्वारा प्रतिपादित दार्शनिक मत को शुद्धाद्वैत, ब्रह्मवाद तथा अविकृत परिणामवाद कहा जाता है और उसके साधना पक्ष को पुष्टिमार्ग कहा जाता है। वल्लभाचार्य के अनुसार, ब्रह्म के निर्गुण और सगुण दो रूप हैं और ब्रह्म के ये दोनों रूप वास्तविक हैं। ब्रह्म में परस्पर विरोधी धर्मों की सत्ता है। लेकिन ब्रह्म के रूप में यह विरोधधर्मिता आभासिक है, वास्तविक नहीं। वल्लभाचार्य ने शंकराचार्य द्वारा प्रतिपादित ब्रह्म के व्यावहारिक और पारमार्थिक, सोपाधिनिरुपाधि या सगुणनिर्गुण भेद को अस्वीकार कर दिया। ब्रह्म सत् चित् और आनंदस्वरूप है। वह सर्वकर्मा सर्वशक्तिमान है तथा कारणरूप में वह सर्वकर्ता और सर्वभोक्ता है। ब्रह्म इस जगत का समवायी और निमित्त कारण है। यह सारी सृष्टि ब्रह्म की आत्मकृति है, यह सृष्टि ब्रह्म की लीला का विलास है, यह जगत ब्रह्म का अधिकृत परिणामरूप है और वास्तविक है। संसार जगत से भिन्न है। जगत ईश्वरकृत है और संसार माया की अविद्या शक्ति से ग्रस्त जीव का निर्माण है। इसलिए जगत वास्तविक और संसार अवास्तविक है। जीव परमात्मा का अंश है, अणु है। वल्लभाचार्य ने परब्रह्म को पुरुषोत्तम कहा है। वल्लभाचार्य के अनुसार ब्रह्म, जीव और जगत के संबंध की व्याख्या उनके आविर्भाव-तिरोभाव सिद्धांत में हुई है। अक्षर ब्रह्म अपने सत्, चित् और आनंद तीनों स्वरूपों का आविर्भाव-तिरोभाव करता है। इन तीनों स्वरूपों का प्रकाश तीन शक्तियों से होता है : सत् का संधिनी शक्ति से, चित् का संवित् शक्ति से और आनंद का ह्लादिनी शक्ति से। पुरुषोत्तम में ये तीनों शक्तियां अनावृत्त रहती हैं, सत् चित् आनंद तीनों स्वरूप प्रकाशित रहते हैं। जीव में सत् और चित् का आविर्भाव होता है और आनंद आवृत होता है। जड़ जगत् में केवल सत् स्वरूप अनावृत होता है, अर्थात संधिनी शक्ति अनावृत होती है और शेष आवृत। इस सिद्धांत के अनुसार माया ब्रह्म और जीव के बीच में स्थित नहीं है और वह जगत का कारण नहीं है। ब्रह्म और जीवात्मा के बीच माया के संबंध से रहित विशुद्ध अद्वैत संबंध स्थापना के कारण वल्लभाचार्य का दार्शनिक मत शुद्धाद्वैत कहा जाता है। यह मायारहित स्वतंत्र ब्रह्म ही इस जगत के कार्य तथा कारण के रूप में सर्वत्र व्याप्त है, इसलिए जगत की सत्ता भी वास्तविक है। जगत मायाजन्य न होकर पुरुषोत्तम की आत्मकृति या आत्मसृष्टि है। वह किसी विकृति का परिणाम नहीं, बल्कि पुरुषोत्तम की लीला का परिणाम है। वल्लभ

मत को अविकृत परिणामवादी भी कहा जाता है।

वल्लभाचार्य का भक्तिमार्ग पुष्टिमार्ग कहलाता है। वल्लभाचार्य के अनुसार जीव, देह और क्रियाभेद से तथा फल-परंपरा से तीन प्रकार के मार्ग हैं : पुष्टिमार्ग, प्रवाहमार्ग और मर्यादामार्ग। इसमें पुष्टिमार्ग ही भक्तिमार्ग है। मर्यादामार्ग वैदिक मार्ग है, जिसमें लोकमर्यादा की रक्षा ही प्रधान लक्ष्य है। मर्यादामार्ग का मूल मंत्र है : कर्मानुरूपं फलम्। मर्यादामार्ग का अंतिम लक्ष्य मोक्ष प्राप्ति है और यह फल शास्त्रविहित ज्ञान तथा कर्म के आचरण से प्राप्य है। संसार या लोक के प्रवाह में पड़कर लौकिक सुखभोग के हेतु प्रयत्न करना ही प्रवाहमार्ग है। यह संसार एक प्रवाह है, सतत परिवर्तनशील प्रवाह; और इस प्रवाह के अनुकूल स्वतः प्रवाहित होकर सांसारिक सुखभोग को ही जीवन का साध्य मानना प्रवाह मार्ग है। प्रकृति और प्रवृत्ति के अनुसार इन तीन मार्गों के अनुरूप जीव भी तीन प्रकार के होते हैं : (1) पुष्टिजीव, (2) मर्यादाजीव, (3) प्रवाही-जीव। पुष्टिजीव भगवत्कृपा का आकांक्षी होता है। मर्यादाजीव वेदमत, वैदिक आचरण, परंपरा, आप्तवाक्य तथा आत्मविवेक के अनुसार अपने धार्मिक जीवन का संचालन करते हैं। प्रवाहीजीव जीवनधर्म या युगधर्म को ही प्रमाण मानकर उसके अनुकूल आचरण करते हैं। पुष्टिजीव और मर्यादाजीव को दैवीजीव तथा प्रवाहीजीव को आसुरीजीव भी कहा जाता है। वल्लभाचार्य के अनुसार आसुरी-जीव के दो भेद हैं : दुर्ज्ञ और अज्ञ। अज्ञ आसुरी जीवों का उद्धार संभव है, लेकिन दुर्ज्ञ जीवों की अंतःप्रकृति आसुरी होती है, अतः इनका सुधार एवं उद्धार असंभव है। वल्लभाचार्य ने जीव की एक अन्य कोटि को संबंधिजीव कहा है जो दूसरी प्रकृति के जीवों के संपर्क से ही अपना स्वभाव बदलते रहते हैं।

डॉ० भंडारकर ने लिखा है कि वल्लभाचार्य के मतानुसार[18] पुरुषोत्तम श्रीकृष्ण ही परम ब्रह्म हैं। उनका शरीर सत् चित् आनंदमय है। उनकी लीला शाश्वत है। वे अपने भक्तों के साथ वृंदावन में नित्य लीला करते हैं। कृष्ण परमानंदस्वरूप हैं। वे अपने इच्छा से सत् स्वरूप को प्रधान कर देते हैं और अक्षर होकर कारणों के कारण और सृष्टि के कर्ता बनते हैं। अक्षर ब्रह्म के दो प्रकार हैं : एक तो वह जिसे भक्त पुरुषोत्तम धाम कहते हैं और दूसरा ज्ञानियों का सच्चिदानंद, स्वयं प्रकाश, अनादि, अनंत, निर्गुण और निर्विशेष प्रतीत होने वाला रूप। ज्ञानियों को प्रतीयमान परमात्मा के इस रूप में उनके दिव्य गुणों का अभाव नहीं होता है, बल्कि ये दिव्य गुण आवृत रहते हैं। पुरुषोत्तम श्रीकृष्ण ही सूर्य, चंद्र, पृथ्वी के रूप में स्थित होकर विश्व का नियमन और परिचालन करते हैं और उनका यह अंतर्यामी रूप है। उनका अंतर्यामी रूप ही अवतारों के रूप में बहिर्यामी होता है। लोकरक्षक विष्णु, स्रष्टा ब्रह्मा और संहारक रुद्र के रूप में पुरुषोत्तम श्रीकृष्ण के क्रमशः सत्व, रज और तमो गुणों का ही रूपायन होता

है। ऐसे पुरुषोत्तम श्रीकृष्ण की कृपा से ही पुष्टिमार्गी भक्ति प्राप्त होती है।

वल्लभाचार्य का भक्तिमार्ग पुष्टिमार्ग है। पुष्टि भगवत्कृपा है और यह भगवत्कृपा ही पुष्टिमार्गी भक्ति का आधार तत्त्व है। पुष्टि का अर्थ है भगवतानुग्रह, भगवान का अनुग्रह, भगवत्कृपा। श्रीमद्भागवत में एक सूत्र है 'पोषणं तदनुग्रहः।' यही पुष्टिमार्गी भक्ति का बीज मंत्र है। मर्याद मार्ग में ज्ञान और कर्म की अपेक्षा होती है, किंतु पुष्टिमार्ग इससे निरपेक्ष होता है। वास्तव में परम चैतन्य तत्त्व की उपलब्धि केवल ज्ञान या कर्म से संभव नहीं है। कठोपनिषद का मत है :

नायमात्मा प्रवचनेन लभ्यो
न मेधया न बहुना श्रुतेन।
यमेवैष वृणुते तेन लभ्य—
स्तस्यैष आत्माविवृणुते तनूं स्वाम्॥ 1।2।23॥

जब तक परमात्मा कृपापूर्वक अपने स्वरूप का बोध भक्त को नहीं कराता है तब तक उस परमात्मा का बोध और अनुभव संभव नहीं है। परमात्मा की प्राप्ति का यह प्रकार ही कृपामार्ग है, अनुग्रहमार्ग है या पुष्टिमार्ग है। महापुष्टि पुरुषोत्तम की परम कृपा है जो भक्त को सांसारिक बाधा-बंधनों से विमुक्त कर पुरुषोत्तम को सुलभ बनाती है। विशिष्ट पुष्टि भक्ति का कारण बनती है जिससे भगवत्-प्राप्ति होती है। इस विशिष्ट पुष्टि से उत्पन्न भक्ति ही पुष्टिभक्ति कही जाती है। वल्लभ मत में जो पुष्टि है, वही प्रकारांतर से शाक्तमत में शक्तिपात् और ईसाई मत में दिव्य कृपा अवतरण हैं।

पुष्टिभक्ति चार प्रकार की होती है : (1) प्रवाह पुष्टिभक्ति, (2) मर्यादा पुष्टिभक्ति, (3) पुष्टि पुष्टिभक्ति, और (4) शुद्ध पुष्टिभक्ति। प्रवाह पुष्टि-भक्ति में जागतिक कार्य-व्यापारों में लगा हुआ भक्त भगवत्प्राप्ति के लिए प्रभु की असंबद्ध आराधना करता है। मर्यादा पुष्टिभक्ति में भक्त लौकिक विषयों एवं कर्मों से मन को हटाकर भगवान में लगाता है और नाम स्मरण, श्रवण, कीर्तन, वंदन आदि के माध्यम से अपने चित्त को भगवान में अनुरक्त करता है। पुष्टि पुष्टिभक्ति में भक्त को भगवान के प्रति व्यसन-सा हो जाता है। शुद्ध पुष्टि-भक्ति प्रेमाभक्ति है। इसमें भक्त भगवत्कृपा का अनुभव करता हुआ परमानंद को प्राप्त होता है। वल्लभाचार्य के अनुसार प्रेमभक्ति की तीन अवस्थाएं हैं : (1) प्रेम, (2) आसक्ति और (3) व्यसन। आसक्तियां तीन प्रकार की होती हैं : स्वरूपासक्ति, लीलासक्ति और भावासक्ति। प्रेमभक्ति में लीन भक्त सालोक्य सामीप्य, सारूप्य, और सायुज्य मुक्तियों का त्याग कर देते हैं और भगवत्सेवा में ही रत रहते हैं। ऐसा भक्त भगवान के सर्वात्म्य रूप की अनुभूति करता है और उसका अंतर तथा बाह्य जगत पुरुषोत्तममय हो जाता है।

प्रेम भक्ति का साध्य कृष्ण की नित्य लीला में प्रवेश है। भक्त गोपी, गोप, पशु-पक्षी आदि के रूप में लीला में भाग लेते हैं और पुरुषोत्तम के साथ असीम आनंद का अनुभव करते हैं। ये शाश्वत लीलाएं कृष्ण की ब्रज और वृंदावन की प्रकट लीलाओं की भांति ही हैं। मर्यादा पुष्टिभक्ति-भाव के भक्त सायुज्य मुक्ति प्राप्त करते हैं और उनका हरि के साथ ऐक्य स्थापित हो जाता है।

वल्लभाचार्य के अनुसार भगवान के प्रति माहात्म्य ज्ञान रखते हुए जो सुदृढ़ और सबसे अधिक स्नेह हो, वही भक्ति है।[19] भक्ति के लिए अविद्या का नाश आवश्यक है और अविद्या का नाश दृढ़ विश्वासपूर्वक भगवत्गुण-श्रवण, कीर्तन आदि साधनों से संभव है। भगवान का भजन, दास्य, सख्य, वात्सल्य तथा माधुर्य भाव से होता है। उसके अतिरिक्त अन्य भावों से भी भगवद्भजन कल्याणकारी ही है। सर्वात्म भाव से कृष्ण का भजन करना चाहिए। भक्ति के साधन तत्त्वों के संबंध में वल्लभाचार्य ने विस्तार से विचार किया है। विषयासक्ति का त्याग भक्त के लिए आवश्यक है। साधनभक्ति के अंतर्गत ही नवधा भक्ति है तथा दसवीं भक्ति प्रेमरूपा है।[20] प्रेम-भक्तिरस का आस्वादन दो प्रकार का है: एक स्वरूपानंद, दूसरा नामलीला का आनंद। साधनभक्ति के रूप में नवधा भक्ति को स्वीकार करते हुए वल्लभाचार्य ने आत्मनिवेदन या आत्मसमर्पण को महत्त्वपूर्ण माना है। इस प्रकार वल्लभाचार्य के मतानुसार भक्ति के दो रूप हैं: (1) साधन-भक्ति, (2) साध्यभक्ति। साधन भक्ति ही मर्यादामार्ग है, नवधाभक्ति है और साध्यभक्ति प्रेमाभक्ति या पराभक्ति है। वल्लभाचार्य के संप्रदाय की मधुरा-भक्ति पर चैतन्य महाप्रभु का प्रभाव ज्ञात होता है। राधा की उपासना या युगल रूप की उपासना का समावेश वल्लभ संप्रदाय में विट्ठलनाथ जी के समय में हुआ, जिस पर मध्व संप्रदाय, चैतन्य मत, हरिवंशी संप्रदाय आदि का प्रभाव परिलक्षित होता है।

पुष्टिमार्गी भक्ति के सिद्धांतपक्ष के विवेचन के पश्चात उसके आचरणपक्ष, व्यवहारपक्ष या सेवापक्ष का विवेचन आवश्यक है। वल्लभ संप्रदाय में सेवा का विशेष महत्त्व है। पुष्टिमार्गी भक्ति में सेवा सिद्धांत का विनियोगपक्ष है, इसलिए वह महत्त्वपूर्ण है। पुष्टिमार्ग में सेवा का सैद्धांतिक रूप है और व्यावहारिक रूप भी। इस संप्रदाय में सेवापक्ष का विशेष विस्तार विट्ठलनाथ जी ने किया। संक्षेप में सेवा दो प्रकार की होती है—नामसेवा और स्वरूपसेवा। स्वरूपसेवा तीन प्रकार की है: तनुजा, वितजा और मानसी। मानसी सेवा भी दो प्रकार की है: मर्यादामार्गी और पुष्टिमार्गी।[21] मानसी सेवा श्रेष्ठ सेवा है। मानसी सेवा फलस्वरूपा है। सेवा का तात्पर्य है: कृष्ण में चित्त की प्रवणता या लीनता। सेवा-मार्ग में गुरु का महत्त्वपूर्ण स्थान है क्योंकि वही भक्त के सेवा-मार्ग का पथ-प्रदर्शन करता है। पुष्टिमार्ग में सेवाविधि के दो रूप हैं—

नित्य सेवाविधि और वर्षोत्सव सेवाविधि। नित्य सेवाविधि में प्रातःकाल से शयन-पर्यंत की नित्य सेवाविधि है और विशेष अवसरों की वर्षोत्सव सेवाविधि है। इस नित्य तथा वर्षोत्सव सेवाविधि के तीन अंग हैं—शृंगार, भोग और राग। पुष्टिमार्ग में यमुना जी का विशेष महत्त्व है।[22]

वल्लभाचार्य के सेवापक्ष की अनेक आलोचकों ने तीव्र आलोचना की है। श्री भंडारकर के अनुसार इस संप्रदाय की मनोवृत्ति या अंतरात्मा मनोविनोदात्मक आनंदवादी ज्ञात होती है और निश्चय ही इसका प्रभाव इसके अनुयायियों के सामान्य जीवन पर पड़ेगा। नैतिक प्रतिबंधों से उन्मुक्त सांसारिक सुखों के प्रति उदासीनता और आत्मस्वीकृति इस संप्रदाय की विशेषता नहीं ज्ञात होती है।[23] आचार्य रामचंद्र शुक्ल के अनुसार, 'इस संप्रदाय की सेवा, पूजा, आचार-व्यवहार, बातचीत सबमें भोगवासना का आभास रहता है।'[24]

वल्लभ संप्रदाय की पुष्टिमार्गी भक्ति और उसका सेवापक्ष प्रवृत्तिमूलक है और वह मनुष्य की भावनाओं पर आधारित है। प्रेम इस भक्ति का आधार है, इसलिए इसे प्रेमाभक्ति भी कहा जाता है। इस संप्रदाय का लक्ष्य है संपूर्ण सांसारिक भावों, कर्मों, कामनाओं और साधनों का एकांतभाव से कृष्णार्पण और इस संपूर्ण मानवीय सारसत्ता के पूर्ण कृष्णार्पण में भोगवासना की खोज उचित नहीं है। निर्गुण भक्तों की निवृत्तिमूलक तथा जीवन को अस्वीकार करने वाली भक्ति से भिन्न यह लौकिक और आध्यात्मिक जीवन के समन्वय तथा शरीर, मन और मस्तिष्क के सम्यक संतुलन पर आधारित भक्ति है, जिसमें जीवन और आध्यात्मिक साधना को रसमय बनाकर उसे स्पृहणीय बना दिया जाता है। इसमें न तो कठोर कर्मवाद की जड़ता है और न थोथे ज्ञानवाद की उलझी हुई पहेलियां। इसमें नीरस भक्तिवाद का आडंबर भी नहीं है। वल्लभाचार्य जी की भक्तिपद्धति साधना पद्धति है जिसमें रसरूप पुरुषोत्तम श्रीकृष्ण से संबद्ध दास्य, वात्सल्य, रसवादी सख्य और गोपियों के संयोग-वियोग के मधुर रस का पूर्ण सामंजस्य है। वल्लभाचार्य की भक्ति का सबसे बड़ा महत्त्व जीवन को रसमय और धर्ममय बनाने में है। यह ठीक है कि बाद में संप्रदायवाद और मठवाद के विस्तार से वल्लभ संप्रदाय में अनेक विकृतियां आ गईं, लेकिन इसमें सिद्धांत का उतना दोष नहीं है जितना उसे व्यावहारिक रूप देने वालों का।

दर्शन की काव्यात्मक निष्पत्ति : काव्य और दर्शन व्यक्ति की अनुभूति और चिंतन के अभिव्यक्त रूप हैं। सत्य काव्य और दर्शन दोनों का साध्य है, लेकिन काव्य में सत्य रमणीय और प्रिय रूप में व्यक्त होता है और दर्शन में बुद्धि अनुशासित चिंतन-मनन का आधार ग्रहण करता है। दर्शन में व्यक्ति-मानस की बोधवृत्ति प्रधान होती है और काव्य में उसकी रागवृत्ति। काव्य सत्य के मूर्त रूप का उपासक है और दर्शन अमूर्त रूप का व्याख्याता। काव्य में विचार अनु-

भूति के अंग बनकर या अनुभूत विचार होकर ही काव्यात्मक हो पाते हैं। काव्यात्मक तर्कसंगति तार्किक काव्य या दार्शनिक तर्क-पद्धति से भिन्न स्वभाव की होती है। दर्शन वस्तु को तत्त्व प्रतीक के रूप में ग्रहण करता है जबकि काव्य उसे संवेदना के उपादान के रूप में ग्रहण करता है। काव्य में भावात्मक और ज्ञानात्मक दोनों प्रकार के प्रतीक प्रयुक्त होते हैं, किंतु काव्य के ज्ञानात्मक प्रतीक भी अनुभूतियुक्त होते हैं। दर्शन में केवल ज्ञानात्मक प्रतीक ही प्रयुक्त होते हैं। काव्य का लक्ष्य रसानुभूति कराना है, जबकि दर्शन का लक्ष्य है तत्त्व चिंता के द्वारा बोधवृत्ति को जाग्रत करना। मध्यकाल के भक्त कवियों की कविता की पृष्ठभूमि में एक सुचिंतित एवं सुनिश्चित विचार-परंपरा और दार्शनिक पद्धति थी, इसलिए उसका उन पर प्रभाव पड़ना स्वाभाविक था। भगवत्स्वरूप के बोध में ज्ञान सहायक है और उस स्वरूपबोध के अनंतर एकाग्र चित्त और अनन्य भाव से भगवत्स्वरूप में लीनता भक्ति का लक्षण है।

ऐसा कहा जाता है कि सूरदास वल्लभ संप्रदाय में दीक्षित थे और वल्लभाचार्य के शुद्धाद्वैत ब्रह्मवाद या अविकृत परिणामवाद तथा पुष्टिमार्गी भक्ति के सिद्धांतपक्ष से उनका प्रत्यक्ष संपर्क था। सूरदास को ब्रज में प्रचलित समसामयिक मतवादों (निंबार्क, मध्व तथा चैतन्य) का ज्ञान था और राधावल्लभ एवं हरिदासी संप्रदायों से भी उनका निकट का परिचय था, यह उनके साहित्य से प्रकट होता है। सूरदास की विशेष आस्था वल्लभ मत में थी, लेकिन भगवान श्रीकृष्ण की भक्ति से संबंधित अन्य मतों एवं संप्रदायों में उनकी अनास्था का कोई प्रत्यक्ष प्रमाण नहीं मिलता है। सूरदास में वल्लभाचार्य के दार्शनिक मतवाद का स्पष्ट प्रभाव परिलक्षित होता है, किंतु उनके साहित्य में संप्रदायवाद का आग्रह या दूसरे मतवादों के खंडन का विशेष प्रयत्न नहीं है। सूर की रुचि दार्शनिक सिद्धांत के प्रतिपादन में उतनी नहीं है, जितनी लीलागान में।

सूरदास ने ब्रह्म के निर्गुण और सगुण दोनों रूपों को वास्तविक माना है (पद सं. 4)। निर्गुण की सगुण रूप में अभिव्यक्ति श्रीकृष्ण के रूप में ब्रज में हुई है। सूरदास ने अनेक पदों में कृष्ण के पूर्ण ब्रह्म पुरुषोत्तम परमानंदमय रूप की वंदना की है। पुरुषोत्तम कृष्ण, विष्णु, ब्रह्मा और शिव से श्रेष्ठ हैं, उनका गोलोक सर्वोपरि है, यह सूर का मत है जो वल्लभाचार्य के मत के अनुकूल है। भगवान भक्तवत्सल हैं, कृपानिधान हैं, दीनदयालु एवं करुणामय हैं और बिना उनकी कृपा के भक्ति संभव नहीं है (पद सं. 35)। पुरुषोत्तम श्रीकृष्ण की लीला नित्य है, राधा कृष्ण की आदि प्रकृति हैं और उनमें वास्तविक अभेद है, वे लीलार्थ दो हैं अन्यथा सदा एक ही हैं। सूरदास ने राधा-कृष्ण की गुप्तलीला और प्रकटलीला को सदा एक दूसरे से विलग रखा है। गोपियां भी राधा से तत्त्वतः अभिन्न हैं, राधा सभी गोपियों की चेतना हैं—'सोलह सहस पीर तनु एकै, राधाजीव सब

देह ।' सूरदास ने संपूर्ण ब्रजलीला में अनेक बार कृष्ण के पुरुषोत्तम, एकरस, परमब्रह्म, परमानंद रसरूप की ओर संकेत किया है। सूरदास ने जीव को सच्चिदानंद का अंश माना है जिसे अविद्या माया से ग्रस्त होने के कारण अपना वास्तविक रूप विस्मृत हो गया है (पद सं. 369)। सूरदास ने अविद्या माया से ग्रस्त जीवकृत संसार की असारता को स्वीकार किया है (पद सं. 335)। जगत ईश्वर की इच्छा का परिणाम है, लीला का विस्तार है, यह मानकर सूर ने एक पद में सृष्टिक्रम के वर्णन में सांख्य के पुरुष, प्रकृति, महत्, अहंकार, पंच तनमात्रा, पंचमहाभूत, पांच कर्मेंद्रियां, पांच ज्ञानेंद्रियां और मन आदि छब्बीस तत्त्वों को स्वीकार किया है और सृष्टि को ईश्वर के स्वरूप का विस्तार माना है :

जो हरि करै सो होइ, करता राम हरी ।
ज्यों दरपन-प्रतिबिंब, त्यों सम सृष्टि करी ।।
आदि निरंजन, निराकार, कोउ हुतौ न दूसर ।
रचौ सृष्टि विस्तार, भई इच्छा इक औसर ।।
त्रिगुन प्रकृति तैं महततत्त्व, महततत्त्व तैं अहंकार ।
मन इंद्री शब्दादि पंच तातैं कियो विस्तार ।
सब्दादिक ते पंचभूत सुन्दर प्रगटाए ।
पुनि सबको रचि अंड, आप मैं आपु समाए ।
तीनि लोक निज देह मैं, राखै करि विस्तार ।
आदि पुरुष सोई भयौ, जो प्रभु अगम अपार ।। (379)

वल्लभाचार्य ने अक्षर ब्रह्म के सत् और चित् से पुरुष-प्रकृति का आविर्भाव माना है। वल्लभाचार्य के अनुसार माया के दो रूप हैं :(1)विद्यामाया, जो ब्रह्म शक्ति-स्वरूपा है तथा वह सृष्टि का प्रसार करती है; और (2) अविद्या माया जो संसार का निर्माण करने वाली है तथा जिससे ग्रस्त होकर जीव अपने वास्तविक रूप को भूल जाता है। भक्ति के लिए अविद्या माया का नाश आवश्यक है। सूरदास ने अविद्या माया का विशद वर्णन किया है। सूर के अनुसार अविद्या माया व्यक्ति को संसार में बांधती हैं, विषयासक्ति में प्रवृत्त कराती हैं (पद सं. 42)। माया का प्रभाव व्यापक है। अविद्या माया का गाय (पद सं. 51), कुलटा स्त्री (पद सं. 42), नटी, भुजंगिनी आदि के रूपकों के सहारे वर्णन किया गया है।

सूरदास की वल्लभ मत में आस्था व्यक्त है किंतु उन्होंने अन्य किसी दार्शनिक मतवाद का खंडन नहीं किया है। दीनदयाल गुप्त का यह मत उचित नहीं प्रतीत होता है कि शंकर के जगन्मिथ्यावाद के प्रति उदासीनता प्रकट की है। दीनदयाल गुप्त ने सूरदास का एक पद उद्धृत किया है :

मन बच क्रम मन गोविंद सुधि करि।
शुचि रुचि सहज समाधि साजि शठ दीनवन्तु करुणामय उरधरि।
'मिथ्यावाद' विवाद छाड़ि दै, कामक्रोध मद लोभै परिहरि।[25]

सूरसागर के सभा-संस्करण में यह पद इस प्रकार है :

मन बच क्रम मन, गोविंद सुधि करि।
सुचि रुचि सहज समाधि साध सठ, दीन बंधु करुनामय उर धरि।
मिथ्या वाद विवाद छांडि दै काम-क्रोध-मद-लोभहि परिहरि। (312)

डॉ० गुप्त ने मिथ्या विवाद को मिथ्यावाद विवाद कर दिया है और उसमें जगन्मिथ्यावाद के प्रति सूर की उदासीनता देखी है। वास्तव में सूरदास ने शंकराचार्य के जगन्मिथ्यावाद या मायावाद का खंडन न करके उपर्युक्त पद में नारदभक्तिसूत्र के 'वादो नाअवलम्ब्य' अर्थात वाद-विवाद नहीं करना चाहिए, का समर्थन किया है। नारदभक्ति-सूत्र के ही अनुसार वाद-विवाद में बाहुल्य का अवकाश है और वह अनियत है…वाहुल्यावकाशादनियतत्वाच्च। इसलिए भक्त को वाद-विवाद में नहीं पड़ना चाहिए। सूरदास ने इस पद में भगवान की भक्ति में लीन भक्त को वाद-विवाद के जंजाल में न पड़ने का ही आग्रह किया है, उसमें शंकर के मायावाद के प्रति सूर की उदासीनता प्रकट नहीं है।

वल्लभाचार्य की पुष्टिमार्गी भक्ति के सिद्धांत की झलक सूरसागर में दिखाई पड़ती है। सूरदास ने विनय के पदों में भगवान के महिमामय स्वरूप का वर्णन किया है। भगवान के ऐश्वर्यमय तथा विभूतिमय स्वरूप का अनेकशः वर्णन सूर-सागर में है (पद सं. 370-71)।

पुष्टिमार्गी भक्ति में तीन प्रकार की आसक्तियां हैं : नामरूपासक्ति, लीला-सक्ति और भावासक्ति।[26] नाम और रूप ईश्वर की दो उपाधियां हैं, जिनके सहारे ईश्वरतत्त्व का बोध संभव है। ईश्वर नामरूपात्मक है और उसका यह जगत भी नामरूपात्मक ही है। नंददास के अनुसार उपासना के दो मार्ग हैं : नाद मार्ग और रूप मार्ग। नाम नाद का प्रतीक है, नाद ही नाम है। ईश्वर और उसके आत्मरूप इस जगत का बोध नाम और रूप के सहारे ही संभव है। इस-लिए भक्ति में नाम महिमा और स्वरूपबोध की विशेष महत्ता है। वल्लभ मत में नाम या नाद के साधन के रूप में मुरली है और कृष्ण की मुरली का पुष्टिमार्गी भक्ति में विशेष महत्त्व है। सूरदास ने नाम की उपासना के साधन के रूप में मुरली और रूप की साधना के साधन में नयनों के महत्त्व का अपने काव्य में विशद वर्णन किया है। सूरदास ने नाममहिमा का सैद्धांतिक स्वरूप भी व्यक्त किया है (पद सं. 8992)। नाम की साधिका मुरली को सजीव व्यक्तित्व प्रदान किया है। ब्रज की संपूर्ण लीला रूप और मुरली के कारण ही हुई है। ब्रज की लीला नामरूपा-त्मक ब्रह्म की लीला है। यही कारण है कि सूरदास ने वेणु गीत तथा रूप के वाहक

नेत्रविषयक बहुसंख्यक पदों की रचना की है। कृष्ण की मुरली के स्वर-संचार का चराचर पर व्यापक प्रवाह दिखाई पड़ता है, उससे स्थिर गतिमान और गतिमान स्थिर हो जाते हैं (पद सं० 1238)। यों तो संगीत का सर्वभूतव्यापी प्रभाव प्रसिद्ध है, किंतु कृष्ण की मुरली का प्रभाव आध्यात्मिक है। उस मुरली के स्वर से शिव की समाधि टल जाती है, देव और देवियां विमोहित होती हैं, संपूर्ण सृष्टि अनुरागमय हो जाती है (पद सं० 1241)। गोपियां इस वेणु कल्पित गीति की ध्वनि के श्रवण से ही प्रेममय हो गई और लौकिक जीवन को भूल गई (पद सं० 1265)। रासलीला का रस भी मुरली की ध्वनि से ही प्रकट हुआ है। रास-लीला की मुरली की ध्वनि से बैकुंठवासी नारायण और कमला का मन भी अनुरागस्निग्ध हो जाता है। 'नैन समय के पद' और आंख समय के पदों के माध्यम से सूर की रूप की साधना प्रकट हुई है। इन आंखों ने ही कृष्ण के असीम सौंदर्य को मन तक पहुंचाया है, जिससे मन कृष्ण में आसक्त है। सूर ने आंखों का विशद वर्णन किया है। कृष्ण के रूप की ओर नेत्र आकर्षित हैं, नेत्रों की गति का संचा-लन मन करता है और नैनों के माध्यम से यह रूप गोपियों के मन तक पहुंचता है। सूरदास की चित्तवृत्ति स्वयं राधा के नेत्रों में बसे कृष्ण के रूप की साधना में लीन है।

सूरदास ने मुरली और नयनों के माध्यम से नाम और रूप की साधना की है। लीला में सूर की असीम आसक्ति है। बाललीला और भावतीलीला का जितना विस्तार सूरसागर में है, वैसा अन्यत्र नहीं। इस लीला-रस के अनुभव और अभिव्यक्ति के माध्यम से ही सूर की प्रेमभक्ति प्रकट हुई है।

सूरसागर भक्तिसागर है जिसमें भक्ति के बोधात्मक, क्रियात्मक और भावात्मक सभी पक्षों का सम्यक उत्कर्ष दिखाई पड़ता है। उसमें भक्ति के सभी रूपों, भावों और साधनाओं की अभिव्यक्ति है। उसमें संप्रदायवाद का आग्रह नहीं है। सूरसागर की भक्तिभावना उदार है, जिसमें रामचरित भी है और शिव-स्तुति भी। सूरदास की भक्तिभावना में सांप्रदायिक संकीर्णता का अभाव है। सूरदास को वार्ता-साहित्य में 'पुष्टिमार्ग का जहाज' कहा गया है, लेकिन उनका काव्य पुष्टमार्ग के सिद्धांतों का अनुगामी नहीं है। सूर ने सांप्रदायिक सिद्धांतों का पद्यानुवाद नहीं किया है। अनेक सत्संगी आलोचकों ने सूरदास को 'पुष्टिमार्ग का जहाज' और उनके काव्य को 'पुष्टिमार्ग का आख्यान' सिद्ध करने का प्रयास किया है। कुछ लोगों ने सूर के विनय के पदों में वल्लभ संप्रदाय के सिद्धांतों का प्रभाव खोजा है, लेकिन विनय के पद तो वल्लभाचार्य से सूरदास की भेंट से पहले के हैं। सूर के पदों का भागवत के अनुसार संग्रह और संपादन भी सूरदास को पुष्टिमार्गी सिद्ध करने के लिए ही हुआ है। इन सब प्रयत्नों के बावजूद सूर का काव्य सांप्रदायिक घेरे में सीमित नहीं हो पाया है। सूरदास ने अपने काव्य में जीवन

के धर्म और धार्मिक जीवन का सुंदर सामंजस्य उपस्थित किया है जिसमें जीवन का रस है और भक्ति का रस भी।

सूरदास के साहित्य में उपदेश की प्रवृत्ति कम है। काव्य के सौंदर्यपरक मूल्यों से ही नैतिक मूल्य पनपते हैं। काव्य में अभिव्यक्त भाव, विचार और निर्मित व्यक्तित्व के संपर्क से ही सहृदय का चित उदार होता है, उसके भावों, विचारों और व्यक्तित्व का परिष्कार होता है। कवि का लक्ष्य सौंदर्य की प्रतीति एवं सृष्टि है। नैतिक दृष्टि से जिस प्रकार असत्य से सत्य श्रेष्ठ है, उसी प्रकार कुरूपता से सौंदर्य श्रेयस्कर है सूरदास ने अपने काव्य में सौंदर्यबोध के माध्यम से नैतिक मूल्यों के विकास का प्रयास किया है। सूरदास की सौंदर्य चेतना और नैतिक चेतना में कोई अंतराल नहीं है। उनका काव्य नैतिकता के उपदेश का काव्य नहीं है। एक आलोचक ने ठीक ही लिखा है कि उपदेशपरक काव्य, वास्तव में, न तो काव्य है और न उपदेश; क्योंकि उपदेशपरक काव्य हमें उत्तेजित या शांत नहीं कर पाता है और उससे काव्य से अपेक्षित शिक्षण भी पाठक को उपलब्ध नहीं होता।[27] सूर की कविता जीवन के सौंदर्यपरक अभिज्ञान के माध्यम से जीवन की नई सार्थकता का बोध जगाती है।

संदर्भ

1. रोम्या रोलां, 'दि लाइफ आफ विवेकानंद ऐंड दि यूनिवर्सल गास्पेल', (कलकत्ता, 1960), पृ० 123
2. रामचंद्र शुक्ल, 'सूरदास', पृ० 9
3. नंददुलारे वाजपेयी, 'महाकवि सूरदास', (दिल्ली, 1958), पृ० 1
4. मुंशीराम शर्मा, 'भक्ति का विकास', (वाराणसी, 1958), पृ० 111
5. रामचंद्र शुक्ल, पूर्वोद्धृत, पृ० 12
6. विनोबा भावे, 'टाक्स ऑन दि गीता' (काशी, 1958), पृ० 93
7. विनोबा भावे, 'राम नाम एक चिंतन', पृ० 30
8. 'शांडिल्य भक्तिसूत्र' (गीता प्रेस, गोरखपुर), पृ० 2
9. 'नारद भक्तिसूत्र' (गीता प्रेस, गोरखपुर), पृ० 20
10. वही, पृ० 184
11. हजारीप्रसाद द्विवेदी, 'हिंदी साहित्य की भूमिका' पृ० 71-77
12. के० एम० मुंशी (सं०), 'इंडियन इनहेरिटेंस', भाग एक, (बंबई 1965), पृ० 91

13. हजारीप्रसाद द्विवेदी, 'मध्यकालीन धर्मसाधना', पृ० 60
14. के० एम० मुंशी (सं०), पूर्वोद्धृत, पृ० 93
15. हजारीप्रसाद द्विवेदी, 'हिंदी साहित्य की भूमिका', पृ० 66
16. दीनदयाल गुप्त, 'अष्टछाप और वल्लभ संप्रदाय', भाग दो, (प्रयाग संवत् 2004), पृ० 797
17. रामचंद्र शुक्ल, पूर्वोद्धृत, पृ० 226
18. आर० जी० भंडारकर, 'कलेक्टेड वर्क्स', भाग चार, पृ० 111-12
19. दीनदयाल गुप्त, पूर्वोद्धृत, पृ० 518
20. वही, पृ० 522
21. हरवंशलाल शर्मा, 'सूर और उनका साहित्य', पृ० 266
22. वही, पृ० 266-67
23. आर० जी० भंडारकर, पूर्वोद्धृत, पृ० 116-17
24. रामचंद्र शुक्ल, पूर्वोद्धृत, पृ० 97
25. दीनदयाल गुप्त, पूर्वोद्धृत, पृ० 330
26. हरवंशलाल शर्मा, पूर्वोद्धृत, पृ० 275
27. ओ० डी० सेलिंग कोर्ट, 'आर्ट ऍंड मोरैलिटी' (लंदन, 1935), पृ० 86

अभिव्यक्ति का स्वरूप

काव्य में कवि अनुभूति और विचार के विभिन्न तत्त्वों में अंतर्सामंजस्य स्थापित कर उसे अभिव्यक्त करता है। संवेदना और अनुभूतियों का मूल रूप अमूर्त होता है और उस अरूप संवेदना तथा अनुभूति के रूपात्मक बोध से ही कला का प्रादुर्भाव होता है। कला की रचनाप्रक्रिया की दो अवस्थाएं होती हैं। एक तो अरूप भावनाओं की रूपात्मक अनुभूति, जो पूर्णतः मानसिक प्रक्रिया है। दूसरी, बिंबात्मक मानसिक अभिव्यक्ति की ध्वनि, रंग, रेखाओं, शब्दों आदि के माध्यम से बाह्यभिव्यक्ति, जिससे कलाकृति का निर्माण होता है। कला रूप (काव्य, संगीत, चित्र, मूर्ति आदि) के सहारे अरूप (भाव, अनुभूति, विचार) की साधना है। मानव में अपनी अनुभूतियों को रूप प्रदान करने की सहज प्रवृत्ति होती है और आत्मानुभूति के रूपायन की यह सहज प्रवृत्ति कवि के संयत एवं तत्पर मानस के सहारे कलाकृति की रचनाप्रक्रिया बन जाती है। काव्य में अभिव्यक्ति का अर्थ केवल बाह्याभिव्यक्ति नहीं है, अनुभूतिमय अभिव्यक्ति है। कथात्मक काव्यों में अनुभूति और विचार के अतिरिक्त घटना-क्रिया के बीच से विकसित मानव-चरित्रों का भी निर्माण होता है। कथात्मक काव्य में एक विशिष्ट संरचना के भीतर ही मानव-चरित्रों के क्रिया-व्यापार के माध्यम से अनुभूति और विचारों की अभिव्यक्ति होती है। काव्य की रचना में कवि के व्यापक जीवन-अनुभव, युग-जीवन के बोध, युग की सांस्कृतिक चेतना की पहचान, परंपरा के बोध, और उसकी सृजनशीलता का योग होता है। रचनाकार की मौलिकता उसकी संवेदनशीलता में ही नहीं होती, अभिव्यक्ति-प्रणाली के नए विकास में भी होती है।

व्यक्ति की संवेदनशीलता उसके मानसिक स्वरूप, शक्ति, संस्कार, आग्रह और बाह्य परिवेश के अनुरूप निर्मित होती है और संवेदनशीलता के अनुसार ही उसकी भावना और बोधशक्ति का विकास होता है। संवेदनशीलता युगसापेक्ष होती है। एक युग, साहित्यिक आंदोलन और एक रचना-प्रवृत्ति के रचनाकारों में संवेदनशीलता के स्तर पर समानताएं होती हैं। संवेदनशीलता की सामान्यता को विशिष्ट अनुभूति और निजी अभिव्यक्ति बनाने में ही रचनाकार की मौलि-

कता प्रकट होती है। टी० एस० इलियट ने लिखा है कि संवेदनशीलता पीढ़ी दर पीढ़ी बदलती रहती है लेकिन अभिव्यक्ति में परिवर्तन एक प्रतिभाशाली कवि ही कर सकता है।[1] अभिव्यक्ति में परिवर्तन का अर्थ है पूरी रचना-प्रणाली में परिवर्तन। अभिव्यक्ति-पद्धति में परिवर्तन नई अंतर्वस्तु के विकास और उसकी अभिव्यक्ति की आकांक्षा के कारण होता है।

अभिव्यक्ति के स्तर पर एक कवि से दूसरे कवि का पार्थक्य स्पष्टतः परिलक्षित हो जाता है। अभिव्यक्ति के स्वरूप के अनुरूप टी० एस० इलियट के अनुसार तीन प्रकार के कवि होते हैं[2]: (1) जो तकनीक (शिल्पविधि) का विकास करते हैं, (2)जो तकनीक का अनुकरण करते हैं, और (3) जो तकनीक का आविष्कार करते हैं। काव्य में तकनीक का विकास ही आदर्श है क्योंकि अत्यंत नवीन शिल्पविधि का आविष्कार असंभव ही है। अभिव्यक्ति में शिल्पविधि के आदर्श की व्याख्या करते हुए एजरा पाउंड ने लिखा है कि उत्कृष्ट कवि (मास्टर्स) तकनीक के आत्मनिर्मित स्वरूप के अतिरिक्त अपनी काव्य-परंपरा में स्थित अनेक पूर्ववर्ती शिल्पविधियों को आत्मसात एवं समन्वित करते हैं। अपनी काव्य-परंपरा में स्थित संपूर्ण शिल्पविधियों को समन्वित, आत्मसात और निजी विशिष्टता से परिपुष्ट करके उसे नए रूप में प्रस्तुत करने में ही कवि की सफलता है।[3] अकुशल कवियों के हाथ में पड़कर उत्कृष्ट शिल्पविधि भी बिखर जाती है और उत्कृष्ट कवियों के हाथ में पड़ने पर निम्न कोटि की शिल्पविधि भी निखर उठती है। अभिव्यक्ति में शिल्पविधि के आविष्कार, अनुकरण एवं विकास की विभिन्न स्थितियां होती हैं, परंतु आदर्श स्थिति विकास की है। इसमें परंपरा विकसित होती है और कवि की मौलिक रचनात्मक प्रतिभा भी व्यक्त होती है। अभिव्यक्ति की यह आदर्श स्थिति अपने उत्कृष्ट रूप में सूरसागर में उपलब्ध है। सूरसागर में अभिव्यक्ति के स्तर पर सूर की सृजनशीलता परंपरा के विकास में है, किसी नितांत नई शिल्पविधि के आविष्कार में नहीं। कृष्णकथा की परंपरा सूर से पुरानी है, शृंगार और भक्ति के समन्वय की परंपरा भी पुरानी है, गीत-काव्य की लिखित और मौखिक परंपरा भी नई नहीं है। सूर ने इन सभी परंपराओं को विकसित किया है।

उत्कृष्ट काव्य में अनुभूति और अभिव्यक्ति, अंतर्वस्तु और रूप का पूर्ण सामंजस्य आवश्यक होता है। काव्य में अनुभूति के अंग हैं—विषयवस्तु, चरित्र, भावना, विचार, अभिप्राय, उद्देश्य या संदेश। अभिव्यक्ति के अंग हैं संरचना, रूप, शैली, शिल्पविधि, छंद और लय आदि। अनुभूति के विभिन्न उपादानों में आंतरिक सुसंगति तथा अभिव्यक्ति के बाह्याभ्यंतरिक तत्त्वों की पारस्परिक अंतर्योजना के पूर्ण सामंजस्य से ही श्रेष्ठ काव्यकृति निर्मित होती है। सूरदास के काव्य में अनुभूति एवं अभिव्यक्ति के चार मुख्य पक्ष हैं: (1) काव्यवस्तु का

संकल्पात्मक बोध, (2) रूप, लीला, और भावों की संकल्पात्मक अनुभूति, (3) संगीत संवेदना, और (4) सामंजस्य ज्ञान। इसमें संगीत संवेदना और सामंजस्य ज्ञान अभिव्यक्ति के तत्त्व हैं। सूर की संगीत संवेदना के कारण ही अभिव्यक्ति के आभ्यंतरिक तत्त्व एकान्वित हैं और सामंजस्य ज्ञान के कारण अनुभूति तथा अभिव्यक्ति का पूर्ण सामंजस्य सिद्ध हो पाया है। इस सामंजस्य ज्ञान के कारण ही सूरदास के काव्य में संगीत, चित्र, नृत्य आदि कलाओं का भी समन्वित रूप अभिव्यंजित है। इससे सूर के काव्य में अभिव्यक्ति के सौंदर्य और शक्ति का विकास हुआ है।

उत्तर भारत में पंद्रहवीं शताब्दी से अठारहवीं शताब्दी तक कला के तीन रूपों—काव्य, संगीत और चित्रकला—का साथ-साथ विकास हुआ। उनमें विभिन्न शैलियों के द्वारा एक तरह के भाव और विचार व्यक्त हुए। कृष्ण का बहुमुखी एवं समृद्ध व्यक्तित्व, उनका चिंतनमय, रागमय, एवं कर्मनिष्ठ जीवन कला का शाश्वत प्रेरणास्रोत बन गया। काव्य, संगीत, चित्रकला और नृत्यकला ने भारतीय जनमानस में राधा-कृष्ण की भाव-प्रतिमा को प्रतिष्ठित करने का कार्य किया। राधा-कृष्ण की मधुर रससिक्त लीलाओं ने भावुक भक्त कवियों को आकृष्ट किया और उनमें भक्तों की तन्मयता के लिए पर्याप्त अवसर मिला। राधा-कृष्ण का लीलात्मक रूप और उससे प्रेरित कलाएं लोकमानस की देन हैं और लोकमानस की निधि हैं। काव्य, संगीत और चित्रकला में भागवत तथा अन्य पुराणों की कथाओं के धार्मिक अभिप्राय परिव्याप्त हैं, क्षेत्रीय भाषाओं के विभिन्न काव्यों एवं गीतों में इनकी पुनर्रचना हुई है। कवियों, संगीतज्ञों और चित्रकारों द्वारा जनसामान्य तक इनका प्रसार हुआ। डॉ. राधाकमल मुखर्जी ने ठीक ही लिखा है कि 'किसी युग विशेष तथा देशवासियों के सामूहिक जीवनदर्शन की अभिव्यक्ति के लिए कलाओं का जैसा सहयोग तत्कालीन उत्तर भारत में हुआ वैसा सहयोग विश्व की संस्कृति के इतिहास में बहुत कम हुआ है।'

पंद्रहवीं शताब्दी में विल्वमंगल की 'बाल गोपाल स्तुति' का चित्रांकन हुआ और जयदेव के गीतगोविंद का चित्रांकन तो पंद्रहवीं शताब्दी से अब तक विभिन्न शैलियों में निरंतर हो रहा है। मध्यकाल में राधा-कृष्ण विषयक चित्रों के आधार पर पद और दोहों की रचना हुई तथा पदों और दोहों के अनुरूप चित्र बने हैं। भारतवर्ष में विभिन्न ऋतुओं के अनुकूल राग-रागिनियां हैं, रागमालाएं हैं और संगीत के रागों के चित्र हैं। संगीत की चित्रकला में अभिव्यक्ति भारतीय कला-परंपरा की एक विशेषता है। संगीत एक अमूर्त कला है और उसके संपर्क में आने पर चित्रकला भी उस अमूर्तता की ओर उन्मुख हुई है। गीतात्मक काव्यों का बिंब-विधान, रागों अथवा रागिनियों की मधुरता तथा चित्रों में प्राकृतिक दृश्यों का अंकन समान रूप से मानवीय मनोभावों की अभिव्यक्ति में सहायक हुए हैं।

काव्य भावों का शब्दचित्र है और चित्र रंगरेखाओं में व्यक्त भाव काव्य। अरूप अनुभूतियों या विचारों को रूपायित करने की प्रवृत्ति दोनों में है। संगीत ध्वनि का काव्य है और नृत्य गति का काव्य; काव्य में ध्वनि और गति दोनों का संयोग है। आंतरिक लय-संगति काव्य, संगीत और नृत्य तीनों का प्राण है। इस प्रकार ये सभी कलाएं परस्पर पूरक हैं। भारतीय कलाओं के समन्वित विकास की इस अवस्था में ही सूरदास का आविर्भाव हुआ था। भक्त कवि ने अपने सामंजस्य ज्ञान के सहारे काव्य में संगीत, चित्र और नृत्य आदि सभी कलाओं का समन्वित स्वरूप उपस्थित करने में सफलता प्राप्त की है।

सूरसागर शास्त्रीय संगीत और लोकगीत के सहयोग से निर्मित विशाल राग सागर है। सूरसागर के भावचित्रों तथा रूपचित्रों में रंग-रूप-रेखाओं का समन्वित बोध है। सूर के शब्दचित्रों में चित्रकला के अनिवार्य तत्त्वों का समुचित विन्यास दिखाई पड़ता है। सूरसागर के पदों के आधार पर चित्ररचना की अपार संभावनाएं हैं। सूरसागर में नृत्य के रास और कत्थक शैलियों के विभिन्न उपादानों का कलात्मक प्रयोग है। इस प्रकार सूरसागर अपने युग की कलाचेतना का प्रतिनिधि काव्य बन गया है।

सूरसागर का काव्यरूप

किसी काव्यरूप के निर्माण में अभिव्यक्ति के तत्त्व दो प्रकार के होते हैं: (1) आंतरिक तत्त्व; जिसमें लय, छंद, रचनात्मक सुसंगति, रीति, बिंब एवं प्रतीक मुख्य हैं और (2) बाह्य तत्त्व; जिसमें संरचना, रूप, शैली तथ शिल्पविधि मुख्य हैं। अभिव्यक्ति के इन बाह्याभ्यंतरिक तत्त्वों के सामंजस्य से ही काव्य का रूप निर्मित होता है। काव्यरूप का निर्माण अनुभूति और अभिव्यक्ति की आंतरिक समन्विति का परिणाम है। जब तक रूप रचनाकार की रचनाशक्ति के साथ विकासशील और सर्जनात्मक होता है तभी तक उसकी जीवंतता एवं सजीवता कायम रहती है। काव्यरूप का स्वरूप शास्त्रीय बनते ही जड़ीभूत हो जाता है। उसमें विकास एवं आविष्कार की संभावना समाप्त हो जाती है। हरबर्ट रीड के अनुसार काव्य और दूसरी कलाओं के रूप के दो प्रकार होते हैं: (1) आवयविक रूप (आर्गेनिक फार्म) और (2) अमूर्त रूप (आब्स्ट्रैक्ट फार्म)।[5] जब किसी कलाकृति में वस्तु तथा संरचना की द्वंद्वात्मक एकता से रूप का विकास होता है तो उसे आवयविक रूप कहा जाता है। जब कोई रूप स्थिर हो जाता है, उसका एक प्रतिमान के रूप में प्रयोग होने लगता है और कलाकार कला की अंतर्निहित आविष्कारशील प्रक्रिया की गतिशीलता को त्यागकर पूर्व निर्धारित रचना-विधान के अनुरूप ही विषयवस्तु का स्वरूप निर्मित करता है तो रूप अमूर्त होता है। स्वच्छंदतावादी रचना में आवयविक रूप का आग्रह होता है,

शास्त्रीयतावाद अमूर्त रूप का अनुगामी है।

प्रायः काव्य का आवयविक रूप काव्यशास्त्र के रूढ़ नियमों से मुक्त और कवि की सर्जनात्मक शक्ति का परिणाम होता है। एक समर्थ कवि अभिव्यक्ति के स्तर पर सर्जनशील होकर ही नवीन काव्यरूप की उद्भावना में सफल होता है। ऐसा आवयविक काव्यरूप काव्यशास्त्र के सम्मुख एक नया आदर्श उपस्थित करता है, एक नए सिद्धांत को जन्म देता है तथा काव्यरूप की व्याख्या के एक नए दृष्टिकाण की संभावना पैदा करता है। सूरसागर में ऐसा ही आवयविक काव्यरूप है, जिसमें मध्यकाल में प्रचलित अनेक काव्यरूपों का समन्वय और विकास है। सूरसागर में प्रबंध और मुक्तक का एक साथ विनियोग है और काव्य, संगीत, चित्र तथा नृत्य आदि कलाओं का समन्वित रूप भी है। सूरसागर के काव्यरूप की यह विशेषता है कि वह अपनी संपूर्णता में एक महाकाव्य है, उसके भीतर अनेक खंडकाव्यों का नियोजन है, उसके संदर्भसापेक्ष पद गेय गीत के लक्षणों से युक्त हैं और विनय के पद विशुद्ध चिंतनमूलक अंतर्वृत्तिनिरूपक गेय मुक्तक हैं। गीतात्मक प्रबंधात्मकता सूरसागर के काव्यरूप की अपनी मौलिक विशेषता है। संगीत सूरसागर के काव्यरूप के निर्माण में नियामक तत्त्व हैं। सूरसागर की विशिष्ट गीतात्मक प्रबंधात्मकता में श्रीकृष्ण की ब्रजलीला की रसात्मक अनुभूति, जीवन की कथा, चरित्र की घटनापूर्णता, कृष्ण का ऐश्वर्यमय एवं माधुर्यमय रूप, प्रेम और सौंदर्य का अमर संगीत, भावपूर्ण गोपियों का कृष्णार्पित जीवन तथा भावुक भक्त का आत्मनिवेदन आदि परस्पर घुल मिलकर एकरूप हो गए हैं। यही कारण है कि सूरसागर में प्रबंधात्मकता और प्रगीतात्मकता का सहज एकीकरण हुआ है। सूरसागर में प्रबंध का आधार लोकजीवन में प्रचलित कृष्णकथा है। इसमें कथा की पुनर्रचना और प्रगीत की तन्मयता की अभूतपूर्व एकता है, इसलिए पाठक कथारस और अनुभूति की तीव्रता का एक साथ अनुभव करते हैं।

क्या सूरसागर एक महाकाव्य है ?

महाकाव्य एक ऐसा काव्यरूप है जिसमें किसी देश के एक युग के जीवन के रागपक्ष, ज्ञानपक्ष और कर्मपक्ष का समन्वित रूप उद्घाटित होता। उसमें एक राष्ट्र के मानस के अतीत और वर्तमान के अनुभव व्यक्त होते हैं। महाकाव्य में सामूहिक जीवन के भाव और अनुभूतियों की व्यंजना होती है। प्रबंधकाव्य में महाकाव्य श्रेष्ठ है, क्योंकि वह अपने युग के सामूहिक मानस का विशाल चित्र होता है। महाकाव्य के आंतरिक और बाह्य विधायक तत्त्वों एवं लक्षणों के विषय में कवि तथा काव्यशास्त्रियों की धारणाएं बदलती रही हैं। भारतीय काव्य परंपरा में रामायण (वाल्मीकि), महाभारत (व्यास), रघुवंश और कुमारसंभव

(कालिदास), शिशुपालवध (माघ), किरातार्जुनीय (भारवि), पृथ्वीराज रासो (चंद), पद्मावत (जायसी), रामचरितमानस (तुलसीदास), प्रियप्रवास (हरिऔध), साकेत (मैथिलीशरण गुप्त), कामायनी (प्रसाद) आदि प्रमुख महाकाव्य हैं। यूरोपीय साहित्य में इलियड, ओडेसी (होमर); डिवाइन कामेडी (दांते), एनीड (वर्जिल), पैराडाइज लास्ट (मिल्टन), रिवोल्ट आफ इस्लाम (शेली) और द वेस्टलैंड (टी. एस. इलियट) को महाकाव्य या महाकाव्यात्मक कृतियां कहा जाता है। इन दोनों परंपराओं के महाकाव्यों पर ध्यान देने से यह स्पष्ट हो जाता है कि महाकाव्य की आत्मा और आकार में निरंतर परिवर्तन होता रहा है।

भारतीय महाकाव्यों की परंपरा में रामायण तथा महाभारत के समक्ष साकेत और कामायनी को रखने पर यह स्पष्ट हो जाएगा कि रामायण और महाभारत से साकेत और कामायनी की आत्मा और रूप में पर्याप्त भिन्नता है। अगर रामायण या महाभारत को ही महाकाव्य का आदर्श रूप माना जाए तो साकेत और कामायनी को महाकाव्य मानना कठिन होगा। किंतु यह सत्य है कि भारतीय महाकाव्य-परंपरा में ये चारों काव्य महाकाव्य के रूप में स्वीकृति और समादृत हैं। इसलिए काव्यशास्त्र द्वारा निर्धारित स्थूल लक्षणों के आधार पर ही किसी काव्य ग्रंथ का महाकाव्यत्व निर्धारित नहीं किया जा सकता। महाकाव्य दो प्रकार के होते हैं: (क) विकासशील महाकाव्य और (ख) कलाप्रधान महाकाव्य। अनेक आलोचकों ने विकासशील महाकाव्य को ही वास्तविक महाकाव्य माना है। रवींद्रनाथ टैगोर का मत है कि 'महाकाव्य हमारे ज्ञात साहित्य के अंदर केवल चार ही हैं···इलियड, ओडेसी, रामायण और महाभारत। अलंकारशास्त्र के कृत्रिम नियमों के आधार पर रघुवंश, भारवि, माघ या मिल्टन के पैराडाइज लास्ट, वाल्तेयर के हारियड आदि को महाकाव्य की पंक्ति में जबर्दस्ती बिठाया जाता है।'[6] प्रायः आलोचकों ने अलंकारशास्त्र के कृत्रिम नियमों के अनुकूल न पाकर तथा उसकी प्रकृति की सच्ची पहचान के प्रयास के अभाव में सूरसागर को महाकाव्य मानने से इनकार कर दिया है।

संस्कृत काव्यशास्त्र में महाकाव्य के लक्षणों का विस्तृत विवेचन हुआ है। महाकाव्य में मुख्य तत्त्व हैं—कथा, नेता या नायक, रस, प्रकृति एवं परिस्थितियों का वर्णन, सर्गबद्धता, छंद, शैली तथा उद्देश्य। वैदिक साहित्य से लेकर विभिन्न पुराणों तक तथा महाभारत से जयदेव के गीतगोविंद पर्यंत भारतीय वाङ्मय में परिव्याप्त कृष्णकथा भारतीय जनमानस का अविभाज्य अंग है। वह भारतीय जनमानस का एक प्रबल संस्कार बन गई है। सूरसागर में श्रीकृष्ण की कथा भागवत और महाभारत पर आधारित कथा ही है, लेकिन उसमें विदुर जन्म, जयविजय कथा, पार्वती विवाह, ध्रुवकथा, पुरंजन कथा, जड़भरत कथा, नारद

उत्पत्ति, सुदामा चरित और जनमेजय आदि की कथाएं परवर्ती काल की हैं जो मूल कथा के साथ जुड़ी हुई हैं। सूरसागर की कृष्णकथा लोकजीवन में प्रचलित कृष्णकथा है। इसमें कथा के मिथकीय, ऐतिहासिक और लोकप्रचलित रूपों का समन्वय है। सूरसागर का कृष्णचरित्र स्फुट सामग्री का संकलन मात्र नहीं है, बल्कि उसमें कथा का विकसित रूप है। सूरसागर का कथानक सुसंबद्ध और सुघटित नहीं प्रतीत होता है। ब्रजेश्वर वर्मा के अनुसार इसके कथानक की विशृंखलता के तीन कारण हैं : (1) गीत पदों की शैली, (2) विभिन्न प्रकार के पदों, पदसमूहों और खंडकथानकों की स्वतंत्र प्रकृति, और (3) सूरसागर के काव्यरूप की प्रकृति की सच्ची पहचान के बिना उसके पदों और कथाप्रसंगों में मनमाना परिवर्तन और संकलन।[7] सूरसागर की कथा की असंबद्धता का एक कारण कृष्णकथा की अत्यंत लोकप्रियता है। कवि ने कथा के विशृंखलित सूत्रों को कल्पनाशील सहृदय के बुद्धिविनियोग के लिए छोड़ दिया है। कथानक की असंबद्धता तो अनेक आधुनिक महाकाव्यों में भी है। सूरसागर का कथानक इतना असंबद्ध और विशृंखलित नहीं है जिससे पाठक को रस के आस्वादन में व्यवधान प्रतीत हो।

सूरसागर की कथा पर संरचना की दृष्टि से विचार करने पर यह ज्ञात होता है कि इसमें कथा का विभाजन कांड (रामायण), पर्व (महाभारत) आश्वास या संधि (प्राकृत काव्य), खंड (पद्मावत), सर्ग (रघुवंश आदि), सोपान (रामचरितमानस) आदि में नहीं हुआ है। सूरसागर के द्वादश स्कंधात्मक रूप में कथा पुराणों की पद्धति के अनुसार स्कंधों में विभाजित है। लेकिन सूरसागर का यह रूप वल्लभ संप्रदाय के सेवकों के प्रयास की देन है। सूरसागर की कथा का विभाजन लीलाओं में हुआ है, इसलिए यह सर्गबद्ध न होकर लीलाबद्ध है। विनय के पद इस लीलाबद्ध महाकाव्य की भूमिका के रूप में प्रस्तुत हैं जिनमें वंदना, संत प्रशंसा, हरिविमुख (खल) निंदा, नाममहिमा तथा आत्मनिवेदन के द्वारा कवि ने अपनी मनोभूमिका एवं भावी काव्य की पृष्ठभूमि का उद्घाटन किया है। इस लीला क्रम के अनुसार सूरसागर को सात भागों में बांटा जा सकता है : (1) विनय के पद, (2) बाललीला, (3) वृंदावनलीला, (4) माधुर्यलीला (अनुराग, चीरहरण, पनघटलीला, दानलीला रासलीला, और विरहलीला), (5) मथुरालीला, (6) द्वारिकालीला, और (7) अवतार लीला। सूरसागर में कथारस का अव्याहत प्रवाह उसके कथानक की एकात्मकता का प्रमाण है।

सूरसागर के नेता या नायक लीला पुरुषोत्तम भगवान श्रीकृष्ण हैं। सूरसागर में श्रीकृष्ण का दिव्य रूप है और उनका मानवीय रूप भी। यद्यपि सूरसागर में श्रीकृष्ण के व्यक्तित्व का रागपक्ष ही प्रबल है, किंतु उनके व्यक्तित्व में ज्ञानपक्ष और कर्मनिष्ठ पक्ष विस्मृत नहीं हैं। सूरसागर में लोकपीड़क असुरपक्ष है और

असुरों के संहार में श्रीकृष्ण की लोकहित की चिंता व्यक्त हुई है। अवतारलीला के दो पक्ष हैं (1) साधुहित, और (2) असाधु अहेर। सूरसागर के श्रीकृष्ण लीला पुरुषोत्तम ब्रह्म ही हैं, किंतु उनका मानवीय रूप इतना उदात्त है कि दोनों में अभेद ही दिखाई पड़ता है। सूरसागर में अभिव्यक्त ईश्वर की मानवीयता तथा मानव की ईश्वरता का अद्वैत ही कृष्णचरित्र की विशेषता है।

काव्यशास्त्र की दृष्टि से सूरसागर में शृंगाररस ही अंगीरस है, शेष वात्सल्य, वीर, रौद्र, भयानक आदि रस इसके सहायक हैं। वात्सल्य के रसत्व की प्रतिष्ठा सूर की प्रतिभा की देन है। भक्तिशास्त्र के अनुसार सूरसागर का प्रधान रस मधुर रस या उज्ज्वल रस है। आचार्य रामचंद्र शुक्ल की एक धारणा के आधार पर यह कहा जा सकता है कि सूरसागर का 'बीज भाव' प्रेम है। इस प्रेम के ही विभिन्न रूपों और पक्षों को जीवन-संदर्भ के बीच सूरदास ने सूरसागर में व्यक्त किया है। सूर के कृष्ण जिनसे प्रेम करते हैं उनकी रक्षा भी करते हैं, इसलिए सूरसागर में लोकमंगल की साधनावस्था भी है, केवल सिद्धावस्था नहीं। सूर-सागर का प्रेम मानवजीवन का प्रेम है। वह लोक से न्यारा नहीं है, सामंती समाज के बंधनों से मुक्त है, सामंती समाज से न्यारा है।

सूरसागर में वस्तु वर्णन का भी अभाव नहीं है। उसमें प्रकृति का वस्तुनिष्ठ और आत्मनिष्ठ दोनों प्रकार का वर्णन है। शृंगार में सूरदास ने प्रकृति का उद्दीपन विभाव के अंतर्गत वर्णन किया है, जिनमें पावस प्रसंग तथा चंद्रोपालंभ आदि मुख्य हैं। सूरसागर में प्रकृति का आत्मनिष्ठ वर्णन ही अधिक है। संयोग में प्रकृति का सुखद और वियोग में दुखद रूप चित्रित है। सारी ब्रजलीला प्रकृति की गोद में हुई है, इसलिए लीला-वर्णन के साथ ही प्रकृति-वर्णन भी है।

शैली की दृष्टि से सूरसागर स्पष्टतः गीतात्मक महाकाव्य है। इसमें राग-रागिनी पर आधारित शास्त्रीय संगीत तथा लोकगीत की पद्धति का उपयोग है। सूरसागर के पदों में गेयता को कायम रखते हुए सूरदास ने छंदों का प्रयोग किया है। प्रायः कवि ने छंदों के साथ टेक या ध्रुव को जोड़कर उसे गेय बनाया है। ऐसे पदों में उपमान, कुंडल, शोभन, रूपमाला, सार, सरसी, समान, मत्त सवैया विष्णुपद, हंसाल आदि छंदों का प्रयोग किया है।[8] वर्णनात्मक छंदों में चौपाई दोहा, रोला आदि तथा उससे निर्मित अनेक नवीन छंदों का भी प्रयोग हुआ है। सूरसागर के दोहा चौपाई में लिखित कथात्मक पदों की प्रामाणिकता संदिग्ध है। सूरदास की यह अपनी विशिष्टता तथा मौलिकता है कि उन्होंने गेय पदों के अंतर्गत राग-रागिनी की शास्त्रीय संगीत पद्धति के भीतर ही छंदों का प्रयोग किया है। कवि का ध्यान सदा पदों की गेयता तथा भाव की सफल व्यंजना पर केंद्रित रहा है, इसलिए छंदों का रूप परिवर्तित हुआ है।

चंद्रबली पांडेय ने सूरसागर को लीला-प्रबंधकाव्य या भाव-प्रबंधकाव्य कहा

है और उसे कथा-प्रबंधकाव्य, वस्तु-प्रबधकाव्य या चरित-प्रबधकाव्य नहीं माना है।[9] लेकिन डॉ. ब्रजेश्वर वर्मा ने सूरसागर को कृष्णचरित का महाकाव्य लिखा है।[10] आचार्य हजारीप्रसाद द्विवेदी के अनुसार गीत काव्यात्मक मनोरागों पर आधारित विशाल महाकाव्य ही सूरसागर है।[11]

सूरसागर को काव्यशास्त्र के लक्षणों के आधार पर महाकाव्य कहा जा सकता है और हिंदी के आलोचकों ने उसे महाकाव्य माना भी है। वस्तुतः सूरसागर का महाकाव्यत्व उसके आकार में कम, उसकी आत्मा के रूप में अधिक प्रकट हुआ है। महाकाव्य अपने युग की सांस्कृतिक चेतना के विभिन्न स्तरों का प्रतिनिधित्व करता है। सूरसागर में मध्यकाल की जनसंस्कृति के उत्थान की सफल अभिव्यक्ति है। उसमें वैष्णवधर्म और जनसंस्कृति के तत्वों का समन्वय है, भक्ति आंदोलन के काल के विचारधारात्मक द्वंद्व का संश्लिष्ट चित्रण है। सूरसागर में तद्युगीन विलासपूर्ण सामंती जीवन का प्रतिबिंब है और सामान्य जनता के जीवन के चित्र भी। सूर की समतावादी जीवनदृष्टि से उस काल की जनता के सामाजिक जीवन की आकांक्षा की अभिव्यक्ति हुई है। सूरसागर में उस युग की समग्र कलाचेतना और कलापरंपरा का सामंजस्य है। सूरसागर अपने युग के जीवन, संस्कृति, विचारधारा और कलाचेतना का प्रतिनिधि काव्य होने के कारण महाकाव्यात्मक रचना है। अपने विशिष्ट गीतात्मक स्वरूप के कारण सूरसागर एक नए प्रकार का महाकाव्य है। यह साहित्य की शास्त्रीय परंपरा से स्वतंत्र लोकगीतों की संरचना के अनुसार रचित गीतात्मक महाकाव्य है।

कथा, भाव, विचार, संरचना, शिल्प और भाषा के स्तर पर लोकजीवन से गहरे संबंध के कारण ही सूर के पद आज भी जनजीवन में इतने लोकप्रिय हैं। सूरदास मनुष्य जीवन की समग्रता के कवि हैं।

गीतकाव्य का स्वरूप और परंपरा

गीतकाव्य व्यक्ति के संवेदनशील चित्त में रूपायित भावनाओं का आवेगमय लयात्मक सहज प्रकाशन है। भावनाओं की तीव्र आत्मानुभूति गीतकाव्य का प्राण है और लयात्मक निश्छल अभिव्यक्ति उसका सार्थक रूप। गीतकाव्य में कवि के व्यक्ति चित्त और लोक चित्त का एकात्म्य जरूरी होता है। इस एकात्म्य के कारण ही गीतकाव्य में 'तदाकार परिणति' की क्षमता होती है। गीतकाव्य में काव्यानुभूति के साथ गीतकार की तन्मयता के अनुरूप ही पाठकीय तन्मयता संभव होती है। गीतकाव्य वैयक्तिक अनुभूतियों की व्यंजना है, किंतु उसमें लोक-हृदय का स्पंदन भी होता है, यही कारण है कि वैयक्तिक गीत समूहगीत बन जाते हैं।

गीतकाव्य में नाद-तत्त्व या संगीत-संवेदना से उद्भूत लयात्मक बोध अनिवार्य होता है। गीत और संगीत का संबंध आत्मिक है, आंतरिक है। गीतकाव्य में भावों की गति लयात्मक होती है। सूज़न के. लैंगर के अनुसार संगीत भावात्मक जीवन का सहधर्मी है। भावों के विकास और अवरोह, प्रवाह और संग्रह, द्वंद्व और संकल्प, गति, विराम, उत्तेजना, शांति, सूक्ष्म सक्रियता, स्वप्निल अगति, और आंतरिक अनुभूति की संपूर्ण प्रक्रिया की संगीत की स्वर संगति से घनिष्ठ समानता है।[12] यही कारण है कि संगीत गीतकाव्य का सहज अंग है। गीतकाव्य में कहीं संगीत से काव्यत्व दब जाता है और कहीं काव्यत्व से संगीत अनुशासित होता है, लेकिन श्रेष्ठ गीतकाव्य में काव्य और संगीत का पूर्ण सामंजस्य होता है। गीतकाव्य में संगीत के तीन स्वर होते हैं: (1) शब्द संगीत, (2) नाद संगीत, (3) भाव या विचार संगीत। शब्द संगीत और नाद संगीत से क्रमशः अर्थ संगीत तथा लय संगीत की रचना होती है। लय चेतना तथा संरचना की चेतना का बोध गीतकाव्य की रचना के लिए आवश्यक है।[13] लय चेतना के कारण ही गीतकाव्य के विभिन्न आंतरिक तत्त्वों में समन्वित होती है और संरचना की चेतना से उसका स्वरूप निर्मित होता है। गीतकाव्य का लय तत्त्व ही सहृदय को प्रभावित करता है। लय से गीत की आत्मा और रूप में रूपात्मक संगति स्थिर होती है। भावों या विचारों की आंतरिक सुसंगति से ही भाव या विचार के संगीत का सृजन होता है। गीतकाव्य में संगीत की प्रधानता या न्यूनता के आधार पर उसके दो प्रकार होते हैं: गेय गीत और पाठ्य गीत। विषयवस्तु की दृष्टि से भी गीत के दो प्रकार होते हैं: भावात्मक गीत और चिंतनमूलक गीत।

भारतीय काव्य परंपरा में काव्य और संगीत या गीत संगीत का आंतरिक संबंध अत्यंत प्राचीन है। वेदों में काव्य और संगीत का सहज संबंध प्रकट है। वैदिक ऋचाओं को उदात्त, अनुदात्त और स्वरित स्वरों में गाने की परंपरा प्राचीन है। सामवेद संगीत का आदि स्रोत है। वेद के सूक्तों में देवताओं की छंदमय स्तुतियां हैं और प्राकृतिक तत्त्वों का माहात्म्य और महिमागान है। ऋग्वेद के उषाविषयक मंत्रों में रूप-सौंदर्य और भाव-सौंदर्य की प्रभावी व्यंजना है, उसमें प्रकृति की रूपात्मकता, सौंदर्य एवं शक्ति की सजीव साकारता का आकर्षक वर्णन है। वेदों में काव्य के लयात्मक आनंद और चेतना की सुषमा का सुंदर संयोग है। वैदिक ऋषि कवि और मनीषी दोनों हैं, इसलिए वेदों में भावों के सौंदर्य और आत्मा की विभिन्न दशाओं की व्यंजना है। वेदों में व्यक्त सत्य के सहज, अनावृत, सुंदर और प्रिय स्वरूप में ही काव्यत्व है। वैदिक गीत प्रधानतः गेय हैं, उनमें सामाजिक रागात्मक अनुभूति की व्यंजना है क्योंकि ये गीत सामूहिक उत्सवों में गाए जाते थे। वैदिक काल का जीवन सामूहिक था, वैयक्तिक भावना का विकास नहीं हुआ था, इसलिए मंत्रों की भावधारा एवं विचारधारा

का मुख्य स्वर सामूहिकता का है।

आदिकवि वाल्मीकि का प्रथम श्लोक वेदना, आकुल द्रवीभूत चित्तवृत्ति की स्वतः प्रवर्तित लयात्मक छंदोबद्ध व्यंजना है, जिसमें संवेदना और सहानुभूति की प्रधानता है। क्रौंच की व्यथा से कवि की करुणार्द्र हृततंत्री की कोमल झंकार से निःसृत शोक ही श्लोक बन गया है। इस प्रकार तीव्र भावानुभूति की लयात्मक सहज व्यंजना में गीतकाव्य का मूल रूप प्रकट है। संभव है रामायण की कथा का कोई लोकप्रचलित गेय रूप विद्यमान था, क्योंकि लवकुश द्वारा राम के दरबार में वाल्मीकि रचित रामायण के गाए जाने की कथा प्रचलित है। परवर्ती काल में संस्कृत के नाटकों में गीतों की नियोजना है। कालिदास के अभिज्ञान-शाकुंतलम् और विक्रमोर्वशीयम आदि नाटकों में भी प्राकृत और अपभ्रंश में लघु-दीर्घ गीत हैं, जिनमें विभिन्न मनोदशाओं की अभिव्यक्ति है। कालिदास का मेघदूत तो एक सुदीर्घ विरह गीत ही है। संस्कृत के नाटकों में प्राकृत और अपभ्रंश में गीत रचना की जो प्रकृति थी, वह निश्चय ही लोकगीतों से प्रभावित थी। प्राकृत और अपभ्रंश में प्रेम और सौंदर्यविषयक गीतों का प्राचुर्य है। प्राकृत और अपभ्रंश काल के गीतकाव्य की यह विशेषता है कि उसमें गीत और संगीत का पार्थक्य तथा वैशिष्ट्य स्पष्ट होने लगा था। प्राकृत और अपभ्रंश काल में गीतकाव्य लोकगीत से प्रभावित होने के कारण भाव और अर्थ प्रधान हैं। उसमें संगीतात्मकता है, लेकिन संगीत का आग्रह कम है। प्राकृत और अपभ्रंश काल के इस गीतकाव्य से प्रभावित जयदेव का गीतगोविंद है, जो संस्कृत गीतकाव्य की पराकाष्ठा है। कुछ विद्वानों का मत है कि जयदेव का गीतगोविंद पहले अपभ्रंश में लिखा गया था और बाद में संस्कृत में। जयदेव के गीतगोविंद में भावों के अनुकूल रागों का प्रयोग है, राग-रागिनी तथा तालों का निर्देश है, भक्ति और श्रृंगार का समन्वय है और कोमलकांत पदावली में पद-रचना है। गीतगोविंद में गीतिकाव्य और संगीत का सामंजस्य है। गीतगोविंद में नाटकीय संगीत है, इसलिए इसे ग्राम्यरूपक, गीतिनाट्य या संगीतरूपक कहा जाता है। संगीत के शास्त्रीय विधान के अंतर्गत राधा-कृष्ण की मधुर लीलाओं के गान की जो परंपरा जयदेव के गीतगोविंद में मिलती है, उसी का विकसित रूप सूरसागर में उपलब्ध है।

लोकभाषाओं के गीतकाव्य की परंपरा का विकास सिद्धों के पदों में हुआ, जिनकी भाषा को पुरानी हिंदी या हिंदी का प्राचीन रूप कहा जाता है। वास्तव में सिद्धों के पदों की भाषा में हिंदी के प्रारंभिक रूप के दर्शन होते हैं। इन बौद्ध सिद्धों ने चर्या गीतियों की रचना की, जिन्हें चर्यापद भी कहा जाता है। भुसुकपा (नवीं शताब्दी) की 'सहज गीति', लीलापा की 'विकल परिहारगीति', लुइपा की 'लुइपाद गीतिका', शवरपा की 'चित्तगुह्य गम्भीरार्थगीति', 'महामुद्रावज्र-

गीति', सहजयानी सरहपा की 'दोहाकोश गीति', 'नामचर्यागीत', 'दोहाकोशोपदेश गीति', 'तत्त्वोपदेश शिखर दोहागीतिका', 'वसंततिलक दोहाकोश गीतिका', कम्बलपा की 'कम्बल गीतिका' आदि प्रमुख रचनाएं हैं। इसके अतिरिक्त डोम्मिपा, धामपा, महीपा, विरुपा, कंकणपा इत्यादि के गीतिग्रंथों का उल्लेख तिब्बती स्तन्-ग्यूर् में मिलता है।[14] इन चर्या गीतियों के पद मात्रिक वृतों में हैं और उनमें विशेषतः पादाकुलक, पज्झटिका, पद्धड़ी तथा चौपाई छंदों का प्रयोग हुआ है। इनमें लयात्मकता तथा गेयता है और राग-निर्देश भी। पद की दूसरी पंक्तियों को साधारणतः ध्रुव अथवा ध्रुवक कहा जाता है तथा पद के अंत में रचयिता का नाम भी है। इस प्रकार इन चर्यापदों में मध्यकाल के निर्गुण-सगुण भक्तों की पद शैली की प्रमुख विशेषताओं की मूल परंपरा है। चर्यापदों में तत्त्व-चिंतन और उससे उत्पन्न रहस्यानुभूति की प्रधानता है। इनमें धार्मिक उपदेश, अचारमूलक उपदेश तथा तांत्रिक साधना के रहस्यों का व्याख्यान है। इन चर्या-पदों में काव्यत्व का अभाव ही है, किंतु उनमें तद्युगीन भाषा का स्वरूप सुरक्षित है। इन सिद्धों की पद शैली का ही प्रभाव नाथों के योग-साधनापरक पदों में दिखाई पड़ता है। किंतु नाथों के पदों में ध्रुवक को टेर या टेक कहा गया है और यही टेक मध्यकालीन संत कवियों के पदों में विद्यमान है। हिंदी साहित्य के आदिकाल में गीतों में स्वर और भाव की समान प्रमुखता दिखाई पड़ती है। वीरगाथाओं तथा वीरगीतों में युद्ध और प्रेमविषयक गीतों की रचना हुई, जिन पर लोकगीतों की गेयता एवं सहज भाव-सौंदर्य का प्रभाव पड़ा। दूसरी ओर अमीर खुसरो के संगीतपरक पदों में गीत और संगीत का संयोग दिखाई पड़ता है। अमीर खुसरो की संगीतपरक पदरचना-प्रणाली का स्पष्ट प्रभाव मध्यकाल के सूरदास जैसे कवियों के पदसाहित्य पर पड़ा है।

हिंदी साहित्य के भक्तिकाल में गीतकाव्य की दो धाराएं हैं : (1) निर्गुण पदसाहित्य और (2) सगुणलीला पदसाहित्य। निर्गुण संतों में कबीर, नानक और दादू आदि प्रमुख हैं। इन संत कवियों के पदों की रचना-शैली पर सिद्धों और नाथों की पद-परंपरा, विषयवस्तु और रचनाशिल्प का प्रभाव परिलक्षित होता है। कबीर के 'सबद' गेय पद हैं। कबीर ने वसंत, चांचर, बेलि, विरहुली और हिंडोला आदि लोकगीतों को भी अपनाया और उनमें गीतों की रचना की। कबीर के 'सबद' के राग निर्दिष्ट हैं तथा पदों के रागों के निर्देश की यह परंपरा गुरुग्रंथ साहब में भी है और दादू के पदों में भी। राग-निर्देशपूर्वक पद-रचना की इस पद्धति को सूरदास ने भी अपनाया है। सूरदास के विनय के पदों पर विषय-वस्तु तथा रचनाशैली दोनों दृष्टियों से कबीर आदि संत कवियों के पदसाहित्य का प्रभाव है। संत कवियों के पदों में तत्त्वचिंतन, योगसाधना, रहस्यानुभूति, आत्मानुभूत भाव तथा प्रकृति के चेतनरूप की व्यंजना है। कबीर के पदों में

वैयक्तिक चित्त और लोकचित्त का सामंजस्य है; आत्मचेतना तथा लोकचेतना की सुसंगत अभिव्यक्ति है। कबीर के जिन पदों में तीव्र भावानुभूति है, निश्छल आत्मनिवेदन है, निर्मल विचारप्रवाह है वहां काव्यत्व है और गीतिकाव्य का उत्कर्ष है; परंतु जहां उलझाऊ तत्त्वचिंता है, आध्यात्मिक रहस्यानुभवों की प्रतीकात्मक व्यंजना है, कोरा उपदेश है या साधनापरक योग की चर्चा है वहां काव्यत्व का अभाव है। कबीर के पदों में अनुभूतिप्रसूत भावधारा तथा चिंतनसिद्ध विचारधारा का समानांतर प्रवाह दिखाई पड़ता है। हिंदी साहित्य में चिंतनमूलक तथा रहस्यानुभूतिपरक पदों के प्रणेता के रूप में कबीर सदा समादृत हैं।

हिंदी साहित्य में गीतकाव्य का चरम उत्कर्ष ब्रजभाषा के राधाकृष्ण लीला विषयक पदों में दिखाई पड़ता है, जहां स्वरसाधना और भावसौंदर्य का पूर्ण सामंजस्य है। राधाकृष्ण लीला की जो लोकप्रचलिक गेय परंपरा हाल की गाथा सप्तशती में प्रस्फुटित हुई, क्षेमेंद्र के दशावतार वर्णन में सुरक्षित रही तथा जयदेव ने जिसे अपने प्राणरस से सींचकर पल्लवित पुष्पित किया, वह अपनी पूर्ण आत्मशक्ति तथा रूपसौन्दर्य के साथ अत्यंत मनोहर रूप में विद्यापति की पदावली में अभिव्यक्त हुई। विद्यापति के पदों में सौंदर्यचेतना का आलोक भावानुभूति की तीव्रता, घनत्व एवं व्यापकता और लोकगीत तथा संगीत की आंतरिक सुसंगति है। कुछ आलोचकों का मत है कि विद्यापति के गीत लोकगीत के अधिक निकट हैं और उनमें संगीत की शास्त्रीयता का अभाव है। विद्यापति के गीतों में संगीत के तत्त्वों का अभाव नहीं है, क्योंकि लोचन कवि ने रागतरंगिनी में विद्यापति के गीतों की संगीतात्मकता का विशद विवेचन किया है। विद्यापति के गीतों का प्रभाव सूरदास के लीला पदों के रूप पर दिखाई पड़ता है। विद्यापति के पहले ही मैथिली में गीतों की रचना अमृतकर (चौदहवीं शती) ने की थी, जिनका एक पद रागतरंगिनी में प्राप्त है।[15]

विद्यापति के पूर्ववर्ती मैथिली कवि उमापति उपाध्याय ने अपने संस्कृत-प्राकृत-मैथिली मिश्रित कीर्तनिया नाटक 'पारिजात हरण' में गेयपदों की रचना की है, जिसमें रागों का निर्देश है। इस नाटक में आए पदों के अतिरिक्त उनके कुछ स्फुट पद भी मिलते हैं।[16] विद्यापति के पश्चात पंद्रहवीं शति में मैथिली गीतकाव्य की परंपरा समृद्धतर हुई। विद्यापति और सूरदास दोनों ही भक्ति-आंदोलन के कवि हैं, दोनों के काव्य में लोकगीत की मौखिक परंपरा का सर्जनात्मक रूप व्यक्त हुआ है। ये दोनों ही हिंदीजगत के दो जनपदों की भाषा के ग्रामगीतों के कलात्मक रूप के निर्माता और उन गीतों में जनसंस्कृति के रचनाकार हैं।

सूरदास के गीतकाव्य के स्वरूप के निर्माण में महत्त्वपूर्व योगदान सूरपूर्व

ब्रजभाषा के कवियों का है। सूरपूर्व ब्रजभाषा के कृष्णलीला विषयक पदों के रचयिताओं में निंबार्क संप्रदाय के तीन कवि—श्री भट्ट (सं. 1352 वि.), हरिव्यास देवाचार्य (सं.1320 वि.), और परशुराम देव (सं. 1450 वि.) उल्लेखनीय हैं।[17] इन तीनों भक्त कवियों का समय विवादग्रस्त है, किंतु सूरदास के पहले उनकी स्थिति कुछ विद्वानों ने मानी है।[18] इनके पदों में रागों का निर्देश है तथा काव्य से संगीत का सुंदर सामंजस्य है। सूरपूर्व ब्रजभाषा के कृष्णलीला गायक कवि विष्णुदास (संवत 1492 वि.) हैं,[19] जिन्होंने सूरदास के लगभग अर्द्धशताब्दी पहले ऐसे पदों की रचना की जिसमें भक्तहृदय की भावप्रवणता और श्रीकृष्ण की ब्रजलीला की व्यंजना है। विष्णुदास के पदों के राग भी निर्देशित हैं। सूरसागर के पदों की संगीतात्मकता के स्वरूप के निर्माण में ब्रजभाषा के सूरपूर्व संगीतज्ञ कवियों के पदसाहित्य का विशेष महत्त्व है। ऐसे संगीतज्ञ कवियों में गोपाल नायक, बैजू बावरा तथा तानसेन का नाम उल्लेखनीय है। ये सभी उच्चकोटि के संगीतकार थे। इनके पदों में काव्यत्व का अभाव है, किंतु संगीत का आग्रह प्रबल है। तानसेन ने अपने पदों में संगीत के विभिन्न अंग-उपांगों का उल्लेख किया है। सूरदास ने भी अपने अनेक पदों में संगीत की पारिभाषिक शब्दावली का प्रयोग किया है, शास्त्रीय संगीत के अंग-उपांगों का उल्लेख किया है तथा दो या दो से अधिक रागों के संयोग से नए रागों का निर्माण किया है। सूरसागर में संगीत के तीन तत्त्व[20]—गीत, वाद्य तथा नृत्य के विभिन्न रूपों का प्रयोग किया गया है। सूरदास के पूर्ववर्ती प्रसिद्ध संगीतज्ञ स्वामी हरिदास के ध्रुपद विशेष विख्यात हैं। स्वामी हरिदास के केवल 126 ध्रुपद मिलते हैं; जिनमें से 18 उपदेशात्मक हैं, जो सिद्धांत के पद कहे जाते हैं और शेष 108 राधा-कृष्ण की निकुंजलीला विषयक हैं, जिनका संग्रह श्री केलिमाला नाम से हुआ है। स्वामी हरिदास के ध्रुपद संगीत की शास्त्रीय परंपरा के अनुरूप हैं।[21] इनके पदों में तन्मयता और तीव्र अनुभूति की अभिव्यक्ति है। सूरसागर में ध्रुपद पदरचना की शैली का प्रभाव है।

सूरदास के गीतों की रचनाशैली का एक स्रोत उस काल के ग्रामगीत हैं। आचार्य रामचंद्र शुक्ल ने ठीक ही अनुमान किया है कि सूरसागर किसी चली आती हुई गीतकाव्य-परंपरा का—चाहे वह मौखिक रही हो—पूर्ण विकास-सा प्रतीत होता है।[22] सूरसागर के गीतकाव्य के स्वरूप के निर्माण में भारतीय गीतकाव्य-परंपरा के अनेक ज्ञात-अज्ञात कवियों का प्रत्यक्ष-परोक्ष प्रभाव है। सूरदास के मानस में संचित गीतसंस्कार, उनकी अपनी संगीत संवेदना, गीतकाव्य की परंपरा के प्रभाव और लोकगीतों की मौखिक परंपरा के योग से उनके गीतकाव्य का स्वरूप निर्मित हुआ है।

गीतकाव्य की आत्मा और रूप के विधायक तत्त्वों का विश्लेषण आलोचकों

ने किया है। सारतः गीतकाव्य के निम्नांकित तत्त्व माने गए हैं :

(1) आत्मानुभूति, (2) भावघनत्व एवं भावऐक्य, (3) वैयक्तिकता, (4) संक्षिप्तता—अनुभूति और अभिव्यक्ति की, (5) संगीतात्मकता—शब्द, स्वर और भाव का संगीत, (6) कलात्मकता, (7) कृत्रिमता का अभाव, और (8) रूप-वैविध्य।

सूरसागर के पदों में गीतकाव्य के ये सभी तत्त्व विद्यमान हैं। सूरसागर के विनय के पदों में कथा और विचार, अनुभूति के अंग बनकर व्यक्त हुए हैं। विनय के पद विशुद्ध गीत हैं, जिनकी प्रत्येक पंक्ति में भक्त कवि की आत्मा का संगीत प्रतिध्वनित हो रहा है। उनमें कवि की तन्मयता, उसका आत्मसमर्पण तथा सघन भावानुभूति की अभिव्यक्ति है। अनुभूति की निष्कपटता और अभिव्यक्ति की सहजता का सूरसागर के विनय के पदों में चरम उत्कर्ष है। इन पदों में कहीं भी आरोपित भाव या कृत्रिम शैली नहीं हैं।

सूरसागर के लीलाविषयक पद गीतकाव्य के एक नवीन स्वरूप का उद्घाटन करते हैं। लीला के पदों में कथातत्त्व भी विद्यमान है और सघन अनुभूति भी। वास्तव में सूरदास को लीलागान की जो परंपरा जयदेव और विद्यापति से उपलब्ध हुई थी, उसकी मुख्य विशेषताएं हैं : (1) तीव्र भावानुभूति, (2) मनोरागों के अनुकूल संगीत की राग-रागिनियों का प्रयोग, (3) कृष्ण की ललित लीलाओं की रसात्मक व्यंजना, (4) भक्ति और श्रृंगार का समन्वय, और (5) कोमलकांत पदावली। सूरसागर के लीलाविषयक पदों में ये सभी विशेषताएं हैं। कृष्ण की लीलाओं को अपने गीतकाव्य का विषय बनाने के कारण उसमें कथातत्त्व का समावेश सूर ने किया है। सूर के गीतकाव्य में कथातत्त्व बाधक नहीं, साधक ही सिद्ध हुआ है। यहां कथा गीतकाव्य की पृष्ठभूमि है। गीतकाव्य में केवल भावव्यंजना ही अनिवार्य नहीं है, उसमें कथा भी हो सकती है।[23] लेकिन कथा को भावव्यंजना और रसानुभूति में बाधक नहीं होना चाहिए। सूरसागर के पदों में कथा है, किंतु वह भावों की सघनता में डूबी हुई है।

सूरसागर के पदों में भाव और स्वर, काव्य और संगीत का आदर्श संयोग है। सूर की भावसाधना और स्वरसाधना के सहयोग से ही उनकी काव्यसाधना सफल हुई है। सूरसागर में संगीत की राग-रागिनी पद्धति का उपयोग है, उसमें भावों के अनुकूल रागों का प्रयोग है। मध्यकाल में प्रचलित सभी राग-रागिनियों का प्रयोग सूरसागर में हुआ है, जिससे वह विशाल राग-सागर बन गया है। उसमें शब्दसंगीत, स्वरसंगीत और भावसंगीत का सामंजस्य दिखाई पड़ता है। गीतकाव्य का ऐसा आदर्श रूप जहां भाव-व्यंजना और स्वरसाधना का सायुज्य हो, सूरसागर के पदों में प्रकट है।

एक सफल गीतकार ईश्वर की भांति अपनी रचना में अपनी सत्ता ो अदृश्य

गोपनीयता कायम रखता है। वह अपनी रचना के भीतर, बाहर, परे या ऊपर स्थित होता है।[24] गीतकार का लक्ष्य है आत्मानुभूति को लोकानुभूति में परिणत करना। गीत में कवि की प्रत्यक्ष उपस्थिति रसात्मक बोध में बाधक सिद्ध होती है। सूरदास ने लीलाविषयक पदों में आत्मसत्ता को यशोदा या गोपियों की सत्ता में विलीन कर दिया है या कहिए कि सूर की आत्मा ही कभी यशोदा और कभी गोपियों के रूप में मूर्तिमती होकर लीला का गान करती है। यशोदा और गोपियों के हर्ष-विषाद में सूर की आत्मा का स्पंदन दिखाई पड़ता है। अपनी सृष्टि के साथ स्रष्टा का यह तादात्म्य काव्य-सृजन की प्रक्रिया का एक विशेष गुण है।

सूरदास ने लीला के पदों में मन की सूक्ष्म तथा जटिल गतिविधियों का सटीक अंकन किया है और आत्मा की गतिविधि की भी व्यंजना की है। उनके गीतकाव्य का मूल विषय है प्रेम; सौंदर्य उसका पूरक है। प्रेम के मानवीय और अलौकिक रूपों की आंतरिक संगति का ऐसा सिद्ध स्वरूप अन्यत्र दुर्लभ है। प्रेम के विविध रूपों की कलात्मक व्यंजना के कारण सूरदास के पदों में रूप-वैविध्य का प्राचुर्य है।

सूरदास के गीतों में तीव्र भावुकता है, मनोरागों के रूप तथा गति के चित्र हैं, सौंदर्य के आकर्षक बिंब हैं, प्रकृति की रूपात्मक छवियां हैं और अंतःचेतना का साकार रूप है। इन गीतों में तन्मयता और विदग्धता का पूर्ण संयोग है। सूरसागर के गीतों का भावजगत अत्यंत व्यापक है। उसमें शांत, दास्य, वात्सल्य, सख्य और दांपत्य प्रेम के विविध रूपों की व्यंजना है। इन गीतों में कवि की आत्मीयता सर्वत्र व्याप्त है। सूरसागर के लीलापदों में श्रीकृष्ण के जीवन के माध्यम से मानवजीवन के शाश्वत आकर्षण-बिंदुओं का उद्घाटन है, उसमें बाल्यकाल, किशोर जीवन तथा यौवन के रूप और रस, भाव और कर्म तथा सौंदर्य और शील की प्रभावी अभिव्यंजना है। कवि की प्रबल आत्मीयता, तन्मयता और अनुभूतिप्रवणता के कारण ही सूरसागर के पदों का गीतसौंदर्य अत्यंत निखरा हुआ है। सूरसागर में शांत एवं दास्य के चिंतनमूलक गीत, वात्सल्य और शृंगार के भावात्मक गीत, प्रकृतिसंबंधी वर्णनात्मक गीत, दृष्टिकूट के प्रतीकात्मक गीत तथा लीलासंबंधी आख्यानक गीत हैं। प्रेम सूरदास के गीतों का प्राण है, इसलिए सूरदास के अधिकांश गीतों को प्रेमगीत कहा जा सकता है।

लीलाकाव्य

सूरदास ने महाकाव्य और गीतकाव्य के अतिरिक्त अपने युग में प्रचलित दूसरे काव्यरूपों का भी प्रयोग किया है। सूरसागर मे प्रयुक्त इन काव्यरूपों

की संक्षिप्त चर्चा जरूरी है। लीलाकाव्य मध्यकाल का एक लोकप्रचलित काव्य-रूप है। सूरसागर में लीलाकाव्य का प्रयोग है। सूरदास ने सूरसागर के आरंभ में सगुण लीलापदों के गान का व्रत लिया है और उसका अंत तक निर्वाह किया है। लीलाकाव्य की सैद्धांतिक मान्यता है कि संपूर्ण सृष्टि रसरूप-लीला पुरुषोत्तम श्रीकृष्ण के सच्चिदानंदस्वरूप के आविर्भाव-तिरोभाव का परिणाम है। श्रीकृष्ण अपनी आह्लादिनी शक्ति राधा के साथ नित्यलीला में सदैव रत रहते हैं और इस शाश्वत लीला का प्रकट रूप ही ब्रजलीला है। ब्रजलीला को भी नित्य माना गया है। भगवान की लीला के दो रूप हैं : माधुर्यमयी लीला और ऐश्वर्यमयी लीला। मथुरा और द्वारिका की लीला ऐश्वर्यमयी लीला है और ब्रजलीला माधुर्यमयी लीला है। ब्रजलीला के मुख्य उपादान हैं ब्रजभूमि, गौवें, गोपाल, मुरली, गोप और गोपी। ये सभी राधा-कृष्ण-लीला में भाग लेते हैं। यह लीलामार्ग या प्रेममार्ग है। राधा-कृष्ण की ब्रजलीला के गान की परंपरा अत्यंत प्राचीन है। राधा-कृष्ण की लीला के गान की परंपरा का मूल स्रोत लोक-जीवन है, किन्तु इसका वाङ्मय रूप भी प्राचीन है। लीलाकाव्य की परंपरा का अत्यंत पुष्ट रूप जयदेव के गीतगोविन्द में अभिव्यक्त हुआ है। जयदेव के गीतगोविंद के आधार पर लीलाकाव्य की मुख्य विशेषताएं निम्नलिखित हैं :

(1) राधा-कृष्ण की प्रेमलीला विषयवस्तु है, (2) काव्य, संगीत और नृत्य का संयोग, (3) मनोरागों के अनुकूल रागों का प्रयोग, (4) नाटकीय संगीत और काव्य का योग, (5) कोमलकांत पदावली, (6) भक्ति और शृंगार का समन्वय, और (7) छंदोबद्ध गेयपद शैली का उपयोग।

जयदेव के लीलाकाव्य की परंपरा का विकास विद्यापति के पदों में व्यक्त हुआ और ब्रजभाषा के काव्य में इसका चरम उत्कर्ष हुआ। सूरदास के पूर्ववर्ती ब्रज-भाषा के अनेक भक्त कवियों ने लीलापदों की रचना की, जिनमें स्वामी हरिदास विशेष स्मरणीय हैं। उनकी केलिमाला निकुंजलीला के मुग्ध और विदग्ध रूपों की रसभीनी अभिव्यक्ति का उत्कृष्ट उदाहरण है। वल्लभ संप्रदाय के अष्टछाप के सभी कवियों ने लीलाकाव्य की रचना की, परन्तु भावप्रवणता और कला-सौष्ठव की दृष्टि से सूरसागर में लीलाकाव्य का उदात्त रूप विद्यमान है। वैसे तो संपूर्ण सूरसागर लीलाकाव्य है, किंतु उसमें अनेक लीलाओं की अपनी स्वायत्तता है और वे अपने आप में लीलाकाव्य की सभी विशेषताओं से संपन्न हैं। सूरसागर की ऐसी लीलाओं में पनघटलीला, दानलीला, चीरहरणलीला, रासलीला तथा भ्रमरगीतलीला आदि प्रमुख हैं। इन लीलाओं में नाटकीय कल्पना-शक्ति का विकास दिखाई पड़ता है। सूरसागर में श्रीकृष्ण की ऐश्वर्यमयी लीलाएं भी हैं जिनमें ब्रह्मा द्वारा बालक वत्स हरणलीला, नागलीला, दावानलपानलीला गोवर्धनलीला तथा मथुरा एवं द्वारिका की लीलाएं हैं। इन लीलाओं में भगवान

के शक्तिमय तथा ऐश्वर्यमय रूप के दर्शन होते हैं और इनमें विस्मय एवं रहस्योन्मुखता के साथ-साथ भक्तिभावना का पुट है ।

रासलीला में माधुर्यमयी ब्रजलीला की पराकाष्ठा है और लीलाकाव्य का चरम उत्कर्ष है । रासलीला रसमयी लीला है । रास मूलतः एक प्रकार का नर्तकी प्रधान गेय नृत्यरूपक है । रास का ही एक रूप हल्लीसक नृत्य है । कामसूत्र में उसे गेयरासक कहा गया है और उसके क्रीड़ारूप की ओर संकेत है । हल्लीसक स्त्रियों का मंडलाकार नृत्य है जिसमें एक नेता होता है । हरिवंश पुराण में हल्लीसक का उल्लेख है और रासलीला का भी । हरिवंश में रासलीला शरद रास है । श्रीमद्भागवत में रासलीला का विषद वर्णन है । हरिवंश पुराण तथा भागवत पुराण की रासलीला में राधा का अभाव है । ग्वालियर के बाघ की गुफाओं के चित्र (छठी या सातवीं शताब्दी) में हल्लीसक गेयरूपक का चित्र है ।[25] भोज के सरस्वतीकंठाभरण में भी हल्लीसक का उल्लेख है । ऐसा लगता है कि रास और हल्लीसक दोनों गेय नृत्यरूपक हैं और परवर्तीकाल में हल्लीसक का रास में समावेश हो गया । बाद में केवल रासलीला ही प्रचलित हुई । निश्चय ही भागवत पुराण के रासपंचाध्यायी के अत्यंत लोकप्रचलित होने के कारण हल्लीसक के तत्त्व रास में मिलकर विलुप्त हो गए । रास का उल्लेख भास के बालचरित नाटक में है और बाणभट्ट के हर्षचरित में भी ।

रास एक प्रकार का गेय नृत्यरूपक माना जाता है, इसलिए इसकी उत्पत्ति लास्यनृत्य से मानी जाती है । नृत्य दो प्रकार के होते हैं : तांडव और लास्य । लास्य नर्तकीप्रधान शृंगारपरक मधुर नृत्य है और राधा-कृष्ण की रासलीला लास्यनृत्य है ।[26] इस गेय नृत्यरूपक रास की काव्याभिव्यक्ति ब्रजभाषा में लीलाकाव्य के रूप में हुई है । रासलीला के काव्यरूप पर रास या रासक गेय रूपकों का भी प्रभाव पड़ा है ।[27]

उत्तर भारत में रासलीला की दो परंपराएं प्राप्त होती हैं । एक परंपरा हरिवंश विष्णु पुराण तथा भागवत पुराण की है और दूसरी जयदेव के गीतगोविंद की । हरिवंश और भागवत पुराण की रासलीला शरद रास है और उसमें राधा का अभाव है; किंतु गीतगोविंद की रासलीला वसंत रास है और राधा उसमें प्रमुख गोपी है । आचार्य हजारीप्रसाद द्विवेदी का अनुमान है कि उत्तर भारत में रासलीला की ये दो परंपराएं अलग-अलग विद्यमान थीं ।[28] सूरदास की रासलीला में इन दोनों परंपराओं का समन्वय है । सूरसागर की रासलीला शरदकालीन रास है और उसमें राधा रासेश्वरी हैं । सूरदास ने रासलीला में राधा-कृष्ण के विवाह का आयोजन किया है और राधा को श्रीकृष्ण की स्वकीया के रूप में उपस्थित किया है । राधा रासलीला की नायिका है । वे कृष्ण के रासमंडल के मध्य में विराजमान हैं । सूरदास ने रासलीला का अत्यंत चित्रात्मक

वर्णन किया है। प्रत्येक गोपी के साथ श्रीकृष्ण हैं, लगता है बादल के बीच में बिजली का प्रकाश हो। यहां घनश्याम और दामिनी का ऐक्य है। सूरदास के रासलीला-वर्णन में नृत्य की पद गति, संगीत की स्वर गति और काव्य की भाव गति की अद्‌भुत सुसंगति है :

नृत्यत स्याम नाना रंग।
मुकुट-पटकनि, भृकुटि भटकनि, धरे नटवर अंग।
चलत गति कटि कुनित किंकिनि, घुंघुरू झनकार।
मनौ हंस रसाल बानी, अरस परस विहार।
लसति कर पहुंची उपाजैं, मुद्रिका अति जोति।
भाव सौं भुज फिरत जबहीं, तबहिं सोभा होति।
कबहु नृत्यत नारि-गति पर, कबहुं नृत्यत आपु।
सूर के प्रभु रसिक के मनि, रच्यौ रास प्रतापु॥ (1674)

रासनृत्य में पदों की गति, अंगविक्षेप, आंगिक अभिनय की मुद्राओं तथा हाव-भाव का बिंबात्मक वर्णन है :

गति सुधंग नृत्यतिव्रज नारि।
हाव भाव नैननि सैननि दै, रिझवति गिरिवर धारि।
पग पग पटकि भुजनि लटकावति, फूंदा फरनि अनूप॥
चंचल चलत झूमका, अंचल, अद्‌भुत है वह रूप।
दुरि निरखत अंग, रूप परस्पर दोउ मनहीं मन रीझत।
हंसि हंसि बदन बचन रस बरषत, अंग स्वेद जल भीजत।
वेनी छूटि लटैं बगरानी, मुकट लटकि लटकानौ।
फूल खसत सिर तैं भए न्यारे, सुभग स्वाति सुत मानौ।
गान करति नागरि, रीझे पिय, लीन्हीं अंकम लाइ।

रास में नृत्य, गीत और वाद्य संगीत की एकता है। श्याम गोपियों के साथ नृत्यरत हैं, स्वरवाद्य और तालवाद्यों की संगति है, मुरज, रबाब, बीना और किन्नरी के स्वरों से मृदंग के ताल का मेल है। गोपियां कभी गाती हैं और कभी नाचती हैं (पद सं. 1677)। मुरली की सप्तस्वरलहरी में रासलीला की आत्मा बसी है। रासलीला का चित्रात्मक वर्णन सूर ने इस पद में किया है :

विराजत मोहन मंडल रास।
स्यामा स्याम सुधा सर मानौ, क्रीडत विमल विलास।
ब्रजबनिता सत जूथ मंडली मिलि कर परस करैं।
भुज मृनाल भूषन तौरन जुत, कंचन खंभ खरे।
मृदु पद न्यास, मंद मलयानिल बिगलित सीस निचोल।

बाजत जाल मृदंग बांसुरी, उपजति तान तरंग।
बिथकित उड़पति व्योम विराजत, श्री गुपाल अनुराग। (1754)

सूरदास ने रासलीला के बाद जलक्रीड़ा की योजना की है। उस पर हरिवंश का प्रभाव परिलक्षित होता है। सूरसागर की जलक्रीड़ा संयत और उदात्त है, उसमें हरिवंश की जलक्रीड़ा की ऐंद्रिकता और इंद्रियासक्ति का अभाव है। सूर में भक्तहृदय की तन्मयता और भावप्रवणता है; जबकि हरिवंश में इंद्रिय भोग-वासना का उन्मुक्त विलास। सूर की रासलीला में भक्ति भावना का उत्कर्ष है, उसमें नृत्य और गीत तन्मयता के साधन हैं। यहां नृत्य और संगीत जीवन के उत्सव के साधन हैं।

लोकगीत तथा सूर का काव्य

मौखिक लोकगीतों की अपनी लंबी परंपरा है, जिसमें जीवनपद्धति में परिवर्तन के कारण परिवर्तन और विकास संभव होता है। लोकसाहित्य, लोकचित में संचित सामूहिक चेतना तथा अनुभूति का साहित्य है। लोकसाहित्य में जीवन के राग-विराग, संयोग-वियोग और हर्ष-विषाद का जीवंत प्रतिबिंब होता है। अनुभूतियों का स्वच्छ, निष्कपट, सरल रूप लोकसाहित्य में प्रकट होता है। लोकसाहित्य में जातीय संस्कृति और परंपराएं संचित होती हैं। व्यक्ति के जन्म से लेकर मृत्युपर्यंत संस्कारों के गीत हैं तथा सामूहिक कर्मों, उत्सवों, त्योहारों और पर्वों के गीत हैं। इन लोकगीतों में लोकजीवन का सच्चा चित्र और लोकसंस्कृति का मूल रूप सुरक्षित रहता है। लोकगीतों में मानव और प्रकृति के साक्षात संपर्क से उत्पन्न भावनाओं की व्यंजना होती है। इसमें प्रकृति के कोमल और कठोर, मंगलमय और अनिष्टकारी सभी रूपों के गीत हैं। लोकगीतों में विभिन्न ऋतुओं के प्रति मानवमन की क्रिया-प्रतिक्रिया तथा संवेदनात्मक अनुभव की भावस्निग्ध व्यंजना होती है। बारहमासा तथा होली के गीतों में समाज की सामूहिक भावना प्रकट होती है। लोकगीतों में नारी-जीवन की प्रेम और करुणा-मिश्रित गाथा का ललित रूप भी मिलता है।

लोकसाहित्य लोकप्रतिभा की देन है और उसमें रचयिता का आत्मगोपन प्रधान है। लोकसाहित्य में धर्मगाथा, लोकगाथा, परंपरागत कथाओं, अवदान, तंत्राख्यान, लोकवार्ता, लोकगीत, प्रहेलिकाओं और चुटकुलों आदि का समावेश होता है। लोकसाहित्य में भावों का सहज रूप अभिव्यक्त होता है और उसमें शिष्ट साहित्य के अभिजात संस्कार, शास्त्रीयता, पांडित्य और कृत्रिम कलात्मकता का अभाव होता है। गीतात्मकता लोकगीतों का प्राण है, क्योंकि अपनी गेयता के कारण ही वे अमर हैं। कभी-कभी शिष्ट साहित्य का वह अंश जिसमें जनमानस की दशाओं की सहज व्यंजना होती है, लोकसाहित्य का अंग बन जाता है।

कबीर, सूर और तुलसी के पदों के लोकप्रचलित होने का यही कारण है। लोकभाषा में लोकभावनाओं की अभिव्यक्ति के कारण इन भक्त कवियों की कविता लोककविता बन गई है।

लोकसाहित्य के विविध रूपों में लोकगीत सर्वाधिक प्राचीन हैं। संभवतः साहित्य का यह प्राचीनतम रूप है। मानव-सभ्यता के विकास के प्रारंभिक काल में हर्षोल्लास की अनुभूति की अभिव्यक्ति सर्वप्रथम गीत के रूप में ही हुई होगी। लोकगीतों में सामूहिक भावनाओं की व्यंजना होती है और संसार के प्राचीन साहित्यों में सामूहिक अनुभूतियों की अभिव्यक्ति ही दिखाई देती है। कविता साहित्यरूपों में सबसे प्राचीन है और लोकगीत कविता का प्राचीनतम रूप है। लोकगीतों में जीवंतता, ताजगी और सहजता होती है। लोकगीतों में कुछ पुरुषों के गीत हैं, कुछ नारियों के गीत हैं; कुछ काम के गीत हैं, कुछ आराम के गीत हैं; कुछ उत्सवों से संबंधित उल्लास और खुशी के गीत हैं; कुछ वेदना तथा शोक के गीत हैं; कुछ सामूहिक गीत हैं और कुछ व्यक्तिगत गीत हैं।

लोकसाहित्य में अक्षय जीवनशक्ति, सजीवता और ताजगी होती है, इसलिए शिष्ट साहित्य सदा लोकसाहित्य से जीवन-रस ग्रहण करता है। एक प्रतिभाशाली कवि शास्त्रबद्ध अभिव्यक्ति के रूप को छोड़कर सदा लोकसाहित्य से संवेदना के उपादन एवं अभिव्यंजना के रूप संचित करता है। भारतीय काव्य-परंपरा में संस्कृत, प्राकृत, पालि और अपभ्रंश के साहित्य में अनुभूतियों, विचारों तथा अभिव्यक्ति रूपों के विकास में लोकसाहित्य का पर्याप्त योगदान रहा है। हिंदी का भक्तिकाव्य लोकभाषा का साहित्य होने से कारण लोकसाहित्य का उन्नत रूप है। प्रेम और युद्ध, नीति और धर्म, रीति और उपदेश के साहित्य का अधिकांश लोकसाहित्य से प्रभावित है। लोकसाहित्य में विशुद्ध गीतकाव्य, लोकवार्ता में नाटकीय गीत, विनय, मंगल एवं प्रार्थनापरक गीत, आशीर्वादात्मक गीत, संदेश तथा चरित्रचित्रण के आख्यानक गीत और ऋतु संबंधी गीत भी हैं। मध्यकाल के संत तथा भक्त कवियों ने लोकसाहित्य के विविध रूपों, विशेषतः लोकगीत का भरपूर उपयोग किया है और यही कारण है कि अब भी भक्तिकाल के काव्य में ताजगी और लोकजीवन की आभा है। संत और भक्त कवियों का साहित्य लोकचेतना तथा लोकभावना का साहित्य है। संपूर्ण भक्तिकाल की काव्यसाधना का लक्ष्य है लोकचित्त से तादात्म्य स्थापन। कबीर, सूर और तुलसी ने लोकप्रचलित अनेक समकालीन काव्यरूपों का उपयोग और विकास किया है।

ब्रजभूमि की प्राकृतिक सुषमा, ब्रज की मर्मस्पर्शी तान तथा ब्रजभाषा का माधुर्य लोकविख्यात है। वैसे तो प्रत्येक क्षेत्र की अपनी क्षेत्रीय संस्कृति तथा अपनी

परंपराएं होती हैं, जिनकी अभिव्यक्ति वहां के लोकसाहित्य में होती है; किंतु राधा-कृष्ण की लीलाभूमि ब्रज की संस्कृति संपूर्ण उत्तर भारत की वैष्णव संस्कृति का लगभग चार शताब्दियों तक केंद्र रही है। ब्रज के धर्म, दर्शन, कला, साहित्य और भाषा का लोकव्यापी रूप भक्तिकाल में दिखाई पड़ता है। ब्रज-संस्कृति के विभिन्न अंगों—दर्शन, धर्म, कला, साहित्य और भाषा का संपूर्ण उत्तर भारत की सांस्कृतिक निधि के संरक्षण और विकास में महत्त्वपूर्ण योगदान है। राधा-कृष्ण की लीलाभूमि के जड़-चेतन से भक्तों का आत्मीय संबंध दिखाई पड़ता है। ब्रज के लोकसाहित्य का ब्रजभाषा के शिष्टसाहित्य पर बहुत प्रभाव पड़ा है। सूरदास ने लोकसाहित्य के अनेक रूपों को विकसित किया है। उन्होंने कृष्ण-जन्मोत्सव के समय स्त्रियों के गीत बधायौ, सोहिलौ, मंगलगीत, गारी गीत आदि का उपयोग किया है। यशोदा कृष्ण के जागरण का गीत गाती हैं और सुलाते समय लोरी गाती हैं। ब्रजवासियों का जीवन संगीतमय है। कृष्ण के जन्म, नामकरण, अन्न-प्राशन, वर्षगांठ और कर्णच्छेदन के गीत हैं। सूरसागर में विवाह के भी गीतमय वातावरण का चित्रण है। गोवर्धन पूजा, दीपमालिका, अन्नकूट के उल्लास और दूसरे गीतमय उत्सवों का वर्णन है।

शरदोत्सव में रासलीला तथा जलक्रीड़ा के अवसर के अनुकूल गीतों की रचना हुई है। झूलन-प्रसंग में झूलने के साथ-साथ गीत भी हैं। इन गीतों को सावन के गीत भी कहा जाता है। प्रकृति के मनोहर वातावरण में राधा-कृष्ण के साथ गोपियों के गीतमय और नृत्यमय झूलनोत्सव का सूरदास ने वर्णन किया है। सूरसागर में वसंतोत्सव तथा फाग के प्रसंग में लोकगीतों का अधिक प्रयोग हुआ है। ब्रज की होली आज भी उत्तर भारत में प्रसिद्ध है। वसंत में संपूर्ण लोकमानस उल्लसित दिखाई देता है और लताओं तथा पुष्पों से सुसज्जित प्रकृति नई प्रीति को उद्दीप्त करती है। यह ऋतु ही प्रेम और संयोग की ऋतु है। इसमें प्रकृति के कण-कण में कामना का विकास दिखाई पड़ता है। ब्रज की प्रेम-रंगभीनी ग्वालिनें और रागरंजित चित्त वाले गोप प्रेमोन्मत्त होकर फाग खेलते हैं और चांचर, झुमका, होरी, धमार आदि गाते हैं। सूरदास ने लोकगीतों को भी संगीत की राग-रागिनी पद्धति में आबद्ध किया है और उनके भीतर अनेक प्रकार के छंदों का प्रयोग किया है।

भ्रमरगीत-काव्य

भ्रमरगीत सूरसागर का एक अंश है, लेकिन यह एक स्वतंत्र काव्यरूप भी है। इसकी परंपरा सूरदास से पुरानी है और सूरदास के भ्रमरगीत के बाद इसकी लंबी परंपरा है। भ्रमरगीत-काव्य सूरदास के काव्य और कला की सिद्धावस्था है। भ्रमरगीत में भारतीय काव्य-परंपरा के उपालंभ काव्य और दूत काव्य की

परंपरा के तत्त्वों का समावेश है। गोपियों के विरहगीत में सूरदास की काव्यकला निखर उठी है और गोपियों की भावनाओं की मार्मिक अभिव्यक्ति हुई है। सूरदास ने भ्रमरगीत में भारतीय विरहकाव्य-परंपरा के अनेक तत्त्वों को आत्मसात कर एक अभिनव काव्य-परंपरा का उन्मेष किया है जो परवर्ती काल में अनेक कवियों की रचनाओं से समृद्ध हुई है। सूरदास ने इस भ्रमरगीत काव्य-परंपरा को इतनी शक्ति और गति प्रदान की है कि यह परवर्ती चार सौ वर्षों तक निरंतर गतिशील और विकासोन्मुख हुई है। भ्रमरगीत काव्य में सूरदास परंपरा के संरक्षक, संस्कारक और निर्माता के रूप में हमारे सम्मुख उपस्थित होते हैं।

सूरसागर का गोपीचरित एक दुखांत काव्य है। कहा जाता है कि भारतवर्ष में दुखांत काव्य की परंपरा का अभाव है, किंतु महाभारत में इस परंपरा के बीज विद्यमान हैं। संपूर्ण महाभारत एक दुखांत काव्य है, जिसमें अनेक प्रकार के बाह्य और आभ्यंतरिक संघर्षों के बीच से विकसित होती हुई कथा दुखांत ही है। भीषण भौतिक, मानसिक और आत्मिक संघर्षों के पश्चात भी चित्त की शांतावस्था का उसमें प्रयास है, किंतु उस शांतावस्था के प्रयास में भी चेतना का आंतरिक द्वंद्व विद्यमान है। सूरदास के गोपी-विरह में संयोग की स्मृति की सुगंधि है, संयोग की आशा का संचार है, किंतु यह विरह इतना विशाल, दीर्घकालीन और कारुणिक है कि उसमें छिपा आनंद क्षीण ही है। सूरदास ने कुरुक्षेत्र में कृष्ण और गोपियों में संयोग की योजना निर्मित की है किंतु उसमें संयोगकालीन उल्लास और आनंद का प्रबल वेग नहीं है। यहां गोपियां अपने प्रिय से संयोग में समान स्तर पर तादात्म्य का अनुभव नहीं करती हैं क्योंकि वहां कृष्ण का अतिमानवीय रूप है। कृष्ण के मानवरूप के साथ संयोग सहज और स्वाभाविक था। उनका चतुर्भुज रूप अलौकिक है। इस प्रकार अनुभूति के स्तर पर विरहजनित वेदना का भाव ही गोपीचरित का स्थायी भाव है। गोपियों की यह सर्वातिशायी वेदना इतनी घनीभूत और व्यापक है कि स्मृतिजन्य या क्षणिक संयोग का सुख इसमें पूर्णतः निमग्न हो जाता है और सहृदय के चित्त पर उस कारुणिक वेदना का ही चिरस्थायी प्रभाव कायम रहता है। गोपीचरित को दुखांत काव्य मानना उचित प्रतीत होता है। गोपीचरित के रूप में इस वियोगांत काव्य की रचना से सूरदास की सर्जनात्मक प्रतिभा की शक्ति का अनुमान लगाया जा सकता है। नंददुलारे वाजपेयी[29] और विजयेंद्र स्नातक[30] ने भी गोपीचरित को दुखांत रचना माना है।

कीर्तन काव्य

कीर्तन नवधा भक्ति में एक साधन माना गया है। कीर्तन गेय पदों में भगवान की लीला और गुणों का गान ही है और इसका मुख्य लक्ष्य भावोद्रेक या

रस प्रतीति है। आचार्य रामचंद्र शुक्ल के शब्दों में 'कीर्तन भगवान के अनंत सौंदर्य, अनंत शक्ति और अखंड शील की सर्वसाधारण के बीच रसमयी घोषणा है।'[31] कीर्तन भक्त द्वारा भगवान के रूप, लीला और गुणों की आत्मानुभूति की संगीतमय अभिव्यक्ति है। उसके दो रूप होते हैं: व्यष्टि कीर्तन और समष्टि कीर्तन। भक्त जब स्वांतः सुखाय भावावेश की अवस्था में कीर्तन गाता है तो वह व्यष्टि कीर्तन है और जब कीर्तन के माध्यम से जनसमुदाय में सामूहिक भावानुभूति को जगाने की कोशिश होती है तब समष्टि कीर्तन होता है। आचार्य शुक्ल ने कीर्तन को जनसमुदाय की मर्मानुभूति मानकर उसके समष्टिगत रूप को ही स्वीकार किया है और वैयक्तिक अनुभूति को वंदन या स्तवन माना है।[32] वैयक्तिक मर्मानुभूति और उसकी संगीतमय व्यंजना के अस्तित्व को अस्वीकार नहीं किया जा सकता और उसे केवल वंदन या स्तवन नहीं माना जा सकता है। नवधा भक्ति में वंदन और स्तवन (स्मरण, अर्चन) से भिन्न कीर्तन की स्थिति मानी गई है। वास्तव में भक्तिभावना की अनुभूति के वैयक्तिक और सामूहिक दोनों रूप होते हैं। भक्त का व्यक्तिचित्त भक्ति की साधना और सिद्धावस्था में लोकचित्त का अभिन्न अंग बन जाता है।

भारत में कीर्तन का इतिहास पुराना है। आचार्य क्षितिमोहन सेन के अनुसार बौद्धों का महायान मत ही कीर्तनप्रथा का मूल उत्स है।[33] विद्यापति के पूर्ववर्ती मैथिली के नाटककार कवि उमापति उपाध्याय के 'पारिजातहरण' को कुछ विद्वानों ने कीर्तनिया नाटक माना है।[34] 'आइने अकबरी' में भी कीर्तनियों के कीर्तन पदों के गायन की चर्चा है। बंगाल में चैतन्य महाप्रभु के आविर्भाव और चैतन्य मत के विकास के साथ ही कीर्तन की परंपरा विशेष समृद्ध हुई। संकीर्तन या नगर कीर्तन की परंपरा चैतन्य मत में विशेष प्रचलित हुई। बंगाल के भक्त कवियों के पद साहित्य को कीर्तन-पदावली की संज्ञा दी गई है। वल्लभाचार्य के पुष्टिमार्ग की सेवा विधि में कीर्तन सेवा का विशेष महत्त्व है।

कीर्तन पदों के रूप में लिखा गया काव्य कीर्तन काव्य कहा जाता है, जिसका प्रधान लक्ष्य भावोद्रेक ही है। कथा की पीठिका भी उसमें वर्तमान रहती है। कीर्तन काव्य की विषयवस्तु भगवान की विविध लीलाएं होती हैं और उसकी रचना-शैली पदप्रधान होती हैं। इसलिए कीर्तन काव्य में एक पद या पदसमूह में एक भाव की व्यंजना होती है। सत्येंद्र के अनुसार कीर्तन काव्य के दो अंग हैं: एक प्रधान पदसमूह जो विविध रागों में रचित होते हैं और दूसरा अंग है कथा की पीठिका।[35]

कीर्तन काव्य में पदसमूह में एक भाव के उत्कर्ष के लिए अनेक पदों की रचना होती है, इसलिए कभी-कभी पुनरावृत्ति भी हो जाती है। किंतु पदों में अनुभूति की गहनता के कारण पुनरावृत्ति रसबोध में बाधक नहीं होती है। सूर-

सागर में भी एक ही भाव की अभिव्यक्ति के अनेक पद हैं जिनमें अलग-अलग भावोद्रेक की क्षमता है। एक प्रकृति एवं भाव के पदों में भावानुभूति की एक आंतरिक अन्विति के कारण इनकी रसमयता सदैव कायम रहती है। एक भाव की सम्यक व्यंजना के लिए रचित अनेक पदों की अखंड भावचेतना के कारण उनकी आंतरिक सुसंगति खंडित नहीं होती है। ऐसे पदों में अखंड भावचेतना की व्यंजना में ही कीर्तनकार कवि की प्रतिभा का प्रकाश दिखाई पड़ता है। कीर्तन काव्य में कथा पीठिका के पोषक पद विवरणात्मक और कभी-कभी वर्णनात्मक भी होते हैं, किंतु कथासूत्र की एकान्विति के लिए उनका महत्त्व है। कीर्तन काव्य की मुख्य विशेषताएं निम्नलिखित हैं :

1. भगवान का रूप, गुण और लीला ही इसकी विषयवस्तु है।
2. इसकी रचना-शैली पदप्रधान होती है।
3. कीर्तन पदों में संगीतात्मकता होती है, राग-रागिनी का प्रयोग होता है और उनमें गेयता की प्रधानता होती है।
4. पद रचना का प्रधान लक्ष्य भावोद्रेक होता है।
5. इसमें कथा की पीठिका होती है, इसलिए प्रबंधात्मकता भी होती है।

सूरसागर में कीर्तन काव्य के रूप का भी प्रयोग है। उसमें कृष्ण के रूप, गुण और लीलाओं की अनुभूति की अभिव्यक्ति हुई है। उसमें श्रीकृष्ण के बालरूप, किशोर रूप, प्रेममय रूप और ऐश्वर्यमय रूप की झांकी है। सूरसागर की रचना-शैली पदप्रधान है। कभी-कभी एक ही भाव के अनेक पद हैं जिसमें भावोद्रेक तथा भाव-उत्कर्ष की सिद्धि हुई है। सूरसागर के सभी पद राग-रागिनी में आबद्ध हैं, उनमें छंदों का प्रयोग है तथा गेयता उनका प्रमुख गुण है। कथासूत्र की एकता के लिए कथात्मक पदों का प्रयोग है। सूरसागर में कथात्मक पद प्रायः बिलावल राग में रचित हैं। डॉ. सत्येंद्र ने सूरसागर को कीर्तन काव्य मानते हुए लिखा है कि सूरदास ने सूरसागर को कीर्तन काव्य के रूप में प्रस्तुत किया है जिसमें कथा-काव्य का ढांचा है, किंतु प्रधान तत्त्व है वह भावोद्रेक जो गेय पदों में प्रस्तुत है और जिसमें पद अथवा छंदों और प्रकरणों की सीमा का कोई प्रतिबंध नहीं है।[36] सूरसागर में कीर्तन काव्य का जो रूप है उसमें काव्य और संगीत का पूर्ण सामंजस्य है।

मध्यकाल में दशावतार चरित-वर्णन की परंपरा विद्यमान थी। क्षेमेंद्र के दशावतार चरित-वर्णन में इसका सुंदर रूप व्यक्त है। जयदेव के गीतगोविंद में भी राग-ताल निबद्ध अष्टपदी में दशावतारों का गुणगान है। सूरदास ने सूरसागर में कीर्तन काव्य के रूप के अंतर्गत ही प्रायः बिलावलराग में अवतारों का गुणगान किया है। सूरसागर में मत्स्य, कच्छप, वाराह, नृसिंह, वामन, परशुराम, कृष्ण, बुद्ध और कल्कि अवतारों का उल्लेख हुआ है :

मच्छ, कच्छ, बाराह, बहुरि नरसिंह रूप धरि।
वामन, बहुरौ परसुराम, पुनि राम रूप करि ।।
वासुदेव सोई, भयौ, बुद्ध भयौ पुनि सोइ।
सोई कल्की होई है, और न द्वितिया कोइ ।।[37]

सूरसागर की दशावतार-चर्चा केवल परंपरा का निर्वाह है, इसमें सूर के कवित्व का अभाव ही है। कृष्ण सूर के आराध्य देव हैं और उनकी लीलाओं के कीर्तन से ही सूरसागर भरा हुआ है। सूरदास ने कृष्ण के बाद रामचरित को ही विशेष महत्त्व दिया है और पद शैली में रामचरित की मार्मिक व्यंजना की है। सूर के रामचरित में अनेक पद भावोद्रेक और अभिव्यंजना-कौशल की दृष्टि से अत्यंत सुंदर हैं। सूरदास के रामचरित में वाल्मीकि रामायण की कथा का अनुसरण है। पदप्रधान गीतकाव्य की शिल्पविधि का प्रयोग करने के कारण सूरदास के रामचरित में भावात्मक स्थल ही विशेष मार्मिक हैं और उन्हीं में कवि की वृत्ति रमी है। सूरदास ने राम के जन्म और बाल्यकाल को विशेष कुशलतापूर्वक चित्रित किया है। राम की क्रीड़ा और रूप का बिंबात्मक चित्रण एक पद में है :

करतल-सोभित बान धनुहियां।
खेलत फिरत कनकमय आंगन, पहिरे लाल पहनियां ।।
दसरथ कौसिल्या के आगैं, लसत सुमन की छहियां ।।
मानौ चारि हंस सरवस तैं बैठे आइ सदेहियां।
रघुकुल-कुमुद चंद चिंतामनि, प्रगटे भूतल महियां।
आए ओप देन रघुकुल कौ, आनंद-निधि सब कहियां।
यह सुख तीन लोक में नाहीं, जो पाए प्रभु पहियां ।।
सूरदास हरि बोलि भक्त कौं, निरवाहत गहि बहियां ।। (463)

राम की बाललीला का सूरदास ने कृष्ण की बाललीला से भिन्न रूप में वर्णन किया है। राम के बाल रूप के साथ ही उनका शक्तिस्वरूप भी प्रकट है और राजसी रूप भी। सूरदास ने संक्षेप में रामकथा का वर्णन किया है, किंतु शृंगार और करुण रस के भावात्मक स्थलों पर सूर की प्रतिभा विशेष मुखर हुई है।

सूर ने सीताहरण के पश्चात विरही राम के वेदना-विकल हृदय का प्रभावशाली चित्रण किया है। सीता के वियोग में संतप्त राम की हार्दिक विकलता में उनका मानवीय रूप दिखाई पड़ता है। सूरसागर के रामचरित में करुण रस के दो स्थल विशेष रमणीय बन पड़े हैं। एक स्थल तो वह है जहां दशरथ की मृत्यु के बाद राम और भरत के मिलन के प्रसंग में शोकाकुल राम की अपार वेदना की मार्मिक व्यंजना हुई है (पद सं. 496)। दूसरे, लंका में लक्ष्मण को संघातिनी शक्ति लगने के बाद राम की हार्दिक विकलता और मानसिक द्वंद्व का चित्रण सूरदास ने अत्यंत विदग्धता से किया है :

निरखि मुख राघव धरत न धीर।
भए अति अरुन, बिसाल कमल-दल-लोचन मोचन नीर।
बारह वरष नींद है साधी तातैं विकल सरीर।
बोलत नहीं मौन कहा साध्यौ, विपति बंटावन बीर।
दसरथ मरन, हरन सीता कौ, रन बैरिनि की भीर।
दूजौ सूर सुमित्रा सुत बिनु कौन धरावै धीर। (589)

स्तुति काव्य

स्तुति काव्य कीर्तन की तरह ही धार्मिक परंपरा का काव्यरूप है। इसमें धर्म-भावना प्रबल होती है और काव्यचेतना गौण। काव्य के ढांचे में धार्मिक भावना की अभिव्यक्ति इसकी प्रमुख विशेषता है। स्तुति काव्य की परंपरा का उत्स तो वैदिक मंत्रों में देवताओं के स्तवन से ही माना जा सकता है। स्तुति काव्य-परंपरा में बौधस्त्रोत, शाक्तस्त्रोत आदि हैं तथा महाभारत और विभिन्न पुराणों में ईश्वर की अनेकशः स्तुतियां विद्यमान हैं। संस्कृत में बाण का चंडीशतक, मयूर का सूर्य-शतक, और पुष्पदंत का शिवमहिम स्त्रोत स्तुति काव्य की परंपरा में विशेष उल्लेखनीय कृतियां हैं। शंकराचार्य की सौंदर्यलहरी एवं पंडितराज जगन्नाथ की गंगालहरी में स्तुति काव्य का उत्कृष्ट रूप देखा जा सकता है, जिनमें स्तवन और काव्यात्मकता दोनों का सामंजस्य है।

सूरदास ने सूरसागर में स्तुति काव्य की परंपरा का भी उपयोग किया है। विनय के पदों में श्रीकृष्ण का स्तवन किया है। विनय के पदों में परमेश्वर के अनेक रूपों और अवतारों की स्तुति है तथा उसमें राम, कृष्ण, वासुदेव, विष्णु, शिव आदि में अभेद हैं। किंतु सूर की मनोवृत्ति अपने इष्टदेव श्रीकृष्ण की स्तुति में ही विशेष रमी है। सूरदास ने श्रीकृष्ण के ऐश्वर्यमय और प्रेममय दोनों स्वरूपों की विविध लीलाओं में वंदना की है। द्रौपदी द्वारा की गई श्रीकृष्ण-स्तुति में स्तुति काव्य का सौंदर्य निखरा है (पद सं. 247-354)। इसके अतिरिक्त सूरदास ने नवम् स्कंध में गंगा की स्तुति की है। गंगा की स्तुति पंडितराज जगन्नाथ की गंगालहरी में है और विद्यापति पदावली में भी। सूर-सागर में गंगा-स्तुति का एक पद अत्यंत काव्यात्मक है (पद सं. 454)।

सूरदास ने विभिन्न देवताओं और ऋषियों द्वारा भिन्न-भिन्न स्थलों पर श्रीकृष्ण की स्तुति कराई है। इनमें गोवर्धनलीला में देवताओं द्वारा कृष्ण की स्तुति (पद सं. 1558), कंसवध के बाद देवस्तुति (पद सं. 3701), ऋषियों के द्वारा स्तुति (पद सं. 4917) और वेदस्तुति विशेष महत्त्वपूर्ण हैं। नारद द्वारा श्रीकृष्ण की स्तुति में श्रीकृष्ण का अवतारी रूप और उनकी शक्ति, शील तथा सौंदर्य की मार्मिक व्यंजना है :

प्रभु तुव मर्म समुझि नहिं परै ।
जग सिरजत पालत संहारत, पुनि क्यों बहुरि करै ।
ज्यों पानी में होत बुदबुदा, पुनि ता माहिं समाइ ।
त्योंही सब जग प्रगटत तुम तैं पुनि तुम माहिं बिलाइ ।
माया जलधि अगाध महाप्रभु, तरि न सकै तिहिं कोइ ।
नाम जहाज चढ़ै जो कोऊ, तुव पद पहुंचै सोई ।
... ...

थावर जंगम सब तुव सुमिरत, सनक सनंदन ताहीं ।
ब्रह्मा सिव अस्तुति न सकैं करि, मैं बपुरा केहि माहीं ।
जोग ध्यान करि देखत जोगी, भक्त सदा मोहिं प्यारौ । (4921)

सूरदास ने अपने युग में लोकप्रिय अनेक काव्यरूपों का प्रयोग और विकास किया है । उन्होंने साहित्यिक परंपरा, धार्मिक परंपरा और लोकजीवन में प्रचलित विभिन्न काव्यरूपों का अपने रचनात्मक प्रयोजन के अनुसार उपयोग करते हुए उनका विकास किया है । यद्यपि सूरदास ने अनेक काव्यरूपों का प्रयोग किया है, लेकिन उनकी सर्जनात्मक कल्पना मुख्यतः प्रगीतात्मक ही है । उनकी काव्यानुभूति का स्वरूप प्रगीतात्मक है, इसलिए प्रगीत रचना में ही उनकी कवि-प्रतिभा और कला-कौशल का उत्कर्ष दिखाई देता है ।

अभिव्यक्ति का सौंदर्य

भक्ति आंदोलन के नए ऐतिहासिक संदर्भ और नई सांस्कृतिक चेतना से उस काल की कविता का स्वरूप निर्मित हुआ । कविता की नई रचनादृष्टि और नई अंतर्वस्तु के साथ नई अभिव्यक्ति-पद्धति का भी विकास हुआ । भक्तिकालीन काव्य की नई अभिव्यक्ति-पद्धति के अंतर्गत नए काव्यरूप, नए छंद, बिंब, प्रतीक, नई संरचना, शैली, शिल्पविधि और नई काव्यभाषा का जो विकास हुआ उसके विवेचन के बाद ही भक्तिकाव्य के कलात्मक मूल्य और सौंदर्यबोधी महत्त्व का उद्घाटन हो सकता है । यहां इन सब बातों की विस्तृत चर्चा का अवसर नहीं है । हमारा उद्देश्य सूरदास की कविता की अभिव्यक्ति पद्धति की कुछ मुख्य विशेषताओं की चर्चा करना है । सूरसागर के काव्यरूप की पहले ही चर्चा हो चुकी है । अब हम सूरदास की कविता की अभिव्यक्ति पद्धति के स्वरूप और सौंदर्य संबंधी विशेषताओं के विवेचन का प्रयास करेंगे ।

सूरदास ने जिस कथा को अपनी कविता का आधार बनाया है, वह ऐतिहासिक नहीं है, वह पूरी तरह काल्पनिक भी नहीं है । वह कथा मुख्यतः मिथकीय पौराणिक और लोकमानस में बसी हुई कथा है । लोकमानस में जीवित और विकसित होने के कारण वह कथा ऐतिहासिक-सामाजिक संदर्भों और लोक-

जीवन के परिवर्तनों से बराबर प्रभावित होती रही है। इस मिथकीय कथा में कल्पना के सहारे प्रकृति, मानवजीवन और समाजसंबंधी भावों तथा विचारों की अभिव्यक्ति होती रही है। कृष्णकथा का विकास इतिहास से अनुशासित हुआ है। इस कथा के विकास में मिथक और इतिहास का द्वंद्वात्मक संबंध देखा जा सकता है। सूरदास ने अपने समय के जनजीवन में प्रचलित कृष्णकथा को स्वीकार किया है, लेकिन उनकी दृष्टि कथा से अधिक उसके माध्यम से व्यक्त होने वाले मानवीय संबंधों, भावों और विचारों पर है। वे घटनाओं के विस्तृत ब्यौरों, कथा के प्रवाह और उसकी संरचना पर उतना ध्यान नहीं देते जितना मानवीय संबंधों, भावों, संवेदनाओं और जीवन की वास्तविकताओं के चित्रण पर।

राधा-कृष्ण की कथा लोकमानस में बसी हुई कथा है। इसलिए सूरदास कथा के निर्माण के बदले लोकप्रचलित कथा का रचनात्मक उपयोग करते हुए उसे मानवीय अनुभूतियों की अभिव्यक्ति का साधन बनाते हैं। यही कारण है कि वे राधा-कृष्ण की कथा के भावाभिव्यंजक प्रसंगों का बार-बार उपयोग करते हैं और घटनाप्रधान प्रसंगों की ओर केवल संकेत करते हैं। सूर के पदों के पाठक अपनी कल्पना से पदों के कथा-सापेक्ष संदर्भ का निर्माण कर लेते हैं और इस प्रक्रिया में पदों में व्यक्त अनुभूतियों के बोध का वस्तुनिष्ठ कथात्मक आधार भी निर्मित हो जाता है। सूरदास मानवीय संबंधों और मानवजीवन के अनुभवों की अभिव्यक्ति के दौरान ही मिथकीय कथा को इतिहास से जोड़ते है; क्योंकि मानव जीवन के अनुभव और मानवीय संबंध समाज के इतिहास से प्रभावित होते हैं। मानवीय संबंधों और जीवन के अनुभवों की अभिव्यक्ति के साथ ही सूरदास अपने युग के जीवन-यथार्थ की अभिव्यंजना भी करते हैं। वे अपने युग के जीवन-यथार्थ, मानवीय संबंध, भाव और विचार आदि की अभिव्यक्ति यथार्थवादी ढंग से भी करते हैं और प्रतीकात्मक ढंग से भी। मिथकीय चेतना और ऐतिहासिक चेतना की एकता से भक्तिकालीन काव्यचेतना का निर्माण हुआ है। सूरदास की कविता में यही काव्यचेतना प्रकट हुई है। उनके काव्य में कृष्ण-कथा के माध्यम से जातीय चेतना की परंपरा और अपने युग के जीवनानुभवों की रचनात्मक एकता दिखाई देती है।

भक्तिकालीन कविता की अभिव्यक्ति-पद्धति की एक विशेषता प्रगीत के विकास में देखी जा सकती है। यह प्रगीतात्मकता भारतीय कविता के इतिहास में भक्ति आंदोलन और उसके काव्य की एक विशिष्ट देन है। इसका मूल स्रोत संस्कृत काव्य नहीं है। यह प्रगीतात्मकता लोकजीवन में जीवित लोकगीतों की मौखिक परंपरा का विकास है। भक्ति आंदोलन और उसके साहित्य में सामंत विरोधी जनसंस्कृति के व्यापक उत्थान की अभिव्यक्ति है। भक्तिकाल में प्रगीत

का विकास सामंतवाद-विरोधी सांस्कृतिक चेतना की उपज है। भक्तिकाल की कविता में प्रगीत के विकास से यह सिद्ध होता है कि साहित्यिक विधाओं और साहित्य के रूपों के विकास में सामाजिक आधार और सांस्कृतिक चेतना की महत्त्व-पूर्ण भूमिका होती है। यह प्रगीतात्मकता संस्कृत काव्य और काव्यशास्त्र की रूढ़ियों से मुक्त और जनसंस्कृति की सृजनशीलता की देन है। सूरदास के काव्य में गीतकाव्य की मौखिक और लिखित दोनों परंपराओं का विकसित रूप दिखाई पड़ता है।

सूरदास भक्तिकाल के सबसे बड़े प्रगीतकार हैं। वे प्रेम के विविध रूपों और पक्षों के गायक कवि हैं। उनकी कविता की मुख्य अंतर्वस्तु प्रेम ही है। इस प्रेम की अनुभूति का स्वरूप प्रगीतात्मक है। सूरसागर में वात्सल्य, सख्य और दांपत्य प्रेम की अनुभूति का प्रगीतात्मक स्वरूप बार-बार कथा की संरचना को तोड़ देता है। सूर की कविता का प्रेम सामंती व्यवस्था के बंधनों, रूढ़ियों और सामंती नैतिकता के आग्रहों से मुक्त है। इस प्रेम का स्वरूप सामंत विरोधी है और इसकी अभिव्यक्ति करने वाले प्रगीत का स्वरूप भी सामंतवाद विरोधी है। यह प्रेम लोकजीवन का सहज स्वच्छंद प्रेम है और इसकी अभिव्यक्ति करने वाली प्रगीतात्मकता लोकगीतों का ही विकसित रूप है।

यूरोपीय साहित्य में सामंतवाद विरोधी स्वच्छंदतावाद के साथ प्रगीत का विकास हुआ। प्रगीतात्मकता स्वच्छंदतावादी रचनादृष्टि की बुनियादी विशेषता है। प्रगीतात्मकता संपूर्ण भक्तिकाव्य में है, लेकिन सूर-काव्य में इसका चरम विकास हुआ है। प्रगीत की एक अनिवार्य विशेषता यह है कि उसमें कवि के व्यक्तित्व की गहरी छाप होती है, उसमें कवि की आत्माभिव्यक्ति प्रमुख होती है। प्रगीत में कवि की वैयक्तिकता की व्यंजना सामंतवाद विरोधी प्रवृत्ति है। भक्तिकाल के सभी प्रमुख कवियों के गीतों में उनके व्यक्तित्व की अभिव्यक्ति हुई है, लेकिन सूरदास के गीतों में कवि की वैयक्तिकता और तन्यमता का चरम उत्कर्ष व्यंजित है। रूप के स्तर पर सूर के प्रगीतकाव्य में उस युग की उत्थानशील सांस्कृतिक चेतना अभिव्यक्त हुई। यह सूर के काव्य का एक महत्त्वपूर्ण ऐतिहासिक पक्ष है। जो लोग मानवीय भावों की कल्पित शाश्वतता की अभिव्यक्ति को कलाकृतियों की शाश्वतता का कारण मानते हैं और अंतर्वस्तु तथा रूप की ऐतिहासिकता को कलाकृतियों की सीमा समझते हैं, उनको यह जानकार आश्चर्य होगा कि सूरदास की कविता के निर्माण में उस युग के समाज के इतिहास का महत्त्वपूर्ण योगदान है। कुछ लोग महाकाव्य में समाज और इतिहास की उपस्थिति स्वीकार करते हैं, लेकिन प्रगीत को इतिहास के बंधनों से मुक्त मानते हैं। ऐसे लोगों की सेवा में गेटे का यह कथन निवेदित है कि श्रेष्ठ प्रगीत निश्चित रूप से ऐतिहासिक होता है।[37] प्रायः सूरदास की कविता की

अंतर्वस्तु के सामंतवाद विरोधी मानवतावादी स्वरूप की चर्चा होती है, लेकिन उनके गीतों की संरचना के ऐतिहासिक चरित्र और मूल्य की बात नहीं होती। सूरदास का सामंत विरोधी और लोकोन्मुख रचनात्मक दृष्टिकोण उनकी कविता में व्यक्त अनुभूति, विचार, नैतिक चेतना में ही नहीं है, वह कविता की प्रगीतात्मकता और काव्यभाषा में भी है।

सूरदास के प्रगीत के स्वरूप के निर्माण में उनकी संगीत संवेदना का विशेष योगदान है। उनके गीतों की संरचना संगीत से अनुशासित है। इस संगीत संवेदना के मूल में शास्त्रीय संगीत का अनुशासन और लोकगीत की सहजता का योग है। सूरदास ने जातीय भाषा और जातीय जीवन के छंदों को अपनी संगीत संवेदना से नए रूप में ढालकर गीतों की रचना की है। संगीत संवेदना से काव्यानुभूति की संरचना प्रभावित हुई है और अभिव्यक्ति का स्वरूप भी। सूर-साहित्य की असीम लोकप्रियता का एक कारण उनके गीतों की संगीतमयता भी है। मानवतावादी दृष्टि, संगीतमयता और लोकभाषा की सहजता के कारण सूर का काव्य धार्मिक काव्य होते हुए भी धर्म, संप्रदाय, जाति, देश और काल की संकुचित सीमाओं को तोड़ता हुआ मनुष्य में निहित असीम मनुष्यता को जगाने और विकसित करने में आज भी सक्षम है। इसी क्षमता के कारण सूर का काव्य कालजयी है। यह कालजयीपन भक्तिकाल के ऐतिहासिक संदर्भ, सामाजिक आधार और सांस्कृतिक चेतना की उपज है।

भक्ति आंदोलन के साथ जनपदीय भाषाओं के विकास और जातीय भाषाओं या आधुनिक भारतीय भाषाओं के निर्माण की प्रक्रिया तेज हुई। दसवीं-ग्यारहवीं सदी की जनपदीय भाषाओं में साहित्य रचना के आरंभ के प्रमाण मिलते हैं। लेकिन भक्ति आंदोलन के पहले जनपदीय भाषाओं में साहित्य-रचना की परंपरा का कोई विशेष विकास हुआ हो, इसके बहुत प्रमाण नहीं मिलते। सूरदास के पहले ब्रजभाषा में लिखित काव्य की कोई समृद्ध परंपरा नहीं मिलती। सामंती समाज-व्यवस्था में समाज का अभिजनवर्ग संस्कृत, प्राकृत और अपभ्रंश के साहित्य की रचना और आस्वादन में भी रुचि लेता था और सामान्य जनता के जीवन-व्यवहार में प्रचलित जनपदीय भाषाएं उपेक्षित थीं। भक्ति आंदोलन के काल में जनसंस्कृति के उत्थान के साथ जनपदीय भाषाओं का भी उत्थान हुआ और उनमें साहित्य रचना की शुरुआत हुई। सूरदास ब्रजभाषा में साहित्य रचना की परंपरा का निर्माण करने वाले महत्त्वपूर्ण कवि हैं। यही कारण है कि कुछ विद्वान सूरदास को ब्रजभाषा का वाल्मीकि कहते हैं। सूरदास ब्रजभाषा के 'आदि कवि' भले ही न हों, लेकिन वे ब्रजभाषा के पहले महान कवि अवश्य हैं। सूरदास की कविता में ब्रजभाषा की अभिव्यक्ति-शक्ति और सौंदर्य का जो रूप है, वह आश्चर्यजनक है। सूरदास के पहले ब्रजभाषा में लिखित काव्य की कोई समृद्ध

परंपरा नहीं थी, लेकिन लोकगीतों की मौखिक परंपरा सूरदास को मिली थी। इसी मौखिक परंपरा का उन्नत तथा विकसित रूप और रचनात्मक प्रयोग सूर की कविता में मिलता है। जन-संस्कृति के कवि के लिए यह स्वाभाविक ही है कि वह जनसंस्कृति की अभिव्यक्ति करने वाली जनभाषा की सृजनशीलता का विकास करे। यह काम सूरदास ने इस कौशल और सफलता के साथ किया कि ब्रजभाषा सूर के बाद लगभग चार सौ वर्षों तक काव्यभाषा बनी रही।

भाषा सामाजिक और सांस्कृतिक चेतना के विकास का प्रमुख लक्षण है। भाषा में सांस्कृतिक चेतना की अभिव्यक्ति ही नहीं होती, उससे संस्कृति का निर्माण भी होता है। भाषा चिंतन का माध्यम है और चिंतन की अभिव्यक्ति का साधन भी। साहित्य में भाषा मनुष्य की चेतना को समाज, संस्कृति और इतिहास के अनुभवों से जोड़ती है। साहित्य में रचना की भाषा का स्वरूप रचनाकार की सांस्कृतिक चेतना से निर्मित होता है। रामस्वरूप चतुर्वेदी ने ठीक ही लिखा है कि 'काव्यभाषा के क्षेत्र में सांस्कृतिक चेतना का महत्त्व अप्रतिभ है। काव्यभाषा का अपने प्रयोगकर्ताओं की संस्कृति से घनिष्ठ संबंध रहता है। वस्तुतः उसका स्वरूप एक बड़ी सीमा तक सांस्कृतिक आधार पर गठित होता है।'[38] भक्ति आंदोलन और उसके काव्य में जन-संस्कृति के विकास का प्रमाण काव्यभाषा के रूप में लोकभाषाओं का विकास भी है। इस काल की कविता में भारतीय कविता के इतिहास में संभवतः पहली बार जीवन-व्यवहार की भाषा साहित्य की भाषा बनी। प्रायः रूपवादी आलोचक जीवन-व्यवहार की भाषा से साहित्य की भाषा की भिन्नता में ही साहित्य की साहित्यिकता देखते हैं। ऐसे दृष्टिकोण वाले आलोचक कविता की भाषा की 'कृत्रिमता' और जीवन-व्यवहार की भाषा से भिन्न विचलन के कौशल को काव्यभाषा का प्रमुख लक्षण मानते हैं। भक्तिकाल के कवियों की काव्यभाषा से इस धारणा का खंडन होता है। भक्तिकाल की कविता में जीवन-व्यवहार की भाषा और काव्यभाषा की एकता है। लेकिन इसका यह अर्थ नहीं है कि दोनों में कोई फर्क नहीं है। कविता में जीवन-व्यवहार की भाषा का विशिष्ट प्रयोग होता है। कविता में सामान्य भाषा के सर्जनात्मक रूप और सौंदर्यपरक प्रयोजन का विकास होता है। भक्तिकाल की कविता की काव्यभाषा में ये विशेषताएं हैं। लेकिन भक्तिकाव्य की भाषा न तो संस्कृत, प्राकृत और अपभ्रंश की तरह केवल 'कवि समय सिद्ध भाषा' है, न रीतिकाल की काव्यभाषा की तरह कृत्रिम भाषा है और न छायावादी काव्यभाषा की तरह अत्यंत साहित्यिक भाषा। रामस्वरूप चतुर्वेदी की यह मान्यता विचित्र है कि 'कबीर, जायसी, सूर, तुलसी सभी ने 'कृत्रिम बोली' का प्रयोग अपने काव्य में किया है।'[39] भक्तिकाल की काव्यभाषा में जनभाषा का ही सर्जनात्मक रूप है,

वह गढ़ी हुई कृत्रिम साहित्यिक भाषा नहीं है।

सूरदास की कविता में ब्रजभाषा का काव्यात्मक रूप जीवन-व्यवहार की भाषा से अलगाव सूचित नहीं करता। वह काव्यभाषा सामाजिक जीवन के यथार्थ के विभिन्न संदर्भों, संकेतों और सूचनाओं से भरी हुई है। वह साहित्य, धर्म और दर्शन की परंपराओं के संदर्भों से भी अनेक रूपों में जुड़ी हुई है। इसमें जातीय जीवन के इतिहास की स्मृतियां भी सुरक्षित हैं। सूर की काव्यभाषा की सृजनशीलता का मुख्य स्रोत उस समय के समाज और जनजीवन का यथार्थ ही है, क्योंकि कविता की भाषा जीवन-व्यवहार की भाषा है। सूर की काव्यभाषा का विश्लेषण करके उस युग के समाज, इतिहास और संस्कृति को जाना जा सकता है। विनय के पदों में दार्शनिक भाषा में समाज का चित्रण है और भ्रमर-गीत में दैनिक जीवन के व्यवहार तथा अनुभव की वास्तविकताओं से निर्मित काव्यभाषा है। सूर की कविता में काव्यभाषा और जीवन-व्यवहार की भाषा में एकता है, इसलिए वह काव्यभाषा अपने युग के सामाजिक जीवन के यथार्थ को अनुभव के स्तर पर ही व्यक्त नहीं करती, संरचना के स्तर पर भी अभिव्यक्त करती है। यहां कविता के शब्द और सामाजिक जीवन के अनुभव के बीच कोई दूरी नहीं है। यही कारण है कि सूर की कविता का सत्य उस युग का सामाजिक सत्य है, वह ऐतिहासिक सत्य है।

सूरदास की काव्यभाषा रूपकप्रधान भाषा है। यहां रूपक केवल अलंकार मात्र नहीं है। भाषा का रूपात्मक चरित्र एक विशेष प्रकार की चिंतन-पद्धति का लक्षण है। चूंकि भाषा में ही चिंतन संभव है इसलिए भाषा का स्वरूप चिंतन के स्वरूप को जाहिर करता है। सूरदास के रूपकप्रधान या लाक्षणिक चिंतन के अनुरूप ही उनकी काव्यभाषा की संरचना निर्मित हुई है। इसी रूपकप्रधान भाषा में वे जीवन के यथार्थ, अनुभूति, विचार आदि की पुनर्रचना और अभिव्यक्ति करते हैं। वे राधा और कृष्ण के चरित्र, व्यवहार, सौंदर्य, भाव आदि की व्यंजना भी लाक्षणिक भाषिक संरचना में ही करते हैं। भ्रमरगीत में भावों की गहराई और वैचारिक द्वंद्वों की जटिलता की अभिव्यक्ति रूपकप्रधान भाषा में हुई है। सूरदास रूपकप्रधान चिंतन के सहारे ही अलंकारों का प्रयोग करते हैं और बिंब, प्रतीक, अन्योक्ति आदि की रचना भी करते हैं। इस पद्धति से काव्यभाषा में वाग्विदग्धता, उपचार वक्रता और अभिव्यक्ति के सौंदर्य का विकास हुआ है।

सूरदास के पदों की रूपकप्रधान संरचना के दो स्तर हैं। प्रायः पदों की बाहरी संरचना रूपकात्मक है, लेकिन भीतर अनुभूतियों, विचारों, वस्तुओं और स्थितियों की अभिव्यंजना यथार्थवादी है। सूरदास के रूपक-निर्माण का आधार बहुत व्यापक है। प्रकृति, मानवजीवन, समाज, मिथक, इतिहास और संस्कृति आदि के क्षेत्र उनकी रूपक रचना के मुख्य स्रोत हैं। सूरदास रूपकप्रधान चिंतन

के सहारे अपनी कविता में परस्पर विरोधी और असंबद्ध प्रतीत होने वाले भावों, विचारों और स्थितियों को परस्पर संबद्ध रूप में व्यक्त कर पाते हैं। राबर्ट बाइमान ने ठीक ही लिखा है कि 'रूपक में भौतिक और आध्यात्मिक, मूर्त और अमूर्त, सामान्य और विशिष्ट, सामाजिक और वैयक्तिक के बीच संबंध स्थापित करने की क्षमता होती है।'[40] रूपकप्रधान चिंतन और काव्यभाषा के इस सामंजस्य का प्रमाण सूर के काव्य से बेहतर और कहां मिल सकता है।

सूर की काव्यभाषा केवल इंद्रियबोध और भावों की व्यंजना में ही सक्षम भाषा नहीं है। वह केवल बिंब-निर्भर काव्यभाषा भी नहीं है। यह काव्यभाषा गहरे स्तर पर विचारप्रधान है। प्रतीकों के प्रयोग में विचारशीलता का एक स्तर दिखाई देता है और अलंकारों के प्रयोग तथा वाग्विदग्धता में दूसरा स्तर। इस काव्यभाषा में अर्थ की गहराई, अनेकार्थता, संदर्भ-संपन्नता, संरचनात्मक सुसंगति और रूपात्मक संयम आदि के मूल में बौद्धिकता ही है। अनेक भावों की एक साथ व्यंजना करने की क्षमता के पीछे गहरी विचारशीलता है। सूरदास की काव्यभाषा में अपने युग के बौद्धिक द्वंद्वों (ज्ञान और भक्ति तथा सगुण और निर्गुण के द्वंद्वों) की अभिव्यक्ति है, उसमें सामाजिक जीवन के विविध रूपों और स्तरों का बोध है, युग की कलाचेतना की अभिज्ञता है, युग की नैतिक चेतना के द्वंद्व की पहचान है और एक विशेष प्रकार के दार्शनिक चिंतन की अभिव्यक्ति है। इन सबके बावजूद, क्या यह कहना सही है कि सूर की कविता में केवल इंद्रियबोध और भावों की व्यंजना है और यही उसके स्थायित्व का कारण है? सूर की कविता का सौंदर्यबोधात्मक महत्त्व उसके ज्ञानात्मक पक्ष, नैतिक चेतना और अभिव्यक्ति के सौंदर्य से अलग नहीं है।

भारतीय कविता के इतिहास में रचना-पद्धति की दृष्टि से तीन तरह के कवि हैं: स्रष्टा, द्रष्टा और कलाकार। वैसे तो प्रत्येक सार्थक कवि स्रष्टा होता है लेकिन कुछ कवियों की सर्जनात्मक प्रतिभा मनुष्य के जीवन-जगत के समानांतर कल्पना के नए संसार की सृष्टि करने में विशेष सक्षम होती है। इस कल्पना के संसार के कर्मशील मानवचरित्रों में मानव जीवन की वास्तविकता और आकांक्षा की अभिव्यक्ति होती है। वास्तविकता और संभावना के द्वंद्व से निर्मित कथा और चरित्र परवर्ती काल में मिथक और इतिहास के रूप में जातीय स्मृति के अंग बन जाते हैं। भारतीय कविता में वाल्मीकि और व्यास ऐसे ही कवि हैं। ऐसे कवियों को ही काव्यसंसार का प्रजापति कहा गया है। कुछ दूसरे मनीषी कवि मानवचरित्रों के कर्म, ज्ञान और भावना के नए संसार की सृष्टि के बदले अपने युग के यथार्थ और चेतना की पहचान करते हुए पीड़ित मानवता की मुक्ति की वैचारिक प्रेरणा देते हैं। ऐसे कवि पीड़ित मानवता की आवाज बनकर दमनकारी सत्ता, समाज-व्यवस्था और विचारधारा के विरुद्ध विद्रोह की चेतना जगाते

हैं। ऐसे कवि कविता को सामाजिक परिवर्तन और वैचारिक क्रांति का साधन बनाते हैं। ये कवि अपने युग की चेतना के विकास के मार्गदर्शक, युगद्रष्टा और भावी युग के स्रष्टा होते हैं। कबीर ऐसे ही युगद्रष्टा कवि हैं।

इन दोनों से भिन्न कुछ ऐसे भी कवि होते हैं जो वास्तविक संसार के समानांतर कल्पना का नया संसार नहीं रचते और न मनीषी कवियों की तरह युगद्रष्टा होते हैं; लेकिन जो परंपरा से प्राप्त कथा तथा मानवचरित्रों की अपने युग की सांस्कृतिक चेतना के संदर्भ में पुनर्रचना करते हैं। उनकी इस पुनर्रचना में ही उनकी कला प्रकट होती है। यह पुनर्रचना पुरानी रचना को दोहराना या उसका अनुकरण नहीं है, यह पुनर्रचना नई रचना है। परंपरा की पुनर्रचना करने वाली नई सृष्टि-दृष्टि में कलाकार कवियों की कला और रचना-कौशल की अभिव्यक्ति होती है। ऐसे कवियों की कला परंपरा के विकास, साहित्यिक विधा और रूपसंबंधी आविष्कार और नई शिल्प-विधि के विकास में दिखाई देती है। इसका यह तात्पर्य नहीं है कि ऐसे कवियों की कला केवल रूप पर निर्भर होती है। रूपसंबंधी प्रत्येक आविष्कार के मूल में नई अंतर्वस्तु की कलात्मक अभिव्यक्ति की आकांक्षा होती है। कालिदास और सूरदास ऐसे ही कलाकार कवि हैं। स्रष्टा, द्रष्टा और कलाकार कवियों की पारस्परिक भिन्नता की बात करने का उद्देश्य इनकी रचनादृष्टि संबंधी विशिष्टताओं को समझने का आग्रह करना है, इनकी रचना दृष्टियों में आत्यंतिक पृथकता स्थापित करने का प्रयत्न नहीं है।

ये तीनों रचनादृष्टियां कई बार एक ही कवि में मिल सकती हैं। यह भी कहा जा सकता है कि ये तीनों रचनादृष्टियां सार्थक कवियों की रचनाशीलता में कमोवेश मौजूद रहती हैं। फिर भी, रचनादृष्टियों की प्रधानता-अप्रधानता के आधार पर स्रष्टा, द्रष्टा और कलाकार कवियों की रचनाशीलता में निहित अंतर की समझ से बेहतर काव्य-विवेक की संभावना बनती है। भारतीय कविता के इतिहास के व्यापक परिप्रेक्ष्य को ध्यान में रखकर कहा जा सकता है कि सूरदास कालिदास की तरह मानवीय प्रेम और सौंदर्य के कलाकार कवि हैं। उनकी रचना के अधिकांश उपादान परंपरा और लोकजीवन के हैं, लेकिन कृति की रचनादृष्टि सूर की अपनी है। रचनादृष्टि का यही निजीपन सूर की काव्यकला की महानता का मुख्य कारण है। सूरदास की रचनादृष्टि की प्रमुख विशेषता यह है कि उसमें अनुभूति की तन्मयता, निश्छलता, सच्चाई और पवित्रता से लोककला के सरल-सहज सौंदर्य की स्वाभाविक एकता है। यही सूर की कविता की सार्वभौम लोकप्रियता का बुनियादी कारण है।

संदर्भ

1. जान हेवार्ड (सं.), 'टी. एस. इलियट सलेक्टेड प्रोज', (लंदन, 1965)
2. टी. एस. इलियट (सं.) 'एजरा पाउंड सेलेक्टेड पोयम्स', लंदन 1948, पृ. 9
3. टी. एस. इलियट (सं.), 'लिटरेरी एसेज आफ एजरा पाउंड', पृ. 23
4. राधाकमल मुखर्जी, 'दि फ्लावरिंग आफ इंडियन आर्ट', पृ. 254
5. हरबर्ट रीड, 'क्लेक्टेड एसेस इन लिटरेरी क्रिटिसिज्म', लंदन, 1950, पृ. 19
6. रवींद्रनाथ ठाकुर, 'साहित्य', बंबई, 1949, पृ. 109
7. ब्रजेश्वर वर्मा, 'सूरदास', पृ. 334
8. वही, पृ. 71-72
9. चंद्रबली पांडेय, 'हिन्दी कवि चर्चा', पृ. 210
10. ब्रजेश्वर वर्मा, पूर्वोद्धृत, पृ. 342
11. हजारीप्रसाद द्विवेदी, 'मध्यकालीन धर्मसाधना', पृ. 150
12. सूजन के. लैंगर, 'फीलिंग ऐंड फार्म', लंदन, 1953, पृ. 27
13. जान हेवार्ड (सं.), पूर्वोद्धृत, पृ. 63
14. शिवपूजन सहाय (सं.), 'हिंदी साहित्य और विचार', खंड एक, पटना, 1960, पृ. 3-18
15. वही, पृ. 32
16. वही, पृ. 34
17. पोद्दार अभिनंदन ग्रंथ, पृ. 86
18. शिवप्रसाद सिंह, 'सूर पूर्व ब्रजभाषा और उसका साहित्य', वाराणसी, 1958, पृ. 20
19. वही, पृ. 149
20. के. वासुदेव शास्त्री, 'संगीतशास्त्र', सूचना विभाग, उ. प्र., 1985, पृ. 1
21. पोद्दार अभिनंदन ग्रंथ, पृ. 187
22. रामचंद्र शुक्ल, 'सूरदास', पृ. 114
23. डब्ल्यू. पी. केर, 'फार्म ऐंड स्टाइल इन पोयट्री', लंदन, 1928, पृ. 159
24. जेम्स ज्वायस, 'ए पोट्रेट आफ दि आर्टिस्ट एज ए यंग मैन', 'लंदन, 1964, पृ. 215
25. पर्सी ब्राउन, 'इंडियन पेंटिंग', 1947, पृ. 37
26. रागिनी देवी, 'डांसेज आफ इंडिया', कलकत्ता, 1953, पृ. 56
27. शिवप्रसाद सिंह, पूर्वोद्धृत, पृ. 229

28. हजारीप्रसाद द्विवेदी, पूर्वोद्धृत, पृ. 145
29. नंददुलारे वाजपेयी, 'महाकवि सूरदास', पृ. 121
30. विजयेंद्र स्नातक, 'सूरदास' (आलोचना, वर्ष सात, अंक एक जनवरी, 1959), पृ. 64
31. रामचंद्र शुक्ल, पूर्वोद्धृत, पृ. 74
32. वही, पृ. 74
33. हजारीप्रसाद द्विवेदी, 'सूर साहित्य', पृ. 86
34. शिवपूजन सहाय (सं.), हिंदी साहित्य और बिहार', पृ. 34
35. सत्येंद्र, 'सूर की झांकी', आगरा, 1956, पृ. 145
36. वही, पृ. 148
37. गाल्वानो डेल्ला बोल्पे, 'क्रिटीक आफ टेस्ट', लंदन, 1978, पृ. 25
38. रामस्वरूप चतुर्वेदी, 'भाषा और संवेदना', भारतीय ज्ञानपीठ, वाराणसी, 1964, पृ. 46
39. वही, पृ. 50
40. राबर्ट वाइमान, 'स्ट्रक्चर ऐंड सोसाइटी इन लिटरेरी हिस्ट्री', लंदन, 1977, पृ. 195

सूर का काव्य और किसान-जीवन

हिंदी साहित्य में महात्मा सूरदास को तो बहुत सम्मान मिला है, लेकिन महाकवि सूरदास के महत्त्व की व्याख्या करने वाला आलोचनात्मक विवेक विरल ही है। हर अच्छी कविता की तरह सूर की कविता भी श्रद्धा से अधिक समझ की मांग करती है। रामचंद्र शुक्ल और हजारीप्रसाद द्विवेदी ने सूर के काव्य की व्याख्या को जहां छोड़ा था वहां से आज भी वह बहुत आगे नहीं बढ़ी है। आचार्य शुक्ल की आलोचना से सूर की कविता के विशिष्ट स्वरूप की पहचान की शुरुआत हुई। उन्होंने सूर की सहृदयता, कल्पनाशीलता, तन्मयता, नवीन प्रसंगों की उद्‌भावना शक्ति, वाग्विदग्धता और काव्यभाषा की अपूर्व सृजनशीलता की व्याख्या करते हुए सूर-साहित्य की आलोचना का मार्ग बनाया। लेकिन उनकी आलोचना में कुछ ऐसे आग्रह भी हैं, जिनसे सूर की परवर्ती आलोचना प्रभावित हुई है। उनका एक आग्रह यह है कि सूर के काव्य में लोक-संग्रह का अभाव है। आचार्य शुक्ल ने लिखा है: "सूरदास जी अपने भाव में मग्न रहनेवाले थे, अपने चारों ओर की परिस्थिति की आलोचना करने वाले नहीं। संसार में क्या हो रहा है, लोक की प्रवृत्ति क्या है, समाज किस ओर जा रहा है इन बातों की ओर उन्होंने अधिक ध्यान नहीं दिया है।" (सूरदास, पृ. 191)

हजारीप्रसाद द्विवेदी के सामने शुक्ल जी की सूर-संबंधी मान्यताएं थीं इसलिए उन्होंने शुक्ल से भिन्न दृष्टि से सूर के काव्य को देखा, कहीं शुक्ल जी की मान्यताओं का विरोध किया है तो कहीं विकास भी। द्विवेदी जी ने सूर की काव्यानुभूति की शास्त्र-निरपेक्षता और रचनादृष्टि की नवीनता की व्याख्या की है और उनके कवि-व्यक्तित्व की स्वाधीनता, प्रेम के विद्रोही स्वभाव, सूरसागर में स्त्री-चरित्रों की प्रधानता, पदों की रचनापद्धति की मौलिकता आदि का मूल्यांकन किया है। इस तरह सूर के काव्य की लोकोन्मुखता और सामाजिकता उजागर हुई है।

बाद के दिनों में सूर-साहित्य की व्याख्या के लिए जो सत्संगी आलोचना

आगे आई, उसकी दिलचस्पी महात्मा सूरदास में अधिक थी और महाकवि सूरदास में बहुत कम। इस आलोचना में बुद्धि की जगह श्रद्धा ने ले ली। फिर 'चौरासी वैष्णवों की वार्ता' और 'दो सौ बावन वैष्णवों की वार्ता' के आधार पर सूर के जीवन और काव्य में वल्लभ संप्रदाय की छाप की खोज होने लगी। लक्ष्य था सूर को 'पुष्टिमार्ग का जहाज' सिद्ध करना, ताकि आलोचना लोक-परलोक दोनों को सुधारने का साधन बन सके। सूर-साहित्य की व्याख्या में सत्संगी आलोचना की वही भूमिका है जो तुलसी-साहित्य के प्रसंग में कथावाचकों की परंपरा की।

भक्तिकाव्य और प्रगतिशील आलोचना

रामचंद्र शुक्ल और हजारीप्रसाद द्विवेदी की आलोचना-दृष्टियों को, और साथ ही भक्तिकाव्य की उनकी व्याख्याओं को विकसित करने का प्रयत्न प्रगतिशील आलोचकों ने किया है। प्रगतिशील आंदोलन के आरंभ से ही भक्ति आंदोलन और उसके काव्य के मूल्यांकन का प्रश्न प्रगतिशील आलोचकों के बीच उग्र विवाद का विषय रहा है और आज भी है। हाल के वर्षों में रामविलास शर्मा और नामवर सिंह के बीच अपनी-अपनी परंपराओं की खोज और रक्षा के लिए आलोचना का जो महाभारत हुआ है, उसका कुरुक्षेत्र भक्तिकाव्य ही है। प्रायः प्रगतिशील आलोचना में भक्तिकाव्य पर बहस के केंद्र में कहीं कबीरदास हैं तो कहीं तुलसीदास। यह आश्चर्य की बात है कि इन बहसों के केंद्र में सूरदास कहीं दिखाई नहीं देते। वे अगर कहीं हैं तो हाशिए पर।

इसका कारण बहुत रहस्यमय नहीं है। प्रगतिशील आंदोलन के आरंभिक दौर की आलोचना में कविता की जो समझ थी और साहित्य में समाज को खोजने की जो पद्धति थी, उसके लिए कबीर और तुलसी के काव्य का अपनाव और उपयोग आसान था। वह आलोचना कविता में सतह पर तैरती विचार-धारा और सामाजिक यथार्थ के प्रत्यक्ष वर्णन की खोज करती थी। ये दोनों बातें कबीर और तुलसी के काव्य में आसानी से मिल जाती थीं, इसीलिए उस ओर आलोचना का झुकाव स्वाभाविक था। सूर की कविता की विशिष्ट बनावट के भीतर समाविष्ट समाज और सामाजिक चिंता को वह आलोचना देख नहीं पाती थी। यही कारण है कि सूर हाशिए पर रहे।

सूरदास न कबीर की तरह समाज-सुधारक हैं और न तुलसी की तरह उपदेशक। उनके काव्य में कबीर के समान उस समय के समाज की कड़ी आलोचना नहीं है और न, तुलसी के समान समाज की व्यवस्था तथा मर्यादा की रक्षा का आग्रह। वे प्रेम और सौंदर्य के अनंत अनुभवों के अनुपम शब्द-शिल्पी हैं। सूर की कविता विचारधारात्मक बयान देने वाली बातूनी कविता नहीं है। यहां तक कि

उन्हें जिस वल्लभ संप्रदाय का कवि कहा जाता है, उसके आग्रहों से भी उनकी कविता मुक्त ही है। उनकी कविता पर वल्लभ संप्रदाय की छाप लगाने और सूरसागर को भागवत का अनुवर्ती बनाने का काम बाद में संप्रदाय के सेवकों ने किया है। सूरसागर में लोक-चिंता काव्यानुभूति के प्रवाह में अंतर्धारा की तरह है, सतह पर तैरती लकड़ी जैसी नहीं। उसमें समाज का प्रत्यक्ष वर्णन कम है, परंतु मानवीय संबंधों के चित्रण और काव्यभाषा की संरचना में उस काल की सामाजिक वास्तविकता के चित्र और प्रतिबिंब मौजूद हैं। वहां भाषा के लाक्षणिक प्रयोग सामाजिक अनुभवों और सच्चाइयों की ओर इशारा करते हैं। सूरदास सामाजिक यथार्थ का सीधे वर्णन करने के बदले उसके अनुभव का अभिव्यक्ति के उपकरण के रूप में उपयोग करते हैं।

सूर की कविता अपने समय के समाज के पीछे चलने या उसकी आलोचना करने के स्थान पर उस सामंती समाज की व्यवस्थाओं, संस्थाओं और रूढ़ियों के दमनकारी प्रभावों का निषेध करती हुई एक ऐसे समाज की रचना करती है जिसमें लोक और शास्त्र के बंधनों से स्वतंत्र मानवीय भावों और मानवीय संबंधों का सहज स्वाभाविक विकास संभव हुआ है। उनकी कल्पना के वृंदावन में वात्सल्य की चरम सहजता और प्रेम की परम स्वतंत्रता का अनुभव सामंती सामाजिकता के आतंक से एकदम मुक्त है। भक्तिकाल के दूसरे कवियों ने भी कल्पना लोकों की सृष्टि की है। जायसी का 'सिंहलद्वीप' और तुलसी का 'रामराज्य' कल्पना लोक ही है। सूर का वृंदावन जायसी के सिंहलद्वीप और तुलसी के रामराज्य की तुलना में उस काल के सामंती समाज की सीमाओं से अधिक स्वतंत्र है। उसमें स्वतंत्र मानवीय संबंधों की आकांक्षा अधिक मूर्त और ग्राह्य रूप में व्यक्त हुई है। वह मानवीय भावों की शक्ति और मानवीय संबंधों के सौंदर्य का बोध जगाने वाला कल्पनालोक है। इसी विशेषता के कारण सूर का काव्य अपने समय की पुकार होते हुए कालातीत भी है। नाभादास ने भक्त कवियों में केवल सूरदास को 'कवियों का कवि' ठीक ही कहा है: 'सूर कवित सुनि कौन कवि जो नहिं सिर चालन करै।'

सूरदास कवियों के कवि इसलिए भी हैं कि उन्होंने ब्रजभाषा-काव्य की जो परंपरा निर्मित की, वह बाद के लगभग चार सौ वर्षों तक चलती रही। सूर को समाज और साहित्य से जो ब्रजभाषा मिली थी उसे पहले से अधिक विकसित, परिष्कृत और अभिव्यंजक बनाकर उन्होंने बाद के कवियों को सौंपा। तभी वह चार सौ वर्षों तक काव्यभाषा बनी रही। यद्यपि सूर की कविता बाद के कवियों के लिए कठिन चुनौती साबित हुई; क्योंकि आचार्य शुक्ल के शब्दों में, "वात्सल्य और श्रृंगार के क्षेत्र में तो इस महाकवि ने मानो औरों के लिए कुछ छोड़ा ही नहीं।" फिर भी परवर्ती काव्य-परंपरा पर सूर का प्रभाव पड़ा है। वे

तुलसी की तरह अपनी परंपरा के अंतिम कवि नहीं हैं, एक विशाल काव्य-परंपरा के प्रवर्तक कवि हैं। उनके वात्सल्य चित्रण की अद्वितीयता आज भी अक्षुण्ण है, जिसके अनुकरण का प्रत्येक प्रयत्न दुस्साहस साबित हुआ है। लेकिन उनके श्रृंगार की परंपरा जरूर आगे चली है, पर उसमें लोकगीतों का वह उत्सवधर्मी संगीत नहीं है जो सूर के प्रेम की मुख्य विशेषता है।

सूर-साहित्य की आलोचना के इतिहास से स्पष्ट है कि अच्छी कविता में अंतर्निहित समाज और लोक-चिंता की पहचान का काम सचमुच कठिन है। कवि के भौतिक परिवेश और कविता के विचारधारात्मक आग्रहों के आसपास ही मंडराने वाली आलोचना के लिए तो वह और भी दुष्कर है। यद्यपि आचार्य शुक्ल मानते थे कि सूर की कविता में लोक-संग्रह का अभाव है, फिर भी उनकी आलोचना में ऐसे अनेक सूत्र और संकेत हैं, जिनके सहारे उस काव्य में कहीं प्रत्यक्ष रूप में व्यक्त और कहीं परोक्ष रूप से व्याप्त लोक-चिंता की खोज संभव है। परंतु बाद के कुछ आलोचकों ने शुक्ल जी के संकेतों की दिशा को समझकर आगे बढ़ने के बदले उन संकेतों को ही लक्ष्य मान लिया और उन्हें सिद्ध करने की कोशिश की।

सूर का गोचारण-काव्य

आचार्य शुक्ल का एक संकेत यह है कि सूरसागर में पशुचारण-काव्य की प्रवृत्ति मिलती है। उन्होंने लिखा है, : 'बाललीला के आगे फिर उस गोचारण का मनोरम दृश्य सामने आता है, जो मनुष्य जाति की अत्यंत प्राचीन वृत्ति होने के कारण अनेक देशों के काव्य का प्रिय विषय रहा है। यूनान के पशुचारण-काव्य का मधुर संस्कार यूरोप की कविता पर अब तक कुछ न कुछ चला ही आता है। कवियों को आकर्षित करने वाली गोप-जीवन की सबसे बड़ी विशेषता है प्रकृति के विस्तृत क्षेत्र में विचरने के लिए सबसे अधिक अवकाश। कृषि, वाणिज्य आदि और व्यवसाय जो आगे चलकर निकले, वे अधिक जटिल हुए—उनमें उतनी स्वच्छंदता न रही।' (सूरदास, पृ. 160)

आचार्य शुक्ल के अनुसार, समाज के विकास के साथ पशुचारण-काव्य का भी विकास हुआ है। कृषि तथा व्यापार के युगों में भी गोचारण-काव्य रचा जाता है; क्योंकि कृषि और व्यापार की व्यवस्थाओं से उपजी जटिलताओं से निकलकर प्रकृति के स्वच्छंद वातावरण में विचरने की मानवीय आकांक्षा की अभिव्यक्ति का एक माध्यम है गोचारण-काव्य। तात्पर्य यह कि गोचारण-काव्य सामंती और पूंजीवादी समाजों के जटिल बंधनों से मानव-मन की मुक्ति में सहायक बनता है। इस तरह कभी-कभी मानव समाज के इतिहास के सुदूर अतीत की स्मृति भी भविष्य की संभावनाओं की तलाश में मनुष्य की मदद करती है।

आधुनिक युग में भी किसी न किसी रूप में गोचारण-काव्य की रचना का यही रहस्य है।

यूरोप में पशु-चारण-काव्य की परंपरा अत्यंत लंबी और समृद्ध है। यूनान के थिओक्रिटस और रोम के वर्जिल से शुरू होकर अंग्रेजी के स्पेंसर, शेक्सपियर, वर्ड्सवर्थ आदि से होती हुई पशु-चारण-काव्य की परंपरा बीसवीं सदी तक चली आई है। जाहिर है, समाज के इतिहास के साथ पशु-चारण-काव्य का रूप ही नहीं, उसका प्रयोजन भी बदलता रहा है। विकास की प्रत्येक अवस्था में उसके स्वरूप का समकालीन सामाजिक संबंधों से गहरा रिश्ता दिखाई देता है और उसके सामाजिक, नैतिक तथा भावात्मक प्रयोजनों पर समकालीन जीवन का गहरा प्रभाव पड़ता रहा है। वहां के आलोचक पशु-चारण-काव्य के विकास और परिवर्तन के बारे में सजग दिखाई देते हैं। वे वर्ड्सवर्थ की पशु-चारण संबंधी कविता में वर्जिल के पशु-चारण-काव्य की विशेषताएं नहीं खोजते। लेकिन हिंदी के आलोचक सूर के गोचारण-काव्य को आदिम गोचारण-काव्य मानते दिखाई देते हैं। भारतीय कविता में गोचारण-काव्य की परंपरा यूरोप के समान सघन और समृद्ध नहीं है। यहां वैसी निरंतरता भी नहीं है। फिर भी, यहां जो है वह गोचारण संबंधी ग्वाल-गीतों के रूप में मिलता है, जबकि यूरोप का पशु-चारण-काव्य मुख्यतः गड़ेरियों के गीतों से जुड़ा हुआ है। हिंदी में गोचारण-काव्य की प्रवृत्ति का सार्थक प्रयोग केवल सूर के काव्य में है।

आचार्य रामचंद्र शुक्ल जब कहते हैं कि सूरसागर में बाललीला के बाद गोचारण का मनोरम दृश्य सामने आता है तब उनका आशय यह नहीं है कि सूर का संपूर्ण काव्य गोचारण-काव्य है, और यह भी नहीं कि वह प्रागैतिहासिक पशु-चारण-काव्य है। फिर भी हिंदी के कुछ आलोचकों ने सूरदास को चरागाह संस्कृति का कवि घोषित कर दिया है। और तो और, डॉ. रामविलास शर्मा भी सूर को पशुपालकों का कवि मानते हैं। उन्होंने सन् 1984 में लिखा था, "कबीर शहरी कारीगरों के, सूर पशु-पालकों के, तुलसी किसानों के जीवन से जुड़े हुए हैं। दार्शनिक मतवाद की छानबीन में विवेचक इनके भौतिक परिवेश की विशेषताएं भूल जाते हैं। किसान-जीवन के चित्र कबीर और सूर के काव्य में नहीं हैं, वे तुलसी के काव्य की विशेषताएं हैं।" (मार्क्सवाद और प्रगतिशील साहित्य, पृ. 344) साल-भर बाद ही उन्होंने 'लोकजागरण और हिंदी साहित्य' में लिखा, "किसान-जीवन के चित्र कबीर और सूर के काव्य में नहीं हैं—मेरी यह बात केवल सापेक्ष रूप में सही है। कबीर और सूर किसान-जीवन से परिचित हैं पर इस जीवन की समग्रता तुलसी के काव्य में है, उस युग के अन्य किसी कवि में नहीं।" (पृ. 74)

साल भर के भीतर डॉ. रामविलास शर्मा के मत में यह परिवर्तन और

फिर उसका स्वीकार आश्चर्यजनक है, लेकिन स्वीकार की शैली और भी अधिक चकित करने वाली है। किसान-जीवन से कबीर और सूर के संबंध की बात आधे मन से मानने के साथ ही इस पूर्वग्रह को पहले से अधिक जोर देकर दोहराया गया है कि उस युग में किसान-जीवन के प्रतिनिधि कवि तुलसीदास हैं, कोई और नहीं। क्या सचमुच ऐसा है कि सूरदास तो किसान-जीवन से सिर्फ परिचित हैं, लेकिन तुलसी किसानों के प्रतिनिधि कवि ? आखिर किसान-जीवन की वह कौन सी समग्रता है जो तुलसी के काव्य में है, पर सूर या उस युग के किसी अन्य कवि में नहीं ? इन प्रश्नों का उत्तर पाने के लिए कवियों के काव्य-संसार के भीतर जाना होगा, उनके केवल भौतिक परिवेश को याद रखना पर्याप्त नहीं होगा; क्योंकि तीनों महाकवियों के भौतिक परिवेश की बात उलझी हुई है। कबीर कारीगर हैं, लेकिन सूर पशुपालक नहीं। तुलसी के किसान होने का कोई प्रमाण नहीं है। ऐसी स्थिति में इन कवियों के भौतिक परिवेश की बात सापेक्ष रूप में ही सही है।

गोचारण-प्रसंग और किसान-जीवन

यहां हमारा लक्ष्य केवल सूर के काव्य-संसार से किसान जीवन के संबंध का विवेचन है। आइए, पहले हम यह देखें कि सूरसागर के गोचारण-प्रसंग का किसान जीवन से कोई संबंध है या नहीं। सोलहवीं सदी के भारतीय समाज का कवि प्रागैतिहासिक गोचारण का कवि कैसे हो सकता है ? सूर के काव्य में ऐसा समाज है जिसमें पशुपालन कृषिव्यवस्था का अंग है और गोचारण किसान-जीवन के व्यापक अनुभवों का हिस्सा। ग्राम-समाज और किसान-जीवन में लोक-अनुभव और लोक-कला के पुराने रूप बहुत दिनों तक जीवित रहते हैं, इसलिए उस समाज और जीवन से जुड़ी कविता में नए के साथ पुराने अनुभवों और कलारूपों का आना स्वभाविक है। सूर के काव्य में गोचारण का जो चित्रण है उसमें उस काल के गोचारण संबंधी अनुभवों के साथ अतीत के अनुभवों की स्मृति भी है, उनके गोचारण-गीतों में पुराने ग्वाल-गीतों की अनुगूंज मौजूद है। इसलिए सूरसागर के गोचारण-गीतों को चरागाह संस्कृति की कविता या आदिम गोचारण-काव्य समझना गलत है। सूर का काव्य अपने समय और समाज से जुड़ा हुआ काव्य है।

कविता में जीवन के यथार्थ और अनुभव की अभिव्यक्ति दो रूपों में होती है—प्रत्यक्ष और सांकेतिक। एक में यथार्थ और अनुभव का सीधा वस्तुपरक वर्णन होता है और दूसरे में अलंकारों, बिंबों, प्रतीकों तथा भाषा के अन्य इशारों के माध्यम से कवि यथार्थ और अनुभव की ओर संकेत करता है। प्रत्यक्ष रूप में चित्रित यथार्थ और अनुभव की पहचान सरल होती है, लेकिन जहां सांकेतिकता

होती है वहां पहचान की प्रक्रिया कठिन हो जाती है। सूर के काव्य में किसान-जीवन दोनों रूपों में है। यहां किसान-जीवन के यथार्थ का जितना प्रत्यक्ष चित्रण है, उससे अधिक किसान-जीवन के अनुभवों की सांकेतिक व्यंजना है। विनय के पदों में किसान-जीवन के यथार्थ के प्रातिनिधिक चित्र अधिक हैं, जबकि भ्रमरगीत में मुहावरों, कहावतों, लोकोक्तियों और अलंकारों के माध्यम से उस जीवन के अनुभव सांकेतिक रूप में आए हैं।

किसान-जीवन की पहचान है खेती। वही उस जीवन का सबसे बड़ा यथार्थ भी है। खेती की पूरी प्रक्रिया का समग्र चित्र सूर के इस पद में है :

प्रभु जू यौं कीन्हीं हम खेती
बंजर भूमि गाउं हर जोते, अरु जेती की तेती।
काम क्रोध दोउ बैल बली मिलि, रज तामस सब कीन्हौं।
अति कुबुद्धि मन हांकनहारे, माया जूआ दीन्हौं।
इन्द्रिय मूल किसान, महातृन अग्रज बीज बई।
जन्म जन्म को विषय वासना, उपजत लता नई।
कीजै कृपादृष्टि की बरषा, जन की जाति लुनाई।
सूरदास के प्रभु सौ करियै, होई न कान-कटाई।

(सूरसागर, भाग-1, पद सं. 185)

इस रूपक में खेती से संबंधित सभी आवश्यक बातें आ गई हैं; खेती के साधन, उसकी प्रक्रिया, कठिनाइयां और किसान के श्रम को कभी सार्थक, कभी निरर्थक बनाने वाली वर्षा भी।

सूर के काव्य में खेती से जुड़ी हर छोटी-बड़ी बात का जितना आत्मीय ज्ञान है, वह किसान-जीवन से तादात्म्य के बिना संभव नहीं। उसमें खेती की भूमि के गुण-धर्म की पूरी पहचान है। कहीं बंजर भूमि की चर्चा है तो कहीं ऊजड़ जमीन की—"ज्यौं ऊजर खेरे की पुतरी को पूजै को मानै।" कभी-कभी किसान खाल खेत को पाटकर खेती के योग्य बनाता है। सूर ने इस प्रक्रिया की ओर संकेत किया है—'सूर खाल किन पाटत।' विभिन्न पौधों की प्रकृति और वर्षा से उनके संबंध का जैसा ज्ञान सूर को है, वैसा किसी किसान को ही होगा। धान का पौधा पानी की कमी से मुरझाकर मर जाता है। कृष्ण के बिना गोपियों की यही दशा है—'सूखति सूर धान अंकुर सी, बिनु बरसा ज्यों मुल तुई।' कुछ पौधे नमी की कमी से मरते हैं तो कुछ नमी की अधिकता से। उन्हें एक साथ उपजाने की कोशिश व्यर्थ है, जैसे कि प्रेम के साथ योग को रखने की कोशिश : 'सूरदास तीनौ नहिं उपजत धनियां धान कुम्हाड़े।' सूरदास जानते हैं कि खेती के पौधों के समुचित विकास के लिए निराई आवश्यक है, इसलिए लिखा है—'जैसे प्रथम अषाढ़ आजु तृन खेतिहर निरखि उपाटत।' यहां निराई की केवल

सूचना नहीं है, निराई की पूरी प्रक्रिया का चित्र सामने आता है। यह चित्रमयता सूर की काव्यभाषा की स्थायी विशेषता है।

तुलसी के काव्य में भी खेती से संबंधित कुछ बातें मिल जाती हैं। उनमें से एक यह है—'कृषि निरावहिं चतुर किसान।' कुछ तुलसी-भक्त इसको बार-बार उद्धृत करते हुऐ कहते हैं कि उस युग में किसानों के प्रतिनिधि कवि केवल तुलसीदास हैं। शायद वे यह नहीं जानते कि तुलसी से पहले और अधिक काव्योचित ढंग से यही बात सूरदास कह चुके हैं। लगता है कि भक्तिकाव्य में ज्ञान से भक्ति का स्थायी विरोध भले ही न हो, लेकिन भक्तिकाव्य की हिंदी आलोचना में भक्ति का ज्ञान से स्थायी विरोध जरूर है।

खेती के साथ-साथ किसान-जीवन का एक और महत्त्वपूर्ण पक्ष है पशुपालन। यह आज भी किसान-जीवन की वास्तविकता है। सूर के समय में तो पशुपालन का खेती से संबंध और भी घनिष्ठ रहा होगा। यही कारण है कि किसान-जीवन से जुड़े कवि के लिए पशु-प्रकृति की पहचान जरूरी है। विशेषतः गोपाल की लीला के गायक कवि के लिए तो गाय के रूप, रंग और स्वभाव में गहरी दिलचस्पी अनिवार्य है। सूर के विनय के पदों में गाय के स्वभाव से संबंधित अनेक रूपक हैं। एक पद में हरही गाय के स्वभाव का विस्तृत वर्णन है :

माधौ जू, यह मेरी इक गाई
अब आज तैं आप आगैं दई, लै आइयै चराइ।
यह अति हरहाई, हटकत हूं बहुत अमारग जाति।
फिरति वेद-वन-ऊख उखारति, सब दिन अरू सब राति।
हित करि मिलै लेहु गोकुलपति, अपने गोधन मांह। (1/51)

गायों के रूप, रंग और व्यवहार का वर्णन गोचारण-प्रसंग में भी हुआ है। वहां गायों के रूप-रंग के अनुसार उनके नामों का भी उल्लेख है :

अपनी-अपनी गाई ग्वाल सब, आनि करौ इक ठौरी।
धौरी, धूमरि, राती, रौंधी, बोल बुलाइ चिन्हौरी।
पियरी, मौरी, गोरी, गैनी, खैरी, कजरी, जेती।
दुलही, फुलही, भौंरी, भूरी, हाँकि ठिकाई तेती।
(1/1063)

गायों के नाम, रूप और स्वभाव का यह वर्णन उन लोगों को विचित्र लगेगा जो डेयरी का दूध पीकर जवान हुए हैं, लेकिन गांव वालों के लिए आज भी गायों के ये नाम सहज और आत्मीय हैं।

सूर के काव्य में जिस किसान-जीवन का चित्रण है, उसका एक विशेष सामाजिक और ऐतिहासिक संदर्भ है। वह संदर्भ सामंती व्यवस्था का है, जिसके भीतर किसान-जीवन के अनुभवों का स्वरूप बना है। सूर की विशेषता यह है कि

उन्होंने सामंती-व्यवस्था के संदर्भ के साथ किसान-जीवन के अनुभवों का चित्रण किया है। उसमें सामंती-व्यवस्था के अत्याचार और किसानों की यातना को मूर्त और इंद्रियग्राह्य बनाने के लिए रूपक का सहारा लिया गया है। एक रूपक में किसानों की निर्धनता के कारण लगान देने में असमर्थता, सामंतों की लूट और उनके कपटी कर्मचारियों के अनाचार का वर्णन इस रूप में है :

अधिकारी जम लेखा मांगै, तातैं हौं आधीनौ।
घर मैं गथ नहिं भजन तिहारौ, जौन दिय मैं छूटौं।
धर्म जमानत मिल्यौ न चाहै, तातैं ठाकुर लूटौ।
अहंकार पटवारी कपटी, झूठी लिखत बही।
लागै धरम, बतावैं अधरम, बाकी सबै रही।
सोई करौ जु बसतैं रहियैं, अपनौ धरियैं नाउं।
अपने नाम की बैरख बांधौ, सुबस बसौं इहिं गाउं।

(सूरसागर, 1/185)

सामंती-व्यवस्था में लगान की लूट के साथ सूदखोरी की प्रथा भी किसानों को तबाह करती रही है। भारतीय किसान-जीवन के नए-पुराने सभी बड़े लेखकों की रचनाएं इस बात की गवाही देती हैं। सूरदास ऋण की प्रथा की क्रूरता से खूब परिचित हैं, इसीलिए लिखा है :

सबै कूर मोसों ऋण चाहत, कहौ कहा तिन दीजै।
बिना दियैं दुख देत दयानिधि, कहौ कौन विधि कीजै।

(सूरसागर, 1/196)

इस पद में ऋण की प्रथा से संबंधित अधिकतर पक्षों का उल्लेख है। ऋण की प्रथा का शोषण की व्यवस्था से गहरा संबंध होता है, इसलिए उसका विस्तार सामंतवाद से पूंजीवाद तक और पड़ोस के महाजन से विदेशी बैंकों तक दिखाई देता है। सूर के मन पर ऋण-प्रथा की क्रूरता का इतना गहरा प्रभाव है कि वे गोपियों की विरह-वेदना की गंभीरता व्यक्त करने के लिए उसका लाक्षणिक उपयोग करते हैं—'सूर मूर अक्रूर लै गयो, ब्याज निबेरत ऊधौ।' कृष्ण मूलधन है और उनकी स्मृति ब्याज है, मूलधन तो अक्रूर ले गए पर अब ब्याज वसूल करने उद्धव आए हैं। मूलधन लौटाने से अधिक दुखदायी होता है ब्याज देना, इसलिए उद्धव का व्यवहार गोपियों को अधिक पीड़ादायक लगता है।

सामंती-व्यवस्था के सेवक पुरोहितों ने ऋण की प्रथा को धर्म से जोड़ा और उसके बंधनों को अकाट्य बनाने के लिए उसके दुष्प्रभावों का लोक से परलोक तक विस्तार किया, ताकि कर्ज लेने वाला किसी भी हालत में कर्ज देने से मुकर न जाय। सूर ने इस स्थिति की ओर भी संकेत किया है :

मुकरि जाई, कै दीन बचन सुनि जमपुर बांधि पठावैं।
लेखौ करत लाखही निकसत, को गनि सकत अपार।

(सूरसागर, 1/196)

हिंदी में ऐसे आलोचकों का अभाव नहीं है जो कहते हैं कि कविता की व्याख्या में समाज को लाना कविता के साथ अत्याचार है। लेकिन जिस कविता में समाज होगा उसकी व्याख्या सामाजिक चिंता के बिना कैसे होगी ? जो व्यक्ति ऋण की प्रथा की क्रूरता से अपरिचित होगा वह 'सूर मूर अक्रूर ले गये, ब्याज निबेरत ऊधौ' में निहित अर्थ की गहराई और गोपियों की यातना की गंभीरता भी नहीं समझ सकता।

सूर के काव्य में सामंती-व्यवस्था का जो चित्र उभरता है उसमें ठाकुर लुटेरा है, कोतवाल दगाबाज और पटवारी कपटी; जो झूठी बही लिखता है। इस लूट और झूठ की व्यवस्था के कुछ अन्य अमलों के क्रिया-कलाप का ब्यौरा यह है :

मोहरिल पांच साथ करि दीने, तिनकी बड़ी विपरीति।
जिम्मैं उनके, मांगैं मोतैं, यह तौ बड़ी अनीति
पांच-पचीस साथ अगवानी, सब मिलि काज बिगारे।
सुनी तगीरी, बिसरि गई सुधि, मो तजि भए नियारे।
बढ़ौ तुम्हार बरामद हूं कौ लिखि कीनौं है साफ
सूरदास की यहै बीनती दस्तक कीजै माफ। (सूरसागर, 1/143)

विनय के पदों में उस समय की शासन-व्यवस्था, ग्राम-प्रबंध और भूमि-व्यवस्था का जो वर्णन है उसकी शब्दावली भी ध्यान देने लायक है। इसमें ज्यादातर शब्द अरबी-फारसी के हैं। वे मुगलकाल की शासन-व्यवस्था की प्रचलित शब्दावली से आये हैं और 'आईने-अकबरी' में भी मिलते हैं। सूर की इस सजगता से जाहिर है कि वे अपने समय के समाज से बेखबर कवि न थे।

सूरदास सामाजिक यथार्थ और जीवन के अनुभवों का चित्रण प्रायः रूपकों की मदद से करते हैं। 'जनम साहिबी करत गयौ', 'हरि हौं सब पतितनि-पतिनेश', 'सांचौं सो लिखहार कहावै', 'हरि हौं ऐसे अमल कमायौ', 'प्रभुजू यौं किन्ही हम खेती' आदि पदों में रूपक के माध्यम से ही उस काल की सामंती सत्ता, सामाजिक व्यवस्था, ग्राम-प्रबंध, भूमि-व्यवस्था और किसान-जीवन के अनुभवों का चित्रण हुआ है। सूर के लिए रूपक केवल एक अलंकार नहीं है। वह यथार्थ और अनुभव की पुनर्रचना तथा अभिव्यक्ति की विशिष्ट पद्धति है, जीवनानुभव को काव्यानुभव बनाने का माध्यम है और काव्यानुभूति के संप्रेषण का सर्जनात्मक साधन है। किसान-जीवन से संबंधित रूपकों में प्रतिनिधिकता है और मूल्य-बोध भी, वस्तुस्थिति का वर्णन है और उसके प्रति कवि की विशेष दृष्टि भी,

किसान-जीवन का ज्ञान है और उससे सहानुभूति भी। यद्यपि इन पदों का उद्देश्य कवि की भक्ति-भावना की अभिव्यक्ति है, लेकिन अमूर्त भावों और विचारों को मूर्त तथा संवेद्य बनाने की प्रक्रिया में जो रूपक रचे गए हैं, उनमें सामाजिक जीवन के अनुभव व्यक्त हुए हैं। ये रूपक कवि के जीवनानुभव और सामाजिक सहानुभूति की ओर संकेत करते हैं। इन रूपकों में भक्ति वह मचान है जिस पर किसान-जीवन के अनुभवों की कविता खड़ी है।

भ्रमरगीत में किसान-जीवन के अनुभवों का वस्तुपरक वर्णन नहीं है, क्योंकि उसमें कवि का मुख्य उद्देश्य है गोपियों की प्रेमानुभूति के विभिन्न पक्षों की अभिव्यक्ति। लेकिन वहां प्रेम की अनुभूति की संस्कृति, उसकी संरचना और अभिव्यक्ति में अनेक स्तरों पर किसान-जीवन के अनुभव उपस्थित हैं। वैसे कविता में जीवन की सच्चाइयां केवल वस्तु-रूप में नहीं आतीं, अभिव्यक्ति के साधनों के माध्यम से भी आती हैं। भ्रमरगीत में भी प्रायः किसान-जीवन के अनुभव काव्य-शिल्प के विभिन्न साधनों के साथ कविता में आए हैं। यहां भाषा की बनावट, कथन की शैली, वचन-वक्रता, व्यंग्य, मुहावरों, कहावतों, अलंकारों आदि में किसान-जीवन के अनुभव आते हैं और सूर की काव्यानुभूति की संस्कृति के विशिष्ट स्वरूप का निर्माण करते हैं। साथ ही वे कवि के जीवनानुभवों का पता भी देते हैं; क्योंकि कवि की कल्पना अभिव्यक्ति के साधन जुटाने के लिए वहीं जाती है जो कवि के ज्ञान और अनुभव का क्षेत्र होता है।

संभव है, कुछ लोग इस बात पर चौंकें कि सूर की कविता में अभिव्यक्ति-कला के माध्यम से जनजीवन के अनुभव आते हैं। लेकिन यही सच है। दूसरों की बात जाने दीजिए। देखिए कि इस प्रसंग में आचार्य रामचंद्र शुक्ल क्या कहते हैं। अभिव्यक्ति के अन्य साधनों, अर्थात मुहावरों और कहावतों आदि की कौन कहे, सूर तो अलंकारों के माध्यम से भी कविता में समाज के अनुभव लाते हैं। उनकी रचनादृष्टि की इस विशेषता को पहचानते हुए आचार्य शुक्ल ने लिखा है—"वस्तु-विन्यास का जो संकोच सूर की कविता में दिखाई देता है, उसकी बहुत कुछ कसर अलंकार-रूप में लाए हुए पदार्थों के प्राचुर्य द्वारा पूरी होती है। कहने का तात्पर्य यह है कि अप्रस्तुत रूप में लाए हुए पदार्थों की संख्या बहुत अधिक है।" (सूरदास, पृ. 153) सूर के काव्य में अलंकार कविता की केवल शोभा नहीं बढ़ाते, वे जीवन-जगत के अनुभव भी साथ लाते हैं; क्योंकि वे शास्त्र और परंपरा से नहीं, समकालीन जीवन के अनुभवों से आते हैं। भ्रमरगीत में कई बार रूपक का प्रयोग इसी प्रयोजन से हुआ है। एक पद में गांव के कुम्हार की कारीगरी की पूरी प्रक्रिया का चित्रण है :

ऊधौ भली भई ब्रज आए।
विधि कुलाल कीन्हें कांचे घट ते तुम आनि पकाए।

रंग दीन्हौ हौ कान्ह सांवरैं अंग अंग चित्र बनाए।
पातैं गरे न नैन मेह तैं, अवधि अटा पर छाए।
ब्रज करि अंवा जोग ईंधन करि, सुरति आनि सुलगाए।
फूंक उसास बिरह प्रजरनि संग, ध्यान दरस सिमराए।

(सूरसागर, 2/4400)

ऐसा चित्र केवल सुनी-सुनाई बातों के आधार पर नहीं बनाया जा सकता।

आचार्य शुक्ल जिसे सूर की वाग्विदग्धता कहते हैं, वह केवल वचन-वक्रता और शब्द-क्रीड़ा नहीं है, उसमें व्यंग्य और विनोद के साथ गहरी कल्पनाशीलता भी है। वही कल्पनाशीलता अलंकारों, मुहावरों और लोकोक्तियों की खोज में सक्रिय दिखाई देती है। अलंकारों, मुहावरों और लोकोक्तियों की खोज में सूर की कल्पना ग्राम-समाज की ओर जाती है; क्योंकि वही कवि के ज्ञान और अनुभव का परिचित क्षेत्र है और गोपियों का वास्तविक परिवेश भी। गोपियों की भाव-दशाओं को अधिक प्रभावशाली और चित्रात्मक रूप में व्यक्त करने के लिए यदि कहीं कोई अलंकार आता है तो वह किसान-जीवन के किसी न किसी अनुभव से जुड़ा होता है। कृष्ण के बिना गोपियों की विरह-विदग्ध दशा की व्यंजना सूर ने इस रूप में की है :

कछुवै कहति कछू कहि आवत, प्रेम पुलक स्रम स्वेद चुई।
सूखति सूर धान अंकुर सी, बिनु बरषा ज्यौं मूल तुई।।

(सूरसागर, 2/2473)

उद्धव-गोपी-संवाद में सूरदास गोपियों की मानसिकता और उसकी पृष्ठभूमि का ध्यान रखते हैं, इसलिए गोपियों की कथनशैली और वचन-वक्रता में उनके स्वभाव और परिवेश की झलक मिलती है। वचन-चातुरी के बावजूद गोपियों की बातों में जो भावप्रवणता, निष्कपटता, सहजता और स्पष्टवादिता है वह गांव की श्रमशील स्त्रियों की स्वाभाविक विशेषता है।

वास्तव में मनुष्य के सौंदर्यबोध का उसके भावबोध से और भावबोध का जीवन-जगत के अनुभव तथा ज्ञान से गहरा संबंध होता है। मनुष्य के सौंदर्य की कल्पना भी उसके अनुभव और ज्ञान के दायरे के भीतर ही क्रियाशील होती है। यही कारण है कि कविता में आए अलंकार, बिंब और प्रतीक भी कवि और कविता के देश-काल की ओर संकेत करते हैं। उदाहरण के लिए 'ढोला मारू रा दूहा' का यह दोहा देखिए और विचार कीजिए कि इसमें अलंकार और भाषा के माध्यम से राजस्थान का जीवन और परिवेश कैसे आया है—'हूं कुमलावणी कंत विणु जलह विहुणी वेल। बिणजारा री भाइ जिउं गया धुकंती मेल।।' (मैं जल-विहीन लता की तरह कंत के बिना कुम्हला गई हूं। मेरा प्रिय बनजारे की भट्टी के समान मुझे सुलगती छोड़ गया है।) इस दोहे की दूसरी पंक्ति में जो अलंकार

है वह कवि और कविता के देश-काल का द्योतक है। 'ढोला मारू रा दूहा' की तरह 'पद्मावत' और 'सूरसागर' में भी अभिव्यक्ति के उपकरणों के माध्यम से स्थानीय प्रकृति, लोकसंस्कृति और जनजीवन के अनुभव कविता में आए हैं।

कहीं-कहीं सूरदास ने गोपियों की विरहानुभूति की अभिव्यक्ति के साधन के रूप में किसान-जीवन के अनुभवों का उपभोग किया है। उन्होंने किसान-जीवन की किसी वास्तविकता या स्थिति का ऐसा वस्तुपरक चित्रण किया है कि गोपियों की मनोदशा स्वतः व्यक्त हो जाती है। कृष्ण के व्यवहार से निराश और उद्धव के उपदेश से विक्षुब्ध गोपियां कभी-कभी खुद को कोसने लगती हैं। उनकी इस मनोदशा की अभिव्यक्ति के लिए किसान-जीवन के एक अनुभव का उपयोग इस तरह हुआ है :

ऐसो माई, एक कोद को हेतु।
× × ×
जैसे करनि किसान बापुरो नौ नौ बाहें देत।
ऐते हूं पर नीर निठुर भयौ, उमगि आय सब लेत।।

गोपियों की व्यथा अथाह है। उन्होंने समाज के सभी बंधनों को तोड़कर कृष्ण से प्रेम किया, परंतु बदले में मिली अनंत वियोग की अपार वेदना। इस जटिल भावदशा की व्यंजना के लिए सूर ने किसान-जीवन के एक जटिल अनुभव का सहारा लिया है :

लरि मरि झगरि भूमि कछु पाई, जस अपजस बितई।
अब लौं सूर कहति है उपजी सब ककरी करूई।।

सूरदास की काव्यभाषा का रचाव किसान-जीवन से उनके घनिष्ट संबंध का साक्षी है। इस भाषा की एक बड़ी विशेषता है किसान-जीवन से जुड़े मुहावरों, कहावतों और लोकोक्तियों का भरपूर प्रयोग, जिनमें खेती और पशुपालन के अनुभव संचित हैं। साथ ही बातचीत की शैली में भी किसान-जीवन की वास्तविक भाषा के रूप-रंग की चमक मिलती है। उद्धव से गोपियां जिस भाषा में विवाद और संवाद करती हैं, वह परंपरा से पाई हुई भाषा नहीं है। वह बोलचाल की जीवंत और संवादधर्मी भाषा है, इसलिए उसमें मुहावरों और कहावतों की अधिकता है। गोपियां कभी निर्गुण की निस्सारता साबित करने के लिए भोलेपन से पूछती हैं, 'कहो कौन पै कढ़त कनूका, जिन हठि भूसी पछौरी' तो कभी उद्धव के उपदेश की व्यर्थता पर चिढ़कर कहती हैं, 'कित पट पर गोता मारत हौ निरे भूंड के खेत।' बहुत वाद-विवाद के बाद भी उद्धव जब गोपियों की बात नहीं समझते और अपनी जिद पर अड़े रहते हैं तब खीझकर गोपियां कहती हैं :

धान को गांव पयार तैं जानो, ज्ञान विषय रस भोरे।
सूर सु बहुत कहे न रहै रस, गूलर को फल फोरे।।

सूरसागर में ऐसे बहुत से पद हैं जो आरंभ से अंत तक मुहावरों और लोकोक्तियों की मदद से ही रचे गए हैं। ऐसे पदों का एक उदाहरण यह है :

आए जोग सिखावन पांड़े।
परमारथी पुराननि लादे ज्यों बनजारे टांड़े ॥
हमरी गति पति कमलनयन की जोग सिखै ते रांड़े।
कहो, मधुप, कैसे समायंगे एक म्यान दो खांड़े ॥
कह षटपद, कैसे खैयतु है हाथिन के संग गांड़े।
काकी भूख गई बयारि भखि बिना दूध घृत मांड़े ॥
काहे को झाला लै मिलवत, कौन चोर तुम डांड़े।
सूरदास तीनों नहिं उपजत धनिया धान कुम्हाड़े ॥

(सूरसागर, 2/4223)

सूरसागर में किसान-जीवन से संबंधित जो मुहावरे, कहावतें और लोकोक्तियां मिलती हैं वे आज भी किसानों में प्रचलित हैं। यह कहना कठिन है कि उनमें से कितने लोकजीवन से लिए गए हैं और कितने सूर के रचे हुए हैं। हिंदी के जो आलोचक कहते हैं कि हिंदी कविता की भाषा उर्दू की तरह मुहावरेदार नहीं होती वे सूर की कविता पढ़कर अपना भ्रम दूर कर सकते हैं। यह सही है कि आज की हिंदी कविता की भाषा में मुहावरों और कहावतों का अभाव है; क्योंकि वह प्रायः बोलचाल की भाषा से दूर है। आज के अनेक प्रगतिशील और जनवादी कवि भी लोकजीवन से जुड़ने के नाम पर बोलियों के कुछ शब्दों से अपनी काव्य-भाषा को छौंककर उसमें लोकजीवन का स्वाद पैदा करने की कोशिश करते हैं, लेकिन वहां बोलचाल की भाषा का अंदाज और मुहावरा नहीं मिलता।

सूरदास के सामने प्रेम-कविता की एक समृद्ध परंपरा थी और उसकी अत्यंत विकसित भाषा भी थी। उस परंपरा से मिली भाषा में कविता लिखकर वे प्रेम के अच्छे कवि हो सकते थे, लेकिन अपने ढंग के पहले और बेजोड़ कवि नहीं। सूर ने परंपरा से पाई भाषा में कविता लिखने के बदले किसान-जीवन की वास्तविक भाषा से अपनी कविता की दुनिया बनाई है, इसलिए उनकी काव्यभाषा में अनेक स्तरों पर ग्राम-समाज और किसान-जीवन प्रतिबिंबित है। वे ही यौवन को 'हरियर खेत' और प्रिय को 'हारिल की लकड़ी' कह सकते हैं। वास्तव में सूर की भाषिक संवेदनशीलता में उनकी सामाजिक संवेदनशीलता प्रकट हुई है।

किसान-जीवन की समग्रता का एक महत्त्वपूर्ण पक्ष है प्रकृति से उसका विशेष संबंध। किसान के लिए प्रकृति पराई और दूर की वस्तु नहीं होती, इसलिए उससे किसान की सहज आत्मीयता होती है। प्रकृति के प्रति किसान के मन में शहरी लोगों जैसी ललक या मुग्धता नहीं मिलती। प्रकृति पर किसान का पूरा जीवन निर्भर है, वह प्रकृति के कोप और कृपा को सहज भाव से स्वीकार करता

सूर के अनुसार गांव के लोग सहज रूप से सहृदय हैं, गोपियां हजार कठिनाइयों के बावजूद हठ कर प्रेम करती हैं; जबकि शहर के लोग प्रेम का दिखावा करते हैं, मथुरावासी चतुर और कपटी हैं :

हम अहीरि मतिहीन बापुरी, हटकत हूं हठि करत मिताई।
वे नागर मथुरा निरमोही, अंग-अंग भरे कपट चतुराई॥

शहर और गांव के बीच द्वंद्व की जो चेतना सूर के काव्य में है, वह उस युग के किसी अन्य कवि के यहां शायद ही मिले। इस द्वंद्व में सूर की सहानुभूति गांव के साथ है।

राजनीतिक अभिप्रायों की खोज

अब तक हमने देखा है कि सूरदास की कविता अपने समय के समाज और संस्कृति के बारे में कितनी सजग है। क्या ऐसी कविता अपने काल की राजनीति के अभिप्रायों से अनभिज्ञ रह सकती है? हमारे सामने सवाल सूर की कविता के राजनीतिक महत्त्व की खोज का नहीं है, वह तो प्रत्येक लोकधर्मी कविता का स्वाभाविक गुण है। यहां विचारणीय प्रश्न यह है कि सूर की कविता में उस युग की राजनीति के अर्थ और अभिप्राय की पहचान कितनी है। यह प्रश्न कुछ लोगों को विचित्र लग सकता है; क्योंकि हिंदी आलोचना में भक्तिकाव्य की राजनीति अर्थात् उसके राजनीतिक अर्थ, अभिप्राय और महत्त्व पर विचार की कोई विकसित परंपरा नहीं है। यद्यपि बहुत पहले आचार्य रामचंद्र शुक्ल ने भक्ति आंदोलन के राजनीतिक महत्त्व को पहचाना और लिखा था कि "दक्षिण में रामदास स्वामी ने लोक धर्माश्रित भक्ति का संचार करके महाराष्ट्र-शक्ति का अभ्युदय किया। पीछे से सिखों ने भी लोकधर्म का आश्रय लिया और सिख-शक्ति का प्रादुर्भाव हुआ।" लेकिन बाद के दिनों में भक्ति आंदोलन और भक्तिकाव्य की यह पहचान विकसित नहीं हुई। इसलिए कुछ लोग भक्ति आंदोलन और उसके काव्य के प्रसंग में राजनीति की बात सुनकर चौंक उठते हैं।

जो लोग यह समझते हैं कि जिस कविता में राजसत्ता का खुला विरोध या समर्थन होगा, वही राजनीतिक होगी वे भक्तिकाव्य में राजनीति की खोज करते हुए निराश होते हैं, क्योंकि उसमें राजसत्ता का सीधा विरोध नहीं है। इस प्रसंग में कुंभनदास का यह कथन बार-बार उद्धृत किया जाता है :

संतन सो कहां सीकरी सों काम?
आवत जात पनहियां टूटी, बिसरि गयो हरिनाम॥
जिनको मुख देखे दुख उपजत, तिनको करिबे परी सलाम।

लेकिन राजनीति केवल राजसत्ता के विरोध या समर्थन तक सीमित नहीं होती, कविता की राजनीति तो और भी नहीं। समकालीन राजनीति के अर्थ तथा

अभिप्राय की पहचान और उसके विरोध तथा विकल्प की रचनात्मक चिंता भी कविता की राजनीतिक सजगता का प्रमाण है। भक्तिकाव्य में ऐसी राजनीतिक सजगता है। सूरदास के विनय के पदों में उस काल की सामंती व्यवस्था और साधारण जनता के साथ उसके दुर्व्यवहार का बोध है और उद्धव-गोपी-संवाद में उस व्यवस्था की राजनीति के अर्थ तथा अभिप्रायों की पहचान है।

साधारण जनता के लिए शासकवर्ग की राजनीति की लीला हमेशा अबूझ पहेली होती है। गोपियां ठीक ही कहती हैं—'जानै कहां राजगति लीला अंत अहीर विचारो।' इस लीला का रहस्य और प्रयोजन तो कोई मर्मज्ञ कवि ही खोलकर बता सकता है। सूर ने शासकवर्ग की राजनीति के रूप, रहस्य और अभिप्राय को स्पष्ट करते हुए लिखा है :

राजनीति की रीति सुनो हो, चरत बारिचर खेत।

इससे बड़ी विडंबना क्या हो सकती है कि बादल खेत चर जाए, जीवन देने वाला जीवन ले ले, पोषक ही शोषक बन जाए। लेकिन शासकवर्ग की राजनीति की यही रीति-नीति है; सूर के समय के शासकवर्ग की और आज के शासकवर्ग की भी। तबसे आज तक राजनीति का रूप जरूर बदला है, परंतु उद्देश्य वही है। राजनीति की यह रीति बताते हुए सूर ने उस काल की जन-भावना को वाणी दी है, जो आज भी जन-मन में सीधे उतर जाने वाली है।

सूरदास राजसत्ता और उसके व्यवहार को जनता की दृष्टि स देखते हैं, इसलिए उन्हें दुराचारी शासन की अंधेरगर्दी असह्य लगती है :

सूरदास ऐसी क्यों निबहै अंध धुंध सरकार।

उस युग में छोटे-बड़े सामंत बात की बात में परस्पर लड़ा करते थे। ऐसी लड़ाइयों से सामंतों का झूठा अहंकार तुष्ट होता था, पर जनता तबाह होती थी। सूरदास सामंती राजनीति की इस असंगति और अनीति को पहचानते हैं—'द्वै नृप लरत प्रजा इंद्रीगति, सूर कौन यह नीति।'

आजकल राजनीति का सबसे अधिक प्रचलित अर्थ है झूठ, फरेब और छल। राजनीति का यह अर्थ शासकवर्ग के राजनीतिक कर्म और व्यवहार से पैदा हुआ है। लगता है कि राजनीति का यह अर्थ नितांत नया नहीं है। सूर ने एकदम आधुनिक अर्थ में 'राजनीति' का प्रयोग इस पद में किया है :

हरि हैं राजनीति पढ़ि आए।
समुझी बात कहत मधुकर जो ? समाचार कछु पाए ?
इक अति चतुर हुते पहिले ही, अरु करि नेह दिखाए।
जानी बुद्धि बड़ी जुवतिन को जोग संदेस पठाए ॥
भले लोग आगे के सखि री ! परहि डोलत धाए।
वे अपने मन फेरि पाइए, जे हैं चलत चुराए ॥

सूर के अनुसार गांव के लोग सहज रूप से सहृदय हैं, गोपियां हजार कठिनाइयों के बावजूद हठ कर प्रेम करती हैं; जबकि शहर के लोग प्रेम का दिखावा करते हैं, मथुरावासी चतुर और कपटी हैं :

हम अहीरि मतिहीन बापुरी, हटकत हूं हठि करत मिताई।
वे नागर मथुरा निरमोही, अंग-अंग भरे कपट चतुराई ।।

शहर और गांव के बीच द्वंद्व की जो चेतना सूर के काव्य में है, वह उस युग के किसी अन्य कवि के यहां शायद ही मिले। इस द्वंद्व में सूर की सहानुभूति गांव के साथ है।

राजनीतिक अभिप्रायों की खोज

अब तक हमने देखा है कि सूरदास की कविता अपने समय के समाज और संस्कृति के बारे में कितनी सजग है। क्या ऐसी कविता अपने काल की राजनीति के अभिप्रायों से अनभिज्ञ रह सकती है? हमारे सामने सवाल सूर की कविता के राजनीतिक महत्त्व की खोज का नहीं है, वह तो प्रत्येक लोकधर्मी कविता का स्वाभाविक गुण है। यहां विचारणीय प्रश्न यह है कि सूर की कविता में उस युग की राजनीति के अर्थ और अभिप्राय की पहचान कितनी है। यह प्रश्न कुछ लोगों को विचित्र लग सकता है; क्योंकि हिंदी आलोचना में भक्तिकाव्य की राजनीति अर्थात् उसके राजनीतिक अर्थ, अभिप्राय और महत्त्व पर विचार की कोई विकसित परंपरा नहीं है। यद्यपि बहुत पहले आचार्य रामचंद्र शुक्ल ने भक्ति आंदोलन के राजनीतिक महत्त्व को पहचाना और लिखा था कि "दक्षिण में रामदास स्वामी ने लोक धर्माश्रित भक्ति का संचार करके महाराष्ट्र-शक्ति का अभ्युदय किया। पीछे से सिखों ने भी लोकधर्म का आश्रय लिया और सिख-शक्ति का प्रादुर्भाव हुआ।" लेकिन बाद के दिनों में भक्ति आंदोलन और भक्तिकाव्य की यह पहचान विकसित नहीं हुई। इसलिए कुछ लोग भक्ति आंदोलन और उसके काव्य के प्रसंग में राजनीति की बात सुनकर चौंक उठते हैं।

जो लोग यह समझते हैं कि जिस कविता में राजसत्ता का खुला विरोध या समर्थन होगा, वही राजनीतिक होगी वे भक्तिकाव्य में राजनीति की खोज करते हुए निराश होते हैं, क्योंकि उसमें राजसत्ता का सीधा विरोध नहीं है। इस प्रसंग में कुंभनदास का यह कथन बार-बार उद्धृत किया जाता है :

संतन सो कहां सीकरी सों काम ?
आवत जात पनहियां टूटी, बिसरि गयो हरिनाम ।।
जिनको मुख देखे दुख उपजत, तिनको करिबे परी सलाम।

लेकिन राजनीति केवल राजसत्ता के विरोध या समर्थन तक सीमित नहीं होती, कविता की राजनीति तो और भी नहीं। समकालीन राजनीति के अर्थ तथा

अभिप्राय की पहचान और उसके विरोध तथा विकल्प की रचनात्मक चिंता भी कविता की राजनीतिक सजगता का प्रमाण है। भक्तिकाव्य में ऐसी राजनीतिक सजगता है। सूरदास के विनय के पदों में उस काल की सामंती व्यवस्था और साधारण जनता के साथ उसके दुर्व्यवहार का बोध है और उद्धव-गोपी-संवाद में उस व्यवस्था की राजनीति के अर्थ तथा अभिप्रायों की पहचान है।

साधारण जनता के लिए शासकवर्ग की राजनीति की लीला हमेशा अबूझ पहेली होती है। गोपियां ठीक ही कहती हैं—'जानै कहां राजगति लीला अंत अहीर विचारी।' इस लीला का रहस्य और प्रयोजन तो कोई मर्मज्ञ कवि ही खोलकर बता सकता है। सूर ने शासकवर्ग की राजनीति के रूप, रहस्य और अभिप्राय को स्पष्ट करते हुए लिखा है :

राजनीति की रीति सुनौ हो, चरत बारिचर खेत।

इससे बड़ी विडंबना क्या हो सकती है कि बादल खेत चर जाए, जीवन देने वाला जीवन ले ले, पोषक ही शोषक बन जाए। लेकिन शासकवर्ग की राजनीति की यही रीति-नीति है; सूर के समय के शासकवर्ग की और आज के शासकवर्ग की भी। तबसे आज तक राजनीति का रूप जरूर बदला है, परंतु उद्देश्य वही है। राजनीति की यह रीति बताते हुए सूर ने उस काल की जन-भावना को वाणी दी है, जो आज भी जन-मन में सीधे उतर जाने वाली है।

सूरदास राजसत्ता और उसके व्यवहार को जनता की दृष्टि स देखते हैं, इसलिए उन्हें दुराचारी शासन की अंधेरगर्दी असह्य लगती है :

सूरदास ऐसी क्यों निबहै अंध धुंध सरकार।

उस युग में छोटे-बड़े सामंत बात की बात में परस्पर लड़ा करते थे। ऐसी लड़ाइयों से सामंतों का झूठा अहंकार तुष्ट होता था, पर जनता तबाह होती थी। सूरदास सामंती राजनीति की इस असंगति और अनीति को पहचानते हैं—'द्वै नृप लरत प्रजा इंद्रीगति, सूर कौन यह नीति।'

आजकल राजनीति का सबसे अधिक प्रचलित अर्थ है झूठ, फरेब और छल। राजनीति का यह अर्थ शासकवर्ग के राजनीतिक कर्म और व्यवहार से पैदा हुआ है। लगता है कि राजनीति का यह अर्थ नितांत नया नहीं है। सूर ने एकदम आधुनिक अर्थ में 'राजनीति' का प्रयोग इस पद में किया है :

हरि हैं राजनीति पढ़ि आए।
समुझी बात कहत मधुकर जो ? समाचार कछु पाए ?
इक अति चतुर हुते पहिले ही, अरु करि नेह दिखाए।
जानी बुद्धि बड़ी जुवतिन को जोग संदेस पठाए ॥
भले लोग आगे के सखि री ! परहि डोलत धाए।
वे अपने मन फेरि पाइए, जे हैं चलत चुराए ॥

ते क्यों नीति करत आपुन, जे औरनि रीति छुड़ाए ?
राजधर्म सब भए सूर, जहं प्रजा न जायं सताए ।।

(भ्रमरगीत सार, पृ. 33)

हिंदी कविता में 'राजनीति' का ऐसा सार्थक और साभिप्राय प्रयोग सूर से पहले और बाद में भी शायद ही कहीं मिले। यह प्रयोग इतना सटीक और व्यंजक है कि मुहावरा बन गया है। आज की राजनीति में झूठ और फरेब का बोलबाला पहले से अधिक है, इसलिए यह मुहावरा आज पहले से भी अधिक सार्थक लगता है। राजनीति के इस अर्थ की पहचान के पीछे उस युग की राजनीति के स्वरूप की समझ है और उस राजनीति के बारे में जनमत की जानकारी भी।

हिंदी के कुछ आलोचक कहते हैं कि कविता में राजनीति और व्यंग्य के आने से कविता का स्वास्थ्य बिगड़ जाता है, दोनों एक साथ आएं तब तो हालत और खराब हो जाती है। लेकिन वास्तविकता यही है कि कविता में दोनों प्रायः एक साथ आते हैं। सूर के इस पद में भी राजनीति के साथ व्यंग्य वैसे ही है, जैसे शब्द के साथ अर्थ। यहां सूर की वाग्विदग्धता का निखार देखने लायक है।

सूर के काव्य में तत्कालीन शासन-व्यवस्था की राजनीति के रूप और अभिप्राय की पहचान है और साथ में जनता के हित की राजनीति की चिंता भी है, इसीलिए लिखा है :

राजधर्म सब भए सूर, जहं प्रजा न जायं सताए ।

यह अनीति और अत्याचार से मुक्त राजनीति की मांग है, सामंती युग में प्रजातंत्र की आकांक्षा की अभिव्यक्ति है।

क्या ऐसे कवि को अपने आसपास की दुनिया से विरक्त, अपने भाव में मग्न रहने वाला कहना उचित है ?

●●●